Die Bedeutung der deutschen für die japanische Staatslehre unter der Meiji-Verfassung

Europäische Hochschulschriften
Publications Universitaires Européennes
European University Studies

Reihe II
Rechtswissenschaft

Série II Series II
Droit
Law

Bd./Vol. 1319

PETER LANG
Frankfurt am Main · Berlin · Bern · New York · Paris · Wien

Noriko Kokubun

Die Bedeutung der deutschen für die japanische Staatslehre unter der Meiji-Verfassung

PETER LANG
Frankfurt am Main · Berlin · Bern · New York · Paris · Wien

Die Deutsche Bibliothek- CIP-Einheitsaufnahme

Kokubun, Noriko:

Die Bedeutung der deutschen für die japanische Staatslehre unter der Meiji-Verfassung / Noriko Kokubun. – Frankfurt am Main ; Berlin ; Bern ; New York ; Paris ; Wien : Lang, 1993
(Europäische Hochschulschriften : Reihe 2, Rechtswissenschaft ; Bd. 1319)
Zugl.: Erlangen, Nürnberg, Univ., Diss., 1992
ISBN 3-631-45574-7
NE: Europäische Hochschulschriften / 02

D 29
ISBN 3-631-45574-7

Printed in Germany 1 2 3 5 6 7

Vorwort

Die vorliegende Arbeit ist eine überarbeitete Fassung meiner Dissertation, die im Sommersemester 1992 von der juristischen Fakultät der Universität Erlangen-Nürnberg als Dissertation angenommen wurde.

Mein Dank gilt gilt im besonderen Herrn Prof. Dr. Christoph Link, der diese Arbeit betreut hat. Herzlich danken möchte ich auch Herrn Prof. Dr. Reinhold Zippelius für die Übernahme des Zweitgutachtens.

Für die zahlreichen Hinweise und Hilfe bei der Überarbeitung zur Drucklegung bedanke ich mich besonders bei Herrn Dr. Heiner de Wall, Herrn Dr. Shingo Shimada, Herrn Michael Dreßler sowie allen Angehörigen des Hans-Liermann-Instituts für Kirchenrecht an der Universität Erlangen-Nürnberg. Ebenso danke ich Herrn Jens Möhrle, Herrn Wolfgang Kopke sowie Herrn Michael Germann für die Hilfe bei der Erstellung von Manuskript und Druckvorlage.

Nicht zuletzt danke ich herzlich auch der Konrad-Adenauer-Stiftung, die meine Doktorarbeit gefördert hat.

Erlangen, im August 1992

Noriko Kokubun

Inhaltsverzeichnis

Literaturverzeichnis

Abe, Teruya: Betrachtung zum Zusammenbruch der japanischen Meiji-Verfassung, in: Epirrhosis, Festgabe für Carl Schmitt, Berlin 1968.

Ders.: Die Entwicklung des japanischen Verfassungsrechts seit 1952, in: Jahrbuch des öffentlichen Rechts der Gegenwart, neue Folge, Bd.15, 1966.

Albrecht, Eduard: Rezension über Maurenbrechers Grundsätze des heutigen deutschen Staatsrechts, Sonderausgabe, Darmstadt 1962.

Anschütz, Gerhard: Die gegenwärtigen Theorieen über den Begriff der gesetzgebenden Gewalt und den Umfang des Königlichen Verordnungsrecht nach preußischem Staatsrecht, 2.Aufl., Tübingen 1901.

Ders.: Die Verfassung des Deutschen Reiches vom 11. August 1919, Nachdruck der 14.Aufl. (1933), Berlin 1960.

Ders.: Die Verfassungsurkunde für den Preußischen Staat vom 31. Januar 1850, Bd.1, Berlin 1912.

Bärsch, Claus-Ekkehard: Der Gerber-Laband'sche Positivismus, in: Sattler, Martin J.(Hrsg.): Staat und Recht, Die deutsche Staatslehre im 19. und 20. Jahrhundert, München 1972.

Ders.: Der Staatsbegriff in der neueren deutschen Staatslehren und seine theoretischen Implikationen, Berlin 1972.

Baltl, Hermann: Österreichische Rechtsgeschichte unter Einfluß sozial- und wirtschaftsgeschichtlicher Grundzüge von den Anfängen bis zur Gegenwart, 6.Aufl., Graz 1986.

Bersihand, Roger: Geschichte Japans, Stuttgart 1963.

von Beckerath, Erwin u.a. (Hrsg.): Handwörterbuch der Sozialwissenschaften, Bd.9, Stuttgart 1956.

Biedermann, Karl Friedrich: Die Repräsentativ-Verfassungen mit Volkswahlen, in: Freihherr von Haxthausen, August(Hrsg.), Das Constitutionelle Prinzip, Seine geschichtliche Entwicklung und seine Wechselwirkungen mit den politischen und socialen Verhältnissen der Staaten und Völker, Leipzig 1864.

Blasius, Dirk: Lorenz von Stein, Grundlagen und Struktur seiner politischen Ideenwelt, Diss., Köln 1970.

Ders.: Lorenz von Stein als Geschichtsdenker, in: Ders. - Pankoke, Eckart: Lorenz von Stein, Darmstadt 1977.

Bluntschli, Johannes Caspar: Allgemeines Statsrecht, 4.Aufl., 2 Bde., München 1868.

Ders.: Charakter und Geist der politischen Parteien, Nördlingen 1869.

Ders.: Denkwürdiges aus meinem Leben, (auf Veranlassung der Familie durchgesehen und veröffentlicht von Rudolf Seyerlen), 2 Bde., München 1884.

Ders.: Der Stat ist der Mann., in: Ders.: Gesammelte kleine Schriften, Bd.1, Nördlingen 1879.

Ders.: Geschichte der neueren Staatswissenschaft, allgemeines Staatsrecht und Politik seit dem 16. Jahrhundert bis zur Gegenwart, 3.Aufl., München 1881.

Ders. - Brater, Karl (Hrsg.): Deutsches Staats-Wörterbuch, Bd.8, 1864, u. Bd.9, 1865, Stuttgart u. Leipzig.

Böckenförde, Ernst-Wolfgang: Der deutsche Typ der konstitutionellen Monarchie in 19. Jahrhundert, in: Conze, Werner (Hrsg.): Beiträge zur deutschen und belgischen Verfassungsgeschichte im 19. Jahrhundert, Stuttgart 1967.

Ders.: Gesetz und gesetzgebende Gewalt, Berlin 1958.

Ders.: Organ, in: Brunner, Otto - Conze, Werner - Koselleck, Reinhart (Hrsg.): Geschichtliche Grundbegriffe, Bd.4, Stuttgart 1978.

Boldt, Hans: Verfassungskonflikt und Verfassunghistorie, in: Der Staat, Beiheft 1, 1975.

Brauneder, Wilhelm: Lorenz v. Steins Wirken in Wien, in: Ders. - Nishiyama, Kaname (Hrsg.): Lorenz von Steins »Bemerkungen über Verfassung und Verwaltung« von 1889 zu den Verfassungsarbeiten in Japan, Frankfurt a.M., Bern, New York u. Paris 1992.

Brockhaus Enzyklöpädie, 17. Aufl., Bd.8, 1969, Bd.10, 1970 u. Bd.17, 1973, Bd.19, 1974, Wiesbaden.

Dettmer, Hans Adalbert: Einführung in das Studium der japanischen Geschichte, Darmstadt 1987.

Ders.: Grundzüge der Geschichte Japans, Darmstadt 1965.

Eichholzer, Eduard: Johannes Caspar Bluntschli als Sozialpolitiker, in: Zürcher Taschenbuch auf das Jahr 1950, Zürich 1949.

Elsener, Ferdinand: Die deutschen Professorenjahre Friedrich Ludwig von Kellers (1799-1860) und Johann Caspar Bluntschli (1808-1881), in: Zürcher Tachenbuch auf das Jahr 1975, 1974.

Ermacora, Felix: Allgemeine Staatslehre, Bd.1, Berlin 1970.

Fikentscher, Wolfgang: Methoden des Rechts, Bd.3, Tübingen 1976.

Floenz, Karl: Die Religionen der Japaner, in: Lehmann, Edvard (Hrsg.), Die orientarischen Religionen, Berlin u. Leipzig 1906.

Franke, Otto: Studien zur Geschichte des konfuzianischen Dogmas und der chinesischen Staatsreligion, Hamburg 1920.

Friedrich, Manfred: Paul Laband und die Staatsrechtswissenschaft, in: Archiv des öffentlichen Rechts , Bd.111, 1986.

Friedrich der Große:	Der Antimachiavell, in: Lenz, Georg (Hrsg.): Deutsches Staatsdenken im 18. Jahrhundert, Neuwied 1965, (Aus: Werke Friedrichs d. Gr., Bd.7, S.3-39, Berlin 1913).
Fritzsche, Hans:	Johannes Caspar Bluntschli, in: Schultheß, Hans (Hrsg.): Schweizer Juristen der letzten hundert Jahre, Zürich 1945.
Fröhling, Ortrun:	Labands Staatsbegriff, die anorganische Staatsperson als Konstruktionsmittel der deutschen konstitutionellen Staatslehre, Diss., Marburg 1967.
Fujii, Shinichi:	Japanisches Verfassungsrecht, Tokyo 1940.
Fukuzawa, Yukichi:	Gakumon no susume, Abschn.4, 1875, in: Iwanami-bunko, 2. neue Ausgabe, Tokyo 1978.
Ders.:	Gakusha no shokubun wo ronzu, in: Nihon-kindai-shisô-taikei, Bd.10, Tokyo 1988.
Ders.:	Meiroku-zasshi no shuppan wo yameru no gian, in: Yûbinhôchi-shinbun vom 04.09.1875, neue Ausgabe, in: Nihon-kindai-shisô-taikei, Bd.11, Tokyo 1990.
Galling, Kurt (Hrsg.):	Die Religionen in Geschichte und Gegenwart, 3. Aufl., Bd.3, 1959. u. Bd.6, Tübingen 1962.
von Gierke, Otto:	Labands Staatsrecht und die deutsche Rechtswissenschaft, Nachdruck (Erstmals erschienen im Jahrbuch für Gesetzgebung, Verwaltung und Volkswirtschaft im Deutschen Reich, Neue Folge, 7.Jg., Heft 4), Darmstadt 1961.
Ders.:	Rudolf von Gneist, Gedächnisrede vor der Berliner juristischen Gesellschaft, Berlin 1896.
Gilissen, John:	Die belgische Verfassung von 1831 - ihr Ursprung und ihr Einfluß, in: Conze, Werner (Hrsg.), Beiträge zur deutschen und belgischen Verfassungsgeschichte im 19. Jahrhundert, Stuttgart 1967.
von Gneist, Rudolf:	Die nationale Rechtsidee von den Ständen und das preussische Dreiklassenwahlsystem, 2.Aufl., Hildesheim 1962.

Ders.: Gesetz und Budget, Constitutionelle Streitfragen aus der preußischen Ministerkrisis von März 1878, Berlin 1879.

Görlitz, Axel: Verwaltungsgerichtsbarkeit in Deutschland, Neuwied u. Berlin 1970.

Görres-Gesellschaft (Hrsg.): Staatslexikon, 7.Aufl., Bd.1, 1985., u. Bd.3, 1987, Freiburg, Basel u.Wien.

Gundert, Wilhelm: Japanische Religionsgeschichte, Stuttgart 1935.

Grimm, Dieter: Die Entwicklung der Grundrechtstheorie in der deutschen Staatsrechtslehre des 19. Jahrhunderts, in: Birtsch, Günter (Hrsg.): Grund- und Freiheitsrechte von der ständischen zur spätbürgerlichen Gesellschaft, Göttingen 1987.

Häfelin, Ulrich: Die Rechtspersönlichkeit des Staates, 1.Teil, Tübingen 1959.

Harootunian, H.D.: Late Tokugawa culture and thought, in: Jansen, Marius B. (ed.):, The Cambridge history of Japan, vol.5, Cambridge University Press, Cambridge, New York, New Rochelle, Melbourne u. Sydney 1989.

Hasegawa, Masayasu: Kenpôgakushi (jô), in: Ugai, Nobushige u.a. (Hrsg.): Kôza nihon-kindaihô-hantattsushi, Bd.6, Tokyo 1959.

Ders.: Kenpôgakushi (chû), in: Ugai, Nobushige u.a. (Hrsg.): Kôza nihon-kindaihô-hattatsushi, Bd.7, Tokyo 1959.

Hayashida, Kazuhiro: Development of Election Law in Japan, in: Jahrbuch des öffentlichen Rechts der Gegenwart, Neue Folge, Bd.15, 1966.

Herrfahrdt, Heinrich: Parlament und Krone im heutigen Japan, in: Der Staat, Bd.2, 1963.

Hintze, Otto: Das monarchische Prinzip und die konstitutionelle Verfassung, 1911, in: Ders.: Staat und Verfassung, Gesammelte Abhandlungen zur allgemeinen Verfassungsgeschichte, 2.Aufl., Göttingen 1962.

Hirai, Naofusa: Shinbutsu-kôshô to shintô no jiritsu, in: Sonoda, Minoru (Hrsg.), Shintô, Tokyo 1988.

Hirota, Masaki: Keimô-shisô to bunmeikaika, in: Iwanamikôza nihonrekishi, Bd.14, Tokyo 1975.

von Holtzendorf, Franz: J.C.Bluntschli und seine Verdienste um die Staatswissenschaften, in: Deutsche Zeit- und Streit-Fragen, 11.Jg., Heft 161, Berlin 1882.

Holubek, Reinhard: Allgemine Staatslehre als empirische Wissenschaft, Bonn 1961.

Hozumi, Yatsuka: Hozumi Yatsuka hakushi ronbunshû (hrsg. von Uesugi, Shinkichi), Tokyo 1913.

Ders.: Kenpô-teiyô, Tokyo 1911.

Ders.: Kensei-taii, Tokyo 1907.

Ders.: Kokumin kyôiku aikokushin, Tokyo 1912.

Huber, Ernst Rudolf: Bismarck und der Verfassungsstaat, in: Ders.: Nationalstaat und Verfassungsstaat, Stuttgart 1965.

Ders.: Deutsche Verfassungsgeschichte seit 1789, 2.Aufl., Bd.4, 1982; 3.Aufl., Bd.2 u.3, 1988, Stuttgart.

Ders. (Hrsg.): Dokumente zur deutschen Verfassungsgeschichte, 3.Aufl., Bd.1, Stuttgart 1978.

Ichiki, Kitokurô: Nihon-hôrei-yosanron, Tokyo 1893.

Ida, Terutoshi: Uesugi Shinkichi, Tokyo 1989.

Ienaga, Saburô - Ino, Kenji: Kindai-shisô no tanjô to zasetsu, in: Kindai-nihon-shisô-kôza, Bd.1, Tokyo 1959.

Ienaga, Saburô: Minobe Tatsukichi no shisôshiteki kenkyû, Tokyo 1964.

Ders.: Nihonkindaikenpôshisôshi-kenkyû, Tokyo 1967.

Igarashi, Kiyoshi: Einführung in das Japanische Recht, Darmstadt 1990.

Inada, Masatsugu: Meijikenpô-seiteishi, 2 Bde., Tokyo 1962.

Inoue, Kiyoshi: Nihon no rekishi (Chûkô-bunko), Bd.20, Tokyo 1974.

Ishida,Takeshi: Nihon ni okeru kokkayûkitai-setsu, in, : Ders.: Nihon-kindai-shisô ni okeru hô to seiji, Tokyo 1976.

Isomura, Tooru: Shimin-hôgakushi, in: Ugai, Nobushige u.a. (Hrsg.): Kôza kindaihô-hattatsushi, Bd.9, Tokyo 1960.

Itô, Hirobumi: Teikoku-kenpô kôshitsu-tenpan gikai, 23.Aufl., Tokyo 1944 (dessen englische Übersetzung: translated by Itô, Miyoji: Commentaries on the Constitution of the Empire of Japan, 1889).

Itô, Miyoji: Daihakushi Stein-shi kôgihikki, in Shimizu, Shin: Meiji-kenpô-seiteishi, Bd.1, Tokyo 1971.

Ders.: Mosse-shi kôgihikki, in: Shimizu, Shin: Meiji-kenpô-seiteishi, Bd.1, Tokyo 1971.

Jakobs, Horst Heinrich: Die Begründung der geschichtlichen Rechtswissenschaft, Paderborn, München, Wien u. Zürich 1992.

Jansen, Marius B.: The Meiji Restoration, in: The Cambridge history of Japan, vol.5, Cambridge 1989.

Jellinek, Camilla: Georg Jellinek, Sein Leben, in: Neue österreichische Biographie 1815-1918, Bd.7, Wien 1931.

Jellinek, Georg: Allgemeine Staatslehre, 7. Neudruck der 3.Aufl. (1928), Darmstadt 1960.

Ders.: System der subjektiven öffentlichen Rechte, 2.Aufl., Tübingen 1905.

Jeserich, Kurt G.A.
- Pohl, Hans
- von Unruh, Georg-Christoph (Hrsg.):
Deutsche Verwaltungsgeschichte, Bd.2, Stuttgart 1983.

Kaeda, Nobuyoshi: Stein-shi Kôgi, 1889, in: Meiji-bunka-zenshû, 2.Aufl., Bd.3, Tokyo 1955.

Kaempf, Christoph: Der Wandel im japanischen Staatsdenken der Gegenwart, Leipzig 1938.

Ders.: Die Entwicklung der Verfassungswissenschaft Japans, in: Archiv des öffentlichen Rechts, Bd.32, Heft 1, 1940.

Kant, Immanuel: Beantwortung der Frage: Was ist Aufklärung?, 1784, in: Ders., Werke, (hrsg. von der königlichen preußischen Akademie der Wissenschaft, Bd.8), Berlin 1912.

Katô, Hiroyuki: Der Kampf ums Recht des Stärkeren und seine Entwickelung, Berlin 1894.

Ders.: Jinken-shinsetsu, 1882, in: Nihon no meicho, Bd.34, Tokyo 1984.

Ders.: Katô Hiroyuki no shitsumon, in: meiji-bunka-zenshû, Bd4, Tokyo 1929.

Ders.: Keireki-dan, 1896, in: Nihon no meicho, Bd.34, Tokyo 1984.

Ders.: Kokutai-shinron, 1875, in: Nihon no meicho, Bd.34, Tokyo 1984.

Ders.: Rikkenseitai-ryaku, 1868, in: Nihon no meicho, Bd.34, Tokyo 1984.

Ders.: Shinsei-taii, 1870, in: Nihon no meicho, Bd.34, Tokyo 1984.

Ders.: Tonarigusa, 1861, in: Nihon no meicho, Bd.34, Tokyo 1984.

Kaufmann, Erich: Über den Begriff des Organismus in der Staatslehre des 19. Jahrhunderts, 1908, in: Ders.: Gesammelte Schriften Bd.3, Göttingen 1960.

Kelsen, Hans: Hauptprobleme der Staatsrechtslehre, Neudruck der 2.Aufl. (1923), Tübingen 1960.

Ders.: Der soziologische und der juristische Staatsbegriff, Neudruck der 2. Aufl. 1928 Tübingen, Darmstadt 1962.

Kinoshita, Tsuyoshi: Japanese Law and Western Law, in: Leser, Hans G. u.a. (Hrsg.), Wege zur japanischen Recht (Festschrift für Zentaro Kitagawa zum 60. Geburtstag am 5. April 1992, Berlin 1992.

Kirimura, Akio: Katô Hiroyuki no tenkô, in: Osakashiritsudaigaku-hôgakuzasshi, Bd.14, Nr.1, 1967.

Kleinheyer, Gerd
- Schröder, Jan: Deutsche Juristen aus fünf Jahrhunderten, 3.Aufl., Karlsruhe u. Heidelberg 1989.

Kobayashi, Naoki: Rechtsbewußtsein und soziale Bewußtsein in Japan, in: Yasaki, Mitsukuni (Hrsg.): East and West, legal and social philosophy annual conference 13th.15th November 1986, Archiv für Rechts- und Sozialphilosophie, Beiheft 1987.

Koch, Hans-Joachim (Hrsg.): Seminar: Die juristische Methode im Staatsrecht, Frankfurt a.M. 1977.

Koellreutter, Otto: Der verfassungsrechtliche Aufbau des gegenwärtigen Japan, in: Reichsverwaltungsblatt, Bd.61, Heft 6, 1940.

Ders.: Staat und Religion und das neue Religionsgesetz in Japan, in: Verwaltungsarchiv, Bd.45, 1940.

Ders.: Zum Wesen des heutigen japanischen Verfassungsrechtes, in: Archiv des öffentlichen Rechts, Neue Folge, Bd.32, Heft 1, 1940.

Kotulla, Michael: Die Tragweite der revidierten preußischen Verfassung vom 31.01.1850, Frankfurt a.M., Bern, New York u. Paris 1992.

Kröger, Klaus: Einführung in die jüngere deutsche Verfassungsgeschichte (1806-1933), München 1988.

Kreiner, Joseph
- Mathias-Pauer, Regine
- Pauer, Erich: Japans Wandel von der Agrar- zur Industriegesellschaft, Opladen 1983.

Kroeschell, Karl: Das moderne Japan und das deutsche Recht, in: Martin, Bernd (Hrsg.), Japans Weg in die Moderne, Frankfurt a. M. u. New York 1987.

Kuwano, Yukiko: Lorenz von Stein und Japan. Zur Entstehung des Staatssystems in Japan im 19. Jahrhundert, Diss., Wien 1985.

Laband, Paul: Das Staatsrecht des deutsche Reiches, 5.Aufl., 4 Bde., Tübingen 1964.

Lange, Hermann: Das Problem der Rezeption im Recht, in: Ders. - Zintzen, Clemens: Zum Problem der Rezeption in den Geisteswissenschaften, Mainz u. Stuttgart 1987.

Larenz, Karl: Methodenlehre der Rechtswissenschaft, 6. Aufl., Berlin, Heidelberg u. New York 1991.

Lehne, Friedrich: Aus dem lebendigen Erbe des k.k. Verwalungsgerichtshofes, in: Ders. - Loebenstein, Edwin - Schimetschek, Bruno (Hrsg.): Die Entwicklung der österreichischen Verwaltungsgerichtsbarkeit, Festschrift zum 100-jährigen Bestehen des österreichischen Verwaltungsgerichtshofes, Wien u. New York 1976.

Link, Christoph: Herrschaftsordnung und bürgerliche Freiheit, Wien, Köln u. Graz 1979.

Llompart, José: Darf das Recht die Tradition ignorieren?, Problem der Trennung von Staat und Religion in Japan, in: Rechtstheorie (Zeitschrift für Logik, Methodenlehre, Kybernetik und Soziologie des Rechts), Bd.22, 1991.

Ders.: Japanisches und europäisches Rechtsdenken, in: Rechtstheorie (Zeitschrift für Logik, Methodenlehre, Kybernetik und Soziologie des Rechts), Bd.16, 1985.

Lukas, Joseph: Georg jellinek, Sein Werk, in: Neue österreichische Biographie 1815-1918, Bd.7, Wien 1931.

Marten, Heinz-Georg: Rassismus, Sozialdarwinismus und Antisemitismus, in: Fetscher, Iring - Münkler Herfried (Hrsg.): Pipers Handbuch der politischen Ideen, Bd.5, München 1987.

Matsumoto, Kaoru: Development of Parlamentary Democracy up to 1945, in: Jahrbuch des öffentlichen Rechts der Gegenwart, Neue Folge, Bd.16, 1967.

Matsumoto, Sannosuke: Tennôsei-kokka to seiji-shisô, Tokyo 1969.

Mayers Großes Universal Lexikon, Bd.12, Mannheim, Wien u. Zürich 1984.

Meiji-jingû (Hrsg.): Dainipponteikokukenpô-seiteishi, Tokyo 1980.

Meili, Fr.: J.C. Bluntschli und seine Bedeutung für moderne Rechtswissenschaft, Zürich 1908.

Meisner, Heinrich O.: Die Lehre vom monarischen Prinzip im Zeitalter der Restauration und des Deutschen Bundes, 1913, Breslau (von Gierke, Otto (Hrsg.): Untersuchungen zur Deutschen Staats- und Rechtsgeschichte, Heft 122).

Menger, Christian-Friedrich: Deutsche Verfassungsgeschichte der Neuzeit, 6.Aufl., Karlsruhe u. Heidelberg 1988.

Meyer-Gossner, Lutz (Hrsg.): Creifelds Rechtswörterbuch, 10. Aufl., München 1990.

Miller, Frank O.: Minobe Tatsukichi, Berkley u. Los Angeles 1965.

Minear, Richard H.: Seiyô-hô-shisô no keiju, Tokyo 1971. (Original: Japanese Tradition and Western Law, Cambridge Massachusetts 1970; übersetzt von Satô, Kôji - Nagao, Ryûichi - Tanaka, Nariaki).

Minobe, Tatsukichi: Hô no honshitsu, Tokyo 1948.

Ders.: Kelsen gakusetsu no hihan, Tokyo 1935.

Ders.: Kenpô-kôwa, Tokyo 1912.

Ders.: Kokuminkyôiku-teikokukenpô-kôgi wo hyôsu, in: Hoshijima, Jirô (Hrsg.): Saikin-kenpôron, Tokyo 1913.

Ders.: Nihon kenpô, Bd.1, Tokyo 1921.

Miyazawa, Toschiyoshi: Nihon-kenseishi no kenkyû, Tokyo 1968.

Ders.: Tennô-kikan-setsu-jiken, 2.Bde., Tokyo 1970.

von Mohl, Robert: Enzyklopädie der Staatswissenschaft, 2.Aufl., Tübingen 1872.

Müller, Gerhard (Hrsg.): Theologische Realenzyklopädie, Bd.16, Berlin u. New York 1987.

Murakami, Junichi: Einführung in die Grundlagen des japanischen Rechts, Darmstadt 1974.

N.N. (Hrsg.): Gneist-shi danwa, in: Seitsumu-monogatari, Tokyo 1887.

Nagao, Ryuichi: The "japanist school" in the Edo Period: Kamo-no-Mabuchi and Motoori Norinaga, in: Yasaki, Mitsukuni (Hrsg.): East and West, legal philosophies in Japan, Japanese Association for the legal and social philosophy annual conference 13th-15th November 1986, Archiv für Rechts- and Sozialphilosophie, Beiheft 1987.

Nakamura, Yûjirô: Katô Hrioyuki no seido-kan to shizen-kan (1) u. (2), in: Ders.: Kindai-nihon ni okeru seido to shisô, Tokyo 1967.

Nelson, Leonard: Die Rechtswissenschaft ohne Recht, 2.Aufl., Göttingen u. Hamburg 1949.

Neumann, Reinhard: Änderung und Wandlung der Japanischen Verfassung, Köln, Berlin, Bonn u. München 1983.

Nishi, Amane: Gokamoku-kouketsuki-ryaku, in: Nihon-kindai-shisô-taikei, Bd.10, Tokyo 1988.

Nishiyama, Kaname: Lorenz v. Stein's Influence on Japan's Constituion of 1889, in: Ders. - Brauneder, Wilhelm (Hrsg.): Lorenz von Steins »Bemerkungen über Verfassung und Verwaltung« von 1889 zu den Verfassungsarbeiten in Japan, Frankfurt a.M., Bern, New York u. Paris 1992.

Obermayer, Klaus: Grundzüge des Verwaltungsrechts und des Verwaltungsprozeßrechts, 3.Aufl., Stuttgart, München u. Hannover 1988.

von Oertzen, Peter: Die Bedeutung C.F. von Gerbers für die deutsche Staatsrechtslehre, in: Staatsverfassung und Kirchenordnung (Festgabe für Rudolf Smend zum 80. Geburtstag am 15. Januar 1962), Tübingen 1962.

Ders.: Die soziale Funktion des staatsrechtlichen Positivismus, Frankfurt a. M. 1974.

Oki, Masao: Schlichtung als Institution des Rechts. Ein Vergelich von europäischem und japanischem Rechtsdenken, in Rechtstheorie (Zeitschrift für Logik, Methodenlehre, Kybernetik und Soziologie des Rechts), Bd.16, 1985.

Oppikofer, Hans: J.C. Bluntschli's Theorie und die einheimische Rechtswirkung, in: Zeischrift für Schweizerisches Recht, Neue Folge, Bd.60, Heft 5, 1941.

Osatake, Takeki: Nihon-kenseishi-taikô, Neue Ausgabe, Tokyo 1978.

Otsuka, Minao: Meiji-ishin to doitsu-shisô, Tokyo 1977.

Over, Heinrich: Die japanische Staatsverfassung und die sie ergänzenden Gesetze, Diss., Borna=Leipzig 1908.

Pittau, Joseph: Nihon-rikkenkokka no seiritsu, Tokyo 1967. (Original: Political Thought in Early Meiji Japan 1868-1889, Cambridge Massachusetts 1967; japanische Übersetzung von Uchida, Fumiaki).

Quaritsch, Helmut: Staat und Souveränität, Bd.1, Frankfurt a. M. 1970.

Reineke, Robert: Einflüsse der Repräsentationsmodalitäten der belgischen Verfassung von 1831 auf die Struktur der Paulskirchenverfassung, Diss., München 1961.

von Rimscha, Wolfgang: Die Grundrechte im süddeutschen Konstitutionalismus, Köln, Berlin, Bonn u. München 1973.

Röhl, Wilhelm: Fremde Einflüsse im modernen japanischen Recht, Frankfurt a. M. u. Berlin 1959.

Ders.: Die japanische Verfassung, Frankfurt a. M. u. Berlin 1963.

von Rönne, Ludwig: Das Staatsrecht der preußischen Monarchie, 5.Aufl. (neu bearbeitet von Philipp Zorn), 3 Bde., Leipzig 1899-1915.

Roesler, Hermann: Gedanken über den constitutionellen Werth der Deutschen Reichsverfassung, Rostock 1877.

Ders.: Der österreichische Verwaltungsgerichtshof nach dem Gesetze vom 22. Oktober 1875, in: Zeitschrift für das Privat- und öffentliche Recht der Gegenwart, Bd.4, 1877.

Ders.: Das soziale Verwaltungsrecht, Abt.1, Erlangen 1872.

Ders.: Über die Gesetzmäßigkeit der volkswirtschaftlichen Erscheinungen, in: Annalen des deutschen Reiches für Gesetzgebung, Verwaltung und Statistik, Jg.1875.

Ders.: Ueber Verwaltungsgerichtsbarkeit, in: Zeitschrift für das Privat- und öffentliche Recht der Gegenwart, Bd.1, 1874.

Sakamoto, Taro: Understanding Japan, Tokyo 1984. (Englische Übersetzung von Mack Horton).

Satô, Isao: Nihonkokukenpô-gaisetsu, zentei, 2.Aufl., Tokyo 1980.

von Savigny, Friedrich Carl: Vom Beruf unsrer Zeit für Gesetzgebung und Rechtswissenschaft, Heidelberg 1814.

Scheer, Matthias: Verfassungsrecht, in: Eubel, Paul u.a.: Das japanische Rechtssystem, Frankfurt a. M. 1979.

Scheuner, Urlich: Begriff und rechtliche Tragweite der Grundrechte im Übergang von der Aufklärung zum 19. Jahrhundert, in: Der Staat, Beiheft 4, 1980.

Ders.: Die rechtliche Tragweite der Grundrechte in der deutschen Verfassungsentwicklung des 19. Jahrhunderts, in: Festschrift für Ernst Rudolf Huber zum 70. Geburtstag am 08.06.1973, Göttingen 1973.

Scheyhing, Robert: Deutsche Verfassungsgeschichte der Neuzeit, Köln, Berlin, Bonn u. München 1968.

Shimizu, Nozomu: Das "Tennô-System", Eine verfassungsrechtliche Studie zur Nachkriegszeit in Japan, in: Jahrbuch des öffentlichen Rechts der Gegenwart, Bd.29, 1980.

Shimizu, Shin: Meiji-kenpô-seiteishi, 2.Bde., Tokyo 1971.

Shunpo-kô tsuishôkai: Itô Hirobumi den, Bd.2, Tokyo 1940.

Siemes, Johannes: Die Gründung des modernen japanischen Staates und das deutsche Staatsrecht, Berlin 1975 (dessen japanische Übersetzung: Nihon no kindaika to Roesler, Tokyo 1970).

Ders.: Hermann Roesler and the making of the Meiji State, Tokyo 1968.

Ders.: Hermann Roesler und die Einführung des deutschen Staatsrechts in Japan, in: Der Staat, Bd.2, 1963.

Smend, Rudolf: Die preußische Verfassungsurkunde im Vergleich mit der belgischen, Diss., Göttingen 1904.

Stahl, Friedrich Julius: Die Philosophie des Rechts, 2.Aufl., Bd.2, 2.Abt., Heidelberg 1846.

Stammler, Rudolf: Rechts- und Staatstheorien der Neuzeit, 2.Aufl., Berlin 1925.

von Stein, Lorenz: Begriff und Wesen der Gesellschaft, Köln u. Opladen 1956.

Ders.: Die Geschichte der sozialen Bewegung Frenkreichs von 1789 bis auf unsere Tage, 1850, Neudruck, München 1960.

Ders.: Zur preussischen Verfassungsfrage, 1852, in: Forsthoff, Ernst (Hrsg.), Lorenz von Stein, Gesellschaft-Staat-Recht, Frankfurt a. M., Berlin u. Wien 1972.

von Stintzing, Roderich - Landberg, Ernst: Geschichte der deutschen Rechtswissenschaft, 2. Neudruck der Ausgabe München 1910, München 1978.

Störig, Hans Joachim: Kleine Weltgeschichte der Philosophie, 12.Aufl., Stuttgart 1981.

Strobel, Engelbert: Johann Kaspar Bluntschli, Staatsrechtslehrer und Politiker, in: Badische Heimat 49, 1969.

Stucke, Horst: Aurklärung, in: Brunner, Otto - Conze, Werner - Koselleck, Reinhart (Hrsg.), Geschichtliche Grundbegriffe, Bd.1, Stuttgart 1972.

Suehiro, Itsutarô u.a.: Nihonhôgaku no kaiko to tenbô, in: Hôritsu-jihô, Bd.223, 1948.

Sueoka, Seiichi: Hikaku-kokuhôgaku, Tokyo 1901.

Suzuki, Yasuzô: Hermann Roesler und die Japanische Verfassung, in: Monumenta Nipponica, Sophia University, vol.4, 1941. (Deutsche Übersetzung von Siemes, Johannes).

Ders.: Kenpô-seitei to Roesler, Tokyo 1942.

Ders.: Nihonkenpôgakushi-kenkyû, Tokyo 1975.

Tabata, Shinobu: Katô Hiroyuki, 2. Aufl., Tokyo 1986.

Ders.: Katô Hiroyuki no kokkashisô, Tokyo 1939.

Tagami, Georg: Das Zustandekommen der japanischen Verfassung und Grenzen der Verfassungsänderung, in: Festschrift für Hermann Jahrreiß zum 80. Geburtstag, Köln, Berlin, Bonn u. München 1974.

Ders.: Einige Probleme der japanischen Verfassung, in: Deutsches Verwaltungsblatt, 74.Jg., Heft 23, 1959.

Takabayashi, Katsumi: Einführung in das japanische Verwaltungsprozeßrecht, in: Verwaltungsarchiv, Bd.55, 1964.

Tanaka, Hideo (ed.): The japanese legal system, Tokyo 1976.

Thoma, Richard: Der Vorbehalt des Gesetzes im preußischen Verfassungsrecht, in: Festgabe für Otto Mayer zum 70. Geburtstag, Neudruck der Ausgabe Tübingen 1916, Darmstadt 1974.

Töpner, Kurt: J.C. Bluntschlis Begriff "Zeitgeist", in: Ders. (Hrsg.): Wider die Ächtung der Geschichte (Festschrift zum 60. Geburtstag von Hans Joachim Schoeps), München u. Esslingen 1969.

Tsuda, Shinichirô (Mamichi): Taisei-kokuhôron, in: Meiji-bunka-zenshû, 2.Aufl., Bd.13, Tokyo 1957.

Uesugi, Shinkichi: Kokutai ni kansuru isetsu, in: Hoshijima, Jirô (Hrsg.): Saikin-kenpôron, Tokyo 1913.

Ders.: Tenkoku-kenpô, Tokyo 1905.

Ders.: Hikaku-kakkoku-kenpôron, Tokyo 1906.

Ders.: Teikokukenpô-kôyô, Tokyo 1912.

Uete, Michiari: Meiji-keimô-shisô no keisei to sono zeijakusei, in: Nihon no meicho, Bd.34, Tokyo 1984.

Ueyama, Yasutoshi: Kenpôshakaishi, Tokyo 1977.

Ule, Carl Hermann: Die Anfänge der Verwaltungsgerichtsbarkeit in Deutschland und Japan, in: Verwaltungsarchiv, Bd.80, Heft 3, 1989.

Ders.: 100 Jahre Meiji-Verfassung in Japan, in: Deutsches Verwaltungsblatt, 104.Jg., 1989.

Ders.: Japanische und deutsche Rechtsauffassung im öffentlichen Recht, in: Deutsches Verwaltungsblatt, 103.Jg., Heft 13, 1988.

Ders.: Verwaltung und Verwaltungsgerichtsbarkeit in Japan, in: Deutsches Verwaltungsblatt, 99.Jg., Heft 14, 1984.

Ders.: Zu den Anfängen der Verwaltungsgerichtsbarkeit in Deutschland und Japan, in: Verwaltungsarchiv, Bd.88, Heft 3, 1989.

Vontobel, Jacques: Die liberal-konservative organische Rechts- und Staatslehre Johann Caspar Bluntschlis, Diss., Zürich 1956.

Vorauslexikon in fünf Bänden zur Brockhaus Enzyklopädie, 19. Aufl., Bd.4, Wiesbaden 1986.

Wahl, Rainer: Der preußische Verfassungskonflikt und das konstitutionelle System des Kaiserreichs, in: Böckenförde, Ernst-Wolfgang (Hrsg.): Moderne deutsche Verfassungsgeschichte (1815-1918), Köln 1972.

Ders.: Rechtliche Wirkungen und Funktionen der Grundrechte im deutschen Konstituionalismus des 19. Jahrhunderts, in: Der Staat, Bd.18, Heft 3, 1979.

Ders.: Aussprache zu: Ulrich Scheuner, Begriff und rechtliche Tragweite der Grundrechte im Übergang von der Aufklärung zum 19. Jahrhunderts, in: Der Staat, Beiheft 4, 1980.

Werner, Fritz: Lorenz von Stein als Politiker, in: Verwaltungsarchiv, Bd.47, 1942.

Wilhelm, Walter: Zur juristischen Methodenlehre im 19. Jahrhundert, Frankfurt a. M. 1958.

Willoweit, Dietmar: Deutsche Verfassungsgeschichte, München 1990.

Wolff, Hans. J.: Organschaft und juristische Person, Bd.1, Juristische Person und Staatsperson, Berlin 1933.

Yasu, Seishû: Meiji-shoki ni okeru doitsu-kokkashisô no juyô ni kansuru ichi kôsatsu, in: Nihon-seijigakkai (Hrsg.), Nenpô seijigaku, Tokyo 1975.

Zippelius, Reinhold: Allgemeine Staatslehre, 11. Aufl., München 1991.

Ders.: Rechtsphilosophie, 2. Aufl., München 1989.

Einleitung

I. Problemstellung

Japan hatte in seiner Geschichte bis heute zwei Verfassungen im modernen Sinne - die derzeit gültige Verfassung vom 03.11.1946, und ihre Vorgängerin, die Meiji-Verfassung, die hier betrachtet werden soll. Sie ist nach dem Tennô[1] *Meiji* (1852-1912, Regierungsdaten 1868-1912) benannt[2], unter dessen Herrschaft sie am 11.02.1889 erlassen wurde.

Das Vorbild der Meiji-Verfassung war vor allem die preußische Verfassung vom 31.01.1850. Sie ist das erste Ergebnis des Einflusses der deutschen Staatsrechtslehre in Japan. Die japanischen Staatsrechtler, die in ihrer Geschichte bis dahin keine moderne Rechtslehre hervorgebracht hatten, entwickelten ihre Theorien auf der Grundlage deut-

---

1. Japanischer Kaiser heißt auf Japanisch "Tennô". Die Stellung der kaiserlichen Familie steht in enger Beziehung zum Shintôismus (Shintô). Hans Adalbert Dettmer faßt die Entstehung dieser Beziehung wie folgt zusammen:
"Der Shinto ist ursprünglich eine Naturreligion. Gegenstände (Steine, Bäume, auch Berge, Flüsse) und Kräfte (Regen, Blitz, Sturm) der Natur wurden als Sitze oder Hüllen göttlicher Mächte = kami verehrt; sie waren ihrer überirdischen Qualität nach nicht klar bestimmt und differenziert. Verstorbene Könige und Helden reihte man ein ins Pantheon, und es entstanden Lokalgottheiten entweder aus der Verehrung deifizierter Vorfahren im Siedlungsgebiet ihrer Nachkommen oder dadurch, daß ein Clan eine bestimmte Naturgottheit als Familiengott für sich, als Stammvater und Schutzgottheit beanspruchte. In den kleinen Siedlungsgemeinschaften des Altertums war das Wohl der Familie identisch mit dem des Wohnbezirkes und der Chef des Clans zugleich der oberste Priester des Lokalheiligtums, des Schreins (miya jinja); Regierungsmaßnahmen und Gottesverehrung waren untrennbar miteinander verbunden. Die Veränderung der politischen Strukturen, die Machtkonzentration um einzelne Familien, hatte den analogen Aufbau einer Hierarchie der Sippengottheiten zur Folge. Da schließlich der Kaiser-Clan die Herrschaft über die anderen mächtigen Familien gewann, wurde auch dessen Ahnengöttin, die Sonnengöttin Amaterasu-ômikami, oberste Shintô-Gottheit; danach war der Kaiser = tennô als Haupt seines Clans und dessen höchster Priester berechtigt, für das ganze Land religiöse Zeremonien zu vollziehen" (Hans Adalbert Dettmer, Einführung in das Studium der japanischen Geschichte Darmstadt, 1987, S.222; Vgl. Sakamoto Tarô (translated by Mack Horton), Understanding Japan, Tokyo 1984, pp.9-12).
2. Meiji ist eine Regierungsdevise, und bedeutet wörtlich 'helle Regierung'. Jeder neue Tennô stellt seine Regierungszeit unter eine Devise. Damit beginnt eine neue Jahreszählung und der Tennô selbst sowie seine Regierungszeit werden mit dieser Devise bezeichnet. Man nennt dieses das Nengô-System. Der offizielle Name der Meiji-Verfassung ist "Dai-nihon-teikoku-kenpô" (die Verfassung des großen japanischen Reiches).

scher Lehren. Ohne Kenntnis dieses deutschen Einflusses kann man die japanische Verfassungsgeschichte sowie die japanische Staatsrechtslehre nicht verstehen.

Allerdings wurden die deutschen Lehren nicht unverändert aufgenommen, sondern den japanischen Verhältnissen angepaßt. Da Rezeption hier entsprechend zugleich Assimilation bedeutet[3], soll untersucht werden, wie die deutsche Lehre in die japanische Lehre aufgenommen und zu einer japanischen Staatsrechtslehre fortentwickelt wurde.

Dabei geht es um den Transformationsprozeß, in dem deutsche und andere europäischen Ideen von der japanischen Gesellschaft des ausgehenden 19. Jahrhunderts aufgenommen und zur Grundlage der modernen Staatsverfassung verarbeitet wurden.

In diesem Prozeß wurden europäische Ideen mit japanischen Traditionen verschmolzen. Dieser Verschmelzung begegnet man auch auf der Ebene einzelner Begriffe. Beonders auf der begrifflichen Ebene stellt sich die Frage, wie sich die Bedeutung von Begriffen durch die Übersetzung ins Japanische verschoben hat. Diese Übersetzung der Begriffe erfolgte entweder durch Anwendung bereits gegebener Termini wie "*Kokumin*" für das "Volk", wovon noch die Rede sein wird, oder durch Neuschaffung von Termini wie "*Kenri*" für das (subjektive) "Recht".

Als Beispiel für daraus entstehende Darstellungsschwierigkeiten soll hier ein sehr wichtiger Begriff für die japanische Staatslehre etwas näher erläutert werden, da dieser in der vorliegenden Arbeit eine große Rolle spielt. Es handelt sich um den Begriff "*Kokutai*".

Wörtlich übersetzt, bedeutet "*Kokutai*" Staatskörper[4].

Das Wort "*Kokutai*" findet sich schon in den ersten schriftlichen Überlieferungen der japanischen Geschichte. Wenn man ein japanisches Wörterbuch aufschlägt, findet man etwa folgende Bedeutungen: die Struktur eines Staates, sittliche Staatslage, Ehre und Würde eines Staates und schließlich Staatsform[5]. Diese verschiedenen Bedeutungen werden aber beim Gebrauch dieses Wortes nicht klar getrennt, sondern

---

3. Vgl. Hermann Lange, Das Problem der Rezeption im Recht, in: ders. u. Clemens Zintzen, Zum Problem der Rezeption in den Geisteswissenschaften, Mainz u. Stuttgart 1987, S.4.
4. Vgl. Christoph Kaempf, Der Wandel im japanischen Staatsdenken der Gegenwart, Leipzig 1938, S.66.
5. Otsuki Fumihiko, Shintei Daigenkai, 29. Aufl., Tokyo 1967, S.662. Die Übersetzung steht in: Kaempf, a.a.O., S.66.

miteinander vermischt. Besonders nachdem das Wort in der Tokugawa-Zeit durch die Kokugakusha (Wissenschaftler der völkischen Schule)[6] in der shintôistisch-japanologischen Richtung gebraucht worden war, wurde dieser Begriff eng mit dem Tennôtum verbunden. Europäische Staatslehren hatten von daher mit diesem sehr japanisch geprägten Begriff wenig gemein. Trotzdem führte man in die japanische Staatslehre der Meiji-Zeit den Begriff "*Kokutai*" zusammen mit dem Begriff "*Seitai*" ein, der wörtlich übersetzt Regierungskörper bedeutet. Die Begriffe "*Kokutai*" und "*Seitai*" stehen für die in Europa gebräuchliche Unterscheidung zwischen Staats- und Regierungsform[7]: In Europa ist der Begriff der "Staatsform" im Anschluß an die klassische Lehre seit Aristoteles v.a. der Oberbegriff für Monarchie, Aristokratie und Demokratie als der rein formalen Klassifikation eines Staates anhand der Anzahl der Träger der Staatsgewalt, während "Regierungsform" als eine Unterklassifikation betrachtet wird, bei der es darum gehen kann, ob die ausführende Gewalt etwa von einem einzelnen oder einem Gremium ausgeübt oder inwiefern die Exekutive von anderen Organen, etwa Parlament oder Staatsoberhaupt abhängig ist ("parlamentarische Regierung")[8]. Die Unterscheidung zwischen "*Kokutai*" und "*Seitai*" kann nicht vollständig mit der zwischen Staatsform und Regierungsform im europäischen Sinne gleichgesetzt werden, insbesondere dann, wenn die beiden Begriffe in Zusammenhang mit dem japanischen Tennô-System oder der shintôistischen Tradition verwendet werden. Auch nach der Aufnahme der europäischen Staatslehre bringt der "*Kokutai*"-Begriff noch die spezifisch shintôistischen Traditionen des tennôistischen Staatssystems zum Ausdruck[9], wie es seit der Entstehung eines Staatswesens in Japan kontinuierlich existiert hat, während "*Seitai*" sowohl wie Staatsform als auch wie Regierungsform (je nach dem Autor) im westlichen Sinne verwendet wird[10].

Aus der Bedeutungsverschiebung dieser Begriffe folgende Probleme sind in der gesamten Entwicklungsgeschichte der japanischen Staatsrechtslehre zu beobachten, da

---

6. Dazu siehe S.8.
7. Vgl. Kaempf, a.a.O., S.66f.
8. Der Gebrauch der Begriffe "Staatsform" und vor allem "Regierungsform" ist auch in Europa nicht einheitlich. Die im Text skizzierten Bedeutungen dürften aber die gebräuchlichsten sein.
9. Der Begriff der "*Kokutai*" und seine Problematik unter der Meiji-Verfassung werden in Abschnitt C eingehend behandelt.
10. Bis heute ist jedenfalls sogar unter den japanischen Wissenschaftlern noch keine allgemeingültige Definition des Begriffs "*Kokutai*" erfolgt. So bleibt "*Kokutai*" bis heute einer der umstrittensten Begriffe in der japanischen Staatslehre.

jede moderne japanische Staats- bzw. Staatsrechtslehre auf der Grundlage dieser Begriffe konstruiert ist. Im Transformationsprozeß wurde so die ursprüngliche Bedeutung bzw. Funktion der deutschen Lehren verändert.

Gerade um diese Schwierigkeit geht es in der vorliegenden Arbeit: Die Darstellung der Rezeption von Lehren, die einerseits einen kaum zu unterschätzenden Einfluß auf die japanische Gesellschaft der Moderne hatten und die andererseits mit der gewachsenen japanischen Tradition und Geschichte verbunden und dadurch an diese angepaßt wurden.

II. Geschichtlicher Hintergrund

Bevor der Einfluß der deutschen auf die japanische Staatsrechtslehre im Einzelnen näher beleuchtet wird, soll der Frage nachgegangen werden, warum in Japan gerade die preußische Verfassung zum Vorbild genommen wurde.

Um diese Frage beantworten zu können, soll zunächst die Vorgeschichte der Gründung des modernen Staates in Japan kurz skizziert werden.

Ausgangspunkt der Modernisierung Japans war die Ankunft von amerikanischen Schiffen unter dem Kommando des Commodore *Perry* in der Bucht von Tokyo im Juli 1853[11]. Perry forderte im Auftrag seiner Regierung die Öffnung des Landes.

Seit 1638 hatte sich Japan handelspolitisch vom Ausland, mit Ausnahme von Holland und China, abgeschlossen. Anfang des 19. Jahrhunderts standen Ostasien und der Pazifik jedoch im Brennpunkt des Interesses der Großmächte: Rußland unterhielt Handelsstationen in Sibirien und Alaska, Großbritannien verlagerte seine Handelsaktivitäten seit der Gründung Hongkongs mehr und mehr nach Ostasien, und die USA besaßen im Pazifik umfangreiche Walfangflotten und beteiligten sich zunehmend am China-Handel. Diese weltpolitische Situation vergrößerte allmählich das Interesse der Großmächte an Japan. Schließlich wünschten alle drei Großmächte eine Öffnung Japans, weniger aus handelspolitischen Erwägungen, vielmehr weil sie für ihre neuen Dampfschiffflotten Häfen benötigten, wo Kohle und Wasser beschafft werden konnten[12].

---

11. Commodore *Calbraith Perry* (1794-1858) überreichte den japanischen Behörden ein Schreiben seines Präsidenten *Millard Fillmore* (1850-1853 13. Präsident der USA) (Hans Adalbert Dettmer, Grundzüge der Geschichte Japans, Darmstadt 1965, S.115).

12. Josef Kreiner, Regine Mathias-Pauer u. Erich Pauer, Japans Wandel von der Agrar- zur Industiegesellschaft, Opladen 1983, S.34f.; Roger Bersihand, Geschichte

Perrys Schiffe waren modern genug, um damit das kleine, seit langem abgeschlossene Land zu bedrohen. Das Shôgunat[13], das zum damaligen Zeitpunkt an Stelle des machtlosen Kaisers die Regierungsgewalt inne hatte, beugte sich trotz großen Widerstandes im Lande der Bedrohung Perrys, der zu verstehen gab, daß die USA nicht zögern würden, ihre Forderungen durch Entsendung einer weit stärkeren Kriegsflotte durchzusetzen. Überdies fürchtete Japan, eine ähnliche Niederlage zu erfahren, wie sie China gegenüber England im Opiumkrieg von 1840 bis 1842 hinnehmen mußte[14]. So schloß Japan einen Vertrag, der einseitig zugunsten der Amerikaner die Versorgung der Schiffe mit Wasser und Kohle regelte[15].

Japans, Stuttgart 1963, S.275ff. u. 303ff.; Dettmer, Einführung in das Studium der japanischen Geschichte, S.146ff.

13. "Der Titel Shôgun ist dem Bereich des altjapanischen Ämtersystems entnommen und bezeichnet Kommandeure von Truppenteilen bestimmter Größe. Es waren Einheiten von mindestens 3000 Mann. War das Aufgebot größer, die Grenze lag bei drei Heeren, mußte als Oberkommandierender ein taishôgun bestellt werden. Sein Titel erhielt Zusätze, die den Zweck der nur temporären Ernennung zeigten, e.g. sei-i tai-shôgun = Oberkommandierender/Marschall zur Niederwerfung der Barbaren. Ende des 12. Jahrhunderts hatte sich der Titel in dieser Form verfestigt, seine Bedeutung hatte sich jedoch verschoben, tai-shôgun, war sein wichtiges Element und kennzeichnete seinen eigentlichen Sinn. Aber seit 1192 trugen alle Chefs aller Schogunate bis 1868 den vollen Titel sei-i tai-shôgun, meist wird er allerdings nur in der Kurzform shôgun gebraucht. Seinem gewandelten Inhalt entsprechend, bezeichnete er seit 1192 nicht mehr nur einen Oberkommandierenden, man müßte ihn als Marschall oder vielleicht als Militär-Diktator übersetzen" (Dettmer, a.a.O., S.46f.).
Von 1192 bis 1868 regierte der Shôgun faktisch als Staatsoberhaupt Japan, obwohl der Tennô formell in seiner Stellung blieb, den jeweiligen Shôgun ernannte und ihm die Regierungsgewalt übertrug.

14. Vgl. z.B. Dettmer, a.a.O., S.146.

15. Dieser Vertrag vom 31.03.1854 wurde nach dem Ort des Vertragsschlusses Kanagawa-Vertrag genannt. Die Konzessionen, die durch den Kanagawa-Vertrag gegeben wurden, beinhalteten auch z.B. Versorgung mit Nahrungsmitteln, Öffnung von zwei Häfen und Gründung eines Bezirks für Ausländer in Japan. Ähnliche Verträge wurden bald auch mit anderen europäischen Großmächten (auch mit Preußen 24.01.1861) geschlossen. Dettmer dazu:
"1856 traf der erste diplomatische Vertreter der USA, Townsend Harris, in dem neu geöffneten Hafen Shimoda ein. Er erreichte bereits im folgenden Jahr, daß ihm der Abschluß eines Handelsvertrags und die Öffnung weiterer Häfen zugesichert wurden; auch durfte er seinen Amtsitz nach Edo verlegen"(Dettmer, a.a.O., S.146).

Dieses Ereignis verdeutlichte die Schwäche des Shôgunats. Die Kritik der Bevölkerung an der Außenpolitik des Shôgunats mündete in eine grundsätzliche Kritik an der Institution des Shôgunats[16] und führte schließlich zu seinem Sturz.

Auch vorher schon war Kritik und Unzufriedenheit gegenüber dem Shôgunat laut geworden. Die gesellschaftliche und wirtschaftliche Situation erforderte eine Reform des japanischen Herrschaftssystems.

Den größten Teil der Bevölkerung der streng feudalen Gesellschaftsstruktur Japans bildeten die Bauern. Sie mußten jedes Jahr einen Teil der Ernte an ihren Lehnsherrn abgeben. Ihre wirtschaftliche Situation verschlechterte sich infolge geringer Ernten. Deswegen verzichteten viele Bauern auf ihre eigene Arbeit und siedelten in die Stadt um. Das aber machte die Lage derer, die auf dem Land blieben, noch schwieriger. Das Elend der verarmten Bauern verursachte Unruhen, die manchmal mehr als Hunderttausend Menschen erfaßten. Während der Tokugawa-Zeit[17] gab es immer mehr solche Revolten, die aber stets gewaltsam niedergeschlagen wurden[18].

Am anderen Ende der sozialen Skala hatten die Samurai[19], die vom 17. Jahrhundert an der obersten Klasse der gesellschaftlichen Ordnung Japans angehörten, nach der territorialen Vereinigung Japans keine Funktion mehr. Sie alle waren seit der Pax Tokugawa[20] zu einem untätigen und unproduktiven Leben verurteilt, lebten fast aus-

---

16. Kreiner u.a., a.a.O., S.35f.; Bersihand, a.a.O., S.312ff., Dettmer, a.a.O., S.146ff.

17. Tokugawa Ieyasu wurde am 24.03.1603 zum Shôgun ernannt, womit die Regierungszeit der Tokugawa-Familie begann, die man entsprechend die Tokugawa-Zeit nennt(1603-1868).

18. Bersihand, a.a.O., S.280f.

19. Samurai bedeutet Dienender. Samurai war " in Japan ursprünglich Bezeichnung für bewaffnetes Personal der kaiserlichen Familie und des Adels, vom 13.Jh. an für direkte Vasallen der Shogune und der Territorialfürsten; ab dem 17.Jh. die oberste Klasse, aus der sich u.a. Militär, Beamte und Klerus rekrutierten" (Artikel: "Samurai", in: Meyers Großes Universal Lexikon, Mannheim, Wien u. Zürich 1984, Bd.12, S.234). Sie "lebten nach einem strengen Ehrenkodex. Nach der Meiji-Restauration (nach 1868) wurden die Samurai teils in den Adelsstand erhoben, teils als Bürgerliche eingereiht und büßten ihre Privilegien ein" (Artikel: "Samurai", in: Vorauslexikon in fünf Bänden zur Brockhaus Enzyklopädie, 19.Aufl., Mannheim 1986, Bd.4, S.515).

20. Die Tokugawa-Familie regierte Japan ca. 300 Jahre. Die gesamte Herrschaftsgewalt lag in den Händen des jeweiligen Shôgun, des Hauptes der Tokugawa-Familie. In dieser Zeit gab es innerhalb Japans keine kriegerischen Auseinandersetzungen mehr.

schließlich auf Kosten der Bauern und hingen in vielen Fällen einem Luxus an, den sie sich gar nicht leisten konnten. Natürlich trieb sie dieses Leben in Schulden bei Bankiers und Wechslern und ein Großteil der Samurai verarmte[21].

Durch die zunehmende Verstädterung konnten sich Handwerk und Handel in dieser Zeit gut entwickeln. Besonders die Kaufleute erlangten durch die Einführung eines neuen Währungssystems, das den ungehinderten Zahlungsverkehr zwischen den verschiedenen japanischen Territorien ermöglichte, große wirtschaftliche und politische Bedeutung[22].

So entwickelte sich das Feudalsystem des Shôgunats im Verborgenen, während von außen betrachtet die "Pax Tokugawa" 300 Jahre lang bestehen blieb. Diese Veränderung von innen bewirkte auch, daß die verarmten niedrigen Samurai dem Shôgunat gegenüber kritisch eingestellt waren.

Zusammen mit dieser sozialen Unzufriedenheit verursachte der erneuerte Shintôismus[23], der mit dem Tennôkult verbunden war, indirekt die politische Bewegung gegen das Shôgunat.

Schon Mitte des 17. Jahrhunderts setzte eine Erneuerung des Shintôismus ein. *Tokugawa Mitsukuni* (1628-1700)[24], Enkel des ersten Shôguns der Tokugawa-Zeit, förderte das Studium der japanischen Geschichte, bevorzugte den Shintôismus als die traditionelle japanische Religion gegenüber dem aus dem Ausland stammenden Buddhismus[25]

---

21. Bersihand, a.a.O., S.281.
22. Bersihand, a.a.O., S.281f.
23. Zum Shintôismus siehe FN 1.
24. Im Japanischen ist der Familienname dem Voramen vorangestellt. In dieser Arbeit werden alle japanischen Namen dieser Regel entsprechend verwendet: der Familienname steht vor dem Vornamen.
25. Die Geschichte des Buddhismus begann etwa im 6. Jh.n.Chr. Durch die Kontakte mit Korea breitete er sich in Japan aus. Unter *Suiko* Tennô (593-628) wurde der Buddhismus von deren Neffen, dem Statthalter und Thronfolger *Shôtoku Taishi* (574-622), als Stützpfeiler der staatlichen Ordnung gefördert. *Temmu* Tennô (672-686) und *Seimu* Tennô (724-749) bauten den Buddhismus in die Staatsverwaltung ein. In diesem Prozeß wurde der Buddhismus allmählich mit der japanischen Urreligion, dem Shintôismus, verschmolzen. Die Götter des Shintôismus wurden als Hüter der buddhistischen Lehre aufgefaßt.
Im 17. Jh. begann aber in Japan eine Wiederbelebung des japanischen Altertums als nationale Reaktion. "Sprache, Literatur, Sitten, Religion Altjapans wurde emsig studiert, und ein patriotisch-chauvinistischer Geist, vergessend oder absicht-

und verteidigte damit die Sache des Kaisers gegen das Shôgunat. *Takenouchi Shikibu* (1712-1767), ein Lehrer in der Kaiserstadt Kyôto, lehrte seine Schüler, unter ihnen viele Hofadlige, die göttlichen Rechte des Kaisers und die Loyalität gegenüber seiner Person. Diese neue geistige Richtung wurde von den berühmten Kokugakusha, Wissenschaftlern der völkischen Schule, *Kamo no Mobuchi* (1697-1769), *Motoori Norinaga* (1730-1801) und *Hirata Atsutane* (1776-1843) weiterentwickelt[26]. Sie verursachte eine Wandlung der

---

lich ignorierend, daß die eigentliche Zivilisation ein aus indischen und chinesischen Bausteinen aufgeführtes Gebäude war, eiferte gegen alles Fremde, besonders Chinesische, und setzte es zugunsten des Einheimischen, oder dessen was man für einheimisch hielt, ungebührlich herab" (Karl Florenz, Die Religionen der Japaner, in: Edvard Lehmann [Hrsg.], Die orientalischen Religionen, Berlin u. Leipzig 1906, S.216.). Das war die sogenannte Shintô-Renaissance. Es wurde versucht, alles Fremde auszuschließen und die Verschmelzung des Shintôismus mit dem Buddhismus und mit dem Konfuzianismus wurde stark kritisiert.
Vgl. Ogawa Keiji, Artikel: "Japan", Gerhard Müller (Hrsg.), Theologische Realenzyklopädie, Bd.16, Berlin u. New York 1987, S.512f.; G. Rosenkranz, Artikel: Shintoismus, in: Kurt Galling (Hrsg.), Die Religionen in Geschichte und Gegenwart (zit: RGG), 3.Aufl., Bd.6., Tübingen 1962, Sp.8ff.; M. Eder, Artikel: "Japan II (Religionsgeschichtlich)", in: RGG, Bd.3., Sp.539f.; Wilhelm Gundert, Japanische Religionsgeschichte, Stuttgart 1935, S.53.

26. Das Ziel dieser Wissenschaftler war, alles Fremde auszuschließen (siehe FN 25) und das Heimische, den Shintôismus und die damit verbundene Macht des Tennô zu fördern. Kamo lehrte, daß die alten Japaner keine Moraltheorien hatten, weil sie keine brauchten, denn ihre natürliche Disposition sei moralisch, wogegen die von Natur aus schlechten Chinesen (und anderen Ausländer) ein Moralsystem wohl nötig hätten. Motoori vetrat den Gedanken, daß böse Geister die Menschen verleitet hätten, sich von den Lehren der alten japanischen Geschichtsliteratur ab- und dem Buddhismus und der chinesischen Philosophie zuzuwenden. Motoori hielt es für nötig, den Shintôismus durch Forschung in seiner ursprünglichen Reinheit wiederherzustellen. Hirata war Theologe, der es sich in Schrift und Wort zur Lebensaufgabe gemacht hatte, für die Propaganda des reinen Shintôismus zu wirken und, damit aufs engste verbunden, die göttliche Abstammung des Tennô sowie sein ausschließliches Recht auf Herrschaft zu betonen und somit die widerrechtliche Usurpation des aktuell regierenden Shôgunats zu behaupten. Vgl., G. Rosenkranz, Artikel: "Shintoismus", in: RGG, Bd.6, Sp.10.; H.D.Harootunian, Late Tokugawa culture and thought, in: Marius B. Jansen (ed.), The Cambridge History of Japan, vol. 5, Cambridge 1989, pp.198-215; Nagao Ryuichi, The "Japanist School" in the Edo Period: Kamo-no-Mabuchi and Motoori Norinaga, in: Yasaki Mitsukuni (Hrsg.), East and West, Legal Philosophies in Japan, Japanese Association for the Legal and Social Philosophy Annual Conference 13th-15th November 1986, in: Archiv für Rechts- und Sozialphilosophie, Beiheft 30, 1987, pp.31-41.

öffentlichen Meinung, die nunmehr eine Restauration der kaiserlichen Macht forderte[27].

Parallel dazu wurde eine andere Veränderung auch auf wissenschaftlicher Ebene sichtbar: die westliche Zivilisation rückte immer mehr in das Blickfeld japanischer Politik. Dieses Interesse hatte sich durch den Kontakt mit Holland langsam entwickelt[28]. Das auch während der Isolationspolitik vom Shôgun geförderte Studium der europäischen Wissenschaften brachte allmählich eine Mißbilligung des Shôgunats und seiner isolationistischen Politik mit sich. So erkannten die Lehrer und Schüler europäischer Wissenschaften in Japan die Schwäche der Politik des Shôgunats und verlangten die Wiederaufnahme der Beziehungen mit dem Ausland[29].

Diese innerstaatlichen Gründe und die äußere Bedrohung verursachten den Sturz des feudalen Systems des Shôgunats. 1867 erfolgte die offizielle Rückgabe der Regierungsgewalt des Shôgunats an das Kaiserhaus[30]. Schließlich versuchte man nun, unter der Herrschaft des Tennô einen modernen Staat zu errichten. Diese Restauration der tennôischen Macht wurde hauptsächlich "von oben" durchgeführt[31]. Ihr Ziel war, ein neues, den modernen europäischen Ländern entsprechendes Staatssystem zu errichten.

---

27. G. Rosenkranz, Artikel: " Japan III" (Die japanische Religion und die christliche Botschaft), in: RGG, Bd.3, Sp.540; M.Eder, Artikel: "Shintoismus I (Religionsgeschichtlich)", in: RGG, Bd.6., Sp.10; Karl Florenz, Die Religion der Japaner, S.216; Hirai Naofusa, Shinbutsu-kôshô to shintô no jiritsu, in: Sonoda Minoru (Hrsg.), Shintô, Tokyo 1988, S.30f.; Bersihand, a.a.O., S.271f. u. 284.
28. Bersihand, a.a.O., S.272f.
29. Ebenda, S.273f.
30. Die Rückgabe der Regierungsgewalt des Shôgun an den Tennô erfolgte friedlich. Der Landesfürst von Tosa (Südgebiet Japans) namens *Yamanouchi Toyoshige* (1837-1913) empfahl dem 15. Tokugawa-Shôgun, *Tokugawa Yoshinobu* (1852-1913, Regierungsdaten 1867/68) der kurz davor sein Amt angetreten hatte, die Regierungsgewalt in die Hände des Tennô zu legen. Nach eingehenden Beratungen bat der Shôgun um seine Entlassung. Vgl. Dettmer, a.a.O., S.147.
31. Diese Restauration wurde nach der Regierungsdevise des Tennô Meiji-Restauration genannt, aber in Wirklichkeit hauptsächlich nicht vom Tennô selbst, sondern durch die den Tennô verehrenden Landesherren durchgeführt.
Unter der Herrschaft des Shôgunats regierte jeder Landesherr sein eigenes Gebiet im damaligen Japan. Unter diesen Landesherren waren besonders die im südlichen Gebiet von Japan kritisch gegenüber der Politik des Shôgunats gewesen und hatten versucht, eine neue Regierung unter der Herrschaft des Tennô zu gründen. Der Tennô "ließ sich überwiegend von Politikern beraten, die aus dem schon an der Beseitigung des Shôgunats beteiligten Adel der Südwestregion (Chôshû, Hizen, Satsuma, Tosa) kamen. Mit ihnen führte er in den folgenden

Dieses Ziel der Restauration beeinflußte auch die Wissenschaft. So versuchten in dieser Zeit Wissenschaftler, von denen die meisten auch in der Politik eine Rolle spielten, den Japanern europäisches Gedankengut nahezubringen, worin sie eine ideale Grundlage des neuen Staates sahen.

Dazu gehörte auch die deutsche Staatslehre. Den deutschen Verfassungen und unter diesen insbesondere der preußischen wurde Aufmerksamkeit aber erst geschenkt, als die erste japanische Regierungsdelegation 1871-73 Europa besuchte und ein Jahr später der japanische Finanzminister der Eröffnung des Reichstages durch den Kaiser in Berlin beiwohnte. Die Mitglieder der ersten Delegation waren von der Stärke der preußischen Monarchie und der raschen Entwicklung Preußens trotz seiner ursprünglichen Armut und geringen territorialen Größe stark beeindruckt. Preußens Weg erschien der japanischen Regierung als geeignetes Modell für die Modernisierung Japans. Die japanische Regierung berief daher deutsche Juristen wie *Hermann Roesler* (1834-1894) und *Albert Mosse* (1846-1925) als Rechtsberater der Regierung und schickte einen der einflußreichsten japanischen Politiker, *Itô Hirobumi*(1841-1909), der später die Kodifizierung der Verfassung leitete, zum Studium der deutschen Verfassungen nach Berlin und Wien, nämlich zu *Rudolf von Gneist* (1816-1895) und *Lorenz von Stein* (1815-1890). So wurde die Meiji-Verfassung von der Mitarbeit deutscher Juristen und dem Wunsch der japanischen Politiker geprägt, die Entwicklung Preußens nachzuvollziehen.

Wie erwähnt wurde dabei nicht nur der Verfassungstext teilweise übernommen. Auch die japanische Staatsrechtslehre unter der Meiji-Verfassung wurde von der deutschen Lehre beeinflußt.

Die meisten der führenden japanischen Staatsrechtler der damaligen Zeit studierten in Deutschland und entwickelten ihre eigenen Ideen auf der Basis der deutschen Staatsrechtslehre. Bis zum zweiten Weltkrieg glaubten viele japanischen Juristen, daß neben der japanischen nur die deutsche Rechtslehre für sie bedeutsam sei. Sogar in der Zeit des ersten Weltkrieges, als Japaner in Deutschland nicht forschen konnten, sammelten einige japanische Juristen deutsche Literatur[32]. Somit fand auch die deutsche Staatsrechtslehre Eingang in das japanische Verfassungsverständnis.

Jahren eine Reihe einzelner Reformen durch, die in ihrer Gesamtheit das staatliche Leben allerdings umfassend modernisierten" (Dettmer, Einführung in das Studium der japanischen Geschichte, S.180). Vgl. Marius B. Jansen, The Meiji Restoration, in: The Cambridge History of Japan, vol.5, pp. 353-366.

32. Sie versuchten, deutsche Literatur in den USA zu sammeln. Vgl. Suehiro Itsutarô u.a., Nihonhôgaku no Kaiko to Tenbô, in: Hôritsu-jihô, Bd. 223, 1948, S.574.

Bedingt durch die Niederlage im zweiten Weltkrieg orientierten sich die Japaner ab 1945 demgegenüber an der amerikanischen Staatsrechtslehre[33]. Dies war Ausdruck einer allgemeinen Umorientierung, die nicht zuletzt durch die amerikanische Besatzungsmacht in Japan hervorgerufen wurde. Besonders im Bereich der Menschenrechte sind amerikanische Lehren in die japanische Staatsrechtslehre übernommen worden.

Auch heute gibt es noch viele japanische Juristen, die sich mit der deutschen Staatsrechtslehre beschäftigen. Sie hat zwar im Vergleich zur Zeit vor dem zweiten Weltkrieg an Bedeutung verloren, das deutsche Staatsrecht sowie die deutsche Staatsrechtslehre gehören aber auch heute noch zu den bedeutsamsten Gegenständen der Rechtsvergleichung in Japan. Sie sind immer noch Modell für die juristische Denkmethode in Japan; diese Tradition ist trotz des amerikanischen Einflusses nach dem zweiten Weltkrieg nicht abgerissen.

In dieser Arbeit sollen die deutschen Einflüsse auf die Meiji-Verfassung und die auf sie bezogene Staatsrechtslehre vor, während und nach ihrer Kodifizierung dargestellt werden. Dabei werden besonders die deutschen Einflüsse auf die damals bedeutendsten japanischen Wissenschaftler im staatsrechtlichen Bereich, für die Zeit vor der Meiji-Verfassung *Katô Hiroyuki* (1836-1916), und für die Zeit während der Meiji-Verfassung *Hozumi Yatsuka* (1860-1912) und *Minobe Tatsukichi* (1873-1948), betrachtet.

---

33. Die heutige japanische Verfassung wurde faktisch von den Alliierten, insbesondere von den Amerikanern, abgefaßt. Vgl. z.B. Wilhelm Röhl, Die japanische Verfassung, Frankfurt a.M. u. Berlin 1963, S.13ff. Matthias Scheer, Verfassungsrecht, in: Paul Eubel u.a., Das japanische Rechtssystem, Frankfurt a.M. 1979, S.56; Reinhard Neumann, Änderung und Wandlung der Japanischen Verfassung, Köln, Berlin, Bonn u. München 1982, S.66ff.; Carl Hermann Ule, Japanische und deutsche Rechtsaufassung im öffentlichen Recht, in: DVBl, 103.Jg., Heft 13, 1988, S.599.; Heinrich Herrfahrdt, Parlament und Krone im heutigen Japan, in: Der Staat, Bd.2, 1963, S.67; Georg Tagami, Das Zustandekommen der japanischen Verfassung und Grenzen der Verfassungsänderung, in: Festschrift für Hermann Jahrreiß zum 80. Geburtstag, Köln, Berlin, Bonn u. München 1974, S.313ff.; ders., Einige Probleme der japanischen Verfassung, in: DVBl, 74.Jg., Heft 23, 1959, S.833.

A. Der Weg zur Kodifizierung der Meiji-Verfassung: Das "Aufklärungszeitalter" in Japan

I. Der Stand der Wissenschaft am Anfang der Meiji-Zeit

1. Die japanische Aufklärung und die angeborenen Menschenrechte

a) Die japanische Aufklärung

Die Zeit der Meiji-Restauration nennt man ideengeschichtlich die Aufklärungszeit Japans. Die japanische Aufklärung hat im Vergleich zur europäischen einen eigenen Charakter. In dieser Zeit sollten in Japan gleichzeitig und ohne historische Grundlagen ein geeinter Staat mit modernem Staatssystem entwickelt und die Freiheit und Unabhängigkeit des Individuums gewährleistet werden.

Vorbilder dafür fanden die japanischen Aufklärer in Europa. Aufklärung bedeutete daher für sie in erster Linie "Europäisierung"[34]. Hinzu kommt, daß vom Ende des Shôgunats an bis etwa zehn Jahre nach der Meiji-Restauration außer *Montesquieu* (1689-1755) und *Jean-Jacques Rousseau* (1670-1741) die Werke von *John Stuart Mill* (1806-1873), *Jeremy Bentham* (1748-1832) und *Herbert Spencer* (1820-1903) verbreitet waren[35], die man nicht mehr zur europäischen Aufklärung zählen kann[36]. Trotz dieser

---

34. Vgl. Kobayashi Naoki, Rechtsbewußtsein und soziale Struktur in Japan, in: Yasaki (hrsg.), a.a.O., S.15: "Die Modernisierung Japans [war] [...] nichts anders als eine 'Westernization'".
Auch in der europäischen Geschichte ist es schwierig, den Begriff der Aufklärung zu definieren (Vgl. Horst Stucke, Artikel: "Aufklärung", in: Otto Brunner, Werner Conze u. Reinhart Koselleck (Hrsg.), Geschichtliche Grundbegriffe, Bd.1, Stuttgart 1972, S.243ff.). Als die wesentlichen Ergebnisse der Aufklärung für die Staatslehre in Europa nennt z.B. Ermacora:
a) das rationale Naturrecht (Hobbes, Locke, Voltaire, J.J. Rousseau, Pufendorf, Ch.Wolff, Kant): die lex divina,
b) der Gesellschaftsvertrag (Locke, Rousseau, Pufendorf, Kant): das Individuum als Träger der staatlichen Gewalt,
c) Volkssouveränität (Rousseau) samt Nationalstaatsgedanke und
d) Laisierung des Staates
(Felix Ermacora, Allgemeine Staatslehre, Berlin 1970, Bd.1, S.100).
Durch diese Ergebnisse wurden Grund- und Freiheitsrechte sowie freiheitssichernde Strukturen des Staates wie Gewaltenteilung, rule of law, usw. im Staat wirksam.
Während man in der Aufklärung in Europa die Liberalisierung des Staatssystems als "Ausgang des Menschen aus seiner selbstverschuldeten Unmündigkeit"

Unterschiede hat die japanische Aufklärung ebenso wie die europäische die Gründung des modernen Staatslebens durch die Herrschaft der menschlichen Vernunft angestrebt. Die Befreiung der menschlichen Natur und die Übernahme der analytischen naturwissenschaftlichen Methode in das Verständnis der gesellschaftlichen Struktur brachten auch in Japan einen rationalen Menschenrechts- und Staatsgedanken hervor.

b) Die "Jiyû-minken-undô"

In der Zeit der "japanischen Aufklärung" entstand in der Bevölkerung eine politische Bewegung für Freiheit und Volksrechte, die sogenannte *"Jiyû-minken-undô"*. Die Grundgedanken dieser Bewegung stammten wesentlich aus der Idee der angeborenen Menschenrechte; sie wird deshalb als die erste bedeutende Menschenrechtsbewegung in der japanischen Neuzeit bezeichnet[37]. Das Ziel dieser Bewegung war jedoch hauptsächlich die Ablösung der mit der Tennô-Herrschaft verbundenen oligarchischen Strukturen[38] durch eine Volksvertretung[39]. Was man sich also im wesentlichen von den Menschenrechten versprach, war das Recht auf politische Mitwirkung der Bürger.

(Immanuel Kant, Beantwortung der Frage: Was ist Aufklärung?, 1784, in: ders., Werke, hrsg. von der königlichen preußischen Akademie der Wissenschaft, Berlin 1912, Bd.8, S.35, u. 40.) verstand, sahen die Japaner die Mündigkeit darin, das Land zu öffnen und zu europäisieren. Die oben genannten Elemente der europäischen Aufklärung wurden in Japan lediglich als Nebenprodukte dieser Europäisierung aufgenommen, blieben dabei aber ohne klar definierte Bedeutung.

35. Uete Michiari, Meiji-keimô-shisô no keisei to sono zeijakusei, in: Nihon no meicho, Bd.34, Tokyo 1984, S.10f.

36. Bentham und J.S.Mill waren Utilitaristen, Spencer war Sozialdarwinist. Nach dem Utilitarismus hängt die sittliche Qualität menschlicher Handlungen nur von ihrer Nützlichkeit (oder Schädlichkeit) und somit von ihren Folgen ab. Dabei bleiben die Motive und Gesinnungen unbeachtet. Nach dem Sozialdarwinismus werden stets die Rechte des Stärkeren anerkannt, die im Kampf ums Überleben errungen werden. Diese Ideen gingen zum Teil mit der Idee der Aufklärung konform, z.B. in bezug auf die Betonung des rationalen Denkens und die Beachtung der menschlichen Freiheit. Aber man hob von diesen Ideen lediglich bestimmte Aspekte (z.B. Nützlichkeit, Anpassungsfähigkeit) als für die Natur des Menschen wichtig hervor. Im Gegensatz dazu betonte man in der Aufklärung die menschliche Vernunft im allgemeinen.

37. Vgl., Hasegawa Masayasu, Kenpôgakushi (jô), in: Kôza nihon-kindaihô-hattatsushi, Tokyo 1959, S.24ff.

38. Vgl. FN 31. Die ehemaligen Landesherren, die die kaiserliche Restauration durchführten, blieben die einflußreichen Politiker in der neuen Regierung. Die wirkliche politische Macht wurde von ihnen ergriffen.

39. Kreiner u.a., a.a.O., S.39.

c) Die Bedeutung der angeborenen Menschenrechte in Japan

Diese Aufklärungs- und Menschenrechtsbewegung bewirkte ein spezifisch japanisches Menschenrechtsverständnis.

Für die Aufnahme der Idee der angeborenen Menschenrechte in Japan gerade in dieser Zeit lassen sich drei Gründe anführen, die auch die Eigentümlichkeit des japanischen Menschenrechtsverständnisses erklären.

1) Die französische Revolution und die daraus resultierende Verfassung: Unter den damaligen japanischen Übersetzungen französischer Literatur findet man Montesquieu und Rousseau. Vor allem Rousseau wurde als "Aufklärer", der die französische Revolution förderte, viel gelesen. In der obengenannten Menschenrechtsbewegung wurde Rousseau zur Begründung des Naturrechtsgedankens in Japan angeführt, obwohl Rousseau nicht als der eigentliche Urheber der Idee angeborener Menschenrechte angesehen werden kann. Der Grund hierfür ist darin zu sehen, daß Hauptzwecke der damaligen Menschenrechtsbewegung in Japan, wie erwähnt, die Entwicklung politischer Bürgerrechte und die Errichtung einer Volksrepräsentation waren. Zur Begründung dafür wurde nicht nur die Idee der angeborenen Menschenrechte sondern auch die Vertragstheorie Rousseaus angeführt. Aus diesem Grunde identifizierte die zeitgenössische japanische Lehre die Menschenrechtsidee mit der rousseauschen Staats- und Rechtsidee.

2) Die Stellung des Einzelnen in den europäischen Staatslehren: das Hauptziel der japanischen Aufklärer war, ein neues Staatssystem zu konstruieren, innerhalb dessen die Menschenrechtsidee nur einen Teil bilden sollte. Daneben wurden beispielsweise auch der Staatsorganismusgedanke[40] und der Sozialdarwinismus[41] für dieses Ziel über-

---

40. Der Begriff des Staatsorganismus ist ein Produkt des im 19. Jahrhundert beliebten Analogieverfahrens, bei dem man für die Strukturen des sozialen Lebens Entsprechungen in der Natur sah. Dabei wurde der Staat mit einem biologischen Organismus verglichen. In der radikalen Lehre des Staatsorganismus wurde der Staat als ein echter Organismus betrachtet und die Analogisierung von sozialen Gliederungen, Prozessen und Funktionen mit organischen für "so legitim wie die Analogisierung der Biologie innerhalb des organischen Reiches" gehalten, während in anderen organischen Ideen an der biologischen Analogie nur noch für Teilbereiche des Sozialen festgehalten wurde (Jürgen von Kemski, Artikel: "Sozialwissenschaft" in: Erwin von Beckerath u.a.[Hrsg.], Handwörterbuch der Sozialwissenschaften, Bd.9, Stuttgart 1956, S.621). Das fundamentale Element des Organismusbegriffs liegt vor allem in einer wechselbezüglichen und immanent sich entwickelnden Ordnungsstruktur zwischen der Ganzheit und ihren Gliedern (Ernst-Wolfgang Böckenförde, Artikel: "Organ, VIII", in: Otto Brunner,

nommen[42]. Diese verschiedenen Lehren wurden im Prozeß ihrer Rezeption miteinander vermischt und haben so die Gestaltung der japanischen Menschenrechtsidee beeinflußt.

3) Der Einfluß des Konfuzianismus: Die Rezeption des Gedankens der angeborenen Menschenrechte traf in Japan mit dem Ideengut des Konfuzianismus zusammen, der seit langem in Japan Einfluß gehabt hatte[43]. Nach der konfuzianischen Lehre ist der Himmel der Ahnherr aller Dinge, der Mensch entsteht zwischen Himmel und Erde "und an Aussehen und Gestalt ist er seinem frühesten Ahnen nachgebildet, darum sind alle Einzelnen verehrungswürdig, weil sie das Abbild sind von der höchsten

---

Werner Conze, u. Reinhart Koselleck [Hrsg.], Geschichtliche Grundbegriffe, Bd.4., Stuttgart 1978, S.587ff). Der Staatsorganismusgedanke wird unten in Abschnitt II. über Katô Hiroyukis Lehre näher betrachtet.

41. Sozialdarwinismus ist der "Sammelbegriff für alle sozialwissenschaftlichen Evolutionstheorien, die das soziale Leben in Analogie zu den von Darwin aufgestellten Entwicklungsgesetzlichkeiten des tierischen und pflanzlichen Lebens interpretierten" (Artikel: "Sozialdarwinismus" in: Brockhaus Enzyklopädie, 17.Aufl., Wiesbaden 1973, Bd.17, S.614). Nach Heinz-Georg Marten beinhaltet Darwins Evolutionslehre zwei Ideenkomplexe in ihrer methodologischen Konstruktion, nämlich die Theorie des allgemeinen genealogischen Zusammenhangs der Lebewesen (Evolutionslehre) und die Theorie der Kausalität dieser Evolution (Selektionsgedanke). Nach der letzteren erfolgen Artumbildung und Höherentwicklung durch Auslese variierender Nachkommen im Kampf ums Dasein. Im 19. Jahrhundert entstand die Tendenz des Sozialbiologismus, die menschliche Gesellschaft zu biologisieren. Man hielt die Prinzipien Darwins auch in den menschlichen Gesellschaften für exakt bewiesen. In Einzelheiten unterscheidet sich die Lehre des Sozialdarwinismus je nach dem Autor. Der Hauptgedanke dieser Lehre aber ist: "Die Ungleichheit des Menschen führe in der naturgesetzlich und zufällig entstandenen menschlichen Gesellschaft zum Kampf ums Dasein und zur Herrschaft der Tüchtigsten, bei Individuen ebenso wie bei Gruppen, Rassen und Völkern" (Reinhard Löw, Artikel:"Darwinismsus", in: Görres-Gesellschaft [Hrsg.], Staatslexikon, 7.Aufl., Freiburg, Basel u. Wien 1985, Bd.1, S.1165).
Damit hat der Sozialdarwinismus bestehende Ungleichheiten, Diskriminierungen und Ungerechtigkeiten als naturgesetzlich entstandene gerechtfertigt und jede staatliche Korrektur des status quo aufs schärfste abgelehnt.
Die Vertreter dieser Lehre in Deutschland sind z.B. Ernst Haeckel (1834-1909), Otto Ammon (1842-1915), Wilhelm Schallmayer (1857-1919) und Alfred Ploetz (1860-1940) (Heinz-Georg Marten, Rassismus, Sozialdarwinismus und Antisemitismus, in: Iring Fetscher u. Herfried Münkler [Hrsg.], Pipers Handbuch der politischen Ideen, München 1987, Bd.5., S.64ff.).

42. Vgl. Matsumoto Sannosuke, Tennôsei-kokka to seiji-shisô, Tokyo 1969, S.212ff.

43. Murakami Junichi, Einführung in die Grundlagen des japanischen Rechts, Darmstadt 1974, S.24.

Wirkungskraft"[44]. Dieses konfuzianische Verständnis von Mensch und Kosmos war Grundlage für die Rezeption der Idee der angeborenen Menschenrechte. Im Konfuzianismus werden aber nicht bloß die Entstehung und Entwicklung des Menschen, sondern auch die gesellschaftlichen Beziehungen des Menschen als ein Teil des lebendigen Kosmos begriffen. Die moralische Menschlichkeit in der Gesellschaft wird dadurch auch als ein Teil der Naturordnung des Kosmos dargestellt. Dieses Verständnis der Herrschaft der Naturgesetze in der menschlichen Gesellschaft ermöglichte die Übernahme des Sozialdarwinismus, in dem man ebenfalls die menschliche Gesellschaft als dem Naturgesetz unterworfen betrachtet. Zudem hatte der Konfuzianismus eine organische Staatsidee. Das ethisch-politische System des Staates bildet danach einen einheitlichen Körper, der auch ein Teil des gesamten Kosmos ist[45]. Diese verschiedenen Ansätze im Konfuzianismus ermöglichten die Vermischung der verschiedenen europäischen Ideen.

Darüberhinaus bildet im Konfuzianismus der gegenseitige Respekt zwischen Menschen die Grundlage für das Staatsgefüge[46]. Man schenkt dabei dem Pflichtgefühl mehr Achtung als dem Recht. Im Rahmen des konfuzianischen Gedankengutes wurde daher das kämpferische Element gegenüber den Regierenden abgedämpft, das der Idee der angeborenen Menschenrechte innewohnt.

Das japanische Menschenrechtsdenken entstammt daher nicht der Vorstellung eines Gegensatzes von Staat und Volk, sondern einer Harmonievorstellung, die die Ausgestaltung der Rechte des Einzelnen im Staat prägte.

Im folgenden soll dies anhand einer wissenschaftlichen Vereinigung, Meiroku-sha, der damals fast alle bedeutsamen Aufklärer angehörten, erläutert werden, um die politischen Positionen der Aufklärer deutlich zu machen (2.). Anschließend soll die Veröffentlichung der Taisei-Kokuhôron (die europäische Staatsrechtslehre) behandelt werden, in der erstmals die europäische Staatslehre systematisch dargestellt und die damit zur Grundlage der frühen japanischen Staatslehre wurde (3.).

---

44. Otto Franke, Studien zur Geschichte des konfuzianischen Dogmas und der chinesischen Staatsreligion, Hamburg 1920, S.188.

45. Franke, a.a.O., S.216.

46. Artikel: "Konfuzianismus", in: Brockhaus Enzyklopädie, 17. Aufl., Bd.10, Wiesbaden 1970, S.411.

2. Die Vereinigung der Meiroku-sha

1873 wurde die Vereinigung der Meiroku-sha[47], der die bedeutsamsten Denker der Aufklärungszeit Japans angehörten, gegründet. Die Gründung dieser Vereinigung wurde von zwei der einflußreichsten Denker und Politiker, *Mori Arinori* (1847-1888)[48] und *Nishimura Shigeki* (1828-1902)[49], zum Zweck der Zusammenarbeit von Wissenschaftlern für die Entwicklung der Wissenschaft und Förderung der Moral angeregt. Unter den Mitgliedern befanden sich vor allem die damals führenden Wissenschaftler der Europakunde, die Übersetzer der in Japan verbreiteten europäischen Schriften[50]. Ab 1874 gab die Meiroku-sha die "Meiroku-zasshi" (Meiroku-Zeitschrift) heraus, mit der erstmals die modernen wissenschaftlichen Theorien in der Bevölkerung verbreitet wurden.

Meiroku-sha war eine sogenannte wissenschaftliche Vereinigung, deren Prinzip es war, sich nicht öffentlich über die Politik zu äußern[51]. Trotzdem geben die Diskussionen der Mitglieder Aufschluß über ihre politischen Ansichten.

Die Lebensläufe vieler Mitglieder weisen auffallende Ähnlichkeiten auf: da sie erst in der Mitte der zwanziger oder dreißiger Jahre des 19. Jahrhunderts geboren wurden, waren sie bei Perrys Erscheinen noch jung und fingen gerade erst politisch zu denken an. Während der Meiji-Restauration waren sie erst dreißig bis vierzig Jahre alt und auf der Höhe ihrer Leistungsfähigkeit[52]. Da sie alle aus niedrigen Kreisen der Samurai-

---

47. Da dieses Jahr nach dem japanischen Kalender dem 6. Meiji-Jahr entspricht, nannte man die Vereinigung "Meiroku-sha", d.h. "Meiji-6-Vereinigung". Nach der japanischen Zeitrechnung nennt man das Jahr der Krönung des Tennô das erste Jahr und fügt hieran den Namen des jeweils herrschenden Tennô.

48. Mori Arinori: Diplomat und Politiker in der Meiji-Zeit. Schon vor der Meiji-Restauration studierte er in London Chemie, Physik und Mathematik und war danach auch in den USA. Unter der Meiji-Regierung war er als Gesandter ab 1875 in China und ab 1879 in England. 1885 wurde er zum Kultusminister ernannt.

49. Nishimura Shigeki: Denker u. Erzieher in der Meiji-Zeit. Er studierte Konfuzianismus und Enropakunde. Nach der Restauration trat er ins Kultusministerium ein. 1875 wurde er zum Berater des Tennô ernannt.

50. Uete, a.a.O., S.17ff.; Ienaga Saburô u. Ino Kenji, Kindai-shisô no Tanjô to Zasetsu, in: Kindai-nihon-shisô-kôza, Tokyo 1959, Bd.1, S.47.

51. Hasegawa, a.a.O., S.278. Einzelne Mitglieder waren auch im politischen Bereich tätig. Aber die Vereinigung selbst wurde gegründet, um ausschließlich im wissenschaftlichen Bereich zu wirken und damit ihre Unabhängigkeit und Neutralität hochzuhalten.

52. Uete, a.a.O., S.14f.

schicht stammten, waren sie von Haus aus dem feudalen Ständesystem des Shôgunats gegenüber kritisch eingestellt. Sie waren ehrgeizig und wollten Karriere machen. Nach der Meiji-Restauration arbeiteten sie nicht nur im wissenschatlichen Bereich, sondern auch als Politiker. Der Änderung der damaligen Geistesströmung gemäß[53] studierten sie zuerst Konfuzianismus, dann Hollandkunde und schließlich Europakunde. Sie waren diejenigen, die europakundliche Erfahrungen sammeln konnten und zudem z.T. die Möglichkeit besessen hatten, in Europa zu studieren[54].

Dies macht den Charakter der Meiroku-sha und der in ihr vereinigten japanischen Auklärungsdenker deutlich. Ihre Karriere zeigt, daß sie der Regierung nahe standen. Viele von ihnen wurden Regierungsbeamte und waren im Prozeß des Neuaufbaus Japans zu einem Kompromiß mit der Regierung bereit. Anstatt sie zu kritisieren, förderten sie sogar das Bestreben der Regierenden, eine absolute Herrschaft zu errichten.

Diese aus der Mitgliedschaft in der Regierung resultierende Schwäche der Meiroku-sha soll an den folgenden Beispielen verdeutlicht werden, die die eigentümliche Stellung der Meiroku-sha und der in ihr vereinigten japanischen Auklärungsdenker zeigen, die in ihrer Eigenschaft als Regierungsbeamte die Tennô-Herrschaft stützten:

1) Gleich nach Gründung der Meiroku-sha formierte sich unter der Leitung der liberalen Politiker eine Bewegung, die sich die Einführung eines allgemeinen Wahlrechts zum Ziel setzte[55]. Für die Mitglieder der Meiroku-sha stellte das Parlament hingegen an erster Stelle ein Instrument zur Eindämmung der bestehenden feudalen Strukturen dar. Die politische Macht sollte nach ihrer Vorstellung nicht abrupt auf die der politischen

---

53. Der Konfuzianismus hatte lange Zeit die Geisteswissenschaft sowie die Weltanschauung Japans beherrscht. Später wurden die europäischen Geistesströmungen aufgenommen; zunächst aufgrund der Isolationspolitik des Shôgunats hauptsächlich aus Holland. Am Ende der Tokugawa-Zeit fanden Japaner allmählich mehr Interesse an anderen europäischen Ländern, besonders seitdem sie die Stärke der europäischen Großmächte erfahren hatten.

54. Uete, a.a.O.,S.17ff. u. 22ff.

55. Diese Bewegung war ein Glied in der Kette der obengenannten *Jiyû-minken-undô* (Die Bewegung für Freiheit und Volksrechte) und formulierte eine Bittschrift zur Gründung eines Volksparlaments an die Regierung. Dadurch wurde zum ersten Mal der Regierung gegenüber eine konkrete Aufforderung zur Demokratisierung geäußert.

Reife ermangelnde Masse des Volkes übertragen werden; vielmehr verfolgten sie eine Politik eines allmählichen, kontinuierlichen Übergangs[56].

2) Ähnlich äußerten sie sich über die politischen Freiheiten. Ihrer Meinung nach konnten nämlich in Ländern mit "ungebildeter" Bevölkerung Mitwirkungsrechte an der Politik nicht durchgesetzt werden. Die Gleichheit der Menschen war kein Gegenstand ihrer Diskussion[57].

3) Als die Regierung beabsichtigte[58], Meinungs- und Pressefreiheit gesetzlich zu beschränken, stellte die Meiroku-sha die von ihr herausgegebene Zeitschrift ein. Unbe-

---

56. Hirota Masaki, Keimô-shisô to bunmeikaika, in: Iwanami kôza nihon-rekishi, Bd.14, Tokyo 1975, S.332ff: "Sie haben nicht erwartet, daß die Untertanen als Subjekt der Politik auftreten werden".; vgl. Hasegawa, a.a.O., S.278f.;

57. Hasegawa, a.a.O., S.279; Vgl. Ienaga Saburô u.a., a.a.O., S:53; Hirota, a.a.O., S.332f. Dieser Punkt bezieht sich eng auf den Punkt 1). Als die Forderung nach Volkswahlen unter der Bevölkerung laut geworden war, hatten die Mitglieder der Meiroku-sha dies für verfrüht gehalten. Der Grund dafür war, daß sie nicht alle Bürger für gebildet genug hielten, das Wahlrecht zu erhalten. In diesem Zusammenhang verfolgten die Mitglieder der Meiroku-sha kein egalitäres Konzept. In ihrer Satzung wurde als Zweck der Vereinigung angegeben, mit ihren außergewöhnlichen Diskussionen die dumme Bevölkerung aus ihrem Schlaf aufzuwecken (Vgl.Hirota, a.a.O., S.317). Selbst das liberalste Mitglied, *Fukuzawa Yukichi* (1835-1901), der sagte, daß der Himmel Menschen weder über den Menschen noch unter den Menschen schuf, stellte fest, die Regierenden seien in der Oberklasse, Wissenschaftler in der Mittelklasse und Arbeiter in der Unterklasse (Fukuzawa Yukichi, Gakusha no shokubun wo ronzu, in: Nihon-kindaishi-taikei, Bd.10, Tokyo 1988, S.116). Die Aufgabe der Aufklärer war nach Fukuzawas Meinung, die unwissenden Bürger der Unterklasse aufzuklären (Fukuzawa, a.a.O., S.122; vgl. auch ders., Gakumon no susume, Abschn.4, 1875, in: Iwanami-bunko, 2. neue Ausgabe, Tokyo 1978, S.37ff.). Und solange sie noch nicht ausreichend zivilisiert wären, würde es eine politische Katastrophe bedeuten, ihnen Mitwirkungsrechte an der Politik zu geben.
Demnach betrachteten die Mitglieder der Meiroku-sha sich selbst nicht als zur normalen Bevölkerung gehörig, sondern als deren Lehrer. Sie meinten, daß zwar die Menschen als Menschen gleich geschaffen wären, jedoch verschiedene Begabungen hätten, aus denen unterschiedliche Fähigkeiten zur politischen Teilhabe folgen.

58. Als die obengenannte Aufforderung zur Volkswahl unter der Bevölkerung laut geworden war, versuchte die Regierung, regierungskritische Stimmen durch die Einschränkung der Meinungsfreiheit zum Verstummen zu bringen.

dingte Gesetzestreue besaß für sie Vorrang vor der Äußerung politischer Ideen. Nur im Rahmen der Gesetze sah sie ihre Freiheit als geschützt[59].

Den Mitgliedern der Meiroku-sha war radikales Ideengut fremd. Sie wollten den Staat stufenweise entwickeln und dafür mit der Regierung Kompromisse eingehen. Sie vertraten aber hierbei nicht den Standpunkt des niedrigen Volkes, sondern wollten eine Aufklärung "von oben" erreichen. Über die Notwendigkeit von individueller Freiheit und der Begründung eines Parlaments waren sie einig mit der Volksbewegung, der *Jiyû-minken-undô*. Aber sie waren keine Förderer der Demokratie. Im Zuge der Rezeption erfuhr das europäische Gedankengut durch ihr konfuzianisches Politikverständnis eine Veränderung, eine "Politik durch das Volk" wollten sie nicht erreichen[60].

3. Taisei-kokuhôron

1862 studierten drei vom Shôgunat entsandte Japaner bei *Simon Vissering* (1818-1888)[61] an der Universität Leiden. Vissering hielt für sie private Vorlesungen[62]. Diese wurden von den Japanern mitgeschrieben, die Mitschriften ins Japanische übersetzt und dort veröffentlicht[63]. Eines dieser Werke befaßt sich mit der europäischen Staatslehre. Es trägt den Namen Taisei-Kokuhôron[64]. Es wurde von *Tsuda Mamichi* (1829-1903), verfaßt, der Mitglied der Meiroku-sha war. Taisei-Kokuhôron ist somit kein echtes japanisches Werk. Es war aber die erste systematische juristische Darstellung, die die Be-

---

57. Hasegawa, a.a.O., S.279f.; Hirota, a.a.O.,S.333. Die Erklärung über die Einstellung der Zeitschrift ist enthalten in: Fukuzawa Yukichi, Meiroku-zasshi no shuppan wo yameru no gian, in: Yûbinhôchi-shinbun vom 04.09.1875 (Dieser Artikel steht in: Nihon-kindai-shisô-taikei, Bd.11, Tokyo 1990, S.358f.).

60. Uete, a.a.O., S.12 u. 38ff.

61. Simon Vissering war seit 1850 als Nachfolger *Thorbecke*s Professor der Wirtschaftswissenschaft an der Universität Leiden. Im wirtschaftwissenschaftlichen Bereich war er Vertreter einer positivistischen, liberalen Volkswirtschaftslehre im Gegensatz zur deutschen historischen Schule. 1879 wurde er zum Finanzminister berufen (Nihon-kindai-shisô-taikei, Bd.10, Tokyo 1988, S.15f.).

62. Vissering hielt für die Japaner fünf Vorlesungen: Kennis van Naturregt, Kennis van Volkenregt, Kennis van Staatsregt, Kennis van Staathuishoudkunde, und Kennis van de Statistiek (Nishi Amane, Gokamoku-kouketsuki-ryaku, in: Nihon-kindai-shisô-taikei, Bd.10, Tokyo 1988, S.15f.). Vgl. Murakami, a.a.O., S.38.

63. Diese Übersetzungen findet man in: Meiji-bunka-zenshû, 2.Aufl., 1957, Nihonhôron-sha, Tokyo, Bd.13.

64. Tsuda Shinichirô (Tsuda Mamichi), Taisei-kokuhôron, in: Meiji-bunkazenshû, Bd.13, S.65ff. Das ist die Übersetzung von Kennis van Staatsregt (vgl. FN 62).

ziehung zwischen Staat und Mensch im modernen Staat für Japan behandelte und somit grundlegend für die spätere japanische Staatslehre wurde.

Im folgenden soll ein Überblick über den Inhalt dieses Werkes gegeben werden[65]:

1) Allgemeiner Teil der Staatrechtslehre

In "Taisei-kokuhoron" wird die allgemeine Staatsrechtslehre von der allgemeinen Staatslehre nicht klar getrennt. Nach *Georg Jellinek* wurde die allgemeine Staatslehre

---

65. Die Gliederung der Taisei-kokuhôron ist folgende:
I. Allgemeiner Teil der Staatsrechtslehre
(1) Die Bedeutung der Staatsrechtslehre und ihre Grenzen
(2) Die Souveränität des Staates
(3) Gesetzgebung
(4) Verwaltung und Finanzwesen
(5) Rechtsprechung
(6) Strafrecht
II. Rechte des Staates und der Bürger
(1) Klassifikation der Bürger des Staates in der Staatsrechtslehre
(2) Staatsbürger und Ausländer
(3) Freie Bürger und unfreie Bürger
(4) Sorten der Bürger
(5) Stände der Bürger
(6) Rechte der Bürger gegenüber dem Staat
(7) Staatsbürgerrechte
(8) Pflichten der Bürger gegenüber dem Staat
III. Verschiedene Staatsformen
(1) Allgemeiner Teil über die Staatsformen
(2) Herrschaft der Mehrheit
(3) Herrschaft des Volkes
(4) Aristokratie
(5) Monarchie
(6) Lehnssystem
(7) Verbündete
(8) Einteilungen innerhalb des Staates
IV. Grundzüge des heutigen positiven Staatsrechts
(1) Die Bedeutung des positiven Staatsrechts
(2) Grundgesetz
(3) Gesetz über Rechte des Staates und der Bevölkerung
(4) Staatsorganisation
(5) Balance der staatlichen Gewalten
(6) Gewährleistung der guten Verwaltung und des guten Finanzwesens
(7) Berichte der Regierung
(8) Verantwortung des Premierministers
(9) Gewährleistung des richtigen Finanzwesens

erst von *Robert von Mohl* als selbständige staatswissenschaftliche Disziplin entwickelt[66]. Selbst in der zeitgenössischen deutschen Literatur war die Abgrenzung der beiden Fächer nicht immer klar. Auch in dieser Arbeit kann daher zwischen beiden nicht immer eindeutig unterschieden werden.

Im ersten Abschnitt der Taisei-kokuhôron werden die Aufgabe der Staatsrechtslehre, der Begriff des Staates, der Ursprung des Staates und die Bedeutung des Staatsrechts dargestellt. Die Aufgabe der Staatsrechtslehre liege darin, die Rechte und Pflichten im Verhältnis zwischen Staat und Bürger zu erläutern. Im Staatsrecht würden, anders als im Zivilrecht, öffentliche Sachen des Staates und der Bürger behandelt.

In Bezug auf den Begriff des Staates werden sechs Elemente aufgeführt, die den Staat von anderen Zusammenschlüssen unterscheiden: Volk, Gebiet, Staatswille, die ewige Existenz, absolute Unabhängigkeit und Souveränität. Hinsichtlich der Ausübung der Souveränität werden dabei drei Elemente unterschieden, nämlich die Gesetzgebung, die Verwaltung zusammen mit dem Finanzwesen sowie die Rechtsprechung.

Am Ende dieses Abschnitts folgt noch eine Darstellung des Strafrechts. Strafrecht diskutiere man in zivilisierten Ländern als Teil des Staatsrechts.

2) Rechte und Pflichten des Staates und der Bürger

Im zweiten Abschnitt werden zuerst die verschiedenen Klassifikationen der Bürger dargestellt: Staatsbürger und Ausländer, freie und unfreie Bürger, Sorten der Bürger und Stände der Bürger. Die Kategorie der "Sorten der Bürger" entspricht als Klassifikation etwa den indischen Kasten, "Stände der Bürger" entspricht den Ständen im europäischen Sinne, beschreibt also die Zugehörigkeit zu Adel, Bürgertum oder Geistlichkeit.

Die Sortierung der Bürger wird hier für schädlich für das Volk gehalten. Zu den Ständen wird erklärt, daß diese Klassifikation in Europa allmählich ihre Bedeutung verliere.

Danach werden die Rechte und Pflichten der Bürger gegenüber dem Staat im Einzelnen erläutert. Als Rechte der Bürger gegenüber dem Staat werden genannt: die körperliche Unversehrtheit, die Unverletzlichkeit der Wohnung, die Freizügigkeit, die Ver-

---

66. Georg Jellinek, Allgemeine Staatslehre, 7. Neudruck der 3. Aufl. (1928), Darmstadt 1960, S. 62f.

einigungs- und Versammlungsfreiheit, die Meinungs- und Pressefreiheit, die Religionsfreiheit, das Briefgeheimnis, das Eigentum, die Gleichheit vor dem Gesetz , der Anspruch auf eine vermögensbezogene Besteuerung, das Petitionsrecht, und der Anspruch auf die Erfüllung privater Verträge mit dem Staat.

Dazu kommt noch die Darstellung der sozialen Rechte, deren Verwirklichung aber nicht zur eigentlichen Aufgabe des Staates gehöre. Die Mitwirkungsrechte an der Politik werden als öffentliche Rechte vorgestellt.

Als Pflichten der Bürger gegnüber dem Staat werden genannt: Gesetzes- und Anordnungstreuepflicht, Wehrdienst, Steuerpflicht und Vermögensabtretungspflicht bei Enteignung.

3) Verschiedene Staatsformen

Hier werden die Staatsformen zuerst in zwei Kategorien eingeteilt: Herrschaft von mehreren und Herrschaft eines einzelnen. Die erste ist weiter in Demokratie und Aristokratie unterteilt. Nach der Darstellung jedes dieser Herrschaftssysteme folgen noch zwei Systeme als Sonderarten: Lehenssystem und Staatsbundsystem.

Auch Einteilungssysteme innerhalb eines Staates werden hier erklärt: Länder, Provinzen, Präfekturen usw.

4) Grundzüge des heutigen positiven Staatsrechts

Im letztem Abschnitt werden schließlich die Bedeutung des heutigen positiven Staatsrechts und die Staatsorganisation unter diesem Staatsrecht dargestellt. Die Grundlagen des Staates sollten im Grundgesetz, das das höchste Gesetz des Staates ist, festgeschrieben sein. Dazu würden auch die Rechte der Bürger gegenüber dem Staat gehören. Die meisten Artikel des Grundgesetzes beträfen jedoch die Staatsorganisation. In diesem Zusammenhang wird die Gewaltenteilung erläutert. Zum Thema Balance der staatlichen Gewalt wird hier hauptsächlich das Verhältnis zwischen Parlament und Regierung betrachtet. Dabei wird die Kontrollfunktion des Parlaments und des Grundgesetzes gegenüber der Regierung betont.

Die Gliederung von Taisei-kokuhôron ähnelt der, die in der deutschen Staatslehre im 19. Jahrhundert üblich war. So werden Staat und Staatsrecht im allgemeinen in den ersten drei Abschnitten behandelt, danach das positive Staatsrecht in einem vierten Abschnitt dargestellt. Diese Gliederung liegt z.B. der "Enzyklopädie der Staatswissenschaften" *Robert von Mohl*s und dem "Allgemeinen Staatsrecht" *Johannes Caspar Bluntschli*s zugrunde[67].

Bemerkenswert ist aber vor allem die Darstellung der Grundrechte und der Staatsformen bei Tsuda. Die Liste der Rechte, die im zweiten Abschnitt aufgeführt ist, stimmt weitgehend mit den heute gewährleisteten Grundrechten überein.

Diese Rechte müßten -so Tsuda- durch geschriebene Gesetze, normalerweise durch Verfassungsrecht als Grundgesetz des Staates, gewährt werden[68]. Auch dann könnten sie aber eingeschränkt werden, wenn das öffentliche Interesse vorgeht[69]. Dabei wird aber nicht näher erläutert, wann das konkret der Fall sein soll. Der Satz, "wenn das öffentliche Interesse vorgeht", deutet aber die Möglichkeit an, die Verhältnismäßigkeit der beiden Interessen abwägen zu können.

Die Gleichheit vor dem Gesetz soll zwar einerseits geschützt werden[70], andererseits aber werden die Unterschiede in Rang und Würde innerhalb der Bevölkerung als unvermeidbar anerkannt[71]. Soziale Rechte, z.B. das Recht auf staatliche Hilfe im Falle der Armut und das Recht auf Erziehung, sollten nach Tsudas Ausführungen ebenso festgeschrieben sein. Diese Rechte seien zwar nicht einklagbar, aber diesen Rechten gemäße Gesetzgebung und Politik werden als Aufgabe des Staates genannt. Hier findet man bereits die moderne Sozialstaatsidee ansatzweise vor[72].

---

67. Die Gliederungen der damaligen deutschen Staatslehren waren nicht völlig identisch, aber gewisse Gemeinsamkeiten lassen sich, wie die Beispiele Robert von Mohls und Johannes Caspar Bluntschlis zeigen, doch beobachten. Robert von Mohl, Enzyklopädie der Staatswissenschaften, 2.Aufl., Tübingen 1872; Johannes Caspar Bluntschli, Allgemeines Statsrecht, 4.Aufl., 2 Bde., München 1868. Von Mohl hat seine Darstellung des Staatsrechts in zwei Teile, philosophisches Staatsrecht und positives Staatsrecht, geteilt. Bei Bluntschli ist die Gliederung nicht so klar wie bei von Mohl. Aber bei ihm werden auch zuerst Staat und Staatsrecht im allgemeinen erklärt und daraufhin werden einzelne Probleme des Staatsrechts behandelt.

68. Tsuda, a.a.O., S.85.

69. Ebenda.

70. Tsuda, a.a.O., S.86.

71. Ebenda.

72. Tsuda, a.a.O., S.87.; Hasegawa weist auf die Ähnlichkeit dieser Darstellung mit der heutigen Theorie der japanischen Gerichte über soziale Rechte hin, die besagt, daß diese Rechte nicht direkt sondern erst durch soziale Gesetzgebung realisiert würden. Vgl. Hasegawa, a.a.O., S.16.

Im Zusammenhang mit der Darstellung der Rechte und Pflichten der Bürger gegenüber dem Staat werden auch die Aufgaben des Staates genannt: das Wohl des Staates durch das Finanzwesen zu fördern, die staatliche Unabhängigkeit zu wahren, die Rechte des Volkes und den Frieden im Volk zu schützen, die Sittenordnung im Staat zu verbessern, das Volk in die Regierungsmacht zu integrieren, das soziale System auszubauen und damit insgesamt das Wohl des Staates zu mehren[73].

Zur Verwirklichung dieser Staatsaufgaben wird in der Taisei-Kokuhôron die beschränkte Herrschaft des Monarchen, die konstitutionelle Monarchie, als am besten geeignete Staatsform angesehen. In einer Herrschaft des Volkes sei die Politik immer instabil, in der Aristokratie den tüchtigen Bürgern ein Aufstieg verwehrt und in der Autokratie (unbeschränkte Monarchie) herrsche immer politische Unruhe im Staat. Nur die beschränkte Monarchie könne diese Nachteile vermeiden und zugleich die Vorteile der anderen Staatsformen bieten[74]. Demgemäß wird die Notwendigkeit der Gewaltenteilung als Gegenmittel gegen Despotie erklärt. Die Regierung nehme aber die erste Stelle im Staat ein. Das Parlament habe dagegen nur die Aufgabe, die Staatsverwaltung zu kontrollieren[75]. Damit wird gleichzeitig ein Vorrang der Regierung vor dem Parlament ausgedrückt.

Zusammenfassend kann folgendes gesagt werden: Zuerst ist bedeutsam, daß in Taisei-Kokuhôron ein vollständiger Grundrechtskatalog vorgelegt wurde. In dieser Hinsicht hatte dieses Werk einen liberalen Charakter. Die Funktion dieser Rechte muß man aber im Rahmen der damals in Japan herrschenden Bedingungen sehen. Die in der Taisei-Kokuhôron genannten Rechte wurden als Grundrechte beschrieben. So mußten sie ihrer Idee nach - anders als die angeborenen Menschenrechte, die man in der Volksbewegung, *Jiyû-minken-undô*, vertrat - solange noch ohne Wirkung bleiben, wie es in Japan noch kein Verfassungsrecht gab. Wenn man darüberhinaus, wie bei Tsuda angedeutet, die Rechte der Bürger als Kehrseite der Aufgaben des Staates ansieht, entspricht dies dem Konzept einer aufgeklärten Wohlfahrtsstaatsidee nach dem Prinzip: Alles für das Volk aber nicht durch das Volk. Darüberhinaus war die Stellung des Parlaments in der Darstellung Tsudas im Vergleich zur Regierung schwach. Aus diesen Gründen entsprach dieses Werk in Japan tendenziell mehr der Meinung der japanischen Regierung als der der Volksbewegung (*Jiyû-minken-undô*). Das Werk Tsudas war damit ein weiterer Beitrag zur Reform "von oben".

---

73. Tsuda, a.a.O., S.85.
74. Tsuda,a.a.O., S.95.
75. Tsuda, a.a.O., S.100.; Hasegawa, a.a.O., S.15.

II. Der Beginn der Rezeption der deutschen Staatslehre in Japan - Die Lehre Katô Hiroyukis -

1. Leben und wissenschaftliche Entwicklung Katôs[76]

Einer der ersten, die in der Aufklärungszeit Japans die deutsche Staatslehre studierten, war *Katô Hiroyuki* (1836-1916). Er wurde deshalb als der Pionier der deutschen Staatslehre in Japan bezeichnet. Die Bedeutung seines Werkes liegt nicht nur darin, daß er zum ersten Mal die deutsche Staatslehre in Japan eingeführt hat, sondern vor allem darin, daß in seiner Lehre der Weg Japans zum modernen Staat aufgezeigt wurde[77]. Katô Hiroyuki stand als Wissenschaftler und Politiker im Mittelpunkt der japanischen Politik. Er wurde deshalb oft als regierungstreuer Gelehrter kritisiert. Doch erlangte er mit seiner Lehre als Förderer der Reform von oben große Bedeutung auf dem Weg Japans zu einem modernen Staat[78].

1836 wurde er als Sohn eines Samurai geboren. Schon damals steckte das Shôgunat in einer Krise. Als er zehn Jahre alt war, befaßte er sich mit dem Konfuzianismus, als Neunzehnjähriger begann er ein Studium der Hollandkunde[79]. Sechs Jahre später wurde er Assistent an der Schule für Europakunde, wo er als Wissenschaftler für Kriegskunst für das Shôgunat ausgebildet werden sollte[80]. Dort hatte er die Gelegenheit, Deutsch zu lernen. Der eigentliche Anlaß dafür, daß er sich für Deutschlandkunde interessierte, war ein Telegraf. Als ein preußischer Gesandter nach Japan kam, um mit Japan einen Vertrag zu schließen, schenkte der preußische König dem Shôgunat einen Telegrafen. Um dessen Gebrauchsanweisung verstehen zu können, war Katô bei der

---

76. Zu seinem Lebenslauf siehe: Katô Hiroyuki, Keireki-dan (Lebenserinnerungen), 1896, in: Nihon no meicho, Bd.34, Tokyo 1984, S.463ff.; Tabata Shinobu, Katô Hiroyuki no Kokkashisô, Tokyo 1939, S.3ff.; ders., Katô Hiroyuki, 2.Aufl., Tokyo 1986, S.1ff.

77. Vgl. Uete, a.a.O., S.25.

78. Vgl. Tabata, Katô Hiroyuki no Kokkashisô., S.10 u. 16; Kirimura Akio, Katô Hiroyuki no Tenkô, in: ôsakashiritsudaigaku-hôgakuzasshi, Bd.14, Nr.1, 1967, S.139.

79. Während der Isolationspolitik des Shôgunats war Holland der einzige Vermittler europäischer Wissenschaften für Japan. So stellte die Hollandkunde nicht nur die Wissenschaft über Holland sondern über alle möglichen Wissenschaften dar, die man durch holländische Literatur kennenlernen konnte.

80. Damals bestand der Zweck der Ausbildung der Wissenschaftler hauptsächlich darin, die europäische moderne Kriegskunst zu erlernen. Vgl., Uete, a.a.O., S.28.

deutschen Gesandtschaft. Sein Interesse an der weltberühmten Qualität der deutschen Wissenschaft regte ihn dazu an, intensivere Deutschstudien zu betreiben.

Nach der Restauration der Tennôherrschaft wurde er zusammen mit anderen Beamten und Angestellten der Schule für Europakunde als regierungstreuer Gelehrter in der neuen Regierung tätig. 1872 wurde er Lehrer des Tennô und übersetzte Bluntschlis "Allgemeines Statsrecht" ins Japanische. Ab 1881 stand er 12 Jahre lang als Präsident der Tokyo-Universität vor und hat vor allem während dieser Zeit viel zur Organisation der Universitätsausbildung in Japan beigetragen.

In verschiedenen Werken hat er seine Staatsidee dargestellt. Seine Lehre beruhte zunächst auf der Idee der angeborenen Menschenrechte. Dieses Konzept vertrat er in den Werken Tonarigusa (Gras des Nachbarn) von 1861, Rikkenseitai-ryaku (Grundriß der konstitutionellen Staatsform) von 1868, Shinsei-taii (Grundgedanken der wahren Politik) von 1870, und in dem Werk Kokutai-shinron (Die neue Lehre der Reichsidee) von 1875. Diese vier Bücher verfaßte er in der Zeit zwischen dem Ende des Shôgunats und dem Anfang der Meiji-Zeit.

1882 war dann aber eine gravierende Änderung in seinem Werk zu verzeichnen, auf die unten noch näher eingegangen wird. In der Veröffentlichung "Jinken-shinsetsu" (Die neue Lehre der Menschenrechte) verfolgte er nun eine konservative Staatsidee, die einen deutlichen Einfluß der Evolutionslehre aufwies. Dies wurde später herrschende Meinung in der japanischen Öffentlichkeit.

Im folgenden soll nun die Entwicklung seiner Staatslehre zusammengefaßt werden.

a) Die liberalen Anfänge Katôs

aa) Menschenrechte

Über Menschenrechte kann man in Katôs Werk "Shinsei-taii" (Grundgedanken der wahren Politik) folgendes lesen:

"Der Mensch ist die vom Himmel am meisten geliebte Schöpfung. Menschen haben verschiedene Gefühle, die andere Lebewesen nicht haben. Eines dieser Gefühle ist das Streben nach Unabhängigkeit, durch die man in seinem Leben glücklich wird. Für dieses Streben gibt es "Rechte", kraft derer man machen kann, was man will. Doch hat nicht nur der Mensch diese Rechte, sondern alle anderen Lebewesen ebenso. Dem

Menschen ist aber auch die Vernunft gegeben, mit der er die Begierde unterdrücken kann. Da der Mensch in der Gemeinschaft die Rechte der anderen zu achten hat, um ein geordnetes Zusammenleben zu ermöglichen, entstehen Pflichten: So hat jeder Mensch Rechte und gleichzeitig Pflichten gegenüber seinen Mitmenschen"[81].

Um die Rechte und Pflichten der Menschen untereinander zu regeln, benötige man eine Regierung. "Um Konflikte zwischen den Menschen zu vermeiden, unterstellen sie sich einer Regierung, um ein Zusammenleben zu ermöglichen. Hierdurch entstehen aber wieder Rechte und Pflichten zwischen der Regierung und den einzelnen Menschen"[82].

Katô vertrat demgemäß die Auffassung, daß der Staat durch die Natur des Menschen geprägt sei. Menschen hätten die Eigenschaft, nicht alleine, sondern miteinander zu leben. Ohne dieses Zusammenleben könne es weder Frieden noch Glück geben[83]. Der Zweck des Staates sei, Frieden und Wohl des Volkes zu ermöglichen. Monarch und Regierung wirkten nur für das Volk[84]. Ihre Aufgaben seien, das Leben des Volkes zu schützen, die Rechte und das Eigentum des Volkes zu gewährleisten und das Wohl des Volkes zu entfalten. Staatliche Regelungen seien nur soweit zulässig, wie das Gemeinwohl ohne Einschränkungen der Rechte nicht gewahrt werden kann. Eine Einschränkung solle erst dann möglich sein, wenn dringende Aufgaben sie erfordern. Insgesamt solle das Leben des Volkes aber möglichst frei von staatlichen Einflüssen bleiben[85].

Diese Rechte-Pflichten-Beziehung zwischen dem Staat und den Untertanen wird also durch den Staatszweck bestimmt.

Dabei unterscheidet Katô zwischen zwei Begriffen, "Untertan" und "Bürger". Ist von Pflichten die Rede, so spricht er von Untertan (*Shin*), ist von Rechten die Rede, so spricht er von Bürger (*Min*)[86]. Er betont, daß man nicht nur einen der beiden, sondern immer die beiden Seiten der Stellung des Individuums im Auge behalten solle.

---

81. Katô Hiroyuki, Shinsei-taii, 1870, in: Nihon no meicho, Bd.34, Tokyo 1984, S.350ff.
82. Katô, Shinseii-taii, S.351f.
83. Ders., Kokutai-shinron 1875, in: Nihon no meicho, Bd.34, Tokyo 1984, S.388f.
84. Ders., Kokutai-shinron, S.389ff.
85. Ders., Kokutai-shinron, S.394f.
86. Ders., Kokutai-shinron, S.399.

Nach der Lehre Katôs haben Staatsbürger zwar einen Anspruch auf Schutz ihres Lebens, ihrer Rechte und ihres Vermögens durch den Staat[87], aber keinen Anspruch darauf, materielle Leistungen zu fordern[88]. Dies wurde damit erklärt, daß nicht die Staatsbürger der Regierung gegenüber berechtigt seien, sondern die Untertanen die Rechte des Staates anerkennen und den Verordnungen des Staates Folge leisten müssen. Hinzu kommen noch einige Pflichten der Untertanen, die es dem Staat ermöglichen sollen, seine Aufgaben zu erfüllen, z.B. die Steuerpflicht und die Wehrpflicht[89].

Die Pflicht des Staates sei es, die obengenannten Aufgaben zu erfüllen. Deshalb regiere der Staat das Volk. Das Volk zu regieren sei somit das Recht und gleichzeitig die Pflicht des Staates[90].

bb) Staatsform

In seinen Schriften legt Katô großes Gewicht auf die Frage der Staatsform. Seit seiner Kritik an der Regierung und der Politik des Shôgunats in seiner gegen Ende des Shôgunats erschienenen Schrift "Tonarigusa" behauptete er die Notwendigkeit eines Konstitutionalismus. Er bezeichnete die konstitutionelle Monarchie und die Demokratie als die zwei legitimen guten Staatsformen[91]. Nach Katôs Meinung haben beide Staatsformen gemeinsame Elemente: eine Verfassung, Gewaltenteilung, und den Schutz der Rechte der Staatsangehörigen[92]. Verfassung verstand er aber hier nur als ein Organisationsstatut.

Andere Gesetze stellen nach seiner Ansicht Zweige der Verfassung dar. Er betont dabei lediglich, daß eine Änderung der Verfassung ausschließlich in der Hand des Gesetzgebers, nicht in derjenigen der Regierung liege. Zwischen Verfassung und Gesetzen wird im übrigen noch nicht klar unterschieden[93].

---

87. Unklar ist, ob Katô hier nur den innerstaatlichen Schutz meint oder auch den Schutz vor Gefahren von außen.

88. Ders., Kokutai-shinron, S.398.

89. Ders., Kokutai-shinron, S.399.

90. Ders., Kokutai-shinron, S.394.

91. Ders., Tonarigusa, 1861, in: Nihon no meicho, Bd.34, Tokyo 1984, S.319; ders., Rikkenseitai-ryku, in: Nihon no meicho, Bd.34, Tokyo 1984, S.334; ders., Kokutai-shinron, S.405f.

92. Ders., Rikkenseitai-ryku, S.334ff.

93. Ders., Rikkenseitai-ryaku, S.334.

Seine Auffassung, was die für die Erfüllung der Staatsaufgaben geeignete Staatsform sei, änderte sich allmählich.

In seiner ersten Schrift, "Tonarigusa", nannte Katô die konstitutionelle Monarchie als die für die Situation Japans passendste Staatsform, obwohl er selbst die Demokratie für die absolut beste hielt[94]. Er hielt die Einführung der Demokratie in Anbetracht der damaligen innenpolitischen Lage Japans für verfrüht und bevorzugte eine "langsame aber sichere" Änderung[95]. In seinem Werk "Rikkenseitai-ryaku" (Grundriß der konstitutionellen Staatsform) stellte er keinen Vergleich der beiden Systeme an, sondern beschränkte sich lediglich auf die Feststellung, konstitutionelle Monarchie und Demokratie seien zur Verwirklichung der Aufgaben des Staates die einzig geeigneten Systeme[96].

cc) Kokutai

Katô nahm den aus dem traditionellen japanischen Staatsdenken stammenden Begriff der *"Kokutai"* bereits in seiner Schrift "Kokutai-shinron" von 1875 auf, in der er noch den Menschenrechtsgedanken verfolgte, und unterschied diesen Begriff von der *"Seitai"*. Die Problematik dieser beiden Begriffe, *Kokutai* und *Seitai*, wurde bereits in der Einleitung erläutert. Katô war wahrscheinlich der erste, der in Japan den Unterschied zwischen den beiden Begiffen diskutierte[97]. Nach Katô ist *Kokutai* der Kern des Staates, während *Seitai* nur eine Methode zur Durchführung der Staatsaufgaben (bei Katô: "Die Methode zur Durchführung der Absicht dieses Kerns"[98]) bedeutet.

Diese Erläuterung ist sehr abstrakt und es ist schwierig zu deuten, was Katô sich genau unter dem Begriff "Kern des Staates" vorstellte.

Er setzte auf der Grundlage des traditionellen *Kokutai*-Begriffes mit dem "Kern des Staates" etwa die Merkmale gleich, die das Wesen des Staates ausmachen und die feste Grundlage des Staatslebens bilden. "Die Methode zur Durchführung der Absicht

---

94. Ders., Tonarigusa, S.319; Hier äußert er sich nicht direkt zur Politik Japans, sondern deutet seine Meinung anhand der Darstellung Chinas an.

95. Die "langsame aber sichere Modernisierung" war das Grundprinzip von Katôs Politik. Katô selbst erwähnt, daß sein Konzept auch auf Kritik stieß; vgl. dens., Keirekidan, S.486; Tabata, Katô Hiroyuki, S.33.

96. Katô, Rikkenseitai-ryaku, S.334.

97. Vgl. Tabata Shinobu, Katô Hiroyuki no Kokkashisô, S.38.

98. Katô, Kokutai-shinron, S.405.

dieses Kerns" bedeutet die Art und Weise, wie dieses Staatsleben in der politischen Wirklichkeit durchgeführt wird.

Der Kern des Staates solle unveränderlich sein, während die Methode je nach der Situation der Gesellschaft geändert werden könne. So sei es in den unentwickelten Staaten möglich, wenn nötig, eine unbeschränkte Monarchie als *Seitai* einzuführen. Würde in einem solchen Staat die Monarchie durch die Demokratie ersetzt, bestünde die Gefahr einer Unruhe. Das Wahlrecht der Staatsangehörigen solle als ein Beteiligungsrecht an der Politik nur in den entwickelten Staaten verwirklicht werden, wobei selbst in diesen zwischen verschiedenen Klassen der Bürger zu unterschieden und entsprechend ein abgestuftes Wahlrecht zu fordern sei. Ein Staat müsse so immer die für ihn geeignete *Seitai* annehmen. *Seitai* umfaßt bei Katô sowohl die Trägerschaft als auch Form und Intensität der Ausübung der Staatsgewalt. Im Begriff *Seitai* sind daher Elemente der Begriffe Staats- und Regierungsform im üblichen Sinne zusammengefaßt.

Im Gegensatz dazu erklärt er die *Kokutai* wie folgt: Der Herrscher bleibe selbst in der unbeschränkten Monarchie an bestimmte Prinzipien des Staates gebunden. Auch der unbeschränkte Monarch sei an die "*Jôri*" gebunden.

Das Wort "*Jôri*" ist schwierig zu übersetzen. Es bedeutet etwa Vernunft, Wesen oder Natur der Sache, oder Naturgesetz[99].

Katô bezeichnet weiterhin den Herrscher als den ersten Beamten eines Staates, womit er Friedrich II. von Preußen zitiert[100]. Der Herrscher solle auch in der unbeschränkten Monarchie seine Macht nicht willkürlich ausüben. Die unbeschränkte Mon-

---

99. Katô, Kokutai-shinron, S.397.
Dieses Wort taucht auch im geschriebenen Recht auf. Nach der Kabinettsproklamation Nr.103 von 1875, die heute noch gilt, ist Jôri eine Rechtsquelle: "In civil trials, cases where there is no [applicable] written law shall be adjudicated by applying custom, and cases where there is no [applicable] custom, by way of deduction from Jôri (natural reason)" (Übersetzung, in: Tanaka Hideo (ed.), The Japanese Legal System, Tokyo 1976, p.125).
Dieser Begriff *Jôri* ähnelt den europäischen Begriffen "Vernunftrecht" oder "Naturrecht". Aber das Wort selbst wurde wahrscheinlich mit dem Konfuzianismus aus China übernommen. Ob Katô in seiner Darstellung diesen Begriff bewußt in Verbindung mit der Naturrechtsidee benutzte, ist nicht klar.

100. Bei Friedrich II. heißt es "Diener des Staates", aber Katô erklärt die Rolle des Monarchen mit dem hier genannten Ausdruck. Vgl. Katô, Kokutai-shinron, S.397.

archie bedeute keine willkürliche Monarchie sondern diejenige, in der die monarchische Macht nicht durch die Legislative eingeschränkt wird[101].

Soll in diesem Sinne die *Kokutai* unabhängig von der Regierungsform und unveränderlich sein, muß nach Katôs Ansicht in der richtigen *Kokutai* die Beziehung zwischen dem Monarchen und den Untertanen nach folgenden Prinzipien geregelt sein:

1) Trennung der Angelegenheiten des Staates von den Angelegenheiten der Religion. Da der Staat der menschlichen Welt angehöre, solle er sich auch nur innerhalb dieser Grenzen bewegen. Zwar sei der Tennô Nachkomme Gottes, in seiner Funktion als Oberhaupt des Staates sei er aber ein Mensch wie alle anderen Untertanen auch.

2) Hauptgrund für die Entstehung des Staates sei es, das menschliche Zusammenleben zu ermöglichen.

3) Staatszweck sei es, Frieden und Wohl des Volkes zu ermöglichen. Der Monarch und die Regierung haben die alleinige Aufgabe, diesen Zweck zu fördern.

4) Der Staat gehöre nicht dem Monarchen, sondern der Monarch sei nur dazu da, für den Staat zu sorgen.

5) Sowohl der Staat als auch das Volk haben Rechte und Pflichten. Das Volk besitze ein Widerstandsrecht gegen Tyrannei.

Besonders bemerkenswert unter diesen fünf Punkten ist, daß Katô den *Kokutai*-Begriff der kokugakusha (Wissenschaftler der völkischen Schule), die die *Kokutai* mit der tennôischen Theokratie gleichsetzten[102], ablehnte[103]. Statt diesen Begriff im Sinne der kokugakusha zu benutzen, versucht er, auf der Basis der europäischen Staatsidee "die richtige *Kokutai*"[104] zu klären.

Obwohl aus seiner Ausführung nicht klar hervorgeht, was denn *Kokutai* im substantiellen Sinne ist, läßt sich erkennen, daß sein *Kokutai*-Begriff im Zusammenhang mit den aus *Jôri* abgeleiteten[105] Prinzipien zu verstehen ist. So kann man vermuten, daß die

---

101. Katô, Kokutai-shinron, S.397.

102. Siehe Einleitung.

103. Katô, Kokutai-shinron, S.387

104. Katô, Kokutai-shinron, S.387.

105. Katô selber erwähnt im Zusammenhang mit den hier genannten fünf Prinzipien *Jôri* nicht. Aber im Zusammenhang mit seiner Darstellung über die Rolle von

Kokutai nach Katôs Ansicht durch *Jôri* bestimmt wird. Insoweit die obengenannten Prinzipien Katôs auf europäischen Staatslehren beruhen, kann man dann hier eine Paralelle des Begriffs "*Jôri*" zum europäischen Naturrecht konstatieren. Insofern ist sein *Kokutai*-Begriff naturrechtlich beeinflußt, selbst wenn Katô dies selber nicht bewußt war.

b) Die Wendung Katôs zu einer konservativen Staatslehre

Katô war in seinen frühen Werken ein Verfechter der Idee der angeborenen Menschenrechte. Wie seine obengenannte Lehre aber deutlich zeigt, bestand das Ziel seiner Lehre darin, die der damaligen Situation Japans angemessene Politik zu verwirklichen. Geschützte Menschenrechte spielten hierbei nur eine sekundäre Rolle. In diesem Sinne war er ein typischer Förderer der Reformationen "von oben".

Schon in seinen frühen Werken findet man die konservativen Elemente seiner späteren Lehre angedeutet. Seine Staatslehre war, wie sein Lob der Politik Friedrichs II. von Preußen zeigt, von einer aufgeklärt absolutischen Staatsidee geprägt.

Diese Charakteristik seines Konzepts kam auch in folgendem Ereignis zum Ausdruck. 1881 unterließ es Katô auf Veranlassung der Regierung, die das Aufkommen der *Jiyû-minken-undô* (Bewegung für Freiheit und Volksrechte) mit Sorge betrachtete, seine drei Schriften, "Rikkenseitai-ryaku" (Grundriß der konstitutionellen Staatsform) "Shinsei-taii" (Grundgedanken der wahren Politik) und "Kokutai-shinron" (Die neue Lehre der Reichsidee) weiterhin zu verlegen[106]. Kurz vor der Gründung des Parlaments spitzte sich in Japan der Konflikt zwischen der Regierung und den Liberalen zu. Die Regierung, die von alten Clancliquen beherrscht war, war reaktionär und somit gegen die Volksrechtsbewegung eingestellt. Durch Einschränkungen der Meinungs- und Pressefreiheit versuchte sie, die Volksbewegung zu unterdrücken[107]. Die obengenannte Aufforderung an Katô gehörte zu dieser Unterdrückungspolitik der Regierung.

Doch empfand Katô selbst zum damaligen Zeitpunkt seine frühere Lehre bereits als überholt. In einer Zeitungsanzeige erklärte er, daß er an die Idee der angeborenen

---

Jôri in einer unbeschränkten Monarchie kann man vermuten, daß diese Prinzipien aus *Jôri* abgeleitet wurden.

106. Deswegen wurde er Überläufer genannt. Vgl. dens., Keirekidan, S.489; Tabata, Katô Hiroyuki, S.86ff.; Kirimura, a.a.O., S.111ff.

107. Tabata, Katô Hiroyuki, S.40ff.

Menschenrechte nicht mehr glaube. Er veröffentlichte auch "Jinken-shinsetsu" (Die neue Lehre über Menschenrechte), in dem er eine neue Lehre entwickelte[108].

Hier fanden die Werke der Sozialdarwinisten Eingang in Katôs Lehre. Katô bezeichnete nun das Ideal der angeborenen Menschenrechte als eine Illusion[109].

Im genannten Werk "Jinken-shinsetsu" (Die neue Lehre der Menschenrechte) vertrat Katô die Ansicht, daß die Ideen des Sozialdarwinismus auch in Philosophie, Rechtswissenschaft und Politologie aufgenommen werden sollten[110]. Damit übte er gleichzeitig Kritik an der Rousseauschen Lehre. Nach Meinung Katôs war die Idee der angeboren Menschenrechte sowie die darauf beruhende Vertragstheorie Rousseaus nur eine Irrlehre in einer sozialen Situation, die von tyrannischer Unterdrückung geprägt war[111]. Zur Begründung berief sich Katô auf so verschiedenen Autoren wie *Darwin*[112], *Schäffle*[113], *Bagehot*[114], *Haeckel*[115], *Spencer*[116] und *Jhering*[117] und führte folgende Argumente an:

---

108. Tabata, Katô Hiroyuki, S.41f.

109. Katô, Keirekidan, S.488.

110. Ders., Jinken-shinsestu, 1882, in: Nihon no meicho, Bd.34, Tokyo 1984, S.411; vgl. Nakamura yûjirô, Katô Hiroyuki no seido-kan to shizen-kan (2), in: ders., Kindai-nihon ni okeru seido to shisô, Tokyo 1967, S.209ff.

111. Katô, Jinken-shinsetsu, S.414f.

112. Charles Robert Darwin (1809-1882). Britischer Biologe. Begründer der Selektionstheorie.

113. Albert Schäffle (1831-1903). Volkswirt und Soziologe. "Als Soziologe an A.Comte, H.Spencer und Hegel anknüpfend, sah er in der Gesellschaft einen Organismus, den er nach Art der Naturwissenschaften kausaltheoretisch zu erforschen suchte. In dem posthum erschienenen 'Abriß der Soziologie' (1906) gab er die Übertragung biolog. Gesetze auf das Gesellschaftsleben auf" (Artikel: "Schäffle", in: Brockhaus Enzyklopädie, 17. Aufl., 16.Bd., S.545).

114. Walter Bagehot, (1826-1877). Britischer Nationalökonom und politischer Schriftsteller. Seine Werke haben zum Utilitarismus beigetragen.

115. Ernst Haeckel (1834-1919). Zoologe und Naturphilosoph. "Mit seiner Urzeugungs- und Monerentheorie sowie durch sein 'biologisches Grundgesetz' suchte er die Deszendenztheorie, die er auch auf die Entwicklung des Menschen ausdehnte, weiter zu untermauern" (Artikel: "Haeckel", in: Brockhaus Enzyklopädie, 17. Aufl., 8.Bd., 1969, S.25).

116. Herbert Spencer, (1820-1903). Englischer Philosoph und Soziologe. Hauptrepräsentant eines philosophisch-erkenntnistheoretischen Evolutionismus, der unabhängig von Darwin seine Lehre entwickelte.

1) Der Kampf der politischen Parteien wurzele im Kampf ums Dasein in der Natur. Damit könne die Herrschaft der Bourgeoisie - als die der überlegenen Klasse - gerechtfertigt werden.

2) Den Staat müsse man von der Gemeinschaft, die vor der Entstehung eines Staates vorhanden ist, unterscheiden: In einer vorstaatlichen Gemeinschaft gebe es kein Recht der Untertanen. Um die Herrschaft des Stärksten in der Gemeinschaft zu sichern, bilde sich der Staat, woraufhin die notwendigen Rechte der Untertanen entstünden. Die Rechte würden auf dem Prinzip beruhen, daß der Stärkere den Schwächeren beherrsche.

Da die Untertanen ebenfalls unterschiedlich stark seien, gebe es unterschiedliche Rechte: Deshalb könne von einer Gleichheit zwischen den Untertanen nicht gesprochen werden.

3) Mit der Fortentwicklung der staatlichen Gemeinschaft verändere sich der Inhalt der Rechte der Menschen. Die Weiterentwicklung des Inhalts der Rechte solle nicht radikal, sondern nur stufenweise erfolgen. Deshalb könne die Behauptung angeborener Menschenrechte nicht richtig sein. Der Versuch, die angeborenen Menschenrechte für alle Menschen sofort anzuerkennen, sei gegen das Naturgesetz.

4) Der Konservativismus und eine Politik nach dem Prinzip "Langsam-aber-sicher" würden eine Gesellschaft ebensogut entwickeln, wie sich ein Tier oder eine Pflanze in der Natur entwickelt.

5) Insbesondere durch den internationalen Handel würden verschiedene Völker allmählich gemeinsame Interessen haben. Diese Entwicklung führe zur Aufhebung der Auseinandersetzung zwischen Völkern und schließlich zur Begründung eines Weltstaates.

Mit diesen Argumenten unterstüzte Katô die oben bereits erwähnte Meinung der Regierung, die Volkswahl zur Gründung eines Parlaments sei verfrüht. Seine konserva-

---

117. Rudolf von Jhering (1818-1892), Rechtslehrer und Forscher insbesondere auf dem Gebiet des römischen Rechts. "Sein Wirken trug wesentlich dazu bei, daß die Grundgedanken der historischen Rechtsschule zur soziologischen Schule weiterentwickelt wurden" (Artikel: "Jhering", in: Lutz Meyer-Gossner (Hrsg.), Creifelds Rechtswörterbuch, 10.Aufl., München 1990, S.606.

tive Tendenz brachte er hier klar zum Ausdruck und wurde so zum größten Widersacher der *Jiyû-minken-undô*[118].

Mit dem 1893 veröffentlichten Werk "Der Kampf ums Recht des Stärkeren und seine Entwickelung" (Kyôsha no kenri no kyôsô) führte Katô seine Staatslehre unter dem Einfluß des Sozialdarwinismus fort[119]. Während seine anderen Werke für die politische Bildung weiterer Kreise der Bevölkerung geschrieben wurden, diente dieses Werk ausschließlich der wissenschaftlichen Begründung seiner Lehre[120].

Er führte aus, daß die Rechte der Menschen ihrer Macht entstammen. Nur die Macht der Sieger könne Rechte begründen. Konkurrenz der körperlichen und geistigen Qualitäten der Menschen verursache die Herrschaftsbeziehungen in der Gesellschaft. In diesem Sinne spricht er von Naturrechten des Stärkeren. Hier kommt seine Ideologie des menschlichen Egoismus zum Ausdruck, der nach Katôs Ansicht die Triebkraft für die Entwicklung des Staates ist[121]. Die Entwicklung des japanischen Staates entsprach dieser Ideologie. Der Egoismus sollte später auf politischer Ebene zum Chauvinismus gesteigert die japanische Politik entscheidend beeinflußen[122].

118. Vgl. Tabata, Katô Hiroyuki no Kokkashisô, S.12. Trotz heftiger Kritik der Liberalen an dieser Theorie Katôs verlor die Lehre der angeborenen Menschenrechte an Bedeutung. Die von der *Jiyû-minken-undô* gegründeten Oppositionaparteien spalteten sich in verschiedene Lager (Hasegawa, a.a.O., S.44). Dies zeigt, daß die Lehre der angeborenen Menschenrechte nicht in ihrem eigentlichen Sinne verstanden, sondern vielmehr willkürlich an die politische Wirklichkeit Japans angepaßt wurde. Hinzu kam, daß die Vertreter der Menschenrechtsidee mit ihr verschiedene Interessen verfolgten. So hatte sie kein festes Fundament, um der Politik der Regierung Widerstand entgegensetzen zu können (Ebenda).

119. Seine Überzeugung von dieser Theorie wurde besonders dadurch deutlich, daß er dieses Buch trotz aller Schwierigkeiten zuerst auf Deutsch in Deutschland veröffentlichte. Da er von seiner Lehre überzeugt war, wollte er in Deutschland, wo die Sozialwissenschaften besser entwickelt waren, sein Werk veröffentlichen und erwartete ein stärkeres wisenschaftliches Echo darauf.

120. Vgl. Tabata, Katô Hiroyuki, S.111ff.; Rudolf Stammler stellt dieses Werk dar in: ders., Rechts- und Staatstheorien der Neuzeit, 2.Aufl., Berlin 1925, S.56.

121. Vgl. Tabata, a.a.O., S.113.

122. Der imperialistischen Ideologie Japans liegt derselbe Egoismus zugrunde. Danach hielt man die imperialistische Außenpolitik für den Triumph im Kampf ums Dasein für notwendig. Damit wurde der Egoismus zum Rechfertigungsgrund für die damalige japanische Außenpolitik.

2. Die Lehre Katôs und die Lehre Johannes Caspar Bluntschlis - Ein Vergleich -

Von den deutschen Gelehrten, deren Lehren Katô in Japan bekannt machte[123], hatte *Jonannes Caspar Bluntschli* (1808-1881) besonders großen Einfluß auf Katôs Lehre[124].

---

123. In den Schriften, die in dieser Arbeit erwähnt wurden, zitierte Katô v.a. folgende deutsche Gelehrte:

(1) In "Rikkenseitai-ryaku"
Hier führt er nur die Namen von Kant und Fichte als Verfechter der "guten Staatsform", nämlich der konstitutionellen Monarchie und der Republik, an.
(2) In "Shinsei-taii"
In diesem Werk findet man Wolffs Namen. Aber Katô bewertet dort Wolffs wohlfahrtsstaatliche Lehre kritisch und schrieb, daß der Staat die Konkurrenz zwischen den Menschen möglichst frei sich entfalten lassen solle.

(3) In "Kokutai-shinron"
Hier beruft er sich für die Einschränkung der Menschenrechte durch das Gemeinwohl und die Rechte des Staates im Notstand auf ein Zitat von Bluntschli. Dabei zitiert er noch Constantin Frantz in Bezug auf die angeborene Menschenrechtsidee: Die angeborenen Menschenrechte würden Individuen zustehen. Andere Rechte wie etwa das Wahlrecht stammten aus dem gesellschaftlichen Leben und seien keine angeborene Rechte.
Auch für die Rechtfertigung der Langsam-aber-sicher-Politik wurden Frantz, Bluntschli und Biedermann zitiert.

(4) In "Jinken-shinsetsu"
Hier führt Katô eine umfangreiche Liste von Namen europäischer Wissenschaftler an, von denen er den Ansatz für seine neue Lehre, nämlich den Sozialdarwinismus, übernommen hat. Als Deutsche führt er Haeckel, Strauß, Büchner, Carneri, Radenhausen, Lilienfeld, Schäffle und Jhering an. Überdies zitiert Katô in Bezug auf die Idee des Weltstaates in diesem Werk Bluntschli gemeinsam mit Kolb.
Außerdem übersetzte Katô drei deutsche Bücher ins Japanische:

(1) M.Block, Die Machtstellung der europäischen Staaten, 1862 (japanischer Titel: Seiyôkakkoku-seisuikyôjaku-ichiranhyô, 1967)

(2) Einen Auszug aus: Johannes Caspar Bluntschli, Allgemeines Statsrecht, 3.Aufl., 1863, 4.Aufl., München 1868 (japanischer Titel: Kokuhô-hanron, 1872) Katô wählte dieses Buch Bluntschlis als den Text aus, aus dem er dem Tennô vorlas.

(3) Karl Friedrich Biedermann, Die Repräsentativ=Verfassungen mit Volkswahlen, in: August Freiherr von Haxthausen (Hrsg.), Das Constitutionelle Prinzip, seine geschichtliche Entwicklung und seine Wechselwirkungen mit den politi-

Gerade zur Begründung seiner frühen Theorie, in der er die Existenz angeborener Menschenrechte vertrat, führte Katô Bluntschli häufig an. Das Denkschema seines Werkes "Kokutai-shinron" (Grundriß der konstitutionellen Staatform) von 1868 war von Bluntschli übernommen[125]. In seiner Autobiographie schrieb Katô, daß er in seiner frühen Zeit hauptsächlich von Rousseau und Bluntschli beeinflußt worden sei[126].

Auch nach seiner Meinungsänderung weist die Lehre Katôs auf den Einfluß Bluntschlis hin.

Wie erwähnt, änderte Katô erst später in seinem wissenschaftlichen Schaffen, unter dem Einfluß der Evolutionslehre, seine Meinung. Bluntschli sowie einige andere derjenigen Autoren, die Katô früher zur Begründung seiner Theorie der angeborenen Menschenrechte anführte, waren Verfechter der organischen Staatslehre. Sie waren ebenso schon von der Evolutionstheorie beeinflußt, wobei diese Theorie nicht mit dem eigentlichen Sozialdarwinismus übereinstimmt. In der deutschen organischen Staatslehre findet man nämlich keinen solchen Gedanken wie den des Kampfes ums Dasein. Aber ein anderes Hauptelement des Sozialdarwinismus, der Entwicklungsgedanke, der später in der Evolutionstheorie Bedeutung gewann, fand Eingang in die organische Staatslehre[127]. Vor diesem Hintergrund ist verständlich, daß sich Katô, der von der

---

schen und socialen Verhältnissen der Staaten und Völker, Leipzig 1864 (japanischer Titel. Seiyôkakkoku-rikkenseitai-kiritsushi, 1876).

124. In seinen Werken zitierte er Bluntschli positiv und von allen europäischen Wissenschaftlern am häufigsten. Besonders das Denkschema von "Kokutai-shinron" lehnt sich an Bluntschlis Lehre an.

125. Yasu Seishû, Meiji-shoki ni okeru doitsu-kokkashisô no juyô ni kansuru ichi kôsatsu, in: Nihon-seijigakkai (Hrsg.), Nenpô seijigaku, 1975, S.134ff.

126. Katô, Keirekidan, S.488.

127. Zum Wachstumsgedanken der organischen Staatsidee, vgl. Ernst-Wolfgang Böckenförde, Artikel: "Organ, VIII", in: Otto Brunner, Werner Conze u. Reinhart Koselleck (Hrsg.), Geschichtliche Grundbegriffe, Bd.4, S.604.
Den Organismusgedanken findet man schon in der Antike, z.B. bei Platon. Aber die organische Staatsidee, die hier betrachtet wird, wurde erst in der Zeit der Romantik populär. Weitere Verbreitung fand dieser Gedanke in der historischen Rechtsschule. Zum Beispiel schreibt Vontobel über Bluntschli. "Was ihn für Savigny ereifert, ist dessen Evolutionismuslehre...", in: Jacques Vontobel, Die liberal-konservative organische Rechts- und Staatslehre Johann Caspar Bluntschlis, Diss., Zürich 1956, S.70. Im Zusammenhang mit dem Entwicklungsgedanken findet man auch bei Hegel evolutionistische Ansätze. Vgl. Hans Joachim Störig, Kleine Weltgeschichte der Philosophie, 12.Aufl., Stuttgart 1981, S.493.

organisch geprägten Staatslehre Bluntschlis beeinflußt war, später dem Sozialdarwinismus zuwandte.

In diesem Zusammenhang soll nun untersucht werden, welchen Einfluß Bluntschli auf Katô hatte.

Im folgenden sollen zuerst kurz das Leben und die Lehre Bluntschlis selbst und danach sein Einfluß auf Katô betrachtet werden.

a) Das Leben Bluntschlis

Geboren 1808 entstammte Bluntschli einer alteingesessenen Familie in Zürich[128]. Er studierte Rechtswissenschaft am dortigen politischen Institut, danach Philosophie und Geschichte in Berlin. 1829 erwarb er den juristischen Doktortitel in Bonn. Ab 1830 war er als Auditor beim Amtsgericht und als Sekretär der Regierungskommision des Inneren in Zürich, insbesondere der Kommision für administrative Streitigkeiten, tätig; ab 1831 dann als Bezirksgerichtsschreiber und Notar. Von 1833 bis 1848 war er Professor für römisches Recht, für deutsches Zivilrecht und für Rechtsgeschichte an der Universität Zürich[129]. Damals entstand auch sein Buch "Staats- und Rechtsgeschichte der Stadt und Landschaft Zürich", eine Darstellung des alemannischen Partikularrechts. Von 1840 an bis 1856 wurde Bluntschli beauftragt, die Koordinationsarbeiten für ein Gesetzbuch des Kantons Zürich zu übernehmen. Dieses Gesetzbuch galt als eines der besten gesetzgeberischen Werke im 19. Jahrhundert[130]. Bluntschli war darüberhinaus Mitglied des

---

128. Zu seiner Biographie: Gerd Kleinheyer u. Jan Schröder, Deutsche Juristen aus fünf Jahrhunderten, 3.Aufl., Karlsruhe u. Heidelberg 1989, S.43ff; Dietrich Schindler, Artikel: "Bluntschli", in: Görres Gesellschaft (Hrsg.), Staatslexikon, 7.Aufl., Freiburg, Basel u. Wien 1985, Bd.1, S.839ff.; Hans Fritzsche, Johann Caspar Bluntschli, in: Hans Schultheß (Hrsg.), Schweizer Juristen der letzten hundert Jahre, Zürich 1945, S.135ff.; Eduard Eichholzer, Johann Caspar Bluntschli als Sozialpolitiker, in: Zürcher Taschenbuch auf das Jahr 1950, Zürich 1949, S.128ff.; Fr. Meili, J.C.Bluntschli und seine Bedeutung für die moderne Rechtswissenschaft, Zürich 1908; Vgl. Johann Caspar Bluntschli, Denkwürdiges aus meinem Leben, auf Veranlassung der Familie durchgesehen und veröffentlicht von Rudolf Seyerlen, 2 Bde., Nördlingen 1884; Franz von Holzendorf, J.C.Bluntschli und seine Verdienste um die Staatswissenschaften, in: Deutsche Zeit- und Streit-Fragen, 11.Jg., Heft 161, 1882.

129. Zu seinem Wirken in der Schweiz: Hans Oppikofer, J.C.Bluntschli's Theorie und die einheimische Rechtswirkung, in: Zeitschrift für Schweizerisches Recht, Neue Folge, Bd.60, Heft 5, 1941, S.361ff.

130. Kleinheyer u. Schröder, a.a.O., S.44; Meili, a.a.O., S.7ff.

großen Rates des Kantons Zürich und ab 1845 dessen Präsident. Obwohl er schon 1839 in die oberste Behörde des Kantons berufen wurde, verlor er 1848 die Bürgermeisterwahl und verabschiedete sich daraufhin aus dem politischen Leben. Ab 1848 war er Professor für deutsches Privatrecht und Staatrecht in München[131]. In dieser Zeit schrieb er sein großes staatsrechtliches Werk, sein "Allgemeines Staatsrecht"[132]. 1853 erschien "Das deutsche Privatrecht"[133]. Er veröffentlichte zusammen mit Karl Brater darüberhinaus das Deutsche Staatswörterbuch in 11 Bänden, das als eines der bedeutsamsten Staatslexika im 19. Jahrhundert gilt[134]. 1860 wurde er von der badischen Regierung als Nachfolger von Robert von Mohl auf den Lehrstuhl für Staatsrecht und Staatswissenschaft nach Heidelberg berufen. In Heidelberg arbeitete er auch wieder im politischen Bereich. Von 1861 bis 1871 und von 1879 bis zu seinem Tode war er dann Mitglied der ersten Kammer in Baden und ab 1873 Abgeordneter sowie Präsident der zweiten Kammer. Er gründete mit seinen Kollegen das "Institut de droit international", eine freie Akademie für Völkerrecht[135].

b) Die Methode der Staatslehre Bluntschlis

Die Staatslehre Bluntschlis, die er in seinem "Allgemeinen Staatsrecht" entwickelt hat, wurde von den Zeitgenossen vor allem wegen der vergleichenden Heranziehung des amerikanischen und schweizerischen Verfassungsrechts gelobt. Sie habe zum wissenschaftlichen Verständnis des modernen Bundesstaates mehr beigetragen als die Arbeiten etwa Stahls und von Mohls[136].

Bluntschli selber betont die Notwendigkeit der Berücksichtigung der geschichtlichen Hintergründe der jeweiligen Gesellschaft in der Staatsrechtslehre.

---

131. Zu seinem Wirken in Deutschland: Ferdinand Elsener, Die deutschen Professorenjahre Friedrich Ludwig von Kellers (1799-1860) und Johann Caspar Bluntschlis (1808-1881), in: Zürcher Taschenbuch auf das Jahr 1975, 1974, 163ff.

132. Johann Caspar Bluntschli, Allgemeines Statsrecht, München 1851/52, ab der 5. Aufl. (Stuttgart 1876) u.d.T. "Lehre vom modernen Stat".

133. Dies Werk wurde durch seine Vorlesungen und Erfahrungen in Zürich vorbereitet. (Fritzsche, a.a.O., S.157).

134. Es blieb jahrzehntlang eines der meist benutzten politisch-juristischen Nachschlagewerke. Kleinheyer u. Schröder, a.a.O., S.45.

135. Meiri, a.a.O., S.34: Diese Akademie "fand in Amerika 1906 eine gewisse Nachahmung, indem dort eine 'American Society of international law' unter dem Präsidium des Staatssekretärs Elihu Root entstand".

136. Kleinheyer u. Schröder, a.a.O., S.44.

In seinem "Allgemeinen Staatsrecht" versuchte Bluntschli "die friedliche Vermittelung" zwischen der philosophischen und der historischen Methode[137]. Er unterscheidet diese beiden Methoden von ihren krankhaften Abarten, der bloß abstrakt- ideologischen und der einseitig empirischen Methode[138]. Die philosophische Methode unterscheide sich von der abstrakt-ideologischen dadurch, daß sie neben der idealen Seite des Rechts, also seinem sittlichen und geistigen Gehalt, die reale Grundlage des Rechts, das heißt seine "leibliche"[139] Gestalt und Geltung, behandle. Die historische Methode unterscheide sich von der bloß empirischen dadurch, daß sie "nicht blosz das gerade vorhandene Gesetz oder die vorhandenen Tatsachen knechtisch verehrt, sondern den innern Zusammenhang zwischen Vergangenheit und Gegenwart, die organische Entwicklung des Volkslebens und die in der Geschichte offenbar gewordene sittliche Idee geistig durchdringt und beleuchtet"[140].

Auf dieser methodischen Grundlage wird der Staat von Bluntschli als ein Organismus betrachtet[141].

---

137. Dazu schrieb Bluntschli: "Während in anderen Wissenschaften der Gegensatz der historischen und der philosophischen Methode noch als ein feindlicher erscheint, ist derselbe auf dem Gebiete der Rechtswissenschaft schon seit einiger Zeit zu einer friedlichen Vermittelung gelangt. - Wir wissen es nun, daß die Historie ohne Leben ist, wenn ihr das Wesen des inneren Geistes verschlossen bleibt, und daß die Philosophie eine Träumerin ist, wenn sie die leibhafte Gestaltung der Dinge nicht beachtet, in denen der Geist sich offenbart"(Bluntschli, Geschichte der neueren Staatswissenschaft, allgemeines Staatsrecht und Politik seit dem 16. Jahrhundert bis zur Gegenwart, 3.Aufl., München 1881, S.756). Sein "Allgemeines Staatsrecht" wurde verfaßt, um im Bereich der Allgemeinen Staatslehre diese "friedliche Vermittelung" fortzuentwickeln; vgl. dazu Engelbert Strobel, Johann Kaspar Bluntschli, Staatsrechtslehrer und Politiker, in: Badische Heimat 49, 1969, S.148.

138. Nach Bluntschlis Ansicht entstehen diese krankhaften Abarten "aus der extremen Uebertreibung je der einen vorherrschenden Seite jener erstern Methoden; aus der philosophischen ist so blosz abstrakt-ideologische, aus der historischen die einseitig-empirische wie aus dem Urbild das Zerrbild durch Verderbnisz hervorgegangen" (ders., Allgemeines Statsrecht, 4. Aufl., München 1868, Bd. 1, S. 28).

139. Bluntschli, Allgemeines Statsrecht, Bd.1, S.29.

140. Bluntschli, Allgemeines Statsrecht, Bd.1, S.30f.

141. Im "Allgemeinen Staatsrecht" wird die organische Staatsvorstellung nach der Darstellung der Entwicklungsgeschichte der Staatsidee und der Analyse der verschiedenen Theorien von der Entstehung und dem Untergang des Staates als die befriedigendste dieser Theorien vorgestellt.

c) Der organische Staatsbegriff Bluntschlis

Bevor der Organismusbegriff Bluntschlis näher erläutert wird, soll zuerst kurz die Bedeutung des Staatsorganismusbegriffs in der Staatslehre dargestellt werden.

Der Staatsorganismusbegriff wurde hauptsächlich im 19. Jahrhundert in Deutschland entwickelt. In der Zeit von 1830 bis 1870 wurde der Organismusbegriff zum Leitbegriff der staatstheoretischen und der verfassungspolitischen Diskussion[142]. Das fundamentale Element des Organismusbegriffs ist die Anschauung von der Beziehung zwischen dem Ganzen und seinen Gliedern in Analogie zu natürlichen Organismen, nämlich als eine mit den Mitgliedern wechselbezügliche und immanent sich entwickelnde Ordnungsstruktur der Gesamtheit unabhängiger, eigenständiger Wesen, die sich mit eigenem Willen und eigenen Rechten natürlich, d.h. nicht geschaffen, entwickelt. Damit unterscheidet sich dieser Begriff vom Mechanismusbegriff, der als Lenkung, Bestimmung und Hervorbringung des einzelnen von außen und das Fehlen einer selbständigen Teilnahme des einzelnen an dem Ganzen charakterisiert werden kann[143]. Die Grundthese der organischen Lehre war, daß es ohne ein Ganzes keine einzelnen gebe und umgekehrt[144]. Diese These konnte im 19. Jahrhundert gut zur Bewältigung der zwei großen Aufgaben Deutschlands herangezogen werden: Die Errichtung der Einheit des Staates und die Teilnahme des Volkes an der Politik. Die organische Idee wirkte so einerseits gegen absolutistische Ordnungsvorstellungen und die Patrimonialtheorie, andererseits auch gegen die Vertragstheorie. Die abstrakte Definition des Organismusbegriffs diente aber gerade verschiedenen politischen Forderungen als Begründung und löste sowohl die Gegenüberstellung von Monarchen und Volk als auch die Gegenüberstellung von Autokratie und Demokratie auf. Dadurch verlor der Organismusbegriff seine Bedeutung als Gegenentwurf zur absolutistischen Ordnungsvorstellung. Er wurde zu einer Hülse, die nach Belieben mit verschiedenen Inhalten gefüllt werden konnte. Ihre Mannigfaltigkeit wurde der Organismustheorie zum Verhängnis.

Bluntschlis Organismusbegriff ist in diesem geschichtlichen Zusammenhang zu betrachten. Nach Bluntschli ist der Staat ein geistig-sittlicher Organismus. Diese Organismusvorstellung war die in den Diskussionen der Vormärzzeit und in denen der

---

142. Ernst-Wolfgang Böckenförde, Art: "Organ VIII", in: Otto Brunner u.a. (Hrsg.), Geschichtliche Grundbegriffe, Bd.4, S.587.

143. Vgl. Böckenförde, a.a.O., S.588.

144. Vgl. Erich Kaufmann, Über den Begriff des Organismus in der Staatslehre des 19. Jahrhunderts, 1908, in: ders., Gesammelte Schriften, Bd.3, Göttingen 1960, S.49.

fünfziger Jahre vorherrschende Staatsvorstellung, in der eine Anwendung des naturwissenschaftlichen Organismusbegriffs auf die Staatslehre versucht wurde[145]. Das wesentliche Merkmal dieser Organismusvorstellung liegt darin, daß die Glieder dieses Organismus nicht unbewußt naturhaft sondern selbstbewußt und selbstständig sind, und daß folglich die innere Ordnung und das Leben des ganzen Organismus auch nicht unbewußt sondern geistig bewirkt werden[146].

Für Bluntschli ist, "der Staat [...] nicht wie das Thier oder der Mensch ein organisches Naturgeschöpf. Er hat nicht ebenso wie diese, einen sichtbaren Naturleib, der ihn von allen anderen Geschöpfen trennt und als eigenartiges Individuum mit eigenem Leben handgreiflich darstellt. Er ist vielmehr, obwohl ein Ganzes, zusammengefügt aus Einzelmenschen, welche selber ein jeder wieder ein Ganzes und eine ihm eigene Gestalt und ein besonders Leben hat. Sein Geist kann nicht leben, wenn nicht getragen von dem Geiste der Einzelmenschen als natürlichen Personen, sein Leib ist gebunden an die Erfüllung durch die leibhaften Einzelmenschen. Der Staat ist eben kein unmittelbares, kein primäres Naturprodukt, sondern eine menschliche Schöpfung, eine in gewissem Sinne künstliche Nachbildung, ein Kulturbegriff, kein Naturbegriff"[147]. Damit verneinte Bluntschli zwar, daß der Staat ein Naturprodukt ist, er sah ihn aber als eine ethische, organische und männliche Ganzheit an[148].

Der Staat ist für ihn "ein beseeltes Kulturwesen, ein Organismus der höchsten Art, d.h. eine Person, freilich keine leibhafte Person im natürlichen Verstand, aber eine sittlich = geistige Person im Sinne des Rechts und der Kultur"[149].

Unter Person im rechtlichen Sinne versteht Bluntschli ein Wesen, "welches mindestens die Anlage zum Rechtswillen hat und welchem daher Rechte zukommen"[150]. Person im sittlichen Sinne sei ein Wesen, "das seiner Pflichten bewußt werden kann und für seine Handlungen verantwortlich ist"[151]. Der Staat sei daher eine Person, "denn er hat

145. Böckenförde, a.a.O., S.589f.

146. Böckenförde, a.a.O., S.590.

147. Bluntschli, Artikel: "Staat", in : ders. u. Karl Brater (Hrsg.), Deutsches Staats-Wörterbuch, Bd.9, Stuttgart u. Leipzig 1865, S.616.

148. Bluntschli, Allgemeines Statsrecht, Bd.1, S.41, 51, u. 275ff.

149. Bluntschli, Artikel: "Staat", in: ders. u. Brater (Hrsg.), Deutsches Staatswörterbuch, Bd.9, S.618.

150. Ebenda.

151. Ebenda.

Organe, durch die er den ihm eigenen Staatswillen ausspricht, durch die er handelnd in das Menschenleben eingreift, er besitzt Rechte, er hat sittliche Lebensaufgaben"[152].

Überdies sei der Staat männlichen Geschlechts. Wenn ein Mensch ein staatliches Wesen ist, so gilt das nach Ansicht Bluntschlis offenbar zunächst und vorzugsweise vom Mann. Männer bilden und leiten den Staat, in dem sie in "[ihrer] vollen menschlichen Freiheit, [ihrer] geistigen Herrschaft"[153] ihr "höchstes männliches Leben"[154] führen, während Frauen "nur selten, nur ausnahmsweise, im Ganzen mehr berichtigend und durch edle Sitte mässigend, als wirkend und schaffend im State"[155] leben. Damit hält Bluntschli den Staat für das Bild des eigenen Wesens des Mannes. Er versucht weiter, diesen Gedanken mit einem Vergleich von Staat und Kirche weiterzuführen. Nach der Analyse Bluntschlis gibt es nur zwei große Organismen, in welchen "die Totalität des menschlichen Gemeinlebens personificiert wird"[156], den Staat und die Kirche. Die Kirche sei ihrem Wesen nach eine religiöse und moralische Gesamtperson zur Gottesverehrung in Form der Anlehnung und Hingebung an Gott, als Darstellung des religiösen Gesamtlebens, welches die Menschen mit Gott verbinde. "In der Kirche offenbart sich [mit dieser Hingebung (d. Verf., N.K.)] die weibliche Seite, in dem Staate die männliche Seite der gemeinsamen Menschennatur"[157].

Bluntschli erklärte die Entstehung und den Untergang des Staates nach dem Naturgesetz, das auch für alle organischen Wesen gilt[158]. Eine Kulturgemeinschaft werde

---

152. Ebenda.

153. Johannes Caspar Bluntschli, Der Stat ist der Mann., in: ders., Gesammelte kleine Schriften, Bd.1, Nördlingen 1879, S.284.

154. Ebenda.

155. Ebenda.

156. Bluntschli, Artikel: "Staat", in: ders. u. Brater (Hrsg.), Deutsches Staatswörterbuch, Bd.9, S.619.

157. Bluntschli, Art: Staat, in: a.a.O., S.620. Dazu sagt Bluntschli weiter: "Die Volkssprache hat das richtig herausgefühlt; die Kirche ist eine ‘Mutter’, der Staat ist der selbstbewußte ‘Mann’".

158. Bluntschli, Allgemeines Statsrecht, Bd.1, S.39f. Die Naturwüchsigkeit des Staates sei aber anders als die der normalen organischen Wesen, da die Einwirkungen der menschlichen Freiheit oder äußerer Schicksale öfter Abweichungen hervorbringen würden. Nach Meinung Bluntschlis sind diese Abweichungen "doch wichtig genug, um den Beweis zu führen, dasz der Gedanke einer bloszen Naturwüchsigkeit des States einseitig und unbefriedigend sei, und um der freien individuellen That auch in dieser Hinsicht ihr Recht widerfahren zu lassen" (Bluntschli, Allgemeines Statsrecht, Bd.1, S.40).

dann zu einer Staatsgemeinschaft, wenn sie so entwickelt ist, daß sie die Notwendigkeit erkennt, ihr Gefühl oder ihre Gedanken in Gesetze zu kleiden und ihre Handlungen danach auszurichten. Wenn sich eine Nation durch diese Entwicklung organisiert hat, verdiene sie, Volk als "Staatsgemeinschaft"[159] genannt zu werden. Ein Volk habe einen eigenen Geist, einen eigenen Körper und einen eigenen Willen. Das rechtfertige es, den Staat als eine öffentliche Persönlichkeit zu bezeichnen.

d) Der Wille des Staates

Im eigenen Willen eines Staates, der als Persönlichkeit gesehen wird, sieht Bluntschli die Grundlage der Einheit des Staates. Zur Erklärung führt er die Doppelnatur des Menschen an, die sich nach Bluntschli aus dem Gegensatz erklären läßt, den man als Zugehöriger einer Rasse und als Individuum in sich verbindet. Entsprechend besitze man zwei Willen, einerseits den Individualwillen, der zu einer einzelnen Person allein gehört, andererseits den gemeinsamen Gewissenswillen bzw. Rassenwillen, der in einer Familie, in einem Volk, in einer menschlichen Gattung gemeinsam besteht. "Unser Individualwille ist oft ungerecht und unvernünftig; der menschliche Gewissenswille ist immer gerecht und vernünftig. Die vielerlei Einzelwillen widersprechen sich; der gemeinsame Gewissenswille ist in sich harmonisch"[160]. Diese Theorie des gesamten Gewissenswillens unterscheidet sich insofern von etwa der "volonté générale" Rousseaus, als der Gewissenswille als einer der Doppelwillen des Menschen schon in der Natur jeder Person zu finden ist. Bluntschli verdeutlicht das anhand eines Beispiels: "Wenn der Sohn seine Hand wider den Vater erheben, wenn der Bruder den Bruder knechten will, wenn der Dieb nach fremdem Gute ausgreift, so regt sich in ihm eine Stimme, welche dem individuellen Willen entgegen tritt. Wenn der Träge in Faulheit versinkt und der Lässige seine Talente vergräbt, so vernimmt er eine Mahnung, die ihn zur Thätigkeit treibt. Im ersten Fall wird der individuelle Wille gehemmt, im zweiten empfängt er einen Anstoß zur That. In beiden Fällen bekundet die innere Stimme einen Willen, der mit dem Willen des Individuums zu ringen versucht"[161]. Nach Ansicht Bluntschlis basiert der Gesamtwille des Staates auf diesem Gewissenswillen. Damit betont

159. Nach Meinung Bluntschlis ist "Nation" ein Kulturbegriff, während "Volk" ein staatsrechtlicher Begriff sei. Erst im Staat und durch den Staat werde eine Nation zum Volk. (Bluntschli, Allgemeines Statsrecht, Bd.1, S.84).

160. Bluntschli, Artikel: "Rasse und Individuum", in: ders. u. Brater (Hrsg.), Deutsches Staatswörterbuch, Bd.8, S.476.; Vgl. Vontobel, a.a.O.,S.141f.

161. Bluntschli, Artikel: "Rasse und Individuum", in: ders. u. Brater (Hrsg.), Deutsches Staatswörterbuch, Bd.8 , S.475.

Bluntschli, daß der Wille des Staates nicht einem Individualwillen, etwa dem Willen der Mehrheit des Volkes oder dem Willen des Monarchen, entstammt, sondern unabhängig von den Individualwillen ist.

e) Die Staatsformenlehre Bluntschlis

Im "Allgemeinen Staatsrecht" stellt Bluntschli verschiedene Staatsformen aus historischer Perspektive dar. Dabei bezeichnete Bluntschli die konstitutionelle Monarchie als die beste Staatsform: "Die konstitutionelle Monarchie nimmt gewissermaszen alle anderen Statsformen in sich auf[162]. Sie gewährt die größte Mannigfaltigkeit, ohne die Harmonie und die Einheit des Ganzen zu opfern"[163]. Seiner Ansicht nach harmonieren die Einheit des Ganzen und die Freiheit des Einzelnen in der konstitutionellen Monarchie am besten. Aristokratie, Demokratie und Theokratie seien in dieser Staatsform, mit einem lebendigen Haupt an der Spitze der gesamten Staatsordnung, im rechten Verhältnis zueinander gehalten und zur Einheit verbunden[164]. Nach seiner Ansicht ist die konstitutionelle Monarchie berufen, die Minderheit in ihrer Freiheit und in ihrem Recht vor den Anmaßungen der Mehrheit zu schützen, während die Demokratie die Herrschaft der Mehrheit bedeute.

Den Unterschied zwischen der konstitutionellen Monarchie und der absoluten erläutert Bluntschli wie folgt: "Die absolute Monarchie outrirt diesen Gedanken dahin, dasz sie anderen Körperschaften und Organen weder selbständige, der Willkür des Monarchen entzogene Rechte, noch eine nothwendige Betheiligung bei der Ausübung der Rechte des Monarchen zugesteht, und dasz sie auch von berechtigten Freiheiten der Individuen und Volksclassen nichts wissen will. Alles Recht nimmt sie für sich in An-

---

162. Bluntschli, Allgemeines Statsrecht, Bd.1, S.402; Die konstitutionelle Monarchie "gibt der Aristokratie freien Raum zur Uebung ihrer Kräfte und zur Aeuszerung ihrer Gesinnung auf nationalem Felde. Sie legt auch der demokratischen Richtung des Volkslebens keine Fesseln an, sondern verstattet ihr freie Bewegung. Ja selbst ein ideokratisches Element findet sich in ihr anerkannt in der Verehrung der Gesetze. Alle diese verschiedenen Richtungen sind aber durch die Monarchie, als das lebendige Haupt der gesammten Statsordnung, in dem rechten Verhältnisz gehalten und zur Einheit verbunden" (Ders., Allgemeines Statsrecht, Bd.1, S.403). Ideokratie bedeutet hier Theokratie.

163. Bluntschli, Allgemeines Statsrecht, Bd.1, S.402f.

164. Ders., Allgemeines Statsrecht, Bd.1, S.403.

spruch, den Anderen vergönnt sie höchstens Gnaden. Die konstitutionelle Monarchie dagegen [...] erkennt die Rechte jener Körperschaften und die Freiheit der Untertanen an"[165].

Der Schutz der Rechte der Einzelnen wird dabei nur in Bezug auf Freiheitsrechte diskutiert. Beteiligungsrechte der Einzelnen an der Politik waren für Bluntschli nicht notwendig, da er den Gesamtwillen des Staates als vom Individualwillen getrennt betrachtete[166].

Sein Konzept der konstitutionellen Monarchie auf Grundlage der organischen Staatsvorstellung stellt folglich den Aspekt der Einheit, nicht den der Beteiligung des Einzelnen in den Vordergrund und macht damit das monarchische Prinzip wirksam.

Daher kann Bluntschli -wie Katô- als Förderer einer Reform von oben angesehen werden.

f) Der Einfluß Bluntschlis auf Katô

Im folgenden soll dargestellt werden, in welchen Punkten Katô Bluntschlis Ideengut aufnahm, und zu welchen Abweichungen es hierbei kam.

aa) Die Bedeutung der Politik Friedrichs II. von Preußen

Sowohl bei Katô als auch bei Bluntschli fällt das Lob der Politik Friedrichs II. von Preußen auf.

Bluntschli sah Friedrich II. als den "geistige[n] Vater der modernen constitutionellen Monarchie für den Continent"[167]. "Hätten die Völker ihn besser verstanden und die Fürsten ihm mehr gefolgt, so hätte sich der Übergang aus der absoluten in die constitutionelle Statsform leichter vollzogen. Niemand hat energischer als er den Satz bekämpft, daß der König der Herr des States sei, niemand bestimmter ausgesprochen, dasz das Königtum ein Statsamt und der König der oberste Diener des States sei"[168].

---

165. Ders., Allgemeines Statsrecht, Bd.1, S.444f.

166. Vgl. ders., Allgemeines Statsrecht, Bd.1, S.440ff., Yasu, a.a.O., S.126f.

167. Bluntschli, Allgemines Staatsrecht, Bd.1, S.421.

168. Bluntschli, Allgemeines Statsrecht, Bd.1, S.421f.

In seiner "Geschichte der neueren Statswissenschaft" stellte Bluntschli ausführlich den Beitrag Friedrichs II. als hervorragenden Denker im staatswissenschaftlichen Bereich dar. Interessant ist dabei, daß Bluntschli den Entwicklungsgedanken in der von ihm als organisch bezeichneten Staatsidee Friedrichs II. lobt. Bluntschli erwähnt die Analogie der staatlichen Entwicklung mit dem menschlichen Leben, die Friedrich II. gezogen habe[169]. Nach Bluntschli spricht Friedrich II. "in seiner Zeit fast allein den großen Gedanken der statlichen Lebensentwickelung aus"[170].

In seinem Werk "Kokutai-shinron" erklärt Katô, das Wichtigste für den Staat sei das Volk, und der Monarch bzw. die Regierung sei für das Volk da. In diesem Zusammenhang lobt Katô die Politik Friedrichs II. von Preußen wegen dessen Ausspruchs[171]: "Ich bin der erste Diener des Staates".

Auch im Zusammenhang mit den Volkswahlen nahm Katô auf Friedrich II. Bezug[172]. Die Entwicklung Preußens beruhe nicht nur auf der Einrichtung des Parlaments, sondern auch darauf, daß seit der Regierungszeit Friedrichs II. die preußische Regierung die Ausbildung begabter Menschen gefördert habe.

---

169. Bluntschli, Geschichte der neueren Staatswissenschaft, S.278f. Auch im Allgemeinen Staatsrecht äußert sich Bluntschli über Friedrich II.: " Einzelne grosze Statsmänner hatten zwar ein lebendiges Verständnisz des organischen States bewahrt. Friedrich der Grosze von Preußen z.B. sprach in seinem Antimacchiavell (c.9.) es deutlich aus: 'Wie die Menschen geboren werden, dann eine Zeit lang leben, endlich aus Krankheit oder Alter sterben, so bilden sich auch die Staaten, gedeihen einige Jahrhunderte und gehen endlich wieder unter.' Aber die Wissenschaft hatte diese Einsicht so sehr vernachläszigt, dasz die Erneuerung derselben von Seite der historischen Schule wie eine neue Entdeckung wirkte, und die Fortbildung der Wissenschaft doch nun eine ganz andere und fruchtbare Richtung nahm. Indessen war die historische Schule geneigt, den Begriff des States zu sehr als einen blosz nationalen aufzufassen, und die höhere menschliche Bedeutung desselben zu übersehen oder geradezu zu bestreiten" (Bluntschli, Allgemeines Statsrecht, Bd.1, S.71f.). Vgl. Friedrich der Große, Der Antimachiavell, aus: Werke Frierich d.Gr., Bd.7, S.3-39, Berlin 1913, in: Georg Lenz (Hrsg.), Deutsches Staatsdenken im 18. Jahrhundert, Neuwied 1965, S.186.

170. Bluntschli, Die Geschichte der neueren Staatswissenschaft, allgemeines Staatsrecht und Politik seit dem 16. Jahrhundert bis zur Gegenwart, S.279.

171. Katô, Kokutai-shinron, S.390.

172. Katô Hiroyuki no Shitsumon, in : Meijibunka-kenkyûkai (Hrsg.), Meijibunka-zenshû, Bd.4 (Kensei-hen), Tokyo 1929, S.369; vgl. Nakamura Yûjirô, Katô Hiroyuki no seido-kan to shizen-kan (1), in: ders., Kindai-nihon ni okeru seido to shisô, Tokyo 1967, S.201.

Aus der Sicht der damaligen Japaner stellte Friedrich II. den Idealtypus eines Monarchen dar. Die Gründe liegen wahrscheinlich darin, daß Japaner, die von der preußischen Entwicklung beeindruckt waren, von der Friedrich-Verehrung in der deutschen Literatur der damaligen Zeit angesteckt wurden.

Nach Katôs Meinung war die damalige Situation Japans mit der Preußens zur Zeit Friedrichs II. vergleichbar. Deshalb empfahl er eine Politik des aufgeklärten Absolutismus.

Den Ansatz zu diesem aufgeklärten Absolutismus übernahm Katô auch in theoretischer Hinsicht von Bluntschli[173]. Seine Politik des allmählichen, kontinuierlichen Übergangs fand er bei diesem bestätigt[174].

Auch bei Bluntschli findet man das Konzept einer Reform von oben. Es ist deshalb verständlich, daß seine Ideen von Katô aufgenommen wurden und daß Katô die Darstellung Friedrich II. durch Bluntschli in seinem Werk "Kokutai-shinron" zur Beschreibung eines idealen Monarchen benutzte.

Die Ansichten Bluntschlis über die Politik Friedrichs II. übernahm Katô damit vollständig. Da Friedrich II. im 19. Jahrhundert nach der deutschen Vereinigung besonders verehrt wurde und dies in etwa der Situation in Japan während der Meiji-Zeit entsprach, nutzte Katô diese Situation aus, monarchische Prinzipien in seinen Werken in den Vordergrund zu stellen und den Parlamentarismus und die angeborenen Menschenrechte mehr und mehr abzulehnen.

Anders als Bluntschli erwähnt Katô aber nicht die organische Staatsidee Friedrichs II. Hier wird deutlich, daß Katôs Interesse an den Gedanken Friedrichs II. anders als bei Bluntschli nur auf die vordergründige, politische Ebene beschränkt blieb.

---

173. Daneben beruft sich Kato auch auf Karl Friedrich Biedermann, Die Repräsentativ=Verfassungen mit Volkswahlen, in: August Freiherr von Haxthausen (Hrsg.), Das Constitutionelle Prinzip, Seine geschichtliche Entwicklung und seine Wechselwirkung mit den politischen und socialen Verhältnissen der Staaten und Völker, Leipzig 1864.

174. Biedermann führt in seinem Werk in die Geschichte des Konstitutionalismus in Europa und in den USA ein. Obwohl er damit liberale Ziele verfolgte, forderte er in seiner Einleitung ebenfalls eine Politik des allmählichen Übergangs.

bb) Die Kritik an Rousseau

aaa) Bluntschli

Sowohl Bluntschli als auch Katô kritisierten in ihren Werken Rousseau. Wenn man die Kritik Katôs an Rousseau betrachtet, kann dabei mit guten Gründen behauptet werden, daß Katô erst durch Vermittlung von Bluntschlis Werk Rousseaus Ideen kennenlernte. Es gab zu dieser Zeit noch keine japanische Übersetzung des Roussauschen Werkes. Wahrscheinlich konstruierte Katô sein Bild von Rousseau als dem typischen Vertreter angeborener Menschenrechte anhand Bluntschlis Darstellung sowie der damaligen Bewegung für Freiheit und Volksrechte in Japan. Im folgenden wird die Kritik von Katô und Bluntschli an Rousseau verglichen.

Wie erläutert kritisiert Bluntschli die abstrakt-ideologische Methode als krankhafte Abart der philosophischen Methode der wissenschaftlichen Behandlung. Zur Erklärung des Übels dieser krankhaften Methode führt er in seinem "Allgemeinen Staatsrecht" die ideologische Auffassung der "Freiheit und Gleichheit" in der Revolutionszeit Frankreichs als Beispiel an[175]. In seiner "Geschichte der neueren Staatswissenschaft, Allgemeines Staatsrecht und Politik" findet man eine ausführliche Kritik an den Staatslehren in der Zeit der französischen Revolution. Dabei analysiert Bluntschli die Lehre Rousseaus besonders eingehend.

---

175. Bluntschli, Allgemeines Statsrecht, Bd.1, S.29f. "Diese Methode führt, wenn sie als wissenschaftliche Untersuchung betrieben wird, leicht zu unfruchtbaren Resultaten; wenn sie aber in die Praxis übertritt, zu der gefährlichsten Geltendmachung fixer Ideen und zur Auflösung und Zerstörung des bestehenden Rechts ... Die französische Revolution in ihren leidenschaftlichen Phasen hat der Welt entsetzliche Belege für die Wahrheit dieser Beobachtung vor Augen geführt: und Napoleon hatte nicht Unrecht zu sagen: 'Die Metaphysiker, die Ideologen haben Frankreich zu Grunde gerichtet.' Die ideologische Freiheit und Gleichheit hat Frankreich mit Ruin gefüllt und mit Blut getränkt, die doktrinäre Ausbeutung des 'monarchischen Princips' hat die politische Freiheit Deutschlands niedergedrückt und seine Machtentwicklung gehemmt, die abstrakte Durchführung des Nationaltätengrundsatzes hat den Frieden von ganz Europa bedroht. Die fruchtbarsten und wahrsten Ideen werden vergeblich, wenn sie ideologisch erfaßt und dann mit dem Fanatismus der Borniertheit verwirklicht werden".

Nach Bluntschlis Ansicht liegt der Fehler der Staatslehre Rousseaus nicht darin, daß Rousseau seine Lehre spekulativ begründet hat, sondern darin, daß er "unrichtig d.h. unlogisch"[176] spekulierte.

Bluntschlis Kritik kann in folgenden Punkten zusammengefaßt werden:

1) Rousseau habe den Staat in die Individuen aufgelöst und gemeint, von den Individuen aus den Weg zum Staat zu finden. Eine Summe von Individuen sei aber niemals eine Einheit und könne gar keine sein.

2) Nach der Vertragstheorie Rousseaus würden sich die Individuen ganz und gar mit allen ihren Rechten an die Gemeinschaft veräußern. Dieser Gedanke sei aber unnatürlich. Die individuellen Freiheitsrechte würden nicht in die Gemeinschaft eingebracht, sondern fortwährend individuell behauptet, da sie trotz ihres Bedarfs an staatlichem Schutz in ihrem Inhalte nicht vom Staat, sondern von Privatleuten abgeleitet würden.

3) Die Demokratievorstellung Rousseaus auf der Grundlage des Verzichtes auf individuelle Freiheit sei nicht weniger gefährlich als der Absolutismus des Monarchen bei Hobbes. Es sei sogar schwieriger der Despotie des Demos als der Despotie des absoluten Monarchen zu widerstehen[177].

4) Insoweit Rousseau einen Gesamtwillen nur aus der Verbindung vieler Einzelwillen zu konstruieren versuchte und damit die Einheit der Nation nicht berücksichtigte, sei ihm das Verständnis des repräsentativen Prinzips verschlossen. Wenn wirklich die

---

176. Bluntschli, Geschichte der Neueren Staatswissenschaft, Allgemeines Staatsrecht und Politik seit dem 16. Jahrhundert bis zur Gegenwart, S.348.

177. Im Deutschen Staatswörterbuch schreibt er dazu auch: "Ebenso gefährlich für die individuelle Freiheit wie unnatürlich ist ferner die Annahme R's, daß alle sich selber und all' ihr Gut vorerst an die Gemeinschaft hingeben. Der Mensch gehört nicht ganz dem Staate an. Er hat Pflichten und Aufgaben, welche die Gemeinschaft nichts angehen, er ist auch ein Wesen für sich, für seine Familie, für Gott. Der R.'sche Gedanke führt nothwendig zu einer absoluten Staatsgewalt, und der Absolutismus wird nicht gerechter und nicht ungefährlicher, wenn die Menge als wenn ein Einzelner der absolute Herrscher ist. Der Despotismus des Demos ist so verwerflich als der der Fürsten" (Bluntschli, Artikel: "Rousseau", in : ders. u. Brater [Hrsg.], Deutsches Staats-Wörterbuch, Bd.8, 1864, S.747).
Ähnlich auch ders. im Allgemeinen Staatsrecht: "Wenn sie (die Vertragstheorie) vorzugsweise als die Lieblingstheorie der Revolution Geltung gefunden hat, so hat sie doch öfter schon auch dazu dienen müssen, die Rechtmäßigkeit absoluter Herrschaft verteidigen zu helfen" (Allgemeines Statsrecht, Bd.1, S.270).

Gesamtheit der einzelnen Bürger der Souverän wäre, wie Rousseau voraussetzte, so begreife man doch, wie bedenklich es für die Souveränität dieser Bürgermenge wäre, die Äußerung ihres Willens dem Willen einer Minderheit von Stellvertretern zu überlassen.

In all diesen Punkten kommt Bluntschlis hauptsächlicher Einwand gegen Rousseau zum Tragen: Die Verwechslung des Ganzen mit der Gesamtheit der Individuen. Im Allgemeinen Staatsrecht kritisiert er vor allem diesen Punkt[178]. In Zusammenhang damit wird sein organischer Staatsbegriff deutlich. Nach seiner organischen Staatsvorstelluung beziehen sich die Individuen als Glieder und die Nation als Einheit zwar aufeinander, aber unterscheiden sich nach ihrem Wesen voneinander. Für Bluntschli bedeutet der Staat als Ganzes nicht nur die Gesamtheit aller Individuen, sondern ist vielmehr ein Gebilde mit eigenem organischem Charakter. Seine Kritik an der Rousseauschen Staatsvorstellung beruht hauptsächlich auf dieser Grundlage seines Staatsdenkens.

bbb) Katô

In seinen Schriften beschreibt Katô Rousseau als einen Radikalen.

In seinen Lebenserinnerungen schreibt Katô, daß er schon in früheren Zeiten die gemäßigte Lehre Bluntschlis den radikalen Ansichten Rousseaus, der die republikanische Staatsform für die beste hielt, vorgezogen habe[179]. Im Zuge seiner Kritik an der Lehre von den angeborenen Menschenrechten[180] bezog sich Katô immer mehr auf den Radikalismus der rousseauschen Lehre. Schon 1872 schrieb Katô in einer Anmerkung zu seiner Übersetzung des "Allgemeinen Staatsrechts" Bluntschlis: "Der Begründer der radikalen Lehre ist Rousseau. Seither gab es viele, die diese Idee vertraten, was schließlich dazu führte, daß sie in der Politik Verwirklichung gefunden hat. Sein Gift wirkt bis in die heutige Zeit hinein. Es ist wirklich zu bedauern"[181]. In seinem Werk

178. "Durch Vertrag von Individuen kann weder ein Volk noch ein Staat entstehen. Wie viele Einzelwillen auch angehäuft werden, es entsteht kein Gesamtwille daraus; wenn noch soviel Privatrecht an den Stat abgetreten wird, es entsteht kein Statsrecht daraus" (Allgemeines Statsrecht, Bd.1, S.272). Seiner Meinung nach ist es ein "Grundirrtum", wenn sich die Vertragstheorie die Individuen als Kontrahenten vorstellt. Das Privatrecht, das die Individuen dazu veranlaßt, untereinander Veträge zu schließen, könne nie zu einem Staatsrecht führen. (Ebenda).

179. Katô, Keirekidan, S.448.

180. Ders., Jinken-shinsetsu, S.414ff.

181. Bluntschli (übersetzt von Katô), Kokuhô-hanron, 1872, S.24.

"Kokutai-shinron" (die neue Lehre der Reichsidee) kann man wiederum lesen, daß er die frühe republikanische Politik in Frankreich für fair, gerecht und tolerant hielt, während sie dann später gewaltsam und schlechter geworden sei[182]. Nach Katôs Meinung sollte die Beteiligung des Volkes an der Politik nur in den aufgeklärten Staaten erlaubt werden. Und selbst dort soll sie nur den gebildeten Menschen ermöglicht werden. Dieses Recht sei kein Menschenrecht[183]. Es wäre unvernünftig, dieses Recht jedem zu gewähren. Dies beweise die Tatsache, daß selbst in Republiken die Diener der Bürger und die von staatlicher Fürsorge Abhängigen dieses Recht nicht haben[184].

ccc) Vergleich

Vergleicht man Katôs Kritik an Rousseau mit der Bluntschlis, so fällt zuerst die Ähnlichkeit der Ansichten über die französische Revolution ins Auge. Beide kritisieren die Ideologie der "Freiheit und Gleichheit" in der französischen Revolution; und in dem Punkt, Rousseau als Repräsentanten des Radikalismus[185] zu betrachten, sind sie sich ganz einig.

Wenn man die Kritik der beiden näher miteinander vergleicht, findet man auch Unterschiede in ihren Begründungen.

Erstens erläutert Katô nicht die theoretische Problematik der Vertragstheorie.

In Katôs Werk "Kokutai-shinron" findet man ebenso wie bei Bluntschli eine Kritik an den Lehren über die Entstehung des Staates[186]. Seine Klassifikation der Lehren über die Entstehung des Staates ist in Bezug auf die ersten vier Arten identisch mit der Klassifikation Bluntschlis: die Theorie vom natürlichen Geselligkeitstrieb, die Theorie des Staates als göttliche Institution, die Theorie der Gewalt und die Vertragstheorie[187]. Unter diesen Arten hält Katô die Vertragstheorie sowie die Theorie von der göttlichen In-

182. Katô, Kokutai-shinron, S.407.
183. Katô, Kokutai-shinron, S.400. Katô, Jinken-shinsetsu, S.415f.
184. Katô, Kokutai-shinron, S.400f.
185. Bluntschli nennt Rousseau Radikalist: Bluntschli, Geschichte der Neueren Staatswissenschaft, Allgemeines Staatsrecht und Politik seit dem 16. Jahrhundert bis zur Gegenwart, S.338.
186. Katô, Kokutai-shinron, S.387f.
187. Als fünfte Theorie sieht Katô den patriarchalischen Staat, Bluntschli den "organischen Staatstrieb" an. Bluntschli, Allgemeines Statsrecht, Bd.1, S.259ff.; Katô, Kokutai-shinron, S.387f.

stitution für fragwürdig. Die anderen Theorien zeigen nach Katô möglicherweise Gründe für die Entstehung des Staates an, wobei er sich nicht endgültig festlegt. Seine Kritik an der Vertragstheorie beschränkt sich darauf, daß ein Vertragsschluß als Entstehungsgrund des Staates nicht vorstellbar sei. Er wandte sich gegen Rousseau nur wegen des Irrealismus und der Radikalität seiner Theorie und wegen ihrer Gefahren auf politischer Ebene.

Im Gegensatz dazu kritisiert Bluntschli zwar auch die Irrealität und die Gewalt der Mehrheit, die die Theorie Rousseaus enthält[188], aber er argumentiert hauptsächlich gegen die Verwechslung der Summe von Individuen mit der Gesamtheit.

Während Bluntschli von seiner organischen Staatsvorstellung aus auf das Problem des rousseauschen Grundbegriffs "volonté générale" hinweist, erwähnt Katô diesen Grundbegriff gar nicht.

Zweitens kritisiert Katô die Ideologie der französischen Revolution bloß wegen ihrer brutalen Folgen in der Politik nach der Revolution, während Bluntschli dieselbe Ideologie als ein Beispiel für falsche wissenschaftliche Methodik anführt. Bluntschli kritisiert, daß man nur die ideale Seite ohne den realen Boden betrachte. Katôs Kritik ist insoweit identisch mit Bluntschlis, als es um die faktische Gefahr dieser Ideologie geht. Katô diskutiert aber diese Problematik nicht auf der methodischen Ebene, sondern nur auf der faktischen.

Folglich findet man in Katôs Lehre keine ausführliche Analyse der rousseauschen Theorie wie bei Bluntschli. Jedoch üben Katô und Bluntschli beide Kritik von einem konservativen Standpunkt aus. Bluntschli weist nämlich auf die Gefahr der Anerkennung der absoluten Staatsgewalt hin, die daraus folgt, daß die Individuen sich ganz mit allen ihren Rechten an die Gemeinschaft veräußern. Diese Kritik führt bei Bluntschli aber nicht zu einer besseren Gewährleistung individueller Beteiligungsrechte an der Politik. Seine Trennung zwischen dem Gemein- und dem Individualwillen auf der Grundlage der organischen Staatsvorstellung führt eher zur Monarchie. Ebenso vertrat Katô eine Lehre, die Beteilungsrechte der Indiviuen an der Politik verneinte.

---

188. "Selbst in den Zeiten, als die Lehre vom Gesellschaftsvertrag zahlreiche Anhänger hatte und am wirksamsten war, konnte sie doch niemals die entgegenstehende Realität in der Natur überwältigen. Das Volk wurde zwar in lauter 'freie und gleiche Bürger' aufgelöst, aber die Minderheiten auch in den Urversammlungen 'vertrügen' sich nicht mit den Mehrheiten, welche ihren Willen als den übergeordneten und allein geltenden durchsetzten" (Bluntschli, Allgemeines Statsrecht, Bd.1, S.271).

cc) Die Freiheit und die Rechte der Individuen im allgemeinen

Die Rechte der Individuen behandelt Bluntschli im "Allgemeinen Staatsrecht" nicht vollständig. Lediglich am Ende dieses Buches stellt er den Begriff der Freiheitsrechte als Rechtsbegriff dar, der die Rechtsordnung voraussetze und damit ein Teil der Rechtsordnung sei[189].

"Da der Mensch als Rechtswesen notwendig beschränkt ist, so ist auch seine Freiheit als Recht beschränkt. Nichts ist verkehrter, als sich eine absolute Unabhängigkeit, eine völlige Losgebundenheit des einzelnen Menschen einzubilden und diese Einbildung menschliche Freiheit zu heiszen. Diese negative Vorstellung empfindet jede Rechtsinstitution wie eine Verletzung, denn sie will schrankenlos sein und das Recht kann nur in den Schranken der Form bestehen"[190].

Bluntschli betrachtet die Beschränkung der Freiheit als so notwendig wie die Abhängigkeit eines Kindes von seinen Eltern. Eine grundlose oder übermäßige Abhängigkeit nennt er Unfreiheit. Im Verhältnis der Regierenden zu den Regierten "muß die Unterordnung der Regierten durch das Gesetz bestimmt und beschränkt sein, zu dessen Hervorbringung auch die Regierten selber mitwirken"[191]. Bluntschli teilte darauf die Freiheit in zwei Formen ein, nämlich einerseits die individuelle Freiheit und andererseits die Volksfreiheit. Er bezeichnete die individuelle Freiheit im Grunde als ein Privatrecht. Nach Bluntschlis Ansicht bildet die individuelle Freiheit zunächst einen Teil der individuellen Rechtssphäre, d.h. des Privatrechts, da sie aus dem individuellen Dasein und Leben entspringe. Diese individuelle Freiheit komme nur insofern mittelbar in den Kreis des öffentlichen Rechts hinein, als sie entweder unter die Garantie desselben gestellt oder durch die Rücksichten auf die Gemeinschaft und den Staat näher begrenzt und beschränkt werde[192]. Dagegen habe die Volksfreiheit, deren Wesen die Teilnahme am Staat sei, einen öffentlichen Charakter[193]. Diese Volksfreiheit gehöre als eine Insti-

---

189. Bluntschli, Allgemeines Statsrecht, Bd.2, S.493; vgl. dazu Dieter Grimm, Die Entwicklung der Grundrechtstheorie in der deutschen Staatsrechtslehre des 19. Jahrhunderts, in: Günter Birtsch (Hrsg.), Grund- und Freiheitsrechte von der ständischen zur spätbürgerlichen Gesellschaft, Göttingen 1987, S.248.

190. Ders., Allgemeines Statsrecht, Bd.2, S.495.

191. Ders., Allgemeines Statsrecht, Bd.2, S.496.

192. Ders., Allgemeines Statsrecht, Bd.2, S.498.

193. Ders., Allgemeines Statsrecht, Bd.2, S.496. Zur Bedeutung des Volksfreiheitsbegriffs Bluntschlis: Grimm, a.a.O., S.248.

tution des Staates dem öffentlichen Recht unmittelbar an und sei von dem Geiste der Gesamtheit erfüllt.

Bluntschli ordnet folgende Rechte diesen beiden unterschiedlich gearteten Freiheitsbereichen zu:

1) Individuelle Freiheitsrechte:

Schutz der Existenz, der freie Gebrauch des Körpers, Berufsfreiheit, Freiheit der Meinungsäußerung, Pressefreiheit, Schutz des Hausfrieden und des freien Verkehrs

2) Politische Freiheitsrechte (Volksfreiheit):

Rechtsgleichheit, Recht zu Petitionen und Beschwerden, das Vereinsrecht, die Volksversammlungen, das Recht auf Widerstand

Das Recht der Beteiligung der Individuen an der Politik erläutert Bluntschli in bezug auf die Stellung der Staatsbürger. Danach haben die Staatsbürger an den politischen Rechten teil. Das Staatsbürgerrecht in diesem Sinne setze die Volksgenossenschaft als Grundbedingung voraus, verbinde aber mit derselben überdies die politische Vollberechtigung im Staat, und vor allem in ihm erhalte die politische Beziehung der Individuen zum Staat ihren vollen Ausdruck[194].

Katô war, wie erwähnt, zunächst ein Anhänger der Lehre von den angeborenen Menschenrechten, betonte aber immer wieder, daß Rechte nur im Zusammenhang mit Pflichten betrachtet werden können. Der Mensch habe das Recht, vom Staat geschützt zu werden, andererseits aber auch die Pflicht, die Rechte der Regierenden anzuerkennen und deren Anordnungen zu folgen. Für Grundpflichten hielt er desweiteren z.B. die Steuerpflicht und den Wehrdienst.

Auch der Staat habe Rechte und Pflichten. Seine Aufgaben zu erfüllen, sei gleichzeitig das Recht und die Pflicht des Staates.

Als Rechte der Untertanen unterscheidet Katô zwei Arten: Private und öffentliche Rechte. Private Rechte sind die Freiheitsrechte der Individuen, während Rechte zur Beteiligung an den Staatsangelegenheiten öffentliche Rechte sind.

---

194. Ders., Allgemeines Statsrecht, Bd.1, S.209.

Katô führt folgende Beispiele für private Rechte an:

Das Recht auf Leben, das Recht auf körperliche Unversehrtheit, die Handlungsfreiheit, die Vereinigungs- und Versammlungsfreiheit, die Meinungs- und Pressefreiheit, die Gleichheit und die Eigentumsgarantie.

Als öffentliche Rechte versteht er das Wahlrecht und den gleichen Zugang zu den öffentlichen Ämtern.

Katô hält diese öffentlichen Rechte nicht für angeborene Rechte. Bei der Einführung dieser öffentlichen Rechte in einen Staat hält er es für besonders wichtig, den Entwicklungsstand des Volkes zu berücksichtigen[195]. Dabei zitiert Katô die Ausführungen Bluntschlis, in denen z.B. das russische Volk noch für unfähig zur Mitbestimmung der Politik gehalten wird[196].

Sowohl bei Katô als auch bei Bluntschli ist zunächst eine kritische Einstellung gegenüber dem radikalen Liberalismus festzustellen. Das eben angeführte Zitat Bluntschlis bei Katô zeigt den Einfluß Bluntschlis besonders deutlich. Darüberhinaus ist auch in Katôs Betonung der Pflichten als Kehrseite der Rechte eine Übernahme der Gedanken Bluntschlis zu sehen, bei dem das (objektive) öffentliche Recht zur öffentlichen Pflicht wird[197]. Bluntschli schreibt nämlich: "Der Berechtigte ist verpflichtet sein Recht auszuüben"[198].

---

195. Katô, Rikkenseitai-ryaku, S.343; ders., Kokutai-shinron, S.400f.

196. Bluntschli, Allgemeines Statsrecht, Bd.1, S.399f.: "Nur in dem europäischen Orient, in Ruszland hat die absolute Monarchie gegenwärtig noch Bestand. [...] Die grözten Reformen, wie voraus die heutige Befreiung des Bauernstandes von der Leibeigenschaft, sind da noch kaum anders als durch den allein entscheidenden Willen des Kaisers durchzuführen. Die Aristokratie würde dieselben schwerlich fördern, ein gebildetes und freies Bürgerthum existirt nicht als eine sociale oder politische Macht. Der unteren Masse aber fehlt es zwar nicht an der Fähigkeit, in der Gemeinde und in Einungen der Berufsgenossen sich selber zu helfen, wohl aber an der Fähigkeit, an der Bestimmung der Politik und an der Gesetzgebung einen erheblichen Antheil zu nehmen".

197. Bluntschli, Allgemines Staatsrecht, Bd.1, S.5 u.65. Bluntschli teilt hier das allgemeine Recht in zwei Teile ein: öffentliches Recht, das zur öffentlichen Pflicht wird, und Privatrecht, das mit individueller Freiheit ausgeübt wird.

198. Nach Bluntschli ist " [d]er Regent [...] nicht blosz berechtigt, er ist gleichmäszig auch verpflichtet zu regieren, ebenso der Richter zu richten" (Bluntschli, Allgemeines Statsrecht, Bd.1, S.5).

Auch insoweit Bluntschli Freiheitsrechte nur anerkennt, wenn sie durch die positive Rechtsordnung gewährleistet sind, und in dem Gedanken der Beziehung von Rechten und Pflichten hat er Katôs Lehre weitgehend geprägt. Beide sind damit gegen die radikale Menschenrechtsidee.

Katôs Darstellung der einzelnen Rechte ist vermutlich Tsudas "Taisei-kokuhôron" entnommen[199].

Der Einfluß Bluntschlis auf Katô ist aber besonders in der Unterscheidung zwischen öffentlichen und privaten Rechten zu sehen. Katô wie Bluntschli definieren individuelle Freiheitsrechte als private Rechte und Rechte zur Teilnahme an Staatsangelegenheiten als öffentliche. Diese Einteilung wird aber auf ganz unterschiedlichen Grundlagen vorgenommen und mit ihr werden entsprechend unterschiedliche Folgerungen verbunden. Hier liegt ein wesentlicher Unterschied zwischen den beiden Lehren.

Nach Bluntschli gehört die Volksfreiheit als eine Institution des Staates, des "Geistes der Gesamtheit"[200], unmittelbar dem staatsrechtlichen Bereich an, während die individuelle Freiheit als ein Teil der individuellen Rechtssphäre "nur mittelbar in den Kreis des öffentlichen Rechts [...] hineinkommt"[201]. Dies beruht wiederum auf seiner Vorstellung von der Doppelnatur der Menschen. Bei der individuellen Freiheit geht es um den Schutz des individuellen Willens des Menschen und bei der Volksfreiheit um den Schutz des Gesamtwillens des Volks als Einheit.

Eine solche Unterscheidung zwischen dem individuellen Bereich und dem sozialen Bereich des Menschen als Teil der Gesamtheit wird aber bei Katô nicht vollzogen. Ein Grund hierfür liegt wahrscheinlich darin, daß die Begriffe "Bürger" und "Volk" im Japanischen mit einem einzigen Wort, "*Kokumin*", bezeichnet werden. Daher brauchte Katô nicht wie Bluntschli die Freiheit in zwei Bereiche einzuteilen. Gerade deshalb gebrauchte er wahrscheinlich diese beiden Freiheitsbegriffe Bluntschlis oft nebeneinander, ohne dessen Unterscheidung zu verstehen. Indem Katô das japanische Wort *Kokumin* benutzt, blieb bei ihm unklar, ob ein Recht jeweils für jedes Individuum oder für das Volk als Einheit gewährleistet werden soll. Wenn man die spätere Entwicklung der Theorie Katôs betrachtet, ist nicht unwesentlich, daß Katô die Freiheit eher als ein dem

199. Vgl. Hasegawa, a.a.O., S.21.

200. Bluntschli, Allgemeines Statsrecht, Bd.2, S.498.

201. Ebenda.

ganzen Volk zukommendes Recht, und nicht als ein Recht des einzelnen Menschen betrachtet[202].

Ein anderer Grund für die mangelnde Unterscheidung zwischen Individual- und Gemeinschaftssphäre ist, daß Katô die organische Staatsidee, die die Beziehung von Individuum und Gemeinschaft besonders betonte, zunächst nicht übernahm[203].

Der Freiheitsbegriff Bluntschlis wurde im Zusammenhang mit dem Organismusbegriff entwickelt und gerade deshalb spielte auch die Beziehung zwischen den Rechten und den Pflichten der Individuen und des Staates eine besondere Rolle[204]. Katô übernahm jedoch nur die Elemente von Bluntschlis Lehre, die auf eine langsame Entwicklung und eine Reform "von oben" abzielten, ohne diese Zusammenhänge mit dem Organismusbegriff zu beachten.

dd) Organismus und Weltstaat

Wie dargestellt, sieht Bluntschli im Staat einen "sittlich-geistigen Organismus". Dabei führte er in seiner Staatslehre unter dem Einfluß *Friedrich Rohmers* (1814-1856)[205]

---

202. Nach Nakamura hatte Katô keine feste Grundlage für das Konzept der Freiheit und Gleicheit des "Individuums" (vgl. Nakamura, Katô Hiroyuki no seido-kan to shizen-kan [1], S.196).

203. Erst in seinem späteren Werk, "Kampf ums Recht des Stärkeren und seine Entwickelung" von 1894, hat Katô auch die organische Staatsidee aufgenommen. Bis zur Veröffentlichung der "Jinken-shinsetsu" hat er aber den organischen Staatsbegriff nicht in seine Lehre übernommen. Selbst hier war er kein uneingeschränkter Anhänger der organischen Staatsidee.

204. In der organischen Staatsidee wird die innere gegenseitige Beziehung zwischen dem Ganzen und den Gliedern betont. Die Rechte-Pflichten-Beziehung kann dabei als diese innere gegenseitige Beziehung zwischen dem Ganzen und den Gliedern im Staat, also als Kern des Staatsbegriffs betrachtet werden.

205. Rohmer sah in der Erkenntnis der menschlichen Seele die Grundbedingung allen praktischen Fortschrittes und war überzeugt, aus der eigenen Natur das psychologische Gesetz der Menschheit herauslesen zu können. Nach Darstellung Bluntschlis im Deutschen Staatswörterbuch sind folgende Punkte als Früchte dieser Studien Rohmers zu betrachten: "1) seine organische Auffassung der sechzehn Grundkräfte der menschlichen Seele; 2) die Gesetze ihrer Entwicklung in den Lebensaltern; 3) die Anwendung auf die Weltgeschichte und den Zeitgeist; 4) die Bestimmung der individuellen Eigenart und der höchsten Typen der Menschheit" (Bluntschli, Artikel: "Friedrich und Theodor Rohmer", in: Bluntschli u. Brater (Hrsg.), Deutsches Staats-Wörterbuch, Bd.8, 1864, S.645). Zu 4): Vgl. Kurt Töpner, J.C. Bluntschlis Begriff "Zeitgeist", in: Kurt Töpner (Hrsg.), Wider

eine psychologische Betrachtung durch[206]. Nach Bluntschlis Meinung ist der Staatsorganismus durch verschiedene geistige und emotionale Bedürfnisse und Fähigkeiten der menschlichen Natur und ihrer natürlichen Ordnung begründet[207]. Die Geschichte zeige, daß der Körper des Staates als der eines sittlich-geistigen Organismus fähig sei, die Gefühle und Gedanken der Völker in sich aufzunehmen, diese als Gesetz auszusprechen und zu verwirklichen[208]. Diese Verbindung des Körpers mit dem Geist ermögliche es dem Staat, seinen eigenen Willen zu haben und diesen kundzugeben[209].

Die Organismusvorstellung führt Bluntschli weiter zur Weltststaatsidee.

Nach Bluntschlis Betrachtungen sind dieselben wesentlichen Organe eines staatlichen Organismus bei verschiedenen Völkern zu finden[210]. Dabei geht er davon aus, daß der Begriff des Volkes selbst auch kein für sich bestehend abgeschlossener Begriff sei, sondern "er weist mit innerer Notwendigkeit auf die höhere Einheit der Menschheit hin, deren Glieder die Völker sind". So hält Bluntschli den Weltstaat für "das Ideal der fortschreitenden Menschheit"[211]. Diese Theorie belegt er mit einer psychisch-organischen Betrachtungweise des Staates. Seiner Meinung nach führt die geistige, innere Kraft des Staates zur Gründung eines Weltstaates: "Inzwischen arbeitet die unbesiegbare Zeit selbst unablässig fort, die Völker einander näher zu bringen und das allgemeine Bewußtsein der menschlichen Gemeinschaft zu wecken... Der europäische Geist wendet bereits seine Blicke auf den Erdkreis und die arische Rasse fühlt sich berufen, die Welt zu ordnen". [212]

---

die Ächtung der Geschichte (Festschrift zum 60. Geburtstag von Hans Joachim Schoeps), München u. Esslingen 1969, S.27ff.

206. Bluntschli selber weist auf den Einfluß der Rohmerschen Lehre auf seine Staatslehre hin. Vgl. Bluntschli, Charakter und Geist der politischen Parteien, 1869, S.82.; ders., Geschichte der neueren Staatswissenschaft, allgemeines Staatsrecht und Politik seit dem 16. Jahrhundert bis zur Gegenwart, S.756ff.; Auch vgl. Vontobel, a.a.O., S.65ff.

207. Bluntschli, Geschichte der neueren Staatswissenschaft, allgemeines Staatsrecht und Politik seit dem 16. Jahrhundert bis zur Gegenwart, S.759.

208. Ders., Allgemeines Statsrecht, Bd.1, S.40 u. 44.

209. Damit erkennt Bluntschli die Persönlichkeit des Staates an. "Inwiefern der Stat als Person erscheint, insofern kommt ihm ohne Zweifel Unabhängigkeit, Machtfülle, höchste Autorität, Einheit d.h. Souveränität zu" (ders., a.a.O., Bd.2, S.9).

210. Ders., a.a.O., Bd.1, S.43.

211. Ebenda. Diese Theorie belegte Bluntschli mit einer geschichtlichen Betrachtung am Beispiel etwa Alexanders des Großen oder des Römischen Reiches.

212. Bluntschli, Allgemeines Statsrecht, Bd.1, S.50.

Katô nahm die organische Lehre erst nach der oben genannten Änderung seiner eigenen Lehre zugunsten der Evolutionslehre auf[213].

In seinem Buch "Der Kampf ums Recht des Stärkeren und seine Entwickelung" führt Katô aus: "[...] das staatenbildende Volk oder die Staatsgesellschaft (ist) im wesentlichen nichts anderes, als ein Organismus, d.h. ein Sozialorganismus, dessen Zellen die Menschen sind"[214]. Doch fügt er sogleich hinzu: "Es bekennt sich daher eine beträchtliche Anzahl der neueren Forscher auf dem Gebiete der Gesellschaftswissenschaft zu der Ansicht, daß eine Identität der organischen und sozialen Gesetze obwalte, während freilich auch solche nicht selten sind, welche gewichtige Bedenken verschiedenster Natur gegen diese Theorie geltend zu machen haben"[215]. Katô selbst brachte ebenfalls Bedenken gegen die Organismustheorie vor. Seine Bedenken sind nicht nur in den theoretischen Problemen begründet, sondern auch durch die Gefahr, die diese Theorie seiner Meinung nach enthält. Er ist nämlich der Ansicht, daß bei Sozialorganismen nicht selten die Entfaltung und Erhaltung des Ganzen nur auf Kosten der Individuen oder umgekehrt möglich werden. "Kränkelt der Staat nicht an Anarchie, wenn das Individuum einseitig zum Zwecke wird, wie er an Absolutismus leidet, wenn nur das Staatswohl in einseitiger Weise zum Zwecke erhoben wird?"[216]

Katô sieht ein typisches Wesensmerkmal des Staates darin, daß in ihm ein Kampf ums Dasein stattfindet. Der Kampf zwischen den Individuen, Familien, Ständen, Klassen und anderen Gruppen im Staat gleicht einem Kampf zwischen Zellen oder Organen des Staates als Sozialorganismus[217]. Seine Denkweise beruht aber lediglich auf einer Analogievorstellung, er verficht anders als Bluntschli keine psychologisch oder philosophisch begründete Vorstellung von einem Staatsorganismus.

---

213. Erst seine noch späteren Schriften enthalten eine klarer herausgearbeitete Organismustheorie. Da hier aber Katôs Lehre in der Zeit vor der Meiji-Verfassung betrachtet wird, wird seine spätere Organismusvorstellung, die z.B. in "Shizen to rinri" (1912) entwickelt wurde, nicht erwähnt.

214. Katô, Der Kampf ums Recht des Stärkeren und seine Entwickelung, Berlin 1894, S.5.

215. Ebenda.

216. Ebenda. Die Unterscheidung zwischen Individuum und Staat, die er hier trifft, ändert nichts an der oben angesprochenen Tatsache, daß Kato zwischen Einzelnem und Volk nicht deutlich differenziert.

217. Ebenda.

Dies wird anhand der Darstellung des Weltstaates noch deutlicher:

In seinen Schriften äußert sich Katô über Bluntschlis Weltstaatsidee positiv, und dies auch noch nach Änderung seiner Lehre. In seinem Werk "Jinken-shinsetsu" pflichtet Katô Bluntschli darin bei, daß die verschiedenen Staaten in Zukunft durch internationale Beziehungen vereinigt werden[218]. Er sah dies aber als eine Folge des darwinistischen Prinzips: Die Entwicklung der Rechte finde im Kampf ums Dasein statt. In diesem Entwicklungsprozeß erkenne man allmählich, daß man kleinere Gewinne für größeren Gewinn opfern muß. Dabei werde man schließlich auch erkennen, daß der größte Gewinn dann zu erzielen sei, wenn durch die Einschränkung der eigenen Gewalt auch andere ihren Gewinn haben. So werde sich schließlich der Weltstaat entwickeln[219].

In seinem Werk "Der Kampf ums Recht des Stärkeren und seine Entwickelung", in der Katô zum ersten Mal den organischen Staatsbegriff in seine Lehre aufnimmt, behandelt er die Möglichkeit der Entstehung eines Weltstaates eingehender. Er begründet seine Meinung eher mit der kämpferischen menschlichen Natur als mit dem eben genannten Motiv einer Vereinigung: "Ich habe vielmehr nur solch einen Staat im Auge, zu dem nur die zivilisierten Völker, d.h. europäische, amerikanische und einige asiatische (Japan, China) um ihres gemeinsamen Interesses willen sich verbinden. Denn einige niedrige, unzivilisierte Völker müssen allmählich absterben und verschwinden, wie schon teilweise geschehen, so daß sie durch Berührung, d.h. durch Kampf ums Dasein mit den Kulturvölkern, schließlich die Fähigkeit verlieren zu bestehen; und viele andere können sich zwar vor diesem Schicksal bewahren und also auch in Zukunft ihr Leben fristen; aber ihre Länder werden von den Kulturvölkern erobert und zu ihren Kolonien gemacht werden, und die Ureinwohner werden in dem neuen Verbande eine ganz untergeordnete Rolle spielen"[220].

Katô und Bluntschli kommen so zu einer Weltstaatsidee von ganz unterschiedlichem Charakter. Katô nimmt die organische Lehre nur oberflächlich auf. Dabei ist nicht klar, inwieweit er den Sozialorganismus mit einem natürlichen Organismus identifiziert[221]. Eine psychologische Betrachtung, die man bei Bluntschli findet, gibt es

---

218. Ders., Jinken-shinsetsu, S.451.

219. Ders., Jinken-shinsetsu, S.448ff.

220. Ders., Jinken-shinsetsu, S.148f.

221. Zur Beziehung des Organismusgedanken mit dem Sozialdarwinismus bei Katô: Ishida Takeshi, Nihon ni okeru kokkayûkitai-setsu, in: ders., Nihon-kindai-shisô ni okeru hô to seiji, Tokyo 1976, S.166ff.

bei Katô jedenfalls nicht. Er war Sozialdarwinist und kein Anhänger einer Staatsorganismusidee, in der wie bei Bluntschli das psychische Element dieses Begriffs in einer Analogie zum menschlichen Organismus betrachtet wird.

Anders als Bluntschli, der versuchte, die Weltstaatsidee auf der Grundlage der organischen Staatsidee zu entwickeln und seine philosophisch-historische Methode konsequent für die Wissenschaft des Staatsrechts fruchtbar zu machen[222], liegt der Hauptpunkt der Argumentation Katôs auf politischer Ebene, eben im von ihm besonders betonten Kampf ums Dasein.

ee) Die Aufnahme der Staatslehre Bluntschlis in Katôs Werk

Obwohl Katô seine frühe Theorie auf die angeborenen Menschenrechte stützte, und obwohl seine spätere Theorie dann vom Sozialdarwinismus geprägt war, findet man trotzdem einige bleibende Elemente:

1) Deutsche Staatslehren wurden hauptsächlich rezipiert, um die damalige Reformpolitik von oben zu unterstützen.

2) Menschenrechte wurden anders als bei anderen Aufklärern nicht als Ergebnis eines Gegensatzes von Staat und Individuen gesehen.

3) Die Menschenrechte besaßen den Charakter von Rechten des Volkes und nicht von Rechten des Einzelnen. Deswegen fand in Katôs Lehre der Einzelne im Staat wenig Beachtung.

Diese Elemente sind auch in Bluntschlis Werk zu beobachten. Daran kann man den allgemeinen Einfluß Bluntschlis auf Katôs Lehre beobachten. Sowohl die soziale Situation in Deutschland und in Japan als auch die politische Einstellung von Bluntschli und Katô können als Begründung hierfür angeführt werden.

Katô nahm aber die organische Lehre Bluntschlis, die das wichtigste Element von dessen Staatslehre war, nicht in ihrem Kern auf.

Bluntschlis Staatslehre hat eine konservative Tendenz - insbesondere wegen seiner Bevorzugung des monarchisch-konstitutionellen Staates. Wenn man aber seine organische Staatsvorstellung betrachtet, ist nicht zu übersehen, daß er dabei auch die Individuen als Glieder des Organismus im Auge behält. Dieses wird z.B. in seiner Kritik an

---

222. Bluntschli, Allgemeines Statsrecht, Bd.1, S.28ff.

Rousseau deutlich, in der er den Willen der Minderheit betont, oder in seiner Darstellung der Freiheit der Untertanen.

Katô übernahm lediglich die konservativen Elemente von Bluntschlis Theorie und nicht diese in der Organismustheorie angelegten liberalen Ansätze. Mit seinen Werken verfolgte Katô konsequent den Zweck, die Entwicklung Japans in der damaligen sozialen und politischen Situation zu fördern. Bluntschlis Idee bedeutete für ihn ein Mittel dazu. Er wählte nur die für diesen Zweck passenden Elemente von dessen Lehre aus. Er arbeitete insofern eher politisch als wissenschaftlich, und so ist seine Rezeption Bluntschlis eher einseitig politisch motiviert als methodisch und systematisch fundiert.

In der politisch motivierten Wandlung Katôs von einem Vertreter der Idee der angeborenen Menschenrechte zu einem konservativen Verfechter der Regierungsmeinung und eines starken Staates spiegelt sich die Entwicklung des japanischen Staatsdenkens wider, die die Modernisierung Japans gefördert hat. Katôs spätere Evolutionslehre bereitete den Weg Japans zum Imperialismus vor[223]. In diesem Sinne kann man sagen, daß die Entwicklung der Lehre Katôs mit der des japanischen Staates selbst analog ist.

---

223. Uete, a.a.O.,S.25.

B. Die Kodifizierung der Meiji-Verfassung

I. Die Modernisierung Japans und die Probleme des Landes vor der Kodifizierung der Meiji-Verfassung

Gleich nach der Restauration, am 6. April 1868, legte der Tennô die Prinzipien der neuen Politik in fünf Artikeln, den sogenannten Gokajô no Goseimon, dar. Diese wurden von in der Restauration erfolgreichen Politikern wie *Iwakura Tomomi* (1825-1883)[224], *Fukuoka Takachika* (1835-1919)[225] und *Kido Takayoshi* (1833-1877)[226] verfaßt. Der Inhalt läßt sich folgendermaßen zusammenfassen[227]:

1) Konstituierung einer umfassenden Versammlung und größere Beachtung der öffentlichen politischen Diskussion.

2) Entwicklung des nationalen Wohlstandes durch beharrliche Bemühungen der Regierung sowie des Volkes.

3) Aufforderung an alle Untertanen, an Zivil- und Militärbeamte und an jeden einzelnen, bei der Erfüllung ihrer Aufgaben unermüdlich ihr Bestes zu tun.

4) Abschaffung aller unvernünftigen Gebräuche; Gerechtigkeit und Unparteilichkeit sollten die Grundlage des Verwaltungshandelns darstellen.

---

224. Iwakura Tomomi: Politiker am Ende des Shôgunats sowie am Anfang der Meiji-Zeit. Er war einer der Schlüsselfiguren bei der Meiji-Restauration. In der Meiji-Regierung hatte er von Anfang an wichtige Positionen inne wie z.B. Geheimer Rat (*Gijô*). 1871 wurde er zum Außenminister ernannt. Er trug besonders zur Schlichtung der Auseinandersetzung zwischen verschiedenen Clans und somit zur Stärkung der Regierung des Tennô bei.

225. Fukuoka Takachika: Politiker in der Meiji-Zeit. Er war einer von denen, die zur kaiserlichen Restauration beitrugen. Gleich nach der Restauration beteiligte er sich sich an der Konstituierung der *Gokajô no Goseimon*. 1875 wurde er zum Mitglied des *Genrô-in* (Senats, siehe FN 253) und später 1881 zum Kultusminister (*Monbu-kyô*) ernannt.

226. Kido Takayoshi: Politiker am Anfang der Meiji-Zeit. Als Berater des Amtes des Gouverneurs machte er Vorschläge zur Reform des Staatssystems. Von ihm wurde die theoretische Grundlage für die Abschaffung des feudalen Landsystems und die Begründung des neuen Präfektursystems entwickelt.

227. Bersihand, Geschichte Japans, S.328.; Inada Masatsugu, Meijikenpô-seiteischi, Bd.2, Tokyo 1962, S.1ff.

5) Sammlung von Erkenntnissen über Staatslehre und Staatspraxis aus aller Welt, um so die Grundlage für eine Stärkung der Fundamente des Staates zu schaffen.

Diesen Artikeln gemäß wurden verschiedene Reformen durchgeführt:

Während in der Zeit des Shôgunats noch ein kompliziertes System verschiedener sozialer Schichten bestanden hatte[228], wurde die Gesellschaft nunmehr in vier Klassen eingeteilt: Ganz oben die kaiserliche Familie (*Kôzoku*), dann die Adelsschicht (*Kazoku*), die Samuraischicht (*Shizoku*) und schließlich die Sonstigen (*Heimin*)[229]. Die Vorrechte der höheren Schichten wurden eingeschränkt. Eine Neuerung stellte die weitgehende Abschaffung der Bevorzugung der Samurai dar[230]. Im Vergleich zur Shôgunatszeit bedeutete dies bereits eine weitgehende Egalisierung. Ein weiteres Beispiel dafür stellte auch die Gleichheit der Ausbildung dar. 1871 wurde von der Regierung ein Kultusministerium geschaffen und im folgenden Jahr ein Schulsystem eingeführt, das wiederum von Europa übernommen wurde. Jedem Kind sollte eine Grundschulerziehung garantiert werden, auch die weitere Ausbildung konnte jeder in Anspruch nehmen[231].

Zudem wurde die allgemeine Wehrdienstpflicht eingeführt. Das Vorrecht der Militäradeligen, den Wehrdienst abzuleisten, wurde abgeschafft. Das Recht, ein Schwert zu tragen, besaßen von nun an alle Wehrdienstleistenden, nicht nur die ursprünglich allein dazu berechtigten Samurai[232].

Unter den Reformen der neuen Politik nach der Restauration des Tennô ist die erste Verfassung Japans von 1889 die bedeutendste. Die Väter dieser Verfassung woll-

---

228. Unterhalb der Samuraischicht hatte es vier Schichten gegeben: Bauern, Handwerker und Kaufleute; und unterhalb dieser eine Schicht, die "die Unberührbaren" (*Senmin*) genannt wurde.

229. Inoue Kiyoshi, Nihon no rekishi, Bd.20, (Chûkô-bunko), Tokyo 1974, S.206ff. "*Kôzoku* war eine 'übermenschliche Klasse'. Die Bürger wurden in die sonstigen drei Klassen eingeordnet. *Kazoku* wurde ihr Stand als Adel garantiert. Siehe dazu noch: Bersihand, a.a.O.,S.337f. Ehen und Adoptionen zwischen den drei unteren Klassen wurden durch die Gesetze von 1871 und 1873 zugelassen.

230. "Nach 1871 behielten die früheren Samurai nur noch ein Privileg: eine besondere Bestrafung im Falle einer Verurteilung. Unter gewissen Umständen gingen sie ihres Standes verlustig und wurden auf den Stand von Heimin herabgesetzt. Diese Behandlung wurde 1882 auch abgeschafft" (Bersihand, a.a.O., S.338).

231. Joseph Pittau, Nihon-rikkenkokka no seiritsu, Tokyo 1967, S.33ff. (Dieses Buch ist die Übersetzung von: ders., Political Thought in Early Meiji Japan, Cambridge Massachusetts 1967).

232. Pittau, a.a.O., S.31ff.

ten mit ihrem Werk dazu beitragen, daß Japan auch auf dieser Ebene mit den westlichen Großmächten gleichziehen konnte. Da die meisten der Verfassungsväter aus der Schicht der Samurai stammten, knüpften sie an alte japanische Traditionen an und versuchten, die Ideen des westlichen Konstitutionalismus mit diesen zu verknüpfen[233].

Den Hintergrund für die Kodifizierung der Verfassung bildeten die japanische Aufklärung und die Bewegung für Freiheit und Volksrechte, die im ersten Abschnitt bereits erwähnt wurden. Um die Absichten der Verfassungsväter klarer herausarbeiten zu können, wird im folgenden aber hier die politische und soziale Situation Japans zur Zeit der Ausarbeitung der Verfassung näher beleuchtet.

1. Die Struktur von Staat und Gesellschaft

Der oben erwähnte soziale Aufbau in vier Klassen bedeutete, daß noch ein Rest des feudalen Systems in der Gesellschaft aufrechterhalten blieb. Auch in der einzelnen Familie blieb die patriarchalische Struktur familiärer Ordnung erhalten. Hier behielt das Familienoberhaupt die gesamte Macht über die Familie.

In der Restaurationszeit vermischten sich traditionale Elemente mit modernen Strömungen. Dies fand seinen Niederschlag insbesondere in der Vorstellung einer patriarchalischen Regierung des Tennô über das Volk. Der Tennô als Oberhaupt des japanischen Volkes wurde mit dem Oberhaupt einer Familie gleichgesetzt[234]. Die neue Staatsverfassung fand hier eine wichtige Grundlage. Trotz der Modernisierung versuchte man, die patriarchalische Staatsvorstellung zu erhalten.

Dieses Prinzip kam vor allem in der Frage zur Geltung, auf welchem Wege ein konstitutioneller Staat errichtet werden sollte.

Hierzu gab es vor allem zwei Meinungen: den Gradualismus und den Radikalismus. Der Schwerpunkt der Diskussion lag dabei im Problem der Volksrepräsentation. Beide Meinungen waren von der Notwendigkeit einer Verfassung im Sinne einer beschränkten Monarchie überzeugt. Es lassen sich nur Unterschiede über deren

---

233. Vgl. Hasegawa, a.a.O., S.290ff.; Inada Masatsugu, Meijikenpô-seiteishi, Bd.1, 1971, S.254ff.; Pittau, a.a.O., S.107f.

234. Christoph Kaempf, Der Wandel im japanischen Staatsdenken der Gegenwart, 1938, S.29ff. "Väterliche Güte und innere Harmonie mit dem Volke sind die Haupteigenschaften seiner Staatsführung" (ders., a.a.O., S.31f.).

Einzelheiten und Weg beobachten, den die japanische Politik im folgenden nehmen sollte[235].

Die Gradualisten befürworteten eine Verfassung auf der Grundlage einer breiten Macht des Tennô. Sie spalteten sich in ein konservatives und liberales Lager. Ersteres vertrat die Ansicht, daß die Demokratie in Japan nicht umgesetzt werden könne, da die Tradition des Tennôismus die unabänderbare japanische Grundlage der Politik sei. Da sich dieses Lager trotzdem für die Aufklärung des japanischen Volkes durch die europäische Idee aussprach, befürworte sie eine beschränkte Monarchie.

Das Lager der Liberalen war hingegen der Meinung, daß unter Berücksichtung der japanischen Situation eine demokratische Verfassung noch verfrüht sei. Seine Anhänger betrachteten die Monarchie als Durchgangsstadium auf dem Weg zu einer späteren demokratischen Verfassung.

Selbst die Radikalen, die für ein vom Volk gewähltes Parlament eintraten, forderten nicht die gänzliche Abschaffung der patriarchalischen Regierung des Tennô. Ihr Ziel war nicht in erster Linie eine vollständige Demokratisierung sondern die Stärkung des japanischen Staates gegenüber dem Ausland. Zu diesem Zweck hielten sie aber ein parlamentarisches System für nötig, in dem eine einheitliche Willensbildung des Volkes ermöglicht wird. Daher wollten sie eine konstitutionelle Monarchie mit einem Volksparlament errichten. Die gänzliche Abschaffung des tennôischen Systems kam aber auch für sie nicht in Frage.

Das tennôische Staatssystem war somit für alle diese politischen Kräfte die selbstverständliche Voraussetzung für die neue Verfassung.

2. Die außenpolitische Lage Japans

Die mit den westlichen Mächten abgeschlossenen Verträge[236] brachten erhebliche Schwierigkeiten für die Politik mit sich[237].

Die Exterritorialität und der Zolltarif, die den Europäern in Japan kraft der Verträge mit den europäischen Großmächten eingeräumt wurden, belasteten die Japaner.

---

235. Kaempf, a.a.O., S.58ff.

236. Siehe dazu oben S. 5; vgl. Miyazawa Toshiyoshi, Nihon-kenseishi no kenkyû, Tokyo 1968, S.120ff.

237. Bersihand, a.a.O., S.326f.

Die Staatskasse verlor durch die niedrigen Zollabgaben bedeutende Einnahmen, deren sie dringend bedurfte[238]. Die Verträge konnten erst 1872 revidiert werden.

Um diese Verträge revidieren zu können, wurde eine Gesandtschaft aus den damals einflußreichsten Politikern gebildet[239]. Der amerikanische Präsident Grant reagierte negativ auf dieses Unternehmen. In Berlin erfuhr die japanische Gesandtschaft vom Staatssekretär des Auswärtigen Amtes, daß vor Abschluß der Rechts- und Verwaltungsreformen keine Verhandlungen in Gang kommen könnten. Bismarck selbst forderte Japan auf, sich selbst so stark zu machen, daß das Land auf eigenen Füßen stehen könne. Er machte der Gesandtschaft klar, daß alle Nationen immer nur im Sinne ihrer eigenen Interessen gewillt seien, internationale Verpflichtungen einzuhalten[240]. Bismarck wies so Japan den Weg. Der Leiter der Gesandtschaft selbst, Iwakura, sowie die anderen Teilnehmer der Gesandtschaft wurden davon stark beeinflußt: Sie waren von der Notwendigkeit eines konstitutionellen Staatssystems gemäß der Politik des oben genannten Gradualismus überzeugt[241].

3. Die innenpolitischen Unruhen in Japan

Als drittes darf man die innenpolitischen Unruhen als Triebkraft für die Kodifizierung der Verfassung nicht unterschätzen.

Während der Reise Iwakuras kam es zu Meinungsverschiedenheiten zwischen seinen Anhängern und anderen führenden Politikern.

Ursprünglich war man gegen das Shôgunat einig gewesen, hatte aber unterschiedliche Ansichten über die Gestalt des neuen Staates. Diese Auseinandersetzung verschärfte sich in bezug auf die Frage der Beziehung Japans zu Korea. General *Saigô Takamori* (1827-1877)[242], Verfechter einer bewaffneten Intervention in Korea, die als

---

238. Ders., a.a.O., S.339.

239. Diese erste Regierungsdelegation wurde nach dem Namen ihres Leiters, Iwakura Tomomi, Iwakura-Delegation genannt.

240. Bersihand, a.a.O., S.339.

241. Nach ihren Erfahrungen in Preußen hielten sie den Gradualismus für den richtigen Weg, ihr Land nach preußischem Vorbild aufzubauen. Otsuka Minao, Meiji-ishin to Doitsu-shisô, Tokyo 1977, S.53ff.; Inada, a.a.O., S.194ff.

242. Saigô Takamori: Politiker und Führer der Samurai am Ende des Shôgunats sowie am Anfang der Meiji-Zeit. Er war einer der Anreger der kaiserlichen Restauration und Vertreter der niedrigeren Samuraischicht. Nach der Restauration kehrte er in seine Heimat, Satsuma, zurück. Aber nach Auf-

siegreicher Feldzug die Not der verarmten Samurai beseitigen sollte[243], fand beim Tennô wenig Gefallen. Der Tennô überließ Iwakura, der gerade aus Europa zurückkam, die Entscheidung darüber, wie mit dem Plan Saigôs zu verfahren sei. Iwakura verwarf ihn, wodurch die Auseinandersetzung zwischen ihm und Saigô noch verschärft wurde. Der Tennô äußerte, daß die inneren Reformen abgeschlossen sein sollten, bevor man Feindseligkeiten auslöse.

Saigô zog sich daraufhin nach Satsuma zurück. Auch andere damals wichtige Politiker, *Itagaki Taisuke* (1837-1919)[244], *Gotô Shôjirô* (1838-1897)[245], *Etô Shinpei* (1834-1874)[246] und *Soejima Taneomi* (1828-1905)[247], die auf der Seite Saigôs standen, traten zurück[248].

---

forderung der neuen Regierung kam er 1871 wieder nach Tokyo und wurde Staatsrat (*Sangi*). Er war auch General der Armee. Wärend der Reise der Delegation um Iwakura nach Europa leitete er die Regierung.

243. Bersihand, a.a.O., S.340.

244. Itagaki Taisuke: Politiker am Anfang der Meiji-Zeit. 1871 wurde er zum Staatsrat (*Sangi*) ernannt. Er trat für Volksrechte ein. 1874 gründete er *Aikoku-kôtô* (die Öffentliche Partei für Vaterlandsliebe). Nach der Auflösung dieser Partei wurde er 1881 der erste Parteichef der *Jiyû-tô* (die Liberale Partei).

245. Gotô Shôjirô: Politiker am Anfang der Meiji-Zeit. Er war einer von denen, die zur kaiserlichen Restauration beitrugen. 1871 wurde er zum Vizeminister des Industrieministeriums (*Kôbu-tayû*) ernannt und trug zur Einführung des neuen Präfektursystems bei. 1873 wurde er Staatsrat (*Sangi*). Mit Itagaki zusammen organisierte er 1874 *Aikoku-kôtô* (die Öffentliche Partei für Vaterlandsliebe) sowie 1881 *Jiyû-tô* (die Liberale Partei).

246. Etô Shinpei: Politiker am Anfang der Meiji-Zeit. Nach der Restauration arbeitete er als Beamter an der Einrichtung des neuen Staats- und Rechtsystem mit. Seine juristischen Kenntnisse, die er dabei bewies, wurden von der Regierung hochgeschätzt und 1872 wurde er zum Justizminister ernannt. 1873 wurde er Staatsrat (*Sangi*).

247. Soejima Taneomi: Politiker am Anfang der Meiji-Zeit. Er beteiligte sich an der Organisation der neuen Regierung. 1869 wurde er Staatsrat (*Sangi*). Als die Iwakura-Delegation nach Europa und in die USA fuhr, übernahm er von Iwakura das Amt des Außenministers.

248. Sie richteten nach diesem Ereignis an den Tennô die Petition, eine konstitutionalistische Verfassung zu erlassen und eine Wahl der Abgeordneten des Unterhauses durch die Bürger zuzulassen. Sie traten für eine Volksrepräsentation ein, um dadurch die aristokratische Herrschaft der mächtigen Politiker seit der Restauration zu beseitigen. Dabei ist nicht ganz klar, ob sie tatsächlich eine allgemeine, gleiche Wahl wünschten. In Vorentwürfen der Petition war nämlich davon die Rede, daß zunächst nur Samurai und Großgrundbesitzer das Wahlrecht besitzen sollten. Diese Gruppe beabsichtigtete hauptsächlich die Rehabilitation

Als im Rahmen der Reformpolitik der Regierung die Bevorzugung der Samurai beendet wurde, wendete sich wiederum Saigô hiergegen, der die Reformen für zu weitgehend hielt. Er wurde dabei von den Samurai unterstützt, die durch die Reformen ihre Macht verloren hatten und einen gewaltsamen Sturz der Regierung versuchten. Saigô zog dabei an der Spitze von 15000 Kriegern in Richtung Tokyo. Diese Bewegung wurde Satsuma-Aufstand (*Seinan no eki*) genannt[249]. Nach acht Monaten schlugen die Truppen des Tennô die Samurai.

Dieses Ereignis zeigte wiederum die Schwäche der neuen Regierung und ihre Schwierigkeiten dabei, die nationale Einheit zu erhalten.

Die Regierung sah sich gezwungen, auch die Interessen ihrer Gegner zu berücksichtigen. So führte sie Beamtenversammlungen[250] ein und Kido[251] und Itagaki[252] wurden in die Regierung aufgenommen. Überdies wurde ein Senat (*Genrô-in*)[253] eingerichtet, der mit der Erörterung gesetzgeberischer Angelegenheiten beauftragt wurde. Eine Versammlung der Gouverneure und Präfekten sollte die künftige konstitutionelle Verfassung ausarbeiten.

In dieser Zeit widmete auch die Bevölkerung der Verfassungspolitik große Aufmerksamkeit. Dabei wurden verschiedene Verfassungsentwürfe diskutiert[254].

---

der Macht der Samurai und dadurch auch eine Rehabilitation ihrer eigenen politischen Macht.

249. Dettmer, Grundzüge der Geschichte Japans, S.120.

250. In dieser Zeit unterstützte die Beamtenschaft die neue Regierung. Diese Rolle hatten in der Shôgunatszeit die Samurai für das Shôgunat gespielt.
Die Beamtenschaft bildete eine intellektuelle Elite im neuen Staat und war die Triebkraft der Modernisierung. Die meisten von ihnen stammten aus der Samuraischicht und aus verschiedenen Samurai-Cliquen, die verschiedene Interessen hatten. Die neugebildete Beamtenversammlung hatte die Aufgabe, diese unterschiedlichen Meinungen zu hören.

251. Siehe FN 226.

252. Siehe FN 244.

253. Genrô-in war das Gesetzgebungsorgan vor der Eröffnung des durch die Meiji-Verfassung geschaffenen Parlaments. Als seine Mitglieder wurden Politiker ausgewählt, die zur Restauration beigetragen hatten, wie z.B. *Katsu Kaishû* (1823-1899) und *Gotô Shôjirô* (1838-1897).

254. Bersihand, a.a.O., S.343; Inada, a.a.O., S.352ff. stellt Grundrisse von Verfassungsentwürfen dar, die in der Bevölkerung aufgestellt wurden.

Zieht man diese Faktoren der damaligen Situation Japans in Betrachtet, erscheint es schlüssig, daß die Verfassungsväter damals nicht wünschten, einen völlig neuen Staat zu gründen. Die tennôische Monarchie als die Grundlage des Staates war eine unumstößliche Voraussetzung für sie. Im Gegensatz zu anderen Ländern, die die Gewalt des Herrschers abzuschaffen oder einzuschränken versuchten, gab es in Japan keine Auseinandersetzung zwischen dem Monarchen und dem Volk, die anderswo so oft als Triebkraft zum Erlaß einer Verfassung führte[255].

Auseinandersetzungen gab es hauptsächlich unter den Politikern. Der Aufstand der Samurai (Satsuma-Aufstand) hatte allein Bedeutung als ein Aufstand von Reaktionären gegen die Reformpolitik der Regierung; er war keine Auseinandersetzung zwischen einem Monarchen und einem Volk, das ein liberales Staatssystem forderte.

Die Kodifizierung der Verfassung wurde hauptsächlich von oben gefördert. Da auch die meisten Verfassungen der deutschen Staaten oktroyierte oder quasi oktroyierte waren, führte das zu einem großen Interesse am deutschen Staatssystem.

Auch die ungenügende Berücksichtigung der Rechte des Individuums in der japanischen Modernisierungszeit ist vor diesem Hintergrund zu verstehen. Wegen des fehlenden Konflikts zwischen Monarch und Untertanen konnten sich der Begriff des Individuums und seine Rechte nicht ausprägen. Sogar die Radikalen, die die Errichtung einer Volksrepräsentation forderten, maßen den Rechten des Individuums wenig Bedeutung bei. Auch sie hatten nur das Wohl des Staates oder des Volkes als Gesamtheit im Auge.

Joseph Pittau wies darauf hin, daß die konstitutionelle Bewegung in Japan die Europäisierung des Staates bedeutete[256]. Das eigentliche Problem der Kodifizierung lag darin, diese Europäisierung mit dem Tennôkult als Fundament des japanischen Staates zu verknüpfen.

---

255. Pittau, a.a.O., S.60f.
256. Vgl. Pittau, a.a.O., S.60f. u. 300; Kobayashi Naoki, a.a.O., S.15.

II. Der deutsche Einfluß im einzelnen

1. Itô Hirobumis Forschungsaufenthalt in Deutschland

a) Itôs Forschungsreise

Am 15. Februar 1882 erhielt der spätere erste Premierminister Japans, *Itô Hirobumi* (1841-1909)[257], den kaiserlichen Befehl, das politische System derjenigen europäischen Länder zu untersuchen, die bereits eine Verfassung im Sinne einer konstitutionellen Monarchie besaßen. Dieser Befehl beinhaltete auch verschiedene einzelne Untersuchungsgegenstände, die nach Ansicht der damaligen Spitzenpolitiker[258] für die Gründung des neuen Staatssystems von Bedeutung waren[259].

---

257. Itô Hirobumi: Politiker in der Meiji-Zeit. Gleich nach der Gründung der Meiji-Regierung übernahm er mehrere wichtige Regierungsämter. 1870 fuhr er in die USA, um dort das Währung- sowie das Banksystem kennenzulernen. Als er nach Japan zurückkam, wurde er Vitzeminister des Industrieministeriums (*Kôbu-tayû*). 1871 fuhr er wieder in die USA und nach Europa, als Vizebotschafter der Iwakura-Delagation.

258. Der Tennô konnte auch in dieser Zeit faktisch eine politische Entscheidung nicht selbst treffen. Die damaligen Spitzenpolitiker, die seit der kaiserlichen Restauration zu Einfluß gekommen waren, übten de facto die politische Macht im Namen des Tennô aus.

259. Die Untersuchungsgegenstände waren folgende:
(1) Die Ursprünge und die Geschichte der Verfassungen der europäischen Länder zu erforschen, ihren Zustand zu analysieren und Vor- und Nachteile ersterer abzuwägen.
(2) Die Privilegien der kaiserlichen Familie
(3) Das Vermögen der kaiserlichen Familie
(4) Die Organisation der Regierung und die Amtsbefugnisse hinsichtlich Gesetzgebung, Gesetzesvollzug und Diplomatie
(5) Die Verantwortung der Regierung
(6) Die Beziehungen zwischen den Ministerien und den Häusern des Parlaments; das Verfahren des Bürodienstes in der Regierung
(7) Die Organisation des Ober- und des Unterhauses
(8) Die Privilegien des Adels
(9) Die Befugnisse des Ober- und des Unterhauses
(10) Die Rechte der kaiserlichen Familie gegenüber dem Ober- und Unterhaus
(11) Die Sitzungsperioden des Ober- und Unterhauses
(12) Die Diskussionsführung im Ober- und Unterhaus
(13) Der Streit um die Privilegien der beiden Häuser
(14) Die Gesetzesinitiative
(15) Beschlußfassung des Haushaltsplanes und Überprüfung des Rechnungsabschlusses der beiden Häuser
(16) Die Justizgewalt der beiden Häuser
(17) Die Petitionen und die Verwaltungsgerichtsbarkeit

Zur Ausführung dieses Befehls stellte Itô Hirobumi eine Delegation zusammen und fuhr nach Europa.

In der Diskussion über eine neue Verfassung im Vorfeld dieser Forschungsreise kamen hauptsächlich das deutsche und das englische monarchische System als Forschungsgegenstände in Betracht.

Iwakura Tomomi[260] und *Inoue Kowashi* (1844-1895)[261], die sich unter der Beratung *Hermann Roeslers*, der damals als Rechtsberater des japanischen Außenministeriums tätig war, mit der Kodifizierung der Verfassung beschäftigten, hielten vor allem die preußische Politik für Japan aus folgenden Gründen für vorbildlich[262]: Während England eine parlamentarische Regierung besaß, war die Regierung in Preußen im Gegensatz dazu dem Parlament nicht verantwortlich und damit von der Mehrheit des Parlaments weitgehend unabhängig. Während der englische König nominell herrschte aber nicht regierte, regierte der preußische König auch de facto. Außerdem vertraten Iwakura und Inoue die Ansicht des oben erwähnten Gradualismus. Sie entschieden sich, eine japanische Verfassung nach preußischem Modell zu konstruieren[263]. So lag ihr Forschungsschwerpunkt in Deutschland.

---

(18) Die Qualifikation der Abgeordneten des Parlaments und das Wahlgesetz
(19) Die Einteilung der Gesetze und der Verwaltungsregelungen
(20) Die Organisation und die Befugnisse der Ministerien
(21) Die Beziehung der Ministerien zu den beiden Häusern
(22) Die Ernennung und Entlassung der Richter
(23) Die Beziehung der Richter zu den beiden Häusern
(24) Der Beamtenapparat
(25) Die Altersversorgung der Beamten
(26) Das Kommunalsystem
(Shimizu Shin, Meiji-kenpô-seiteishi, Bd.1, Tokyo 1971, S.21. Dieses Buch enthält Quellen zur japanischen Verfassungsgeschichte in dieser Zeit).

260. Siehe FN 224.

261. Inoue Kowashi: Politiker in der Meiji-Zeit. 1870 trat er ins Justizministerium ein. Er war 1872 als Mitglied einer Delegation des Justizministers, *Etô Shinpei*, in Frankreich und Deutschland. 1881 beauftragte Iwakura ihn mit dem Entwurf der Verfassung.

262. Iwakura und Inoue hatten vorher die USA und Europa besucht. Aufgrund dieser Erfahrung hielten sie das preußische Staatssystem für Japan als am besten geeignet. Dies entsprach auch der Empfehlung Hermann Roeslers, der Rechtsberater der japanischen Regierung war.

263. Shimizu, a.a.O., S.223 u. 229ff.; Inada, a.a.O., Bd.1, S.467ff.

Die Reise dauerte vom 14. März 1882 bis zum 3. August 1883. Die fast zehn Monate[264] lang dauernden Forschungen wurden hauptsächlich in Berlin bei *Rudolf von Gneist* (1816-1895) und seinem Schüler, *Albert Mosse* (1846-1925), und in Wien bei *Lorenz von Stein* (1815-1890) betrieben[265].

In Berlin hörte Itô Hirobumi Vorlesungen von Mosse und führte mit von Gneist eine Diskussion und eine Fragestunde[266]. Von Gneist selbst war sehr skeptisch, ob Asiaten das Wesen der Verfassung verstehen könnten[267]. Mosse hatte für die japanische Gesandtengruppe eine ausführliche Vorlesung über das Verfassungssystem in Preußen vorbereitet[268].

---

264. Die übrige Zeit wurde für die Reise und Besichtigungen verwandt.

265. Zum genauen Reiseplan s. Shimizu, a.a.O., S.25ff.

266. Gneist war damals mit seinen großen Werken, "Englische Verfassungsgeschichte" und "Das englische Parlament in tausendjährigen Wandlungen vom 9. bis zum Ende des 19. Jahrhunderts" beschäftigt. Wahrscheinlich war das ein Grund dafür, daß Mosse statt Gneist für die Japaner Vorlesungen hielt. Sie studierten über 5 Monate bei Gneist und Mosse. Es gibt keine Aufzeichnungen über die Gespräche mit Gneist.

267. Shimizu, a.a.O., S.44 u. 91ff.

268. Der gesamte Inhalt der Vorlesung Mosses ist aufgeführt in: Shimizu, a.a.O., S.447ff. Itô Miyoji, der Sekretär Itô Hirobumis, hat diese Vorlesung protokolliert und später veröffentlicht. Die Hauptthemen sind folgende:

(1) Die Geschichte der preußischen konstitutionellen Staatsform nach dem Plan der politischen Reform Karl Reichsfreiherrn vom Steins

(2) Die Verwaltungsbefugnisse des Königs und die Verantwortung des Ministers gegenüber dem König

(3) Krönung, Vorrechte, das Thronfolgegesetz, der Adelstitel

(4) Die Pflichten der Untertanen gegenüber dem Staat

(5) Die Rechte des Individuums

(6) Die Vor- und Nachteile der Freiheit der Meinungsäußerung und der Pressefreiheit sowie der Religionsfreiheit

(7) Immobilienschutz im öffentlichen Recht mit Fideikommiß

(8) Das Gemeinderecht und das System der lokalen Selbstverwaltung

(9) Das Ländersystem

(10) Die Verwaltungsgerichtsbarkeit

(11) Die Oranisation des Parlaments

(12) Die Beziehungen zwischen dem Oberhaus und dem Unterhaus

Zuerst stellte Mosse die preußische Verfassungsgeschichte, insbesondere den Grund und den Inhalt der Reformpolitik Karl Reichsfreiherrn vom Steins dar. Nach der geschichtlichen Darstellung der Entstehung der konstitutionellen Staatsform Preußens wurden die einzelnen Elemente dieser Staatsform anhand der preußischen Verfassung von 1850 erläutert: Zuerst die königlichen Rechte, dann Rechte und Pflichten der Untertanen, Parlament, Gerichtssystem und Verwaltung.

Mosse betrachtete es als Recht des Monarchen, die ganze Staatsgewalt in sich zu vereinigen und den Staat zu regieren. Zu seinen Rechten gehören daher die Befugnisse zu Gesetzgebung, Verwaltung, Rechtsprechung, Oberherrschaft und Diplomatie. Aus der Würde des Monarchen stamme z.B. das Recht, Adelstitel zu verleihen. Nach der Darstellung der einzelnen Befugnisse des Königs folgte eine Erläuterung des Thronfolgegesetzes.

Unter den Rechten und Pflichten der Untertanen wurde zuerst die Staatsangehörigkeit behandelt, dann weiter Pflichten und Rechte erwähnt: Als Pflichten Gesetzestreue, Militärdienst, Steuerpflicht sowie besondere Pflichten der Abgeordneten, der Beamten und des Militärs, als Rechte körperliche Unversehrtheit, Unverletzlichkeit der Wohnung, Briefgeheimnis, gesetzmäßige Rechtsprechung, Freizügigkeit, Meinungs- und Pressefreiheit.

In bezug auf das Parlament wurden das Wahlsystem, die Befugnisse des Parlaments, einzelne Rechte der Abgeordneten sowie die einzelnen Verfahren wie das Beschlußverfahren und die Öffnung und Schließung des Parlaments erläutert. Dazu kam noch eine ausführliche Behandlung der Probleme der Gesetzgebung: z.B. die Bedeutung des Gesetzes in der konstitutionellen Staatsform, die Bedeutung der Ratifizierung eines Gesetzes durch den König, die Beziehung zwischen Gesetzen und königlichen Verordnungen, die Beziehung zwischen Gesetzgebung und Verwaltung.

---

(13) Die Regierungsgewalt

(14) Die Theorie der Gesetzgebung

(15) Die Beziehung zwischen Verwaltung und Gesetzgebung

(16) Die Rechtsprechung

(17) Die Gerichtsverfassung

(18) Die innere Verwaltung

Als Probleme der Rechtsprechung wurden Einzelheiten des Gerichtssystems und das königliche Recht zur Rechtsprechung sowie das königliche Recht der Begnadigung und Strafmilderung dargestellt.

Am Ende der Vorlesung folgte eine Betrachtung der Verwaltung. Die Darstellung war dabei kurz und betraf hauptsächlich die Bedeutung der Polizeigewalt.

Diese Vorlesung stellte die erste systematische Darstellung einer Staatsrechtslehre für Japaner durch Deutsche dar. Itô war aber von dieser Vorlesung enttäuscht. Itô hatte praktische Ratschläge und in kurzer Zeit durchführbare, konkrete Maßnahmen erwartet. Mosse gab eine wissenschaftliche und systematisch präzise Darstellung der preußischen Verfassung, nach der Itô klar wurde, daß es viel Zeit beanspruchen würde, ein dem preußischen Modell entsprechendes politisches System in Japan einzuführen[269].

Diese Enttäuschung konnte aber von Lorenz von Stein kompensiert werden, den Itô und seine Gruppe am 08.08.1882 aufsuchten. Im Gegensatz zu von Gneist begeisterte von Stein die japanischen Gäste[270]. Seine Vorlesung kam dem Forschungszweck der Japaner entgegen. Seine Ausdrucksweise war klar und verständlich[271]. In der Vorlesung zeigte von Stein die Unterschiede des deutschen Staatssystems zum englischen und zum französischen auf, und beschrieb, wie ein konstitutioneller monarchischer Staat eigentlich beschaffen sein sollte. Itô war nun davon überzeugt, daß das deutsche Staatssystem das für Japan geeignete darstellte; er verwarf die englischen, amerikanischen oder französischen Modelle[272]. Er schrieb nach Japan, daß das deutsche Modell eine echte Monarchie zeige, während in England und Frankreich die Monarchie mit einer gemischten Staatsform verwechselt werde[273]. In Deutschland habe der Monarch die gesamte Staatsgewalt inne. Er kritisierte das englische und französische System, weil dort das Parlament trotz der monarchischen Staatsform die Regierung kontrollieren könne.

---

269. Mosse las 44 mal über Staatsrechtslehre. Seine Darstellung war wissenschaftlich systematisch und präzis. Was Itô jedoch erwartete, war ein an der Praxis orientiertes Gespräch. Außerdem ist auch vorstellbar, daß diese systematische Vorlesung für Laien schwer verständlich war. Shimizu, a.a.O., S.51.

270. Vgl. Wilhelm Brauneder, Lorenz v. Steins Wirken in Wien, in: ders. u. Nishiyama Kaname (Hrsg.), Lorenz von Steins »Bemerkungen über Verfassung und Verwaltung« von 1889 zu den Verfassungsarbeiten in Japan, 1992, S.30.

271. Überdies las von Stein, anders als Mosse und Gneist, auf Englisch, das Itô gut beherrschte.

272. Shimizu, a.a.O., S.53f.

273. Shunpo-kô tsuishô-kai, Itô Hirobumi den, Bd.2, Tokyo 1940, S.303ff.

Auch ein kurzer Abriß der Vorlesung von Steins soll hier wiedergegeben werden[274]:

Zuerst betrachtete von Stein den Staat als eine Form menschlicher Gesellschaften. Eine Gesellschaft habe wie ein Mensch drei Elemente: Gewissen, Wille und Tat. Diese drei Elemente verkörpere in einem Staat der Monarch. Daran schloß von Stein die Darstellung der monarchischen Rechte an. Der Monarch habe das Letztentscheidungsrecht im exekutiven sowie im legislativen Bereich. Im Zusammenhang mit der Legislative kam er noch auf das Wahlrecht zu sprechen. Nach Ansicht von Steins wohnt der allgemeinen und gleichen Wahl die Gefahr der Gewalt der Mehrheit inne. Differenzierungen des passiven sowie aktiven Wahlrechtes der Staatsangehörigen nach Art des Drei-Klassen-Wahlrechts schützten dagegen die Interessen der Minderheit und sorgten dafür, daß die Meinungen verschiedener Klassen im Parlament vertreten werden.

Politische Parteien würden aufgrund der Gliederung der Gesellschaft in verschiedene soziale Klassen entstehen. Dabei betont von Stein die Bedeutung der Gesellschaftslehre, in der die Besonderheit und die Struktur einer Gesellschaft untersucht würden. Nach seiner Meinung wird die Organisation der gesetzgebenden Gewalt von der Struktur der Gesellschaft vorgegeben.

Nach dieser Darstellung folgte die Erläuterung verschiedener Probleme der Legislative und der Exekutive: z.B. die Rolle der zwei Kammern im Parlament, die Trennung sowie das Zusammenwirken von Gesetzgebungs- und Verwaltungsgewalt, die Ministerverantwortung, die Verwaltungsgerichtsbarkeit, das Militärwesen.

Auch die historischen Ursprünge der Politikwissenschaft wurden unter dem Thema "Was heißt ‘policy‘?" angesprochen, wo die Lehren Platons und Aristoteles’ kurz dargestellt wurden.

Sehr ausführlich erläuterte von Stein den Begriff selfgovernment. Von Stein definiert selfgovernment (Selbstverwaltung) wie folgt: Wenn ein Staat nicht alles allgemein regeln könne, müsse eine besondere Körperschaft geschaffen werden. Diese sei ein Organ des Staates, doch zugleich auch selbständig. Nach Ansicht von Steins beinhaltet ein selfgovernment vier Elemente: Persönlichkeit, Oberhaupt, Organisation und Selbstver-

---

274. Der Inhalt der Vorlesung Steins ist wiedergegeben in: Shimizu, a.a.O., S.351ff. Diese Vorlesung wurde ebenfalls von Itô Miyoji aufgezeichnet und später veröffentlicht. Eine Zusammenfassung dieser Vorlesung steht in: Nishiyama Kaname, Lorenz v. Stein’s Influence on Japan’s Meiji Constitution of 1889, in: Brauneder u. ders. (Hrsg.), a.a.O., S.45ff.

waltung. Verschiedene Probleme des selfgovernment erklärt von Stein anhand der geschichtlichen Erfahrungen verschiedener Länder.

Am Ende seiner Vorlesung wurden verschiedene Gegenstände der Staatslehre dargestellt. Die Aufgabe der Staatslehre liege darin, eine Konzeption zur Durchführung des Staatszwecks zu entwickeln, den er wiederum als "Zweck des Willens des Staates" sowie als "Zweck der Tätigkeit des Staates" definiert[275]. Zur Erfüllung dieser Aufgabe benötige man z. B. Statistik, um die Voraussetzungen für alle Zwecke und Angelegenheiten des Staates zu klären. Überdies erläutert von Stein noch internationale Beziehungen, Finanzwissenschaft, Verfassung, verschiedene öffentliche Rechte und verschiedene Verwaltungsbereiche[276].

---

275. Itô Miyoji, Daihakushi Stein-shi kôgi-hikki, in: Shimizu, a.a.O., S.416.

276. Die wichtigsten Themen der Vorlesung von Steins lauteten wie folgt (die Gliederung entspricht den Abschnitten der Schrift Itô Miyojis, der von Steins Vorlesung später veröffentlichte):

(1) Die Gesellschafts- und Staatslehre; der Wille des Königs und seine Privilegien; das Nachfolgerecht; das Oberhaus; der Unterschied der Regierungsformen; die Legislatur und das Wahlgesetz.

(2) Die sozialen Klassen und die politischen Parteien; die politischen Parteien in der Verfassung - die konservative und die progressive Partei; die Revolutionspartei als Reaktion der unteren Gesellschaftsschichten; die Notwendigkeit der parlamentarischen Politik und des Zweiparteiensystems; Parteien unter der monarchischen Politik; der Gegensatz von Kapital und Arbeit; die Notwendigkeit der sozialen Reform; das Verfassungsrecht und Wahlgesetz; das Ober- und Unterhaus und das Parlamentsgesetz

(3) Die Notwendigkeit der Unabhängigkeit der Verwaltung; das Gesetz und der Verwaltungsakt; die Vorrechte und die Verantwortung der Staatsminister; der Amtsmißbrauch der Beamten und die Verwaltungsgerichte; die Anstellung, Ernennung und Entlassung der Beamten

(4) Das Auftreten der modernen politischen Parteien in Deutschland; der Unterschied der Parteiengeschichte zwischen England, Frankreich und Deutschland; die Aristokratie und die Demokratie; Vorbeugung gegen innere Unruhen und die Notwendigkeit zweier Häuser des Parlaments

(5) Die Regierungsinstitutionen und die Hoheitsgewalt zur Ernennung und Entlassung der Beamten; die Verfassung und die Militärverwaltung; Aufgaben des Finanzministeriums; die verfassungsrechtliche Bedeutung des Finanzwesens.

(6) Was heißt "Policy"?; die Philosophie und die Staatslehre Platons und Aristoteles

(7) Ein Abriß über Theokratie

(8) Das Wesen der Selbstverwaltung

Wenn man den Inhalt der Vorlesung betrachtet, bemerkt man, daß sie nicht so systematisch war wie die Mosses. Von Stein machte nicht nur juristische Ausführungen, sondern streute auch politische Überlegungen bezüglich der Modernisierung Japans und Vergleiche zwischen dem preußischen System und anderen mit ein.

Die Vorlesung von Steins fand bei Itô großen Gefallen. Er forderte die japanische Regierung auf, von Stein nach Japan zu berufen[277]. Obwohl aus diesem Plan nichts wurde, da der Gesundheitszustand von Steins dies nicht zuließ[278], hatte die Lehre von Steins für den Entwurf der Meiji-Verfassung große Bedeutung. Von Stein versprach, daß er dem Tennô und Itô zur Verfügung stehe, und bereit sei, beratend tätig zu werden[279].

---

(9) Die Vor- und Nachteile des Regierungs- und Kommunalsystems in Frankreich und Großbritannien; die Geschichte des deutschen Kommunalsystems, die Selbstverwaltungsgewalt und Verwaltungsgerichtsbarkeit; der Verwaltungsprozeß und das Verwaltungsgericht

(10) Der Ursprung der deutschen Verwaltungsgerichtsbarkeit

(11) Das Verbotgesetz gegen Geheimbünde; öffentliche Unternehmungen.

(12) Die Exekutive ist das Leben des Staates; das Statistikamt und seine Aufgabe sowie die Bedeutung der öffentlichen Befragung als öffentliche Meinung.

(13) Das Gemeinwohl und das private Wohl

(14) Die Außenpolitik und die internationalen Beziehungen; die Rüstung und die militärischen Aufgaben; die Volkswirschaft als Staatslehre; das Problem des Ablehnungsrechtes des Haushaltsplanes; Grenzen der Beratungsbefugnis des Parlaments

(15) Die Verfassung, das Verfassungsrecht und die Rechtswissenschaft; das Wesen und der Inhalt der Verfassung; das Gesetz der kaiserlichen Familie und das Krongut; das Parlamentsgesetz und das Verwaltungsgesetz; die Vorbereitung der Abfassung der Verfassung; Regelungen bezüglich der kaiserlichen Familie

(16) Die Freiheit macht die Aufgabe des Staates vielfältiger; die Notwendigkeit der Volkszählung; Ausländerwesen; Einwanderungspolitik und Verkehr; die Krankenverwaltung; die Hygieneverwaltung;

(17) Die Probleme der Erziehungsverwaltung und die allgemeine Ausbildung; die höhere Schulbildung und die akademischen Grade; die Universität und die Fachschule.

277. Shimizu, a.a.O., S.58ff. Der Brief Itôs an Yamada Akiyoshi vom August 1884; vgl. Meiji-jingû (Hrsg.), Dainipponteikokukenpô-seiteishi, Tokyo 1980, S.359ff.

278. Shimizu, a.a.O., S.61; dort der Brief Steins an Itô Hirobumi vom 15.11.1884.

279. Stein hatte großes Interesse an der Kodifizierung der japanischen Verfassung. Nach dem Erlaß der Meiji-Verfassung kommentierte von Stein sie in zwei Briefen.

Nach dem Aufenthalt Itôs in Europa kamen viele wichtige japanische Politiker auf Empfehlung von Itô nach Europa und studierten bei von Stein[280]. Nur einige Namen sollen genannt werden: *Kuroda Kiyotaka* (Premierminister während der Abfassung der Meiji-Verfassung), *Fujinami Kototada* (Hofmarschall des Tennô Meiji), *Yamagata Aritomo* (Innenminister während der Abfassung der Meiji-Verfassung), *Kaeda Nobuyoshi* (ein Mitglied des Senats)[281]. Der Einfluß von Steins auf die japanische Politik war so groß, daß auch in Japan beim Tod von Steins eine Gedenkfeier für ihn veranstaltet wurde.

b) Die Folge der Reise

aa) Die Schwerpunkte der Forschung
- Die Thesen Iwakuras und Inoues -

Die praktische Bedeutung der Forschungsreise Itôs lag darin, daß er die japanischen Politiker davon überzeugen konnte, daß die deutsche Staatslehre der Situation Japans am ehesten gerecht werde.

Vor seiner Reise nach Europa hatten Iwakura und Inoue, die hauptsächlich mit der Kodifizierung beauftragt waren und - wie erwähnt - die deutsche Politik für vorbildlich hielten, folgende fünf Thesen aufgestellt[282]:

1) Die Verfassung sollte vom Tennô oktroyiert werden.

---

280. Vgl. Kuwano Yukiko, Lorenz von Stein und Japan. Zur Entstehung des Staatssystems in Japan im 19. Jahrhundert, Diss., Wien 1985, S.22ff.; Brauneder, a.a.O., S.31.

281. Shimizu, a.a.O., S. 64ff. Kaeda Nobuyoshi hat später eine Zusammenfassung der Vorlesung von Steins, die er gehört hatte, veröffentlicht. Kaeda Nobuyoshi, Stein-shi Kôgi (Vorlesung Prof. Steins), 1889, in: Meiji-bunka-zenshû, Bd.3, 2.Aufl., Tokyo 1955.

282. Vor der Reise Itôs gab es in der Regierung verschiedene Meinungen über die Kodifikation der Verfassung. Gemäß einem Befehl des Tennô schrieb jeder der sieben Staatsräte sein eigenes Programm der Kodifizierung und richtete es an den Tennô. Iwakura, der damals einflußreichste Politiker, schrieb sein Programm mit Hilfe Inoue Kowashis, der in den Staatssystemen anderer Länder bewandert war, nach der Untersuchung der Programme aller anderen Staatsräte. Im Vergleich zu den anderen Programmen war es ausführlicher. Auch in Verbindung mit seiner politischen Macht hatte es auf die Kodifizierung hohen Einfluß. Die fünf Thesen, die hier genannt werden, sind alle in seinem Programm enthalten. Vgl. Shimizu, a.a.O., S.220ff.

2) Die japanische Politik sollte nicht dem Beispiel der englischen Parlamentspolitik folgen.

3) Die Minister und die hohen Beamten sollten nur vom Tennô ernannt werden.

4) Eine Verantwortung der Minister gegenüber dem Parlament sollte, wenn überhaupt, dann nicht als kollektive, sondern als Einzelverantwortung ausgestaltet werden.

5) Wenn der Hauhaltsplan im Parlament nicht verabschiedet würde, sollte der Haushaltsplan des vorherigen Jahres in Kraft bleiben.

Ein wichtiger Zweck der Reise Itôs, der politisch auf der Seite Iwakuras stand, war, diese fünf Thesen anhand der deutschen Lehren zu stützen.

Gegenstand der folgenden Betrachtung soll sein, wie diese Thesen im Gefolge der Reise nach Europa konkretisiert wurden.

bb) Zu These 1:
Das Recht des Monarchen zur Kodifizierung der Verfassung

Iwakura, dessen Meinung auf die Kodifizierung den größten Einfluß hatte, sah das fundamentale Element der Monarchie darin, daß der Monarch den Untertanen ihre Rechte durch Befehle verleiht. Dabei hatte Iwakura beim Vergleich mit anderen Ländern besonders die preußische konstitutionelle Monarchie im Auge, da der preußische Monarch im Verlauf der Kodifikation die Nationalversammlung aufgelöst, die Verfassung von 1848 oktroyiert habe und erst danach die Verfassung (unter Beteiligung des Parlaments [d. Verf., N.K.]) revidiert worden sei.

Ein Zweck der Reise Itôs war, die Begründung für eine Oktroyierung der Verfassung zu finden.

Bevor die Meinungen Mosses, von Gneists sowie von Steins dazu erläutert werden, soll kurz die Geschichte der Kodifizierung der preußischen Verfassung von 1850 dargestellt werden, da diese Iwakura besonders beeinflußt hat.

Als Preußen im März 1848 in den Strom der Revolution geriet, hielt König Friedrich Wilhelm IV (1795-1861) es zur Rettung der preußischen Monarchie für nötig, daß die Regierung sich die konstitutionellen und nationalen Anliegen der revolutionären Bewegung entschlossen zu eigen macht. Daraus erklärt es sich, daß Friedrich Wilhelm

IV. versuchte, sich der Nation auch als Führer auf dem Weg zur deutschen konstitutionellen Einheit zu empfehlen.

Am 01.05.1848 fand die Wahl zur preußischen Nationalversammlung statt, zusammen mit den Wahlen für das Frankfurter Parlament. Als aber im Oktober 1848 die preußische Nationalversammlung eine Reihe von Beschlüssen gegen die Krone, die Adligen und das Beamtentum traf[283], führte das zur Verlegung der Nationalversammlung durch königliche Botschaft vom 08.11.1848. Gegen diese königliche Maßnahme beschloß die Nationalversammlung als politischen Widerstand Befehlsverweigerung der Bürgerwehr, einen Belagerungszustand sowie eine Steuerverweigerung. Dagegen verfügte der König am 05.12.1848 schließlich die Auflösung der Nationalversammlung. Diese Maßnahme des Königs bedeutete einen Staatsstreich, da dem König ein Recht zur Auflösung der Nationalversammlung nicht zustand. Durch diese Auflösung der Nationalversammlung hatte der König freie Hand, die Verfassung durch einen einseitigen Akt in Kraft zu setzen. So wurde die preußische Verfassung vom 05.12.1848 oktroyiert[284].

Trotz dieses staatsstreichartigen Weges hielt der König aber am Grundsatz der Verfassungsvereinbarung fest. Die oktroyierte Verfassung bedeutete für ihn einen Notstandsakt in einer anders nicht zu bewältigenden Krise des Staates.

Art. 112 der preußischen Verfassung von 1848 sah vor, daß sie durch eine vereinbarte Verfassung auf dem Wege der Gesetzgebung abgelöst werden sollte. Da die gesetzgebende Gewalt nach Art. 60 der preußischen Verfassung von 1848 den beiden Kammern und dem König gemeinsam zustand, bedeutete die Verfassungsrevision eine Umwandlung der oktroyierten in eine vereinbarte Verfassung. Der König besaß nicht die Rechtsmacht, die Verfassung einseitig zu revidieren, er hatte sich auf das Vereinbarungsprinzip festgelegt, und konnte so zum echten Konstitutionalismus kommen[285]. Bis zur Revision der Verfassung mußten noch harte Kämpfe in den beiden Kammern ausgetragen werden:

---

283. Die preußische Nationalversammlung beschloß, den Zusatz "von Gottes Gnaden" im Titel des Königs zu streichen, den Adel abzuschaffen, alle Titel, die kein Amt bezeichneten, wie etwa den "Geheimrat", aufzuheben und alle Orden und Auszeichnungen zu verbieten. (Ernst Rudolf Huber, Deutsche Verfassungsgeschichte seit 1789, 3.Aufl., Bd.2, Stuttgart 1988, S.743.

284. Huber, Deutsche Verfassungsgeschichte seit 1789, Bd.2, S.763.

285. Ernst Rudolf Huber, Deutsche Verfassungsgeschichte seit 1789, 3.Aufl., Bd.3, 1988, S.36.

Die Anerkennung der Verfassung wurde als die Anerkennung des Staatsstreiches empfunden[286]. Ebenso gaben die Notverordnungen, die die Regierung in der Zeit zwischen der Verkündung der Verfassung und dem Zusammentritt der Kammern gestützt auf Art. 105 der Verfassung erlassen hatten, Anlaß zu Auseinandersetzungen. Auf der anderen Seite wurde schließlich der Beschluß der Legislative, die Rechtsgültigkeit der Frankfurter Reichsverfassung anzuerkennen, als Kompetenzüberschreitung empfunden. Die Exekutive löste die zweite Kammer daraufhin auf. Die Verfassungsrevision wurde endlich durchgeführt, nachdem die Abgeordneten der zweiten Kammer nach dem neu oktroyierten Dreiklassenwahlrecht gewählt worden waren[287].

Wie erwähnt, war Iwakura der Meinung, daß der preußische König mit dem Verfassungsoktroi den richtigen Weg für die Kodifizierung eingeschlagen hatte. Die deutschen Lehrer der japanischen Delegation hielten ebenfalls eine Oktroyierung für vorzugswürdig, aber nicht aufgrund des Erfolgs des Oktrois in Preußen, sondern eher aufgrund der schlechten Erfahrungen mit dem preußischen Kodifizierungsprozeß vor dem Verfassungsoktroi von 1848 und den dabei aufgetretenen Problemen.

Mosse stellte die Kodifikationsgeschichte der preußischen Verfassung von 1850 in seiner Vorlesung für die japanische Delegation dar[288]. Mosse warnte so die japanischen Politiker vor den Schwierigkeiten eines Versuches, die Verfassung wie in Preußen durch eine Nationalversammlung zu erlassen und empfahl eine Oktroyierung.

Ebenso sprach sich von Gneist für eine oktroyierte Verfassung aus. Eine Nationalversammlung führe nur zu Unruhe[289]. Seiner Meinung nach sollte die Verfassung wie ein normales Gesetz erlassen werden, das vom Parlament nur modifiziert werden könne. Nach Meinung von Gneists hätte eine solche oktroyierte Verfassung einen ganz entscheidenden Vorteil:

Im Gegensatz zu einer Verfassung, die auf Druck des Volkes erlassen wird und demnach in großer Zeitnot zustande kommen muß, könne man sich bei einer oktroyierten Verfassung sorgfältig genug mit Verfassungen anderer Länder auseinandersetzen und so zu einem besseren Ergebnis kommen.

---

286. Huber, Deutsche Verfassungsgeschichte seit 1789, Bd.3, S.38.
287. Huber, Deutsche Verfassungsgeschichte seit 1789, Bd.3, S.49ff.
288. Itô Miyoji, Mosse-shi kôgihikki, in: Shimizu, a.a.O., S.456ff.
289. Gneist-shi Danwa (Gespräch Gneists), in: Seitetsumu-monogatari, Tokyo 1887, S.455ff.

Die Befugnis zum Erlaß einer Verfassung sah Mosse als eigenes Recht des Monarchen an[290]. Ein Monarch könne seinen Willen als Staatswillen vollziehen.

Auch von Stein bezeichnete diese Befugnis als ein jedem Monarchen notwendigerweise zukommendes legitimes Recht[291]. Das höchste Prinzip der Monarchie sei es, daß die Stellung des Staatsoberhauptes nicht durch ein Gesetz, sondern durch die eigene Legitimität des Monarchen, die auf der historischen Leistung seiner Vorfahren für die Begründung des Staates beruhe, gerechtfertigt sei. Von Stein führte aus, daß die Legitimität des Staatsoberhauptes in Europa auf den Sieg im Kampf um die Staatsgewalt gegründet werde, während in Japan die Legitimität des Monarchen aus seiner göttlichen Abstammung mit der Errichtung des Staates entstehe. In diesem Zusammenhang habe die japanische Monarchie eine festere Grundlage als die Monarchen, die ihre Legitimität nur durch Gewalt gewannen. Von Stein rechtfertigte damit die Befugnis des Tennô zum Erlaß der Verfassung als seine heilige Entscheidung[292].

Diesen Thesen Mosses und von Steins lag das monarchische Prinzip zugrunde, nach dem alle Staatsgewalt in der Person des Monarchen ruht.

Insgesamt überzeugten Mosse, von Gneist und von Stein Itô davon, daß die Kodifikation als Angelegenheit des Tennô unter Ausschluß der Öffentlichkeit durchgeführt werden sollte[293].

Die Vorbereitungen zur Meiji-Verfassung wurden diesen Ratschlägen gemäß unter der Leitung Itôs bis zur Beendigung des letzten Entwurfs von einigen wenigen beauftragten Personen heimlich durchgeführt und der Entwurf danach nur im Geheimen Staatsrat diskutiert.

---

290. Itô Miyoji, Mosse-shi kôgihikki, S.459. Nach Mosse vereinigt der Monarch aufgrund eigenen Rechts die ganze Staatsgewalt in sich und regiert das ganze Land. Das führe dazu, daß der Wille des Monarchen mit dem Staatswillen identisch sei.

291. Ders., Daihakushi Stein-shi kôgihikki, S.429ff.

292. Vgl. Kaeda, a.a.O., S.528f. Nach von Steins Meinung kann das Parlament diese Entscheidung revidieren.

293. Shimizu, a.a.O., S.313f.

cc) Zu These 2:

Kritik an der Übernahme der englischen parlamentarischen Regierung

Bei der Konstituierung der neuen Staatsverfassung in Japan lag das größte Problem darin, wie die Beziehung zwischen der Regierung und dem Parlament gestaltet werden sollte. Die herrschende Meinung unter den Politikern der damaligen japanischen Regierung war, daß ein Übergewicht der Regierung gegenüber dem Parlament zu gewährleisten sei.

Nach Iwakura besaß der preußische Monarch und damit auch die preußische Regierung die absolut höchste politische Macht, während in England das Parlament durch das System des "parlamental government" faktisch auch in den Bereich der Exekutive eingreift. Deswegen wurde das preußische System im Vergleich zum englischen für überlegen gehalten.

In Zusammenhang mit dieser Meinung der japanischen Politiker betonten von Gneist, Mosse sowie von Stein zunächst die Gefahr, die dadurch verursacht wird, daß ohne Berücksichtigung des historischen sowie sozialen Hintergrundes ein ausländisches System übernommen wird. Dabei wurden die folgenden preußischen Erfahrungen als Beispiel gegeben:

Die preußische Verfassung von 1850 wurde von der belgischen Verfassung von 1831 stark beeinflußt[294].

Belgien hatte vom englischen Recht eine parlamentarische konstitutitionelle Monarchie übernommen, obwohl die belgischen Ausschußmitglieder keine genaue Kenntnis des englischen Verfassungsrechts besaßen[295].

---

294. John Gilissen, Die belgische Verfassung von 1831 - ihr Ursprung und ihr Einfluß, in: Werner Conze (Hrsg.), Beiträge zur deutschen und belgischen Verfassungsgeschichte im 19. Jahrhundert, Stuttgart 1967, S.67. Die Reichsverfassung von 1849 wurde ebenfalls von der belgischen Verfassung von 1831 beeinflußt. Vgl. dazu Robert Reineke, Einflüsse der Repräsentationsmodalitäten der belgischen Verfassung von 1831 auf die Struktur der Paulskirchenverfassung, Diss., Münster 1961.

295. Gilissen, a.a.O., S.59. Überdies mußten die Verfassungsgeber in Preußen bei der Aufnahme der belgischen Verfassung den schon bestehenden Institutionen ein neues System zufügen, während die belgischen Verfassungsgeber bei der Aufnahme des englischen Rechts von Grund auf ein neues Regierungssystem ausarbeiten konnten. So verursachte diese mittelbare Übernahme des englischen Systems in Preußen mehr Probleme als in Belgien. Vgl. Rudolf Smend, Die preußi-

Elemente dieses belgischen Systems wurden in Preußen noch einmal "ohne Besinnen und ohne sich über die Tragweite dieser Rezeption klarzuwerden"[296] rezipiert.

Die Artikel über die Abgrenzung der Befugnisse von König und Volksvertretung, die in Belgien "niemals zu ernsthaften Zweifeln Anlaß gegeben"[297] hatten wurden im Zusammenhang mit der preußischen Verfassung von 1850 jedoch lebhaft diskutiert.

Obwohl die Verfassung von 1850 nicht oktroyiert wurde, blieb das monarchische Prinzip als das tragende Prinzip der neuen Verfassung erhalten: Der König war weiterhin der alleinige Träger der Staatsgewalt[298]. Die Ausübung der Staatsgewalt war aber an die Verfassung gebunden.

Dadurch entstanden zahlreiche Konflikte zwischen dem König und dem Parlament[299]. Ein Beispiel dafür war das Problem der Abgrenzung zwischen der gesetzgebenden Gewalt und dem Umfang des königlichen Verordnungsrechts.

Nach Art. 62 der preußischen Verfassung von 1850 wurde nämlich die gesetzgebende Gewalt gemeinschaftlich durch den König und durch die zwei Kammern ausgeübt. Das heißt, daß man bei der Gesetzgebung die Zustimmung des Parlaments brauchte. Das Problem war aber, inwieweit der König sein Verordnungsrecht unter die-

---

sche Verfassungsurkunde im Vergleich mit der belgischen, Diss., Göttingen 1904, S.79ff.

296. Smend, a.a.O., S.2.

297. Smend, a.a.O., S.2.

298. Art.78 der belgischen Verfassung von 1831 ("Der König hat keine anderen Befugnisse als die, welche ihm die Verfassung und die besonderen auf Grund der Verfassung erlassenen Gesetze ausdrücklich übertragen.") wurde in die preußische Verfassung nicht übernommen. Dazu vgl: Gilissen, a.a.O., S.68.

299. Nach Mosses Ansicht beruht dieser Konflikt zwischen dem Parlament und dem König in Preußen darauf, daß man trotz des Unterschieds der geschichtlichen Erfahrungen in Preußen das belgische System einführte. Das belgische System habe auf englischem Einfluß beruht. In England unterstütze der Adel, der im Parlament mächtig ist, die Monarchie. Deswegen habe es schon dadurch keine Probleme gegeben, obwohl das Parlament große Macht hat und die Regierung von ihm abhängig ist. Aber Belgien habe bei der Kodifikation seiner Verfassung diesen Hintergrund übersehen. Preußen habe ebenfalls ohne Kenntnisse dieses Hintergrunds z.T. das belgische System übernommen. Da in Preußen die Mehrheit der Mitglieder der ersten Kammer gewählt wird und dieses somit kein aristokratisches Oberhaus darstellt, stelle es anders als in England keine Stütze der Monarchie dar (Itô Miyoji, Mosse-shi Kôgi-hikki, S.458f.).

sen parlamentarischen Bedingungen ausüben konnte[300]. In der Praxis wurde die Grenze dieser königlichen Kompetenz in Preußen nach der Lehre vom "Vorbehalt des Gesetzes" geregelt, nach der alle Eingriffe in Freiheit und Eigentum des Bürgers die Zustimmung der gesetzgebenden Kammern erforderte. Durch die Mehrdeutigkeit der Freiheits- und Eigentumsklausel konnte aber die Volksvertretung die Gebiete, auf die der Vorbehalt des Gesetzes anwendbar war, und damit ihre Mitwirkungsrechte ausdehnen[301].

Anhand dieser preußischen Erfahrung zeigte Mosse die Probleme auf, die daraus entstehen, daß ohne genaue Kenntnisse ein ausländisches Verfassungssystem in einem anderen Staat eingeführt wird. Die anderen deutschen Staatslehrer wiesen ebenfalls immer wieder auf die Gefahr hin, das System eines anderen Landes ohne den Vergleich seiner Geschichte und der Feststellung gemeinsamer Elemente aufzunehmen[302]. Es sei sogar unmöglich, ein solches System einzuführen, wenn keine gemeinsamen Elemente vorhanden wären.

Wie die japanischen Politiker vertraten die deutschen Staatslehrer daher aus folgenden Gründen die Ansicht, daß das preußische System für Japan dem englischen überlegen sei.

Von Stein wies nachdrücklich darauf hin, daß England keine geschriebene Verfassung sondern das Gewohnheitsrecht habe, das sich auf die komplizierte politische Entwicklung gründe[303].

Nach dem englischen System des *parlamental government* sei die Regierung abhängig vom Parlament, das von zwei großen Parteien beherrscht werde[304]. Dabei be-

---

300. Smend, a.a.O., S.30.

301. Klaus Kröger, Einführung in die jüngere deutsche Verfassungsgeschichte (1806-1933), München 1988, S.41; vgl. dazu Richard Thoma, Der Vorbehalt des Gesetzes im preußischen Verfassungsrecht, in: Festgabe für Otto Mayer zum 70. Geburtstag, Neudruck der Ausgabe Tübingen 1916, Darmstadt 1974, S.184ff.; Gerhard Anschütz, Die Verfassungs=Urkunde für den Preußischen Staat vom 31. Januar 1850, Berlin 1912, Bd.1, S.98f. u. 137f.; ders., Die gegenwärtigen Theorieen über den Begriff der gesetzgebenden Gewalt und den Umfang des königlichen Verordnungsrechts nach preussischem Staatsrecht, 2.Aufl., Tübingen u. Leipzig 1901, S.55ff.

302. Shimizu, a.a.O., S.329; Kaeda, a.a.O., S.556ff.

303. Itô Miyoji, Daihakushi Stein-shi kôgihikki, S.371.

304. Kaeda, a.a.O., S.544f.

stünde die Gefahr, daß die Verwaltung immer von der Meinung der Mehrheitspartei des Parlaments beherrscht werde.

Im Gegensatz dazu war von Stein zufolge das preußische System geeigneter für Japan, da die Stellung des preußischen Monarchen und des Tennô vergleichbar seien. Die beiden Staaten hätten auch eine ähnliche Geschichte[305].

Von Gneist kritisierte ebenfalls die englische Monarchie. Seiner Ansicht nach sei es überhaupt das Unglück Englands, daß nicht der König sondern faktisch eine Partei regiere[306]. Die Machtlosigkeit des Königs habe den englischen Parlamentarismus sich erst entwickeln lassen.

Mosse, von Gneist sowie von Stein folgerten aus diesen Argumenten, daß das preußische Staatssystem der japanischen Lage eher entsprach als das englische, und überzeugten damit die japanische Delegation von der Überlegenheit des preußischen Systems.

dd) Zu These 3:
Das Ministerernennungsrecht des Monarchen

Die dritte These betrifft das Problem der Beziehung zwischen der legislativen und der exekutiven Gewalt. Dabei geht es um die Stabilisierung der Stellung der Minister. Die japanischen Politiker beabsichtigten, einen Einfluß des Parlaments auf die Regierung zu vermeiden. Wenn das Parlament dem Minister bei seiner Ernennung das Vertrauen aussprechen muß, bedeute dies, daß dem Parlament die höchste politische Bedeutung zukommt.

---

305. Kaeda, a.a.O., S.556f. Nach von Steins Ansicht ähnelt die japanische Geschichte der germanischen wie folgt:
In der Antike sei anfänglich das Regierungsoberhaupt durch Wahl bestimmt worden, während beim germanischen Volk immer ein patrimoniales Königtum vorhanden gewesen sei. Später sei dessen monarchische Macht durch die Fürsten faktisch eingeschränkt worden, aber unter dem Namen des Monarchen hätte sich der ganze Staat wieder vereinigt.
Japan habe eine ähnliche Geschichte. Der Tennô sei von alters her in der Stellung des Staatsoberhauptes verblieben. Zwischenzeitlich sei die Herrschaft über das ganze Land von den mächtigen Adligen oder von den Samurai dezentralisiert worden. Aber durch die Restauration der kaiserlichen Macht habe sich die Herrschaftsmacht wieder im Tennô vereinigt.

306. Gneist-shi Danwa, S.467.

In diesem Zusammenhang wurde das englische System der parlamentarischen Regierung für Japan nicht für geeignet befunden. Die deutschen Staatsrechtler unterstützten diese Auffassung.

Von Stein begründete das damit, daß die parlamentarische Regierung in England nur deshalb funktioniere, weil im englischen Parlament ein Zweiparteiensystem bestehe. Für eine stabile Politik sei die Mehrheit im Parlament nötig[307]. Wenn es mehr Parteien gebe[308], würde es für eine Partei schwierig, die Mehrheit im Parlament zu gewinnen. Daher sei oft eine Koalition nötig, die dann die Politik instabil werden ließe. Da die parlamentarische Regierung nur funktioniere, wenn zwei große Parteien im Parlament existieren, solle der Monarch bei anderen politischen Konstellationen nicht verpflichtet sein, die Parteien zu beachten, sondern ihm solle das Recht zustehen, die Minister alleine zu ernennen.

Von Stein nahm in diesem Zusammenhang auch Bezug auf die Erfahrungen in Preußen, wo das Parlament mit seinem Budgetrecht die Errichtung eines neuen Ministeriums abzulehnen vesucht hatte[309].

Anhand dieses Beispieles erklärte von Stein, daß das Budgetrecht der Legislative nicht zu Einflußnahmen des Parlaments auf einzelne Regierungs- bzw. Verwaltungsentscheidungen mißbraucht werden solle[310]. Nach seiner Ansicht verursache es jedenfalls immer einen Kompetenzkonflikt, in einer Verfassung eine Bestimmung über die

---

307. Itô Miyoji, Daihakushi Stein-shi kôgihikki, S.359ff.

308. In Japan gab es überhaupt keine den englischen vergleichbare Parteien, schon mangels parlamentarischer Tradition.

309. Hier meint von Stein wahrscheinlich die preußische Ministerialkrise von 1878. Dazu Rainer Wahl, Der preußische Verfassungskonflikt und das konstitutionelle System des Kaiserreichs, in: Ernst-Wolfgang Böckenförde (Hrsg.), Moderne deutsche Verfassungsgeschichte (1815-1918), Köln 1972, S.178: "Die preußische Regierung hatte im Wege des Nachtragshauhalts die Bewilligung des Ministergehalts für das neu zu errichtende Eisenbahnministerium und die erforderlichen Mittel für die Trennung der Zentralverwaltung der Domänen und Forste vom Finanzministerium beantragt. Die Mehrheit des Abgeordnetenhauses lehnte diese beiden Punkte ab, weil sie zuvor sowohl das Programm als auch die Personen der neuen Minister vorprüfen wollte bzw. durch die Verweigerung der Mittel ihr Mißtrauen gegen die in Aussicht genommenen Kandidaten ausdrücken wollte".
Vgl: Rudolf Gneist, Gesetz und Budget. Constitutionelle Streitfragen aus der preußischen Ministerkrisis vom März 1878, Berlin 1879.

310. Derselben Ansicht war Rudolf Gneist, a.a.O., S.170. Es ist nicht klar, ob Gneist gegenüber den Japanern dieses Thema überhaupt angesprochen hat.

Ministerverantwortung aufzunehmen[311]. Deswegen befand er es für besser, diesbezüglich nichts vorzuschreiben. Die Befugnis zur Auswahl und Ernennung der Minister komme ursprünglich der Hoheitsgewalt des Monarchen zu, wenn die Verfassung hierüber keinen besonderen Artikel aufweise.

Mosse hat diesen Vorschlag ebenfalls erläutert[312]: der Monarch sei die eigentliche Quelle der Verwaltungs- und der Gesetzgebungsgewalt. Das monarchische Prinzip fordere, daß das Parlament nur die Befugnis hat, im Rahmen seiner verfassungsrechtlichen Kompetenzen zu entscheiden, aber kein Recht, einem anderen Organ etwas zu befehlen.

Wie erwähnt steht im Hintergrund der hier von den Japanern aufgestellten These die Frage, wie man die Stellung der Minister stabilisieren sollte. Um eine Stabilisierung der Exekutive zu erreichen, mußte man ihr einen freien Tätigkeitsbereich gegenüber der Gesetzgebung sichern. Von den japanischen Vertretern des monarchischen Prinzips wurde ohnehin gefordert, die Gesetzgebungsgewalt möglichst zu begrenzen. Vier Wege wurden hierfür von den drei deutschen Lehrern aufgezeigt[313]:

1) Die inhaltliche Begrenzung

Von Gneist war der Meinung, daß es notwendig sei, zuerst den Bereich der Gesetze von dem Bereich der Verordnungen abzugrenzen. Der Bereich der kaiserlichen Verordnungen solle groß genug ausgestaltet werden[314].

2) Die verfahrensmäßige Begrenzung

Von Stein betonte, daß nur die Regierung das Recht der Gesetzesinitiative haben sollte[315].

3) Die Begrenzung durch die Befugnis der Auflösung des Parlaments

Nach Mosse müsse dem Monarch deshalb die Befugnis zur Parlamentsauflösung zukommen, weil die Mehrheit im Parlament nicht immer Recht haben könne. Eine

---

311. Den Grund dafür, warum ein Konflikt entsteht, erläutert von Stein aber nicht.
312. Itô Miyoji, Mosse-shi kôgihikki, S.531f.
313. Shimizu, a.a.O., S.331ff.
314. Gneist-shi Danwa, S.452f.
315. Itô Miyoji, Daihakushi, Stein-shi kôgihikki, S.368f.

Auflösung sei immer dann geboten, wenn es zu einem Meinungsstreit zwischen Regierung und Parlament komme[316].

4) Die Begrenzung durch das Zweikammersystem des Parlaments

Sowohl von Stein als auch von Gneist betonten die Notwendigkeit eines Oberhauses, das nicht aus vom Volk gewählten Abgeordneten besteht. Von Stein hatte die Gefahr der Abhängigkeit der Regierung von der einfachen Majorität dargestellt[317]. Von Gneist war der Meinung, daß das Oberhaus aus Adeligen und höheren Beamten bestehen solle, da allein hohen Beamten nicht genügend Vertrauen geschenkt werden könne; es entstünde die Gefahr, daß diese nur die Interessen ihrer Ministerien vertreten würden. Gebe es andererseits nur Adelige im Oberhaus, würde darunter die Fachkompetenz leiden und das Oberhaus würde zudem zu reaktionärer Politik neigen. Allein mit der Besetzung durch Adelige und hohe Beamte zugleich könne eine Kontrolle des Unterhauses gewährleistet werden[318].

Diese vier Wege dienten den Japanern als konkreter Leitfaden für die Gründung der neuen Staatsorganisation. Genau solche konkrete rechtspolitische Taktiken hatte sich die japanische Delegation von ihrer Reise erhofft.

ee) Zu These 4:
Die Verantwortlichkeit der Minister

Diese These verdeutlicht ebenfalls das Bestreben, die Regierung vor dem Einfluß des Parlaments zu schützen. Nach Iwakuras Ansicht sollten die Minister nur dem Tennô gegenüber verantwortlich sein. Insbesondere war er gegen die Einführung der kollegialen Verantwortung der Minister gegenüber dem Parlament in Japan. Als Grund dafür erläutert Iwakura den Nachteil dieses Verantwortungssystems: Die kollegiale Verantwortung der Minister ermögliche es, daß wegen des Fehlers eines einzigen Ministers die ganze Regierung aufgelöst wird. Das vereinfache den Eingriff des Parlaments in den gesamten Regierungsbereich. Jeder Minister bzw. jedes Ministerium habe sein eigenes Fachgebiet, für das er\es seine eigene Verantwortung tragen solle. Wenn alle Minister gemeinsam Verantwortung trügen, würde jeder Minister seine eigene Verant-

---

316. Ders., Mosse-shi Kôgi-hikki, S.512f.

317. Ders., Daihakushi Stein-shi Kôgi-hikki, S.362. Nach von Steins Ansicht werden zwei Kammern auch deshalb benötigt, um eine ausreichende Beratung über die Gesetzesvorhaben sicherzustellen.

318. Gneist-shi Danwa, S.445f.

wortung leichter nehmen[319]. Nach Meinung Iwakuras besteht in England deshalb das Kollegialverantwortungssystem, weil dort die Regierung aus Mitgliedern einer Partei gebildet wird. Die kollegiale Verantwortung im englischen System ist damit gleichbedeutend mit der Verantwortung der Partei als einer Einheit. Da es in Japan keine feste Beziehung zwischen einer Partei und der Regierung wie in England gebe, solle man das Kollegialverantwortungssystem in Japan nicht einführen[320]. Iwakura erwartete eine Bestätigung seiner Meinung durch die deutschen Lehren.

In den Vorlesungen der deutschen Staatsrechtler sind aber keine Ausführungen über die kollegiale Verantwortung zu finden.

Lediglich von Stein behandelt die Ministerverantwortung.

Von Stein unterscheidet drei Formen der Ministerverantwortung: die sittliche, die öffentliche und die politische. Die sittliche Verantwortung bedeute die Verantwortung des Ministers im moralischen Bereich. Die öffentliche bedeute die Abhängigkeit der Minister von der öffentlichen Meinung[321]. Diese zwei bezeichnen keine juristische Verantwortung. Nur die politische Verantwortung bedeutet hier eine verfassungsrechtliche Verantwortung.

Von Stein zeigt drei Wege auf, wie man die Minister rechtlich zur Verantwortung ziehen kann:

1) Durch Entscheidung des Monarchen

2) Durch Entscheidung des Parlaments

   (a) Durch ein Mißvertrauensvotum

   (b) Durch eine Anklage

3) Durch Urteil des Verwaltungsgerichts

Von Stein erklärte hierzu, das konstitutionelle Prinzip fordere, daß die Minister in persönlicher Hinsicht dem Monarchen, hinsichtlich der Verwaltung im allgemeinen dem

---

319. Shimizu, a.a.O., S:234.

320. Shimizu, a.a.O., S.338f.

321. Itô Miyoji, Daihakushi Stein-shi kôgihikki, S.368.

Parlament und hinsichtlich einzelner Maßnahmen[322] nur den Verwaltungsgerichten gegenüber verantwortlich seien[323].

Ausgehend von der Beobachtung, daß die Ministerverantwortung in den Verfassungen verschiedener Länder unterschiedlich geregelt ist, fand Itô keine endgültige Lösung dieser Frage[324]. Seine Meinung über die Ministerverantwortung stellte Itô später in seinem Kommentar zur Meiji-Verfassung[325] dar, die lediglich die Regelung enthält, daß die Minister für ihre Aufgabe, den Tennô zu beraten, Verantwortung tragen, aber auf keine weiteren Einzelheiten eingeht.

Die größte Verantwortung kommt laut Itô den Ministern dadurch zu, daß sie durch ihre Hilfe und Beratung des Tennô große Verwaltungsmacht innehaben. Überdies stehe die Befugnis zur Ernennung und Entlassung der Minister dem Tennô zu. Das spreche dafür, daß die Minister ursprünglich nur dem Tennô gegenüber verantwortlich seien. Das Parlament könne nur indirekt die Minister dadurch zur Verantwortung ziehen, daß es ihnen einzelne Fragen stelle, dem Tennô gegenüber seine Meinung dazu äußere und damit zur Verantwortung der einzelnen Minister Stellung beziehe.

ff) Zu These 5:
Budget- und Steuerbewilligungsrecht

Bei dieser These geht es um die Aufnahme des Art. 109 der preußischen Verfassung von 1850: "Die bestehenden Steuern und Abgaben werden forterhoben ... bis sie durch ein Gesetz abgeändert werden".

In den Verfassungen anderer europäischer Länder fand sich kein solcher Artikel. Iwakura hielt ihn jedoch für den Kernartikel zum Schutz der Verwaltung gegenüber dem Parlament. Wenn man in Japan wie in Preußen und anders als in England die Regierung vom Parlament unabhängig machen wolle, müsse man ihn auch in Japan einfüh-

---

322. Bei der Verantwortlichkeit gegenüber dem Verwaltungsgericht geht es aber nicht direkt um die Verantwortung des Ministers selbst, sondern nur um die Gültigkeit einzelner Maßnahmen.

323. Kaeda, a.a.O., S.576.

324. Itô Hirobumi, Teikoku-kenpô Kôshitsu-tenpan Gikai, 23.Aufl., Tokyo 1944, S.81ff. Dieser Kommentar wurde als halböffentlicher Kommentar publiziert. Dazu unten S.117.

325. Ebenda.

ren. Anderenfalls könne die Verwaltung nicht fortgeführt werden, wenn das Parlament dem neuen Haushaltsplan nicht zustimmt.

Das Problem dieser fünften These stand im Mittelpunkt der Diskussion um die Machtbalance zwischen dem Parlament und der Regierung. Die japanische Regierung wollte verhindern, daß das Parlament dadurch eine Vorrangstellung erhält, daß es den Haushaltsplan allein verabschiedet.

In Preußen verursachte das Budgetrecht des Parlaments eine große Auseinandersetzung, den berühmten "Preußischen Verfassungskonflikt". Dieser Konflikt bezog sich nicht direkt auf Art. 109 sondern auf Art. 99[326]. Er soll jedoch hier erläutert werden, da die zu dieser These geäußerten Meinungen der deutschen Lehrer auf der Erfahrung dieses Verfassungskonflikts beruhten.

Der Anlaß der Auseinandersetzungen in Preußen war die Heeresreform. Als Wilhelm I. die allgemeine Wehrpflicht einführen und damit Mißstände im Heer beseitigen wollte[327], stieß er auf den Widerstand des Landtages. Dagegen verwies aber die Regierung darauf, daß für die Reform des Heereswesens kein neues Gesetz nötig sei, sondern das Wehrgesetz von 1814 vollauf genüge. Im Rahmen dieses Gesetzes war nämlich der König kraft seiner Kommandogewalt zur Festsetzung der Heeresstärke und Heeresgliederung "nach den jeweiligen Staatsverhältnissen" ohne Mitwirkung des Landtages ermächtigt[328].

Andererseits war die Durchführung dieser Reform abhängig von der Bewilligung des dafür geänderten Haushalts durch das Parlament. "Die Frage, ob dem Parlament mit der Benutzung des Budgetrechts als Angriffswaffe der entscheidende Sieg über das monarchische Prinzip gelingen werde, war das Kernproblem, um das es im preußischen Verfassungskonflikt ging"[329]. Nachdem den Haushaltsvorlagen der Regierung mehrfach

---

326. Art.99 der preußischen Verfassung von 1850 lautete: "Alle Einnahmen und Ausgaben des Staates muessen fuer jedes Jahr im Voraus veranschlagt und auf den Staatshaushalts-Etat gebracht werden."

327. Die Zahl der jährlich Einzuberufenden wurde nach der Bevölkerungszahl von 1815 bemessen, die Einwohnerzahl war aber schon etwa doppelt so hoch. Diesen Zustand wollte Wilhelm I. beseitigen und damit die militärische und außenpolitische Kraft Preußens stärken.

328. Huber, Deutsche Verfassungsgeschichte seit 1789, Bd.3, S.282.

329. Ebenda. Zum Verfassungskonflikt siehe z.B.: Hans Boldt, Verfassungskonflikt und Verfassungshistorie, in: Der Staat, Beiheft 1, 1975, S.75ff.; Ernst Rudolf

durch den Widerstand der Liberalen die Verabschiedung im Parlament verweigert wurde, löste Bismarck schließlich mit der sogenannten Lückentheorie das Problem. Nach Art. 99 der Verfassung wurde der Staatshaushalt jährlich in Gesetzesform beschlossen. Die Verfassung enthalte aber - so Bismarck - keine Bestimmung darüber, was geschehen solle, wenn ein Haushaltsgesetz, aus welchen Gründen auch immer, nicht zustande komme. Bismarcks Ansicht nach war die Verfassung somit lückenhaft. Die Frage, was mangels einer Einigung unter den drei an der Gesetzgebung beteiligten Organen, Herrrenhaus, Abgeordnetenhaus und König, über den Staatshaushalt zu geschehen habe, sei dem Verfassungswortlaut nicht zu entnehmen. Bismarck vertrat die Ansicht, daß infolgedessen beim Nichtzustandekommen des Budgetgesetzes der König als Träger der letzten Entscheidungsmacht die Aufgabe und Befugnis habe, diese Lücke in der Verfassung zu schließen. Die notwendigen Aufgaben seien daher auch ohne Budgetgesetz zu erfüllen.

Die Gegner argumentierten damit, daß, wenn der gebotene Kompromiß über den Staatshaushalt nicht zustande komme und infolgedessen ein budgetloser Zustand eintrete, die Regierung lediglich vorübergehend die schlechthin unabweisbaren Staatsausgaben zu leisten habe. Die Regierung sei im übrigen gehalten, die Volksvertretung aufzulösen, um dem Volk Gelegenheit zu geben, sich für die Regierung oder das Parlament zu entscheiden.

Nachdem das Herrenhaus den vom Abgeordnetenhaus verstümmelten Etat abgelehnt hatte, regierte Bismarck ohne Etat und hielt die neue Heeresorganisation uneingeschränkt aufrecht. Dieses verfassungsrechtliche Problem wurde später durch das Indemnitätsgesetz gelöst[330].

Diese Erfahrung zeigte die Notwendigkeit der Lückenlosigkeit einer Verfassung auf.

Von Stein war der Meinung, daß die Ausgaben für die laufenden Verbindlichkeiten, wie die Zinsen der Staatsanleihen, das Gehalt der Beamten und die Zahlung des Kriegsbedarfes, aufgrund der Souveränität des Staates durch eine Ablehnung des

---

Huber, Bismarck und der Verfassungsstaat, in: ders., Nationalstaat und Verfassungsstaat, Stuttgart 1965, S.198ff.

330. 1866 nahm das neugewählte Abgeordnetenhaus die Indemnitäts-Vorlage der Regierung für eine nachträgliche Billigung durch die Volksvertretung mit großer Mehrheit an. Dies ist das Indemnitätsgesetz vom 14.09.1866 (Kröger, a.a.O., S.43); vgl. Huber, Deutsche Verfassungsgeschichte, Bd.3, S.351ff.

Haushaltsplans durch das Parlament nicht beeinträchtigt werden dürfen[331]. Nach seiner Meinung muß die Regierung auf jeden Fall die Pflichten erfüllen, die ihr vor der Verabschiedung des Haushaltsplanes auferlegt wurden. Da die Staatseinnahmen sowie -ausgaben durch besondere Gesetze geregelt seien, die der Regierung eine entsprechende Verpflichtung auferlegen, könne das Parlament einen einzelnen Punkt des Haushaltsplans, der sich auf eine gesetzliche Pflicht der Exekutive bezieht, ohne Änderung des betreffenden Gesetzes nicht streichen. Von Stein gab aber keine Antwort auf die Frage, wie verfahren werden sollte, wenn Aufgaben der Regierung nicht durch Gesetze geregelt waren[332].

Von Gneist vertrat dazu die Ansicht, daß wenn die Befugnis, über die Staatseinnahmen sowie -ausgaben zu entscheiden, allein dem Parlament zukomme, die Regierung ihre damit verbundene politische Aufgabe nicht alleine erfüllen könne[333]. Minister würden so von der Mehrheit des Parlaments abhängig. Dies führe dazu, daß die Minister ihre Machtposition verlieren und daraufhin zurücktreten würden. Das Parlament solle zwar an der Politik teilnehmen aber nicht die Befugnisse der Regierung beeinträchtigen[334]. Ihm solle daher nur das Recht zukommen, neue Steuern aufzuerlegen und über die Aufnahme einer Staatsanleihe zu entscheiden.

Durch diese Darlegungen von Gneists und von Steins beeinflußt, wurde im Kodifikationsprozeß in Japan dieses Problem gründlich diskutiert und ausführlichere Vorschriften als in der preußischen Verfassung erlassen. Dabei wurde in Art. 71 (s. Anhang) die Ansicht Iwakuras in der Verfassung umgesetzt.

gg) Zusammenfassung

Itô wurde durch die Thesen Iwakuras und dessen Diskussion mit von Gneist, von Stein und Mosse in seiner Meinung bestätigt, daß eine konstitutionelle Monarchie nach preußischem Vorbild das richtige Verfassungssystem für Japan sei.

---

331. Itô Miyoji, Daihakushi Stein-shi gôgihikki, S.426f.

332. Shimizu, a.a.O., S.343.

333. Kaeda, a.a.O., S.451f.

334. Gneist war der Meinung, der Monarch und die Regierung müßten - wenn man dem englischen System folgt - das Recht haben, die Verabschiedung des Haushaltsplanes sowie die militärischen Rechte alleine wahrzunehmen. Diese extreme Meinung Gneists hat die Japaner erstaunt (Shimizu, a.a.O., S.46 u.343).

Besonders bemerkenswert ist, daß die beiden Staatsrechtslehrer von Gneist und von Stein, die eine liberal bzw. sozialstaatlich orientierte Lehre entwickelt hatten[335], zur Kodifizierung einer konservativen monarchischen Verfassung beitrugen.

Obwohl von Gneist durch seine Forschungen über das englische Verfassungs- und Verwaltungssystem bekannt wurde, war er selbst kein unkritischer Anhänger des englischen Systems. Vielmehr stand er der Übernahme dieses Systems ohne Berücksichtigung seines Unterbaus kritisch gegenüber[336]. Der Hauptgesichtspunkt seiner Lehre war es, den Unterschied der geschichtlichen Erfahrungen innerhalb von Verfassungssystemen verschiedener Länder herauszustellen[337]. Dies kann als Grund dafür angeführt werden, daß er gegenüber einer Übernahme der europäischen Verfassungssysteme in Japan skeptisch war[338]. Gerade die Ähnlichkeiten der historischen Voraussetzungen führten dazu, daß die japanischen Politiker sich für eine weitgehende Übernahme der preußischen Verfassung aussprachen.

Auch die Tatsache, daß sich Gneist zunächst der liberalen Fraktion angeschlossen und auch die Lückentheorie Bismarcks im preußischen Verfassungskonflikt kritisiert hatte[339], später aber zur Regierungspartei übergetreten war und die als Bismarck-

---

335. Die beiden Lehren wurden von Hegel beeinflußt. In Bezug auf ihre soziologisch geprägte Lehre von Staat und Gesellschaft werden die beiden Staatsrechtler oft gemeinsam abgehandelt. Vgl. dazu z.B. Ernst-Wolfgang Böckenförde, Gesetz und gesetzgebende Gewalt, Berlin 1958, S.145ff.

336. Siehe dazu z.B. Rudolf von Gneist, Die nationale Rechtsidee von den Ständen und das preussische Dreiklassenwahlsystem, 2. Aufl., Hildesheim 1962, S.121ff. Vgl. dazu Otto von Gierke, Rudolf von Gneist, Gedächtnisrede vor der Berliner juristischen Gesellschaft, Berlin 1896; Kleinheyer/Schröder, a.a.O., S.103; Christian-Friedrich Menger, Deutsche Verfassungsgeschichte der Neuzeit, 6.Aufl., Karlsruhe u. Heidelberg 1988, S.154.

337. Roderich von Stintzing u. Ernst Landberg, Geschichte der deutschen Rechtswissenschaft, 2. Neudruck der Ausgabe München 1910, München 1978, 3. Abteilung 2.Halbband, S.965ff.

338. Shimizu, a.a.O., S.44ff., Osatake Takeki, Nihon-kenseishi-taikô, Bd.2, Neue Ausgabe, Tokyo 1978, S.338f.

339. Vgl. Huber, Deutsche Verfassungsgeschichte seit 1789, Bd.3, S.324ff., 339f., u. 355ff.; Menger, a.a.O., S.154. Dazu: Karl Kroeschell, Das moderne Japan und das deutsche Recht, in: Bernd Martin (Hrsg.), Japans Weg in die Moderne, Frankfurt a.M. u. New York 1987, S.51: "Besonders bemerkenswert ist, daß Gneist seinem japanischen Besucher den Rat gegeben haben soll, dem Parlament in bezug auf den Staatshaushalt, insbesondere den Militärhauhalt, keine allzu großen Befugnisse einzuräumen - derselbe Gneist, der im preußischen

Gneistsche bezeichnete Verwaltungsreform durchführte[340], zeigt, daß auch er eine Politik der Reformen von oben befürwortete, wie sie auch in Japan verfolgt wurde.

Ähnliche Gedanken findet man bei von Stein.

Die Methode seiner Forschung beruhte ebenfalls auf einem historischen Vergleich. Er zeigte auf, daß der preußische Staat ein eigengeartetes Modell für eine Ordnung des Verhältnisses von Staat und Gesellschaft sei[341], in dem, anders als z.B. in Frankreich, die Entstehung des Staates auf der Staatsregierung beruht und die soziale Ordnung durch sie aufrecht erhalten werden kann[342]. Es war daher nicht verwunderlich, daß von Stein - ausgehend von der Ähnlichkeit der japanischen mit der preußischen Geschichte -, Itô das preußische System für die Modernisierung Japans empfahl. Obwohl von Stein wie *Karl Marx* (1818-1883) die Bedeutung der sozialen Frage erkannte, versuchte er, ohne revolutionäre Veränderung durch ein Königtum der sozialen Reform dieses Problem zu lösen[343]. Von Stein versuchte in seiner Lehre die Kompromißstruktur der konstitutionellen Monarchie soziologisch zu rechtfertigen[344]. Er sah es als Aufgabe des Staates an, soziale Probleme in der Gesellschaft zu lösen. Er hatte dabei aber nur einen monarchischen Staat im Auge. Er sprach sich für eine Klassen- und Interessenneutralität des Staates aus, forderte aber nicht die Beseitigung des Klassenun-

---

Verfassungskonflikt von 1862-1866 gegen Bismarck entschieden für das Budgetrecht des Parlaments eingetreten war!".

340. Vgl. Huber, Deutsche Verfassungsgeschichte seit 1789, 2.Aufl., Bd.4, Stuttgart 1982, S.353ff.

341. Lorenz von Stein, Zur preussischen Verfassungsfrage, 1852: in: Ernst Forsthoff (Hrsg.), Lorenz von Stein, Gesellschaft-Staat-Recht, Frankfurt a.M., Berlin u. Wien 1972, S.134ff.; vgl. Dirk Blasius, Lorenz von Stein, Grundlagen und Struktur seiner politischen Ideenwelt, Diss., Köln 1970, S.62ff.; Zur Gesellschaftslehre von Steins: Lorenz von Stein, Begriff und Wesen der Gesellschaft, Köln 1956.

342. Lorenz von Stein, Zur preussischen Frage, S.135.

343. Vgl. Lorenz von Stein, Die Geschichte der sozialen Bewegung Frankreichs von 1789 bis auf unsere Tage, 1850, Neudruck, München 1960, Bd.3, S.45ff.; Ernst-Wolfgang Böckenförde, Lorenz von Stein als Theoretiker der Bewegung von Staat und Gesellschaft zum Sozialstaat, in: Forsthoff (Hrsg.), a.a.O., S.536f.; Dirk Blasius, a.a.O., S.130ff.; Fritz Werner, Lorenz von Stein als Politiker, in: Verwaltungsarchiv, Bd.47, 1942, S.57.

344. "Das Kernelement des Steinschen Verfassungsdenkens war die Entbindung von sozialstaatlichen Handlungsstrategien, die seiner Meinung nach nur monarchisch verfaßte, aber konstitutionell offene Staaten zu entwickeln fähig war" (Dirk Blasius, Lorenz von Stein als Geschichtsdenker, in: ders. u. Eckart Pankoke, Lorenz von Stein, Darmstadt 1977, S.72).

terschieds in der Gesellschaft durch ein demokratisches Verfassungssystem. Nach von Steins Meinung ist der Staat in einer Demokratie nicht fähig, der Gewalt und den Forderungen der Gesellschaft zu widerstehen. Er könne die Herrschaft der Gesellschaft nicht mehr von sich abhalten und würde damit unfähig werden, in der Gesellschaft das Prinzip der Freiheit gegen die Unfreiheit aufrechtzuerhalten. Auch seine Gedanken entsprachen wesentlich dem Konzept der "Reform von oben".

Die Ansichten von Gneists und von Steins zur japanischen Entwicklung waren insgesamt konservativer als ihre für Deutschland konzipierten Staatslehren.

Ihre von Itô während der Forschungsreise in Deutschland aufgenommenen Gedanken stellten zusammen mit dem gleich näher zu untersuchenden Einfluß des deutschen Rechtsberaters der japanischen Regierung, Hermann Roesler, die erste juristische Grundlage für die neue japanische Verfassung dar. Sie haben darüberhinaus auch die japanische Staatsrechtslehre unter der Verfassung beeinflusst.

2. Der Regierungsberater Hermann Roesler

a) Die Rolle Hermann Roeslers im Prozeß der Kodifizierung der japanischen Verfassung

Nach der Studienreise Itôs nach Deutschland stieg die Zahl deutscher Regierungsberater, Fachleute für Recht und Verwaltung, in Japan stark an[345]. Auch sie beeinflußten die japanische Regierung in ihren Plänen, eine Verfassung im Sinne einer konstitutionellen Monarchie zu erarbeiten. Unter den Männern, die von der Berliner Regierung für die japanische als Berater ausgewählt wurden[346], muß an erster Stelle *Hermann Roesler* (1834-1894) genannt werden[347].

---

345. Johannes Siemes, Die Gründung des modernen japanischen Staates und das deutsche Staatsrecht (zit: "Gründung"), Berlin 1975, S.145

346. Siemes, a.a.O., S.145. Die Japaner wandten sich an die Berliner Regierung, um sich geeignete Kandidaten vorschlagen zu lassen. Unter diesen befindet sich auch Albert Mosse, der in Japan die lokale Selbstverwaltung organisierte, Gutachten zum Verfassungsentwurf schrieb und einen Entwurf des Verwaltungsgerichtsgesetzes verfasste.

347. Bevor Roesler nach Japan kam, war er Professor der Staatswissenschaft an der Universität Rostock gewesen. Er mußte aber seine Stellung als Professor in Rostock, wo die Fakultät stark lutherisch geprägt war, aufgeben, da er zum katholischen Glauben übergetreten war. Man vermutet verschiedene Gründe dafür, warum er die Einladung der japanischen Regierung angenommen hat: neben den

In Japan arbeitete er zunächst lediglich als Rechtsberater für öffentliches Recht im Außenministerium und spielte kurz danach zusätzlich als der erste Berater des Kabinetts für den Entwurf der Meiji-Verfassung die wichtigste Rolle für die Kodifizierung[348].

Um die Rolle Roeslers beurteilen zu können, soll zuerst dieser Prozeß selbst kurz dargestellt werden.

Man kann den Kodifizierungsprozeß in vier Phasen einteilen[349].

Itô Hirobumi, der damals Premierminister Japans war, begann im Herbst 1886 mit der Ausarbeitung der Verfassung. *Inoue Kowashi*[350], der Direktor der Bibliotheksabteilung des Hofministeriums, sowie *Itô Miyoji* (1857-1934) und *Kaneko Kentarô* (1853-1942), die Sekretäre des Premierministers, nahmen an dieser Arbeit teil.

In der ersten Phase wurde hauptsächlich Inoue damit beauftragt. Er schrieb zwei Entwürfe, die im April 1887 und im Mai 1887 an Itô abgeliefert wurden. Während dieser Arbeiten Inoues verfasste Roesler einen eigenen Entwurf[351].

In der zweiten Phase wurde im August 1887 unter der Leitung Itôs ein verbesserter Entwurf auf der Grundlage dieser ersten drei Entwürfe entwickelt. Dieser verbesserte Entwurf wurde Natsushima-Entwurf genannt.

In der dritten Phase überarbeiteten Itô und die anderen drei Japaner den Natsushima-Entwurf zum sogenannten Oktober-Entwurf.

Schwierigkeiten wegen des Übertritts zum katholischen Glauben z.B. die Tatsache, daß er kritisch gegen die bismarcksche Politik eingestellt war usw. Aber dies sind Vermutungen ohne Beweise. Außerdem wurde seine Bekenntnisänderung erst bekannt, nachdem sein Arbeitsvetrag mit der japanischen Regierung geschlossen worden war. Vgl. Siemes, Gründung., S.37f., Suzuki Yasuzô, Kenpôseitei to Roesler, Tokyo 1942, S.32ff.

348. Suzuki Yasuzô (übersetzt von Johannes Siemes), Hermann Roesler und die Japanische Verfassung, in: Monumenta Nipponica, Sophia University, Vol.4, 1941, S.55: Roesler "ist in Wirklichkeit der Verfasser dieser beiden wichtigsten Gesetze (= die Verfassung und das Kaiserliche Hausgesetz)". Vgl. Johannes Siemes, Hermann Roesler und die Einführung des deutschen Staatsrechts in Japan, in: Der Staat, Bd.2, 1963, S.182ff.

349. Vgl. Inada, a.a.O., S.1.

350. Siehe FN 261.

351. Siehe Anhang VI.

In der vierten Phase schrieb Inoue einen Kommentar zu jedem Artikel des Oktober-Entwurfs. Die vier Japaner überprüften und überarbeiteten jeden Artikel noch einmal und legten dem Tennô den endgültigen Entwurf im April 1888 vor.

Dieser endgültige Entwurf wurde im geheimen Staatsrat (*Sûmitsu-in*)[352] überprüft, wozu ein eigens verfasstes Gutachten Roeslers herangezogen wurde, und am 11.02.1889 vom Tennô erlassen.

In der Diskussion während dieses Kodifizierungsprozesses beeinflußte Roesler den Inhalt der Verfassung entscheidend. In der ersten Phase schrieb Inoue seine zwei Entwürfe mit Hilfestellung Roeslers und Mosses. In der zweiten Phase wurde Inoues Entwurf vom Mai 1887 anhand des Entwurfs Roeslers ergänzt und damit der Natshushima-Entwurf geschaffen. Auch zu diesem Natsushima-Entwurf schrieb Roesler einen Verbesserungsvorschlag. Auch ist es charakteristisch für den weiteren Prozeß, daß Roesler hierbei immer befragt wurde. In der geheimen Ratsversammlung wurde allein ein Gutachten Roeslers zum endgültigen Entwurf herangezogen. Somit finden sich seine Gedanken in allen Entwürfen wieder.

Alle Entwürfe zur Verfassung wurden von den japanischen Verfassungsvätern streng geheim behandelt[353]. Da sie die Absicht hatten, die Verfassung als Geschenk des Tennô an sein Volk darzustellen, hätte die eigentliche Urheberschaft dieses Entwurfs und die Tatsache, daß er mit Hilfe ausländischer Berater geschrieben wurde, einen Ansehensverlust dieser Verfassung bedeutet[354]. So ist auch zu erklären, warum Roesler selbst keine Literatur über die Meiji-Verfassung veröffentlicht hat. Jedoch hat Johannes Siemes eine Arbeit zu Roeslers Konzept der japanischen Verfassung vorgelegt, in der der handschriftliche Kommentar Roeslers zur Verfassung wiedergegeben ist[355]. Anhand

352. *Sûmitsu-in* war ein beratendes Organ des Tennô, dessen Mitglieder meistens aus den Politikern, die in der Restaurationszeit erfolgreich waren, ausgewählt wurden. Es war dem Tennô freigestellt, ob er die Entscheidung dieses Organs annahm. Am 08.05.1888 wurde der sûmitsu-in eröffnet. Itô Hirobumi war der President des sûmitsu-in. An seiner Stelle wurde *Kuroda Kiyotaka* der neue Premierminister.

353. Suzuki, Kenpô-seitei to Roesler., S.17f.

354. Ders., Kenpô-seitei to Roesler, S.18.

355. In der nationalen Parlamentsbibliothek in Japan liegt sein handschriftlicher Kommentar vor: Hermann Roesler, Commentaries on the Constitution of the Empire of Japan, 1891. Der Inhalt dieses Kommentars ist wiedergegeben in: Johannes Siemes, Hermann Roesler and the making of the Meiji State, 1968. Siemes arbeitet in seinem oben zitierten Buch "Die Gründung des modernen japani-

dieses Werkes sowie des Entwurfs und der Ratschläge Roeslers im Kodifizierungsprozeß, die als Archivalien erhalten geblieben sind, soll im folgenden das Konzept Roeslers, wie es in der Meiji-Verfassung seinen Niederschlag fand, dargestellt werden.

b) Die Arbeit Hermann Roeslers in Japan

Unter den Deutschen in Tokyo war bekannt, daß Roesler früher Bismarck öffentlich kritisiert hatte[356]. Er selbst pflegte mit seinen deutschen Landsleuten und auch der deutschen Gesandtschaft in Tokyo keinen Kontakt. Ebensowenig hielt er, anders als die meisten anderen Deutschen, die westliche Kultur der japanischen für besonders überlegen. Aber er war nicht gegen die Übernahme des preußischen Staatssystems sondern nur gegen eine Machtpolitik nach Art Friedrichs II. oder Bismarcks. Er sah seine Aufgabe in Japan darin, Japan dabei zu unterstützen, einen gebührenden Platz in der durch den internationalen Austausch zusammenwachsenden Welt zu schaffen[357]. Er war so in der Lage, die Probleme Japans und deren Bewältigung objektiv zu betrachten[358]. Daher war Roesler der passende Berater für die japanische Regierung, die jemanden benötigte, der die Situation Japans aber auch die Probleme des deutschen Systems objektiv analysieren konnte.

Roesler war davon überzeugt, daß Japan mit dem Eintritt in die Weltkultur unwiderruflich den Weg zur modernen Industriegesellschaft eingeschlagen habe und daß die kulturelle Entwicklung Japans in die universale Kultur der werdenden Weltgemeinschaft eingepaßt werden müsse[359].

---

schen Staates und das deutsche Staatsrecht", 1975, auch den Beitrag Roeslers zur Modernisierung Japans heraus.

356. Seine scharfe Kritik ist enthalten in: Hermann Roesler, Gedanken über den constitutionellen Werth der Deutschen Reichsverfassung, Rostock 1877. Am Schluß dieses Buches schreibt er, "Die deutsche Reichsverfassung ist das Werk einer durchgängigen Verdeckung und Entstellung fundamentaler und anerkannter Rechtsbegriffe, einer Nichtachtung politischer Grundsätze, die nirgendwo in der Welt ihres Gleichen findet"(S.34).

357. Roesler, Das soziale Verwaltungsrecht, Abt.1, 1872, S.3.; vgl. Siemes, Gründung, S.40.

358. Siemes schreibt dazu: "Es war kein Einfluß zu Gunsten der damaligen politischen Interessen des Deutschen Reiches, erst recht nicht eine Propaganda für das Deutschland, das Roesler unter der Vorherrschaft des 'Preußentums' sah"(Siemes, Gründung, S.142).

359. Vgl. Siemes, Gründung, S.40f.

Seine Beurteilung der Ausgangslage Japans stimmte mit der der meisten konservativen Politiker in Japan überein. Die Bewegung für Freiheit und Volksrechte in Japan (*Jiyû-minken-undô*) beurteilte er skeptisch; nach seiner Auffassung war sie nur Agitation einer unreifen Intelligenz. Er war davon überzeugt, daß die konservativen Staatsmänner eher in der Lage sein würden, Verantwortung für die Zukunft Japans zu übernehmen[360]. Sein Ziel war es, in Japan eine konstitutionelle Monarchie einzuführen, in der die Souveränität des Monarchen mit dem konstitutionellen System harmonisch verbunden ist[361].

Als Rechtsberater im Auswärtigen Amt war er seit 1879 über fünfzehn Jahre mit der Frage beschäftigt, wie sich Japan von den die japanische Souveränität einschränkenden Verträgen[362] befreien konnte. Sein Verdienst war es, daß Japan in einem neuen Vertrag mit England die Privilegien eines fremden Landes in Japan beseitigen konnte.

Ab 1881 beschäftigte sich Roesler auch mit volkswirtschaftlichen Fragen. Er sollte einen Entwurf für das japanische Handelsgesetzbuch ausarbeiten. Er verfaßte auch das Börsengesetz von 1887 und das Bankgesetz von 1890. Auch war er ein Befürworter der Sozialgesetzgebung in Japan. In seinen Arbeiten zum Ausbildungssystem unterbreitete er besonders für den Bereich der Selbstverwaltung der Universitäten Vorschläge.

Sein größtes Werk aber ist sein Beitrag zum Entwurf der Meiji-Verfassung. Im folgenden sollen seine Kernaussagen betrachtet werden.

c) Roeslers Einfluß auf den Entwurf der Meiji-Verfassung

aa) Grundsätze der Meiji-Verfassung

Inoue, der in der ersten Phase mit der Erarbeitung eines Verfassungsentwurfs beauftragt worden war, war der Meinung, daß man nicht einfach den Text des Modells der Meiji-Verfassung, der preußischen Verfassung, übernehmen dürfe, sondern auch ihren

---

360. Ders., Gründung, S.44f.
361. Ders., Gründung, S.45f.
362. Die Verträge, die am Ende des Shôgunats mit den westlichen Großmächte geschlossen wurden, belasteten Japan mit einseitigen Pflichten gegenüber diesen Ländern. Siehe oben S.5.

gesellschaftlichen Kontext beachten müsse. Diesen Gedanken aufgreifend entwickelte Roesler ein Konzept für die Meiji-Verfassung[363].

Er war der Ansicht, daß sich im Laufe jeder geschichtlichen Entwicklung verschieden starke soziale Gruppen bilden. Gute Politik zeichne sich dadurch aus, daß die Staatsmacht von den jeweils stärksten sozialen Schichten in der Gesellschaft getragen werde. So verwandele sich die Monarchie in eine Aristokratie und schließlich Demokratie. Da in Japan die feudale Phase bereits beendet sei, sei jetzt die Zeit gekommen, den Staat auf der bürgerlichen Mittelklasse aufzubauen. Da aber andererseits der harmonisch ausgeglichene Wohlstand des Ganzen die oberste Richtschnur der Politik bilden müsse, sollte dieser Klasse nicht zuviel Gewicht zukommen.

Roesler hatte hier als Beispiel den Aufstieg Deutschlands, der seiner Meinung nach auf einer harmonischen Machtbalance zwischen den verschiedenen Klassen beruht, die dem Staat eine feste Grundlage verleiht. Die Macht der bürgerlichern Mittelklasse in Deutschland sei nämlich einerseits durch die starke monarchische Macht und andererseits durch das Erbvermögenssystem für den Grundbesitz des Adels sowie die freie bäuerliche Gesellschaft begrenzt. Diese innerstaatliche Machtbalance hätte es ermöglicht, daß Deutschland seine Machtposition in der Welt behaupten konnte. Wenn man diese Machtbalance auch in Japan in Betracht ziehe, müßten folgende Prinzipien bei der Kodifizierung der Verfassung Berücksichtigung finden, die hier in der Rückübersetzung Siemes wiedergegeben werden[364]:

"(1) Man erhalte eine unparteiische Staatsgewalt, die von einem starken Pflichtbewußtsein erfüllt und das allgemeine Vertrauen geniessend, die Interessen und Rechte der einzelnen Klassen mit Gerechtigkeit wahrt.

(2) Man organisiere das Oberhaus so, daß der Erbgrundbesitz die Mehrheit hat. Man führe nicht ein auf Großvermögen begrenztes Wahlrecht ein und dehne das Recht der Teilnahme an der Regierung auf die niedrigen Klassen aus. So stärkt man das monarchische Regime, hält am hohen Ziel der Politik fest und schafft gegen die mittlere Klasse des Kapitals ein geeignetes Gegengewicht.

(3) Man vermehre und stärke durch das Erbvermögenssystem den Großgrundbesitz des Adels. Um ein Gegengewicht gegen die städtische Klasse zu haben, erhalte man, auf Grund des Erbrechts (Ablehnung des Prinzips des römischen Rechts,

363. Inada, a.a.O., S.142ff.

364. Siemes, Gründung, S.133f. (In Japanisch: Inada, a.a.O., S.146.)

wonach der Grund gleichmäßig unter die Erben verteilt wird), einen wohlhabenden Bauernstand.

(4) Zur wirtschaftlichen Selbständigkeit des Bauernstandes ist das von altersher bestehende Dorfsystem zu erhalten.

(5) In den Dorfgemeinden ist ein auf dem Grundbesitz aufbauendes System der Selbstverwaltung einzurichten. Die Exekutivgewalt aber soll hauptsächlich in den Händen von Beamten liegen[365].

(6) Durch Förderung der Wissenschaft, Kunstfertigkeit und Allgemeinbildung ist von Seiten der Regierung die geistige Entwicklung der Bevölkerung zu fördern.

(7) Die leiblichen und sittlichen Bedürfnisse der niedrigen Klassen sind zu befriedigen. (Nahrungsmittel, Trinkwasser, Wohnung, Volkserholung usw.)

(8) Entsprechend ihrer Vermögenskraft sind den einzelnen Klassen die Steuern gleichmäßig aufzuerlegen. Die indirekten Steuern sind möglichst zu vermehren und die Lasten der notleidenden Schichten zu vermindern.

(9) Unter der Bedingung des Erweises der Fähigkeit stehen alle öffentlichen Ämter den Klassen in gleicher Weise offen."

Roesler war der Ansicht, daß der Adel gefördert werden müsse, damit er auch weiterhin bereit sei, den Monarchen zu stützen. Ebenso hielt er es aber für wichtig, die unteren Schichten als eigentliche Grundlage der Monarchie zu schützen. Ähnlich wie von Stein versuchte auch Roesler, soziale Reformen im Rahmen der Monarchie durchzuführen[366]. Seiner Meinung nach sollte die Entwicklung der Gesellschaft in der konstitutionellen Monarchie fortgeführt werden, in der eine wirkliche, effektive Regierung des Monarchen gewährleistet und gleichzeitig die Rechte und Freiheiten der Untertanen geschützt werden.

---

365. In Art.77 u.78 von Roeslers Entwurfs dieser Gedanke konkretisiert. Roesler hielt die Staatsverwaltung mit starkem Beamtentum als Triebkraft der Entwicklung des Staates für bedeutend. Andererseits aber neige sie dazu, in die Freiheit der Bürger einzugreifen. Um diese Gefahr zu vermeiden, befürwortete er einen Kompromiß zwischen der kommunalen Selbstverwaltung und dem mächtigen Beamtentum.

366. Johannes Siemes, Nihon no Kindaika to Roesler, Tokyo 1970, S.59ff.

Auch erklärte er eine religiöse Fundierung des Verfassungssystems als feste Grundlage für eine funktionierende Monarchie für wichtig. Er war der Ansicht, daß die Moral des Volkes ein politisches Chaos, das vom menschlichen Egoismus verursacht werde, verhindern könne. Er hielt eine Religion für nötig, um diese Moral des Volks zu festigen. Er wies auf die Wirksamkeit der Religion in der monarchischen Politik Bismarcks hin[367], kritisierte aber Bismarcks Politik im Kulturkampf. Diese Kritik beruht einerseits wahrscheinlich auf seinem religiösen Bekenntnis, andererseits aber aus seiner Methode, den kulturellen Entwicklungsstand der Gesellschaft in Politik und Gesetzgebung zu berücksichtigen[368].

In seiner Lehre zeigte er hauptsächlich Lösungen für eine Festigung des monarchischen Systems auf.

Nachfolgend werden diese Lösungen im einzelnen näher erörtert.

bb) Die Souveränität des Tennô

Nach Meinung Roeslers sollten alle Befugnisse des Tennô in der Verfassung selbst bestimmt werden, während Itô Hirobumi sie nur in der Präambel verankern wollte[369].

Seine Ansicht betonte Roesler besonders in bezug auf das Verordnungsrecht des Tennô. Roesler war davon überzeugt, daß die Regierung nicht auf Polizeiverordnungen zur Gefahrenabwehr und rein gesetzausfüllende Verordnungen beschränkt sein dürfe. Die Regierung müsse vielmehr frei sein, aus eigener Initiative positive Anordnungen für die Förderung des öffentlichen Wohls auf Gebieten zu treffen, die noch nicht gesetzlich geregelt sind. Die Vorenthaltung dieses Rechts bedeute die Vorherrschaft des Parlaments und die praktische Ausschaltung der unabhängigen kaiserlichen Gewalt[370]. Mit der Aufzählung der einzelnen kaiserlichen Befugnisse in den Artikeln der Verfassung wollte Roesler einen Einbruch des Parlaments in den Bereich des Tennô verhindern. In

---

367. Ebenda, S.147. Roesler erwähnte auch den Kulturkampf in der Bismarckzeit und verwies auf den Mißerfolg der das religiöse Gefühl des Volkes nicht genug berücksichtigenden Politik. Über den Kulturkampf, vgl. Huber, Deutsche Verfassungsgeschichte seit 1789, 2.Aufl., Bd.4, S.637ff.

368. Nach seiner Ansicht gehöre "die freie, nach den in ihr selbst ruhenden Gesetzen erfolgende Befriedigung der mannigfaltigsten Kulturinteressen" zum "bewegenden Inhalt des sozialen Verwaltungsrechts" (Hermann Roesler, Das soziale Verwaltungsrecht, Abt.1, Vorwort VIII).

369. Inada, a.a.O., S.6f.; Suzuki, Kenpô-seitei to Roesler, S.363ff.

370. Siemes, Gründung, S.94.

Anlehnung an die bayerische Verfassung von 1818[371] könnte dies nach seiner Meinung auch durch die Anfügung eines einzelnen Artikels, in dem die Machtfülle des Tennô eine Regelung fand, geschehen.

Allerdings war es nicht Roeslers einziges Ziel, die Stellung des Tennô zu stärken. Er versuchte auch, einem Mißbrauch dieser dem Tennô gewährten Rechte vorzubeugen. Er wollte die Rechte und Pflichten der Bürger hinsichtlich ihrer Freiheiten und ihres Eigentums durch Gesetze geregelt sehen[372]. Es war Roeslers Absicht, den Eingriff der monarchischen Gewalt in die Sphäre des Einzelnen zu verhindern, und nur ausnahmsweise im Rahmen eines Gesetzesvorbehaltes zu gestatten. Im Vergleich zu den Verfassungsvorstellungen der japanischen Politiker, in denen Grundrechte eine untergeordnete Rolle spielten[373], kann man in diesem Gedanken Roeslers den Versuch der Balance zwischen der monarchischen Macht und den bürgerlichen Rechten erkennen.

Roesler war aber der Auffassung, daß nicht nur die zivile, sondern auch die Militärgewalt dem Tennô allein zukommen[374], und daß sich das Parlament in den militärischen Bereich nicht einmischen solle.

Er hielt es jedoch für nötig, zur Ausübung der Oberbefehlsgewalt des Tennô die Gegenzeichnung des zuständigen Ministers einzuholen. Hiermit wollte er eine einheitliche Ausübung der militärischen und der zivilen Gewalt ermöglichen sowie eine willkürliche Machtausübung durch den Tennô verhindern.

---

371. Verfassungsurkunde für das Königreich Bayern vom 26.05.1818, Titel II, §1., "Der König ist das Oberhaupt des Staats, vereiniget in sich alle Rechte der Staatsgewalt, und übt sie unter den von Ihm gegebenen in der gegenwärtigen Verfassungs-Urkunde festgesetzten Bestimmungen aus. Seine Person ist heilig und unverletzlich." (Ernst Rudolf Huber [Hrsg.], Dokumente zur deutschen Verfassungsgeschichte, 3.Aufl., Stuttgart 1978, Bd.1, S.156.)

372. Inada, a.a.O., S.13ff.; Siemes, Gründung, S.94.
Das Grundrechtsverständnis Roeslers war vom deutschen Frühkonstitutionalismus geprägt. Auch dort ging man nicht von vorstaatlichen allgemeinen Menschenrechten aus, sondern davon, daß erst der Staat einzelne Grundrechte gewährleistet, die durch Gesetz eingeschränkt werden können. Zum Grundrechtsverständnis Roeslers siehe näher unten S.110ff.

373. Z.B. selbst Inoue, der unter den japanischen Politikern die besten Kenntnisse über die Verfassungen anderer Länder hatte, war am Anfang nicht überzeugt davon, daß in der Verfassung bürgerliche Rechte festzuschreiben seien. Vgl. Inada, a.a.O., S.14.

374. Inada, a.a.O., S.394f.; Siemes, Gründung, S.95.

Unter einer Monarchie in Japan stellte er sich die wirkliche Regierung des Tennô vor. Hier liegt ein Unterschied zur Meinung der japanischen Politiker, die die Herrschaft des Tennô nur als symbolisch verstanden. Für die japanischen Politiker, die auf die Kodifikation Einfluß hatten, war es eine selbstverständliche Voraussetzung, daß der Tennô faktisch keine politische Macht haben, sondern nur eine geistig-ideologische Rolle als Vater des Volkes spielen solle.

In Zusammenhang mit dieser rein geistigen Bedeutung des Tennô war es für die Japaner wichtig, die religiöse Begründung der Stellung des Tennô in einem Artikel der Verfassung festzuhalten. Roesler lehnte dies aber völlig ab, da er die Herrschaft des Tennô auf Verfassungsebene rein juristisch, ohne Rückgriff auf religiöse oder ideologische Hintergründe im Gesetzestext, ausgestalten wollte[375]. Obwohl er die Religion als

---

375. Inada, a.a.O., S.248; Siemes, Gründung, S.81. Auch in seinem Kommentar vermied Roesler eine Behandlung der religösen Begründung der Herrschaft. Nach Darstellung Siemes' war Roesler der einzige, der sich gegen die Aufnahme eines solchen Artikels aussprach. Roesler schreibt dazu:
"Im 1. Art. des verbesserten Verfassungsvorschlags heißt es: 'Tenno aus der ewig ununterbrochenen Linie'usw. Ich möchte wünschen, daß das keine Übertreibung wäre, aber - ich scheue mich, es kurz und bündig zu sagen - wir Menschen können die ferne Zukunft nicht bestimmt wissen. Ob sich die kaiserliche Dynastie bis in die fernen Jahrhunderte fortsetzen wird, kann kein Mensch wissen. Ist es nicht allgemeine Überzeugung, daß die jetzigen Weltmächte nicht ewig wie Himmel und Erde sind? Aus juristischen und politischen Gründen kann ich nicht zustimmen. Mich an eine geschichtliche Tatsache erinnernd, möchte ich nicht leichtsinnig die Zukunft voraussagen und den Zorn der Götter und Menschen herausfordern. Zu einer Zeit, als das hannoversche Könighaus blühte, anlässig der 800- oder 900-Jahrfeier des Königreichs, erließ der König von Hannover ein Edikt, in dem er sagt: 'Unser Könighaus wird ewig das Land beherrschen'. Aber nur einige Jahre später verlor der König seine Krone, das Land wurde mit Preußen vereinigt, die Dynastie ging unter und Ahnenfeiern wurden abgeschafft. Ich will natürlich mit diesem Beispiel nicht sagen, daß es auch anderswo so kommen muß. Ja, ich kann mir im Traume nicht vorstellen, daß sich in Japan so etwas ereignen wird. Ich möchte nur zu bedenken geben, daß es keine gute Politik sein kann, einen so vagen Satz zum Grundartikel der Verfassung zu machen und dadurch die Kritik der Welt herauszufordern.
Es ist eine *geschichtliche Tatsache* (Hervorhebung v. Verf., N.K.), daß die kaiserliche Herrschaft sich von Anbeginn in ununterbrochner Linie fortgeerbt hat. Etwas Ähnliches gibt es auf der ganzen Welt nicht. Diese wahrhaft ruhmvolle Tatsache ausdrücklich in den Text der Verfassung aufzunehmen, ist natürlich durchaus sinnvoll. Deshalb würde es der Verfassung zur größeren Ehre gereichen, wenn man 'die ewig ununterbrochne Linie' abänderte in 'die seit Anbeginn ununterbrochne Linie'" (Übersetzung von Siemes, Gründung, S.81). Vgl. Johannes Siemes, S.193. Hermann Roesler und die Einführung des deutschen Staatsrechts in Japan, S.193.

Grundlage des Staates für wichtig hielt, war es ihm ganz fremd, eine spekulative Aussage in einen Artikel der Verfassung einzuführen. Anders als die japanischen Politiker versuchte Roesler konsequent, die Stellung des Tennô im Sinne einer konstitutionellen Monarchie rein juristisch zu festigen.

cc) Die Bürgerrechte

Roesler betont immer wieder, daß die Meiji-Verfassung Regelungen über die Bürgerrechte enthalten solle[376]. Unter diesen bürgerlichen Rechten versteht er nicht jedem kraft seines Menschseins angeborene Rechte[377]. Roesler war der Ansicht, daß die Freiheitsrechte nicht auf der unabänderlichen Natur des Menschen beruhen, sondern erst zum Wesen der modernen Gesellschaft gehören. Nach seiner Meinung fordert der geschichtliche Kulturzustand der modernen Gesellschaft Freiheitsrechte[378]. Wo die moderne Kulturgemeinschaft existiert - und das war nach Roesler im neuen Japan der Fall -, da würden die staatsbürgerlichen Freiheitsrechte existieren[379]. Da sich Roesler entschieden gegen das Laissez-faire-Prinzip in der Politik aussprach[380], meinte er, Freiheit als soziale Freiheit sollte nur zum Zwecke der sozialen Gemeinsamkeit gewährt werden. Der Staat oder der Wille des Volkes könne sie urspünglich weder geben noch nehmen.

---

376. Inada, a.a.O., S.15.

377. In seinem Kommentar schreibt Roesler, "According to the Japanese Constitution those remain, what they really are, questions of positive national law, and it has wisely abstained from the formal recognition of absolute human or natural rights, which by the political philosophy of the last century and also in some constitutions of that time have been extolled to an entirely undue predominance, and which in practical experience are only apt to disturb the sound relations between the government and the subjects, and to instigate social disharmony and revolutionary commotions" (Siemes, Hermann Roesler and the making of the Meiji State, Tokyo 1968, S.115).
Roesler fürchtete, daß in Japan im Zuge der Verhandlungen über die Änderung der Verträge mit Amerika das anglo-amerikanische Gerichtssystem und die anglo-amerikanische Jurisprudenz eingeführt würden und damit der Liberalismus und anglo-amerikanische Ideen wie Menschenrechte oder Parlamentarismus den Mittelschichten dazu verhelfen würden, ihre Macht gegenüber der Regierung zu erweitern. Deshalb fand die Idee der angeborenen Rechte nicht Eingang in seine Prinzipien zur Gestaltung der japanischen Verfassung (vgl. Inada, a.a.O., S.158ff.).

378. Vgl. Roesler, Das soziale Verwaltungsrecht, Abt.1, S.43ff.; Siemes, Gründung, S.31 u.104.

379. Siemes, Gründung, S.104f.; vgl. Roesler, Das soziale Verwaltungsrecht, Abt.1, S.47.

380. Roesler, a.a.O., S.18; Siemes, Gründung, S.103; Suzuki, a.a.O., S.408.

Der moderne Staat sei verpflichtet, diese Rechte in seiner Verfassung zu garantieren, aber er deklariert und schützt damit Freiheitsrechte, die aufgrund des kulturellen Entwicklungsstandes schon unabhängig von ihm in der Ordnung der modernen Gesellschaft existieren.

Dies bedeutete seiner Meinung nach aber auch, daß diese Rechte unter Berücksichtigung des Zustandes der betroffenen Gesellschaft eingeschränkt werden können. Gerechtfertigt wurde das mit dem sozialen Charakter dieser Freiheitsrechte. Da die Freiheit immer nur in eine soziale Ordnung des kulturellen Lebens eingeordnet werden könne, sei die Einschränkung der Bürgerrechte durch die Verfassung und durch Gesetze gerechtfertigt.

Als Grundlage aller Freiheitsrechte und "a decisive step towards the principles of Western civilization" sah er die Religionsfreiheit an[381]. Dies war vor allem deshalb wichtig, weil der Shintôismus für den Tennôkult eine besondere Rolle spielte. Die japanischen Verfassungsgeber betrachteten den Shintôismus als die eigentliche Religion, die sich über die anderen Religionen erhebt.

Roesler war trotz der Erkenntnis von einer Notwendigkeit der Religionsfreiheit davon überzeugt, daß die Religionen nicht gleichberechtigt sein müßten. Er meinte, daß die Religionsfreiheit in der individuellen Sphäre gewährleistet werden müsse, aber nicht daß alle Religionen vom Staat immer gleich behandelt werden sollten. Seiner Ansicht nach führt ein Nebeneinander verschiedener gleichberechtigter Religionen im öffentlichen Leben zur Spaltung des Staates. Insofern hielt er die religiöse Einheit des Volkes für wünschenswert[382]. Er sprach sich daher für eine Staatsreligion aus[383]. Seiner Meinung nach könne eine durch Gesetze geregelte, öffentliche religiöse Zeremonie ohne Verstoß gegen die individuelle, private Religionsfreiheit eingeführt werden. Er kam

---

381. Siemes, Hermann Roesler and the making of the Meiji State, p.138-139.

382. Inada, a.a.O., S.17.

383. Inada, a.a.O., S.147.
In seinem Kommentar schreibt Roesler: "By the Japanese Constitution the public exercise of religion is not freely permitted, but remains entirely under the existing laws and ordinances; and further settelment of these grave matters belongs to the future policy of the government. Religion is not altogether a private affair, nor can all the different religious denominations enjoy the same equality of rights. A state religion may be established upon the basis of national faith, and privileges may be accorded to such religion or to others related therewith" (Siemes, Hermann Roesler and the making of the Meiji State, p.142).

nicht zu einer Trennung des Staates von der Religion. Roesler war davon überzeugt, daß eine Staatsreligion als festes Fundament des Staates dienen solle[384].

Da er die Freiheitsrechte als soziale Freiheitsrechte definiert, ist für ihn auch die Religionsfreiheit nur vor dem Hintergrund der sozialen Gemeinschaft zu sehen. Die Religionsfreiheit könne zugunsten eines gemeinsamen Kultes eines Volkes eingeschränkt werden.

dd) Parlament

Roesler sprach sich für eine klare Abgrenzung und Kompetenzzuweisung des Gesetzgebungsbereiches aus[385]. Der Regierungs- und Verwaltungsbereich sollte dem Monarchen vorbehalten bleiben. Parlamentarische Regierung sah er als Produkt der Revolution und somit nicht voll in eine Monarchie integrierbar an[386].

Dennoch hielt er das Parlament für das wichtigste Organ der bürgerlichen Freiheit[387]. Nach seinem Entwurf sollten Abgeordnete des Unterhauses durch allgemeine und direkte Wahlen vom Volk gewählt werden. Damit kommt seine liberale Einstellung zum Ausdruck, die im Gegensatz zu der der konservativen japanischen Verfassungsgeber stand, die ein Zensuswahlrecht befürworteten und durchsetzten.

Überdies schlug Roesler vor, daß beide Häuser und die Regierung das Recht der Gesetzesinitiative erhalten sollten. Dies war auch im Vergleich zu damaligen preußischen Staatsrechtslehren wie zum Beispiel derjenigen Gneists sehr liberal.

Auch in Bezug auf das Budgetrecht wird Roeslers Konzept der Machtbalance zwischen Legislative und Exekutive deutlich. Aufgrund der Erfahrung des preußischen Verfassungskonflikts hielt er es bei der Kodifikation der japanischen Verfassung für er-

---

384. Vgl. oben S.107.

385. Inada, a.a.O., S.258.

386. Vgl. FN 377. Inada, a.a.O., S.30; Suzuki, Kenpô-seitei to Roesler, S.422. Dazu aber Siemes: "Was ihn zur Ablehnung derselben (= der parlamentarischen Regierung) für Japan bestimmte, waren die obwaltenden politischen Herrschaftsverhältnisse, die durch jahrhundertelange unwiderstandene Tradition geheiligte monarchische Herrschaft und die Unreife der politischen Parteien. Unter anderen Realverhältnissen, welche die Voraussetzungen einer mehr demokratischen Regierungsform geboten hätte, hätte Roesler sich einer parlamentarischen Regierung nicht widersetzt" (Siemes, Gründung, S.116).

387. Siemes, Gründung, S.110.

forderlich, die Möglichkeit der Entstehung einer rechtlosen Lage bei Budgetkonflikten zu verhindern[388]. Er hielt die Zustimmung des Parlaments zum Budget für ein wesentliches Merkmal eines konstitutionellen Staates. Dieses Budgetrecht des Parlaments ist nach Roeslers Ansicht aber nicht schrankenlos. Anders als ein Gesetz, durch das die gesetzliche Ordnung selbst geändert werden kann, sei das Budget eine Disposition über das finanzielle Verhalten der Regierung innerhalb der schon vorhandenen gesetzlichen Ordnung, die gegenüber dem Budgetrecht des Parlaments eine Schranke bilde. Durch sein Zustimmungsrecht könne das Parlament weder Gesetze ändern noch in die Rechte der Regierung eingreifen[389].

ee) Minister

Roesler forderte die ausschließliche und direkte Abhängigkeit der Minister vom Monarchen und ihre nicht kollektive sondern individuelle Verantwortlichkeit gegenüber dem Monarchen. Seiner Meinung nach kann in einem monarchischen System keine Verantwortung der Minister gegenüber dem Parlament bestehen[390].

Ebensowenig entspreche die kollektive Verantwortung der Minister einer monarchischen Regierung. Im Falle der kollektiven Verantwortung komme nämlich dem Kabinett als Gesamtheit ein zu großes politisches und rechtliches Eigengewicht zu. Bei der Einzelverantwortung verbleibe demgegenüber dem Tennô eine viel größere politische Bedeutung[391]. Wie schon erwähnt befürwortete Roesler, anders als die japanischen Politiker, die die Herrschaft des Tennô nur symbolisch verstanden, eine wirkliche Regierung des Monarchen. Als ein wirksames Gegenmittel gegen willkürliche und unverantwortliche Regierungsakte des Monarchen betonte Roesler die Notwendigkeit der Gegenzeichnung durch den zuständigen Minister[392].

ff) Verwaltungsgerichtsbarkeit

In bezug auf das Gerichtswesen muß man sein Konzept einer Verwaltungsgerichtsbarkeit erwähnen. Roesler war ein "entschiedener Verfechter der

388. Ders., Herman Roesler and the making of the Meiji State, pp.225-226.

389. Ders., Hermann Roesler and the making of the Meiji State, pp.232-233.

390. Inada, a.a.O., S.22f.

391. Siemes, Gründung, S.96f.; Suzuki, Kenpô-seitei to Roesler.,S.148; vgl. Siemes, Herman Roesler and the making of the Meiji State, pp.197-198.

392. Siemes, Herman Roesler and the making of the Meiji-State, pp.199-200.

Verwaltungsgerichtsbarkeit"[393]. Nach seiner Meinung sollten die Legislative, die Exekutive sowie die Judikative ihre Kompetenzen innerhalb der ihnen von der Verfassung gesetzten Grenzen ausüben. Er befürwortete eine strenge Tennung der Verwaltung von der Justiz. "[U]m das Recht in der gesamten Verwaltung nach allen Seiten in steter und continuierlicher Geltung zu erhalten und zugleich dem Princip der Trennung von Justiz und Verwaltung mehr Tiefe und Lebensfähigkeit zu verleihen"[394] hielt Roesler eine Verwaltungsgerichtsbarkeit für nötig. Einerseits solle die dynamische Wirksamkeit der Verwaltung gewährleistet werden[395], andererseits aber auch eine strenge Kontrolle der Rechtmäßigkeit der Verwaltung herbeigeführt werden[396].

Die Verwaltungsgerichtsbarkeit, die mit seinen Worten "in dem oft dunklen Conflicte zwischen Rechtsvorschrift und administrativer Erwägung zur Stütze und Führung dient"[397], gehört nach Roeslers Ansicht beiden Bereichen, Justiz und Verwaltung, an. Das Verwaltungsgericht ist Teil der Exekutive, insoweit es Urteile von administrativem Inhalt erläßt; es ist aber keine Verwaltungsbehörde[398]. Das Verwaltungsgericht dürfe sich nicht in die administrative Vollziehung selbst einmischen.

Durch die Gewährleistung der richterlichen Unabhängigkeit der Verwaltungsrichter seien Rechte bzw. Interessen der Individuen vor staatlichem Mißbrauch geschützt, gegen den die ordentliche Gerichtsbarkeit wegen der Trennung der Justiz von der Verwaltung kein absolutes Heilmittel sein könne. So hielt er die Errichtung eines

---

393. Ders., Gründung, S.118;

394. Hermann Roesler, Der österreichische Verwaltungs-Gerichtshof nach dem Gesetze vom 22.Oktober 1875, in: Zeitschrift für das Privat- und öffentliche Recht der Gegenwart, Bd.4, 1877, S.206.

395. Nach Roeslers Ansicht entfaltet die Verwaltung im Gegensatz zur Justiz dynamische Wirksamkeit: "Der Richter wendet einfach das Gesetz auf die ihm vorliegenden Thatsachen an und fällt demgemäß seinen Spruch; was die Parteien damit machen, bleibet ihnen selbst überlassen und kümmert den Richter nicht: *fiat justitia et pereat mundus*, ist sein Wahlspruch. Anders dagegen in der Verwaltung; hier heisst es: *fiat justitia, ne pereat mundus*. Die Verwaltung soll bestimmte Erfolge in der Gemeinschaft des Volkslebens hervorbringen, das ist ihre Aufgabe und dafür ist sie vor Allem verantwortlich" (Roesler, der österreichische Verwaltungsgerichtshof, S.202f.).

396. Roesler, Der österreichische Verwaltungsgerichtshof, S.205.

397. Ebenda.

398. Ders., Der österreichische Verwaltungsgerichtshof, S.269.

Verwaltungsgerichts[399], das von der admistrativen Vollziehung und der übrigen Justiz unabhängig ist, für ein wesentliches Element des konstitutionellen Systems zur Sicherung der sozialen und politischen Freiheit der Staatsbürger[400]. Im Interesse der Sicherung der Freiheit der Staatsbürger betonte er, daß die Verwaltungsgerichtsbarkeit nicht nach dem Enumerationsprinzip sondern nach dem Generalklauselprinzip zuständig sein solle[401].

---

399. Roesler, der vom österreichschen Verwaltungsgerichtshof nach dem Gesetz vom 22.10.1875 positiv beeindruckt war, empfahl den Japanern, das österreichische Modell einzuführen, das nur eine einzige Instanz besitzt. Er kritisierte das preußische Verwaltungsgerichtssystem mit mehreren Instanzen, da es Ungleichheiten der Rechtsanwendung infolge der unterschiedlichen Zusammensetzung der einzelnen Verwaltungsgerichte verursache.(Vgl. Roesler, Der österreichische Verwaltungsgerichtshof, S.248f). Vgl. Carl Hermann Ule, Die Anfänge der Verwaltungsgerichtsbarkeit in Deutschland und Japan, in: Verwaltungsarchiv, Bd.80, Heft 3, 1989, S.305ff.

400. Hermann Roesler, Über Verwaltungsgerichtsbarkeit, in: Zeitschrift für das Privat- und öffentliche Recht der Gegenwart, Bd.1 (1874), S.180ff. In diesem Zusammenhang war Roesler kritisch gegnüber dem preußischen Verwaltungsgerichtssystem: "By the Prussian law concerning the general organisation of administrative of July 30, 1833, it is provided that the cases in which administrative decisions and measures are to be contested, either by way of complaint or action (administrative litigation), shall be determined by law; thus establishing no general principle according to which such cases shall be determined; and the question of competency of the administrative courts is consequently made in Prussia a mere question of convenience and selection so that there is no guarantee for universal protection of rights in administrative matters" (Johannes Siemes, The complete text of the Meiji Constitution accompanied by his personal commentaries and notes, in: ders., Hermann Roesler and the making of the Meiji State, p.217).

401. Um die Tragweite der Verwaltungsgerichtsbarkeit zu klären, teilt Roesler die Verwaltungssachen in folgende Hauptkategorien ein: 1. Rechtsverhältnisse der Einzelnen unter sich, die aber ihren Grund und ihre Entscheidung aus den Rechtsprincipien der Gemeinschaft schöpfen, z.B. Streitigkeiten aus dem Gesindeverhältniss, über Wassernutzungsrechte, über Ablösungssachen usw.; 2. Rechtsverhältnisse der Einzelnen zu den vollziehenden Organen in bezug auf die daraus entspringenden Ansprüche und Verpflichtungen, z.B, hinsichtlich der Erteilung einer Gewerbsconcession, der Errichtung einer Privatlehranstalt, der Zulassung zu einer Schule usw.; 3. Rechtsverhältnisse der Verwaltungsorgane untereinander, hinsichtlich der ihnen zukommenden Rechte und Pflichten der Vollziehung, z.B. hinsichtlich der Verpflichtung zur Errichtung einer Volksschule, der Anstellung eines Lehrers, der Verwaltung des Gemeindevermögens, der Einrichtung von Verkehrsanstalten usw. (Hermann Roesler, Ueber Verwaltungsgerichtsbarkeit, S.192f.)

gg) Zusammenfassung

Roesler war der Meinung, daß die Staatsverfassung durch die soziale und wirtschaftliche Entwicklung des Staates bestimmt wird[402]. Daher ging er für sein Verfassungskonzept von den sozialen und wirtschaftlichen Bedingungen des damaligen Japan aus. Seine Ratschläge und sein Entwurf waren aufgrund dieser Bedingungen, ähnlich wie die Gneists und von Steins, konservativer geprägt als seine in deutschen Schriften geäußerte Lehre[403].

Mit seinen Ratschlägen zur japanischen Verfassung verfolgte er eine Synthese zwischen dem konservativen Monarchismus und dem liberalen Konstitutionalismus. Er wollte nicht nur das konservative tennôische System unterstützen, sondern es mit liberalen Elementen ausbalancieren. Dieser Versuch Roeslers ist in der Meiji-Verfassung im großen und ganzen verwirklicht worden. Er konnte jedoch den Meinungsunterschied zwischen ihm und den japanischen Politikern über die Rolle des Tennô nicht auflösen. Daher wurde die eigentümliche japanische Auffassung über die Stellung des Tennô in der Verfassung festgeschrieben.

---

402. Vgl. z.B. Roesler, Über die Gesetzmäßigkeit der volkswirtschaftlichen Erscheinungen, in. Annalen des deutschen Reiches für Gesetzgebung, Verwaltung und Statistik, Jg.1875, S.1ff., 259ff., u. 371ff.;Siemes, Gründung, S.41.

403. Sein wichtigstes deutsches wissenschaftliches Werk ist seine Verwaltungslehre. Er entwickelte das Modell eines Verwaltungsstaates mit einer sozialen Verwaltung, in dem Staat und Gesellschaft einander ergänzen und harmonisieren. Seine Lehre war sozialstaatlich orientiert. Vgl. Roesler, Das soziale Verwaltungsrecht.

III. Die Meiji-Verfassung

1. Die Einzelheiten der Meiji-Verfassung

Am 11. Februar 1889 wurde schließlich die Meiji-Verfassung, offiziell "die Verfassung des Großen Japanischen Kaiserreiches" genannt, von Tennô Meiji erlassen.

Die Meiji-Verfassung war eine oktroyierte Verfassung, die in 7 Kapiteln und 76 Artikeln gegliedert war[404]. Die äußere Form und der Aufbau dieser Verfassung folgte dem Muster der damaligen europäischen Verfassungen.

Inhaltlich war sie jedoch von einer sehr japanischen Besonderheit geprägt[405]. Um diese Besonderheit verdeutlichen zu können, muß man erst die Struktur der Verfassung und ihre Auslegung durch die an ihrer Ausarbeitung Beteiligten analysieren.

Kurz nach dem Erlaß der Meiji-Verfassung wurden die "Commentaries on the Constitution of the Empire of Japan" von Itô Hirobumi[406] veröffentlicht, die faktisch von Inoue Kowashi und den anderen, die am Entwurf der Meiji-Verfassung beteiligt waren, geschrieben wurden. Dieser Kommentar wurde schon während der Kodifizierung abgefaßt. In der Diskussion des endgültigen Verfassungsentwurfs im geheimen Staatsrat wurden fast dieselben Argumente vorgebracht wie im Kommentar, den man daher als halboffiziell bezeichnen kann.

In ihm wurde keine systematische "Lehre" entwickelt, sondern erläutert, was die Verfasser der Meiji-Verfassung beabsichtigt hatten. Im folgenden werden zuerst die einzelnen Elemente der Meiji-Verfassung mit Hilfe dieses Kommentars analysiert und danach der Einfluß deutscher Vorbilder auf die einzelnen Regelungen der Verfassung dargestellt.

---

404. Siehe Anhang II.

405. Vgl. dazu Kinoshita Tsuyoshi, Japanese Law and Western Law, in: Hans G. Leser u.a. (Hrsg.), Wege zum japanischen Recht (Festschrift für Zentaro Kitagawa zum 60. Gebrutstag am 5. April 1992), Berlin 1992, pp.210-211.

406. Itô Hirobumi, Teikoku-kenpô kôshitsu-tenpan-gikai, 23.Aufl., 1944, Tokyo, dessen englische Übersetzung: Itô Hirobumi (translated by Itô Miyoji), Commentaries on the Constitution of the Empire of Japan, Tokyo 1889. Dieses Werk enthält einen Kommentar zur Meiji-Verfassung sowie zum Kaiserlichen Hausgesetz.

a) Tennô

aa) Die Stellung des Tennô

aaa) Das Kaiserliche Hausgesetz

Die starke Stellung des Tennô war das die Meiji-Verfassung prägende Prinzip[407].

Dabei muß man zuerst berücksichtigen, daß die Verfassung nicht das einzige höchste Gesetz war. Das Kaiserliche Hausgesetz, das fast gleichzeitig mit der Verfassung erlassen wurde, wurde wie die Verfassung "Staatsgrundgesetz" genannt und hatte, insofern es die kaiserliche Familie betraf, gegenüber anderen Gesetzen und Verordnungen Vorrang[408]. Damit wurde die Autonomie der kaiserlichen Familie gewährleistet[409]. Im kaiserlichen Hausgesetz wurden die Thronfolge, die Regentschaft, die Mitgliedschaft in der kaiserlichen Familie, Ausgaben des kaiserlichen Hauses, Rechtsstreitigkeiten, Disziplinarvorschriften für die Mitglieder der kaiserlichen Familie usw. geregelt[410]. Zwar war der Inhalt dieses Gesetzes im Vergleich mit den Hausgesetzen in europäischen Ländern nicht besonders stark von japanischen Eigentümlichkeiten geprägt, aber das Dasein dieses Hausgesetzes selbst sowie dessen Vorrang symbolisierte die Vorherrschaft der kaiserlichen Familie.

In der Thronrede des Tennô bei der Verkündung des Hausgesetzes vom 11.02.1889 wurde dargelegt, daß das kaiserliche Haus in seit ewigen Zeiten ununterbrochener Reihe von Nachfolgern bestehe, und geäußert, daß mit Hilfe des Haus-

---

407. Zum Vergleich mit der Stellung des Tennô unter der heutigen japanischen Verfassung: Abe Teruya, Die Entwicklung des japanischen Verfassungsrechts seit 1952, in: Jahrbuch des öffentlichen Rechts der Gegenwart, NF, Bd.15, 1966, S.528ff.; Shimizu Nozomu, Das "Tenno-System", Eine verfassungsrechtliche Studie zur Nachkriegszeit in Japan, in: Jahrbuch des öffentlichen Rechts der Gegenwart, NF, Bd.29, 1980, S.623ff.

408. Vgl.z.B. Fujii Shinichi, Japanisches Verfassungsrecht, Tokyo 1940, S.83f. Igarashi Kiyoshi, Einführung in das japanische Recht, Darmstadt 1990, S.19: "Das Kaiserhaus stand nicht unter dem Verfassungsrecht und war von jeglicher Kontrolle ausgeschlossen. Nur der Kaiser konnte das Gesetz über das Kaiserhaus ändern".

409. Igarashi, a.a.O., S.19.

410. Siehe Anhang IV. Dazu schreibt Heinrich Over: "Während bei der Bildung und Entwicklung der europäischen Thronfolgerechte vermögensrechtliche Motive ausschlaggebend waren, basiert das japanische auf Gründen familienrechtlicher Art", Heinrich Over, Die japanische Staatsverfassung und die sie ergänzenden Gesetze, Diss., Borna=Leipzig 1908, S.17.

gesetzes seine Würde auf ewig erhalten bleiben solle[411]. In der Einleitung des Kommentars von Itô Hirobumi wird dazu angemerkt, daß im Gesetz der kaiserlichen Familie das Vermächtnis der Vorfahren der kaiserlichen Familie niedergelegt sei, das Leitlinie für das zukünftige Japan sein solle[412]. Also gestaltete dieses Gesetz gemeinsam mit der Meiji-Verfassung die fundamentalen Grundsätze des Staates. Damit wurden der Tennô und seine Familie als die Grundlagen des Staates bestätigt.

In der Meiji-Verfassung wurden die Stellung und die Macht des Tennô in den ersten 17 Artikeln geregelt.

bbb) Die mythische Herkunft des Tennô

Laut Artikel 1 regiert der Tennô den kaiserlichen Staat Japan als Nachfolger der für ewige Zeiten ununterbrochenen kaiserlichen Linie. Mit diesem Artikel führte man trotz der Kritik Roeslers die mythische Herkunft des Tennô in den verfassungsrechtlichen Bereich ein[413]. Diese Legitimation des Tennô wurde aber nicht durch diesen Artikel begründet, sondern als von Anfang an bestehend angesehen. Die folgende tennôische Kundgebung bei der Verkündung der Meiji-Verfassung vom 11. Februar 1889 verdeutlicht dies.

"Nachdem Wir durch die Tugend und den Ruhm Unserer Vorfahren den Thron bestiegen haben, der seit ewigen Zeiten Unserer Dynastie angehörte, in dem Wunsch, die geistigen und sittlichen Fähigkeiten Unserer geliebten Untertanen zu fördern und entfalten, wie es schon die liebevolle Fürsorge Unserer Vorfahren war, ... verkünden Wir hiermit ... eine fundamentale Staatsgesetzgebung ...

Wir haben von Unseren Vorfahren die Herrscherrechte ererbt und werden dieselben Unseren Nachfolgern hinterlassen, weder Wir noch sie werden in Zukunft jemals verfehlen, sie in Übereinstimmung mit der Verfassung, die hiermit gewährt wird, auszuüben"[414].

---

411. Siehe Anhang III.

412. Itô, Commentaries, p.III.

413. Zur Kritik Roeslers siehe oben FN 375.

414. Siehe Anhang I.

Diese Rede macht deutlich, daß die Stellung des Tennô auf seinem Stamm beruhte, der göttlicher Natur war[415]. Die Betonung der kaiserlichen Ahnen beruhte auf dem Shintôismus[416].

Vor diesem Hintergrund kann Art. 1 als der Kernartikel der ganzen Verfassung betrachtet werden. Er ermöglichte es, trotz der Gewährleistung der Religionsfreiheit in Art. 28 den Shintôismus faktisch als Staatsreligion zu erhalten und der japanischen konstitutionellen Monarchie einen theokratischen Charakter zu geben. Das Amt des Tennô beinhaltete dabei nicht nur die Stellung als Staatsoberhaupt im politischen Sinne, sondern auch als religiöses Oberhaupt und sogar als Gott selbst. Das sollte nach Ansicht der damaligen japanischen Politiker dazu dienen, unter der absoluten Macht des Tennô den neuen Staat schnell gedeihen zu lassen[417].

Außer dem Grundsatz von der für ewige Zeiten ununterbrochenen Linie in Art. 1 findet man als Bekräftigung der Gottähnlichkeit des Tennô das Wort "heilig" in Art. 3 der Meiji-Verfassung, das aber in europäischen monarchischen Verfassungen ebenfalls häufig zu finden war[418]. Im Kommentar von Itô wird diese Heiligkeit des Tennô folgendermaßen erläutert: "The Emperor is heaven descended, divine and sacred; He is preeminent above all His subjects"[419]. Dazu zitiert Itô den folgenden Satz aus dem ältesten japanischen Buch, Kojiki, in dem die japanische Mythologie niedergelegt ist: "The sacred throne was established at the time when the heavens and the earth became separated"[420].

Hier ist die Assimilation eines europäischen Begriffes in die japanische Kultur zu beobachten. Das wort "heilig" in den europäischen Verfassungen beruhte darauf, daß man annahm, daß die Macht des Souveräns gottgewollt sei. Im Gegensatz dazu ging man in Japan, dem traditionellen Glauben der Nation gemäß, davon aus, daß dem Tennô die souveräne Gewalt durch Vermittlung seines göttlichen Stammes von der

---

415. Over, a.a.O., S.15; Murakami, a.a.O., S.30f.
416. Dazu siehe oben FN 1.
417. Vgl. Christoph Kaempf, Der Wandel im japanischen Staatsdenken der Gegenwart, S.31f.
418. Z.B. Titel II §1 der bayrischen Verfassung von 1818 lautet: "...Seine (= des Königs) Person ist heilig und unverletzlich".
419. Itô, Commentaries, p.6.
420. Itô, Commentaries, p.6.

shintôistischen Sonnengöttin verliehen worden[421] und er als Person selbst göttlicher Natur sei. Durch die Übernahme in den japanischen Verfassungstext bekam das Wort "heilig" eine spezifisch shintôistische Bedeutung[422].

Durch die genannten Artikel wurde die geschichtliche Grundlage der religiösen Stellung des Tennô anerkannt.

Darin lag das größte Problem der Meiji-Verfassung. Die religiöse Bedeutung des Tennô wurde trotz des unklaren Wortlautes der Artikel über seine Stellung als eine selbstverständliche Voraussetzung der Meiji-Verfassung aufgefaßt. Dies führte zu einer Schwächung der anderen Verfassungsorgane und damit des Konstitutionalismus in Japan sowie zur Vermischung juristischer und religiöser Argumente, wie sie z.B. in der *Kokutai*-Debatte zutage trat[423].

bb) Die politische Macht des Tennô

Artikel 4 besagt, daß der Tennô in sich die Herrschaftsgewalt vereinigt. Im Kommentar Itôs wurde dieser Artikel so ausgelegt, daß er die ungeteilte und unteilbare Souveränität des Tennô bedeute, der in sich die Herrschaftsgewalt vereinige. Diese Souveränität beruhe auf der göttlichen Stellung des Tennô[424].

---

421. Vgl. Murakami, a.a.O., S.30f. Nach Murakami ist dieser göttliche Stamm des Tennô deswegen von dem alteuropäischen Gottesgnadentum verschieden, weil das göttliche Recht im alteuropäischen Sinne nicht nur die Legitimität der Herrschaft, sondern auch das Widerstandsrecht des Volkes begründen konnte. In Japan gebe es keinen Raum für den Widerstand, da das Recht von alters her wesentlich als Gebot des Herrschers verstanden wurde.

422. Satô Isao, Nihonkokukenpô-gaisetsu, zentei, 2.Aufl., Tokyo 1980, S.251.

423. Der Kommentar über das erste Kapitel der Meiji-Verfassung unter dem Titel, "Tennô" stellt ebenfalls diese Vermischung fest:
"The polit[c]y is by no means changed by it [the Constitution], but is more strongly confirmed than ever".(Itô, Commentaries, p.2).
"The original policy" heißt hier "*Kokutai*" auf Japanisch. Wie in Abschnitt C ausgeführt wird, ist die Bedeutung dieses Wortes in der japanischen Verfassungsgeschichte sehr umstritten. Aber am Zusammenhang der Sätze ersieht man hier, daß der Verfasser mit diesem Wort die Souveränität des Tennô und die Staatsform auf der Grundlage des Kultes der kaiserlichen Ahnen bezeichnet. Die Verfassungsväter haben damit die geschichtliche Bedeutung des Tennô als Oberhaupt in irdischer und religiöser Hinsicht auch unter der neuen Verfassung anerkannt.

424. Itô, Commentaries, p.7.

In diesem Zusammenhang wird auch die Gewaltenteilung behandelt. Nach dem Kommentar wäre es falsch, die Staatgewalt in drei Teile zu teilen und dem Monarchen nur die Verwaltungsgewalt zuzubilligen[425]. Gewaltenteilung könne nur die Teilung der Ausübung der Macht bedeuten und nicht die Teilung der Macht selbst[426].

In Art. 5-17 sind die einzelnen Rechte des Tennô näher ausgestaltet. Im folgenden werden die wichtigsten dieser Rechte betrachtet.

aaa) Die Gesetzgebungsmacht des Tennô

In Artikel 5 wird, so der Kommentar Itôs, die Funktion des Parlaments als Hilfsorgan für die Bildung des Staatswillens durch den Tennô festgelegt[427]. Die legislative Macht gehöre zur souveränen Macht des Tennô und unterliege seiner Kontrolle. Demgemäß wird im Kommentar der Gedanke eines Vertrags zwischen dem Regierenden und den Regierten kritisiert. Er sei ein falsches Konzept für das Prinzip der Einheit der Souveränität. Aus der japanischen *Kokutai* folge, daß der Wille des Staates nur aus einer einzigen Quelle, nämlich dem Willen des Tennô entspringt. Die Mitbestimmung des Parlaments bei der Gesetzgebung bedeute lediglich eine Hilfeleistung für das Staatsoberhaupt[428].

bbb) Die Verordnungen des Tennô und die Frage des Vorbehalts des Gesetzes

Die Macht des Parlaments war überdies auch durch das Recht des Tennô, kaiserliche Verordnungen (Thronverordnungen) zu proklamieren, eingeschränkt.

In der Meiji-Verfassung sind zwei Arten von Verordnungen des Tennô vorgesehen.

---

425. Itô, Commentaries, pp.8-9.

426. Dem Kommentar liegt in diesem Zusammenhang eine organische Staatsvorstellung zugrunde: "These three powers of State are carried into execution through the instrumentality of the organic parts appertaining to each; but the original source of activity traces back to the Head of the State. For unless the governmental powers of State all centre in the Head which is the seat of the will of the State, it will be impossible to maintain the organic life of the State". (Itô, Commentaries, p.8).

427. Itô, Commentaries, p.10.

428. "The use of the Diet (Parlament) is to enable the State to perform his functions, and to keep the will of State in a well-disciplined, strong and healthy condition" (Itô, Commentaries, p.10).

In Art. 9 sind die "einfachen" Verordnungen (*Meirei*) geregelt. Danach erläßt oder veranlaßt der Kaiser Verordnungen zur Durchführung der Gesetze sowie zur Aufrechterhaltung der öffentlichen Sicherheit und Ordnung und zur Förderung des Wohls der Untertanen. Durch eine solche Verordnung konnte jedoch ein Gesetz nicht geändert werden.

Die hier vorgesehenen Verordnungen zur Durchführung des Gesetzes entsprechen den Rechtsverordnungen, wie man sie im heutigen deutschen Grundgesetz findet.

Ein Problem bereitete aber die Kategorie Verordnungen zur Aufrechterhaltung der öffentlichen Sicherheit und Ordnung und zur Förderung des Wohls der Untertanen. Hier bestand die Gefahr, daß die Einschränkung, daß "ein Gesetz nicht geändert" werden durfte, so verstanden würde, daß diese Verordnungen außerhalb des Bereiches, der bereits durch Gesetz geregelt war, frei erlassen werden und damit die Rechte und Freiheiten der Untertanen in weiten Bereichen durch solche Verordnungen eingeschränkt werden konnten. Mit anderen Worten ging es hier um die Frage des Vorbehalts des Gesetzes.

Dazu führt der Kommentar aus, daß in die Bereiche, in die nach der Verfassung ein Eingriff nur durch Gesetz erfolgen dürfe, eine Verordnung nicht eingreifen kann[429]. In der Praxis war aber die Grenze zwischen Gesetzen und Verordnungen unter der Meiji-Verfassung von Anfang an unklar, was dazu führte, das die Verwaltung weite Bereiche ohne gesetzliche Ermächtigung durch Verordnung regelte[430].

Im Kommentar wird der dadurch faktisch der Verwaltung eingeräumte, große Freiraum für notwendig gehalten, um Mängel der Gesetze auszugleichen[431]. Als Grund für diese umfangreiche Verwaltungsgewalt wird im Kommentar auch angegeben, daß man durch Gesetze nicht die Details der Verwaltung regeln, und daß der Staat seine Aufgabe nicht erfüllen könne, wenn man der Verwaltung nur die Befugnis gebe, den Inhalt der Gesetze zu vollziehen. Dabei wurde neben dem französischen und dem belgischen auch das preußische Recht kritisiert, da man in diesen Systemen die Ver-

---

429. Itô, Commentaries, p.19.

430. Vgl. Ienaga Saburô, Nihonkindaikenpôshisôshi-kenkyû, Tokyo 1967, S.100f.: Z.B. wurde die Einkommensteuer durch eine Verordnung geregelt. Roesler erwähnt diese Gefahr in seinem Kommentar zur Meiji-Verfassung ebenfalls: Johannes Siemes, Hermann Roesler and the making of the Meiji State, pp.84-88.

431. Itô, Commentaries, pp.19-20.

ordnungen nur als Instrumente zur Ausführung der Gesetze betrachte und damit die exekutive Macht des Souveräns einschränke[432].

Als zweite Art von Verordnungen sind in in der Meiji-Verfassung die Thronverordnungen (*Chokurei*) nach Art. 8 vorgesehen. Während die Verordnungen nach Art. 9 nicht immer vom Tennô selber erlassen werden mußten, sondern dieser auch ein Exekutivorgan dazu ermächtigen konnte, wurden die Verordnungen nach Art. 9 nur direkt vom Tennô, d.h. als Thronverordnungen, erlassen.

Die in Art. 8 eingeräumte Verordnungsgewalt verlieh dem Tennô eine weitreichende Sondergesetzgebungsmacht im Notstand für die Zeit, in der das Parlament nicht tagte. Zwar sollten diese Verordnungen nur "zur Aufrechterhaltung der öffentlichen Sicherheit und zur Abwehr von Gefahren für diese" zuläßig sein. Ob aber diese Voraussetzungen vorlagen, konnte der Tennô selbst entscheiden. Auch im Kommentar wird wegen dieser weitreichenden Gewalt auf die Gefahr einer Ergreifung der absoluten Gewalt durch die Regierung hingewiesen und die Kontrolle des Parlaments betont, die im Abs.2 dieses Artikels geregelt ist[433]. Dabei bemerkt der Kommentar gleichzeitig, daß Art. 8. viele unklare Elemente enthält: z.B. ob Thronverordnungen nur zur Gesetzesausfüllung erlassen werden können oder auch Gesetze modifizieren, suspendieren oder außer Kraft setzen können; was passiert, wenn die Regierung beim nächsten Zusammentritt des Parlaments eine solche Thronverordnung nicht vorlegt oder aus welchem Grund das Parlament die Zustimmung zu einer solchen Thronverordnung verweigern kann.

Gerade diese Unklarheiten eröffneten aber in der Verfassungswirklichkeit einen breiten Anwendungsbereich für Thronverordnungen, da eine Instanz fehlte, die über solche Unklarheiten hätte entscheiden können.

ccc) Die militärische Macht des Tennô

Ein anderer wichtiger Faktor der Macht des Tennô war seine militärische Gewalt, die in Artikel 11, 12 und 13 geregelt ist. Deren Grundlage wird im Kommentar so dargestellt:

---

432. Itô, Commentaries, pp.19-20.

433. Itô, Commentaries,Kommentar, p.15. Vgl. Suzuki Yasuzô, Nihonkenpôgakushikenkyû, Tokyo 1975, S.58.

"The great Imperial Ancestor founded this Empire by his divine valor, in personal command of his army composed of several divisions [...] At the beginning of the great events that achieved the Restoration by the present August Sovereign, His Imperial Majesty issued an Ordinance, proclaiming that He assumed personal military command for the suppression of the rebellion, thus manifesting that the sovereign power was centered in Him. [...] A General Staff Office has been established for His Majesty's personal and general direction of the Army and Navy. Thus the glory bequeathed by the Imperial Ancestors has again been restored to its former brilliancy"[434].

So wurde betont, daß der Tennô aufgrund seiner göttlichen Abstammung allein die gesamte militärische Gewalt innehabe.

Zu Artikel 12 bemerkt der Kommentar weiter, daß das Parlament keine Befugnis habe, bei der Organisation der Armee einzugreifen, und daß der zuständige Minister allein den Tennô berät[435]. Die Armee wird nicht als die Armee des Staates, sondern die Armee des Tennô bezeichnet.

Artikel 13 statuiert die Befugnis des Tennô zu Kriegserklärung und Friedenschluß. Nach dem Kommentar ist keine Beteiligung des Parlaments an dieser Entscheidung erforderlich[436]. Als Gründe werden im Kommentar zum einen angegeben, daß der Monarch gegenüber dem Ausland die einheitliche Souveränität tragen soll, und zum zweiten, daß man in solchen Fällen zu einer schnellen Entscheidung kommen müsse[437].

Art. 14 enthält die Befugnis des Tennô zur Erklärung des Belagerungszustandes. Dem Parlament wird das Recht eingeräumt, die Voraussetzungen und die Wirkungen des Belagerungszustandes zu bestimmen.

Aufgrund dieser Artikel sowie durch Art. 8 über die Thronverordnungen im Notstand wurde in Kriegszeiten die gesamte Staatsmacht in die Hand des Tennô gelegt.

---

434. Itô, Commentaries, p.25.
435. Itô, Commentaries, pp.26-27.
436. Itô, Commentaries, p.27.
437. Itô, Commentaries, p.27.

b) Rechte und Pflichte der Untertanen

aa) Die Beziehung zwischen dem Tennô und den Untertanen

Im zweiten Kapitel der Verfassung sind die Rechte und Pflichten der Untertanen geregelt. In diesem Kapitel sind den Artikeln über die verschiedenen Rechte der Untertanen zunächst zwei Pflichten, Militärdienstpflicht und Steuerpflicht, vorangestellt. Diese Reihenfolge zeigt schon in etwa das Gewicht, das die Verfassungsväter den Bürgerrechten einräumten.

Die Rechte der Untertanen haben in der Meiji-Verfassung eine spezifische Bedeutung.

Die Beziehung zwischen dem Tennô und den Untertanen war keine bloße Beziehung zwischen Herrschendem und Beherrschten. Der Staat wurde in Japan vielmehr als Familie betrachtet, in der der Tennô die Rolle des Vaters spielt, der dem ganzen Volk als seiner Familie vorsteht. In diesem Sinne war Japan auch unter der Meiji-Verfassung ein partriarchalischer Staat[438]. Partriarchalismus war auch in Europa nicht unbekannt. Aber die Eigentümlichkeit dieses japanischen Patriarchalismus lag darin, daß er zum einen auf der shintôistischen Tradition aufbaute. Dabei wurde das japanische Volk als Blutgemeinschaft zwischen dem Tennô und den Untertanen angesehen, die auf gemeinsamer Abstammung von der Sonnengöttin beruhe[439]. Zum anderen diente die patriarchalische Ideologie in Japan trotz aller Versuche einer Modernisierung des Staates nicht nur politischer und ideologischer Legitimation, sondern wirkte auch auf die verfassungsrechtliche Ebene ein, indem sie das Fundament der juristischen Auslegung bildete.

Auf der Grundlage dieser patriarchalischen Staatsidee wurden die Untertanen als geliebte Kinder des Tennô, als "der große Schatz des Tennô", bezeichnet[440]. In dieser patriarchalischen Beziehung hatte der Tennô die Aufgabe, sein Volk zu schützen, und das Volk die Pflicht, der Regierung des Tennô zu folgen. Die Rechte der Untertanen wurden nur innerhalb dieser Verantwortung des Tennô anerkannt. Die Rechte wurden nicht durch die Geburt der einzelnen Personen oder einen Vertrag zwischen dem Mon-

---

438. Vgl. Kaempf, a.a.O., S.3 u. 31f. Zur Bedeutung der Familie in Japan, Kaempf, a.a.O., S.9f.

439. Kaempf, a.a.O., S.33.

440. Dazu Itô, Commentaries, p.35., Vgl. Otto Koellreutter, Der verfassungsrechtliche Aufbau des gegenwärtigen Japan, in: Reichsverwaltungsblatt, Bd. 61, Heft 6, 1940, S.56.

archen und den Untertanen vermittelt, sondern nur unter der Voraussetzung der vorverfassungsrechtlichen Herrschaft des Tennô von diesem eingeräumt.

Diese Anschauung der Rechte der Untertanen wurde im Kodifizierungsprozeß zur Diskussion gebracht. Zuerst hatte man erklärt, daß Rechte und Pflichten darauf beruhten, daß der Tennô seine Untertanen für seinen Schatz hielt. Um die Überschrift des zweiten Kapitels der Verfassung, in dem die Grundrechte enthalten sind, stritt Itô Hirobumi mit dem damaligen Kultusminister, *Mori Arinori*[441]. Mori meinte, daß man die Stellung der Untertanen nicht mit dem Wort "Recht" sondern nur mit dem Wort "Verantwortung" (*Bunzai*) bestimmen sollte. Dagegen betonte Itô die Bedeutung der Verfassung als Einschränkung der monarchischen Macht und für den Schutz der Rechte der Untertanen und behauptete, daß ohne Artikel über Rechte und Pflichten der Untertanen die Verfassung keinen Sinn haben würde.

Dieser konstitutionalistische Gedanke Itôs beruhte auf der Lehre deutscher Staatsrechtler, die ihn berieten.

Aber auch Itô sah die Rechte der Untertanen nicht als persönliche Rechte gegenüber dem Tennô an, sondern als Rechte gegen den Staat[442], denn gegenüber dem Tennô konnten wegen seiner Heiligkeit keine Rechte bestehen[443]. So blieb die Absolutheit des Tennô trotz der Rechte der Untertanen auch nach Itôs Lehre uneingeschränkt.

bb) Freiheitsrechte der Untertanen

Die Artikel 22-29 gewährleisten Freiheit und Vermögen jedes Untertans. Die einzelnen Freiheitsrechte wurden im Kodifizierungsprozeß kaum diskutiert.

Im Kommentar wird die Notwendigkeit der verfasungsgesetzlichen Regelung von Grundrechten damit begründet, daß gesetzliche Freiheit das Recht der Untertanen, die Quelle der Entwicklung ihres Lebens und ihrer Kenntnisse sei. Ein freies Volk unterstütze als ein zivilisiertes, gutes Volk das Gedeihen des Staates. Deshalb gebe es keinen konstitutionellen Staat, der die Sicherheit der Freiheit und des Vermögens jedes Un-

---

441. Shimizu, a.a.O., S.629ff.

442. Allerdings identifiziert Itô den Tennô weitgehend mit dem Staat. Seine Lehre ist hier nicht ganz eindeutig.

443. Shimizu, a.a.O., S.630f. In der ersten Kommission des Geheimen Staatsrates erklärte Itô jedenfalls, daß die Rechte der Untertanen in der Verfassung nicht Rechte gegenüber dem Tennô bedeuten.

tertans als wichtiges Recht nicht gewährleiste. Aber Freiheit bestehe nur in einer gut geordneten Gesellschaft. Gesetze würden die Freiheit des Individuums schützen; sie würden die Freiheit nur aus Notwendigkeit des Staatswohls beschränken und damit versuchen, die Freiheit des Individuums und ihre Einschränkung durch die Staatsgewalt zum Ausgleich zu bringen. Jeder Untertan genieße seine Freiheit innerhalb des gesetzlich Erlaubten[444].

Ein typisches Element des Konstitutionalismus stellt der Gesetzesvorbehalt der Freiheitsrechte dar, unter dem, von der Religionsfreiheit abgesehen, auch jedes dieser in der Meiji-Verfassung garantierten Rechte stand[445]. Diese Rechte waren gegen Rechtsprechung und Verwaltung gerichtet, nicht gegen den Gesetzgeber. In der Meiji-Verfassung war auch keine Verfassungsgerichtsbarkeit bestimmt, und die Gerichte, inklusive das Verwaltungsgericht, hatten kein Prüfungsrecht der Verfassungsmäßigkeit der Gesetze. Deshalb waren die Gerichte an Gesetze, die einmal im Einverständnis des Tennô mit dem Parlament erlassen worden waren, bedingungslos gebunden. Die letzte Entscheidungsmacht darüber, ob ein Gesetz verfassungmäßig ist, gehörte dem Gesetzgeber. Dies ist typisch für den Konstitutionalismus[446].

Das bedeutete aber, daß unter der Meiji-Verfassung eine Gewaltenkontrolle gegenüber dem Gesetzgeber fehlte, die ein fundamentales Element des heutigen Verfassungsstaates ist[447]. Auf der anderen Seite stellte diese Abhängigkeit der Freiheitsrechte von einer freiwilligen Selbstbindung des Gesetzgebers, zu dem auch der Monarch gehörte, einen typischen Kompromiß zwischen dem monarchischen Prinzip und der Bürgerfreiheit in der konstitutionellen Monarchie dar[448].

Art. 31 ermöglicht überdies die Möglichkeit der Einschränkung der Rechte der Untertanen durch die Herrschaft des Tennô im Notstand.

---

444. Itô, Commentaries, pp.45-46.

445. Dieser Gesetzesvorbehalt wurde im Konstitutionalismus dadurch gerechtfertigt, daß das Parlament als Vertreter der Gesellschaft gegenüber der monarchischen Staatsmacht Garant der Freiheit sei. In der wesentlichen Beteiligung des Parlaments an der Gesetzgebung sah man eine ausreichende institutionelle Sicherung der Freiheit.

446. Vgl. Wolfgang von Rimscha, Die Grundrechte im süddeutschen Konstitutionalismus, Köln, Berlin, Bonn u. München 1973, S.115.

447. Zur Bedeutung der Gewaltenkontrolle als Merkmal des Verfassungsstaates: Zippelius, Allgemeine Staatslehre, 11.Aufl., München 1991, S.280f.

448. Zippelius, a.a.O., S.157.

cc) Religions- und Meinungsfreiheit und der Tennôkult

Unter den einzelnen Rechten verdient die Religionsfreiheit besondere Beachtung. In Art. 28 ist der Schutz religiösen Glaubens als absolut geschützte Freiheit gewährleistet, die nicht wie die anderen Grundrechte unter einem allgemeinen Gesetzesvorbehalt steht, sondern nur dann beschränkt werden kann, wenn durch die Ausübung dieser Freiheit die öffentliche Ruhe und Ordnung gestört oder die Pflichten als Untertanen verletzt werden.

Die Bedeutung der Religionsfreiheit wird von Itô im Kommentar unter Hinweis auf die europäische und amerikanische Geschichte betont[449].

Allerdings könne die Religionsausübung, wie Anbetung oder Mission, eingeschränkt werden und überdies die Freiheit der religiösen Vereinigungen oder Versammlungen gesetzlich und polizeilich zur Aufrechthaltung der öffentlichen Sicherheit und Ordnung beschränkt werden.

In der Verfassungswirklichkeit wurde es allerdings möglich, die Untertanen zum Shintôismus zu zwingen, obwohl im Kodifikationsprozeß [450] und auch noch im Kommentar[451] Eingriffe in die individuelle Glaubenssphäre durch den Zwang einer Staatsreligion für verboten gehalten wurden. Da Grundlage der Meiji-Verfassung die religiöse Bedeutung des Tennô war, war allerdings ein nicht rechtlicher, aber faktischer Vorrang des Shintôismus im damaligen Japan selbstverständlich.

Die Verfasungsväter hatten ihre Meinung hierzu im Kodifizierungsprozeß nicht ganz klar geäußert. Erklärt wurde lediglich, daß die Religionsfreiheit nicht Pflichten der Untertanen ausschließe, und besonders Beamte damit von der Pflicht zur Anbetung des Tennô nicht befreit werden sollten[452].

---

449. Itô, Commentaries, S.53f. Vgl. Koelleutter, a.a.O., S.57. Es ist bemerkenswert, daß Koelleutter besonders hier den Kommentar Itôs zitiert: " In den Anmerkungen zu diesem Artikel [= Art.28] wird unter anderem auf die Tatsache hingewiesen, daß in Deutschland den Juden bis zum Jahre 1848 die politischen Rechte versagt geblieben seien".

450. Inada, a.a.O., S.642.

451. Itô, Commentaries, p.52.

452. Inada, a.a.O., S.642ff.

Unter der Meiji-Verfassung verfestigte der Shintôismus allmählich seine Stellung als faktische Staatsreligion. So forderte z.B. das kaiserliche Erziehungsedikt von 1890[453] die Betonung der tennôisch-nationalistischen Prinzipien und den Ausschluß jeder religiösen (d.h. nicht shintôischen) Propaganda in der Schule. Das Religionsgesetz von 1939 beinhaltete darüberhinaus weitgehende Einschränkungen der Religionsausübung aus Gründen des öffentlichen Wohls und der öffentlichen Sicherheit[454].

Auch im Bereich der Meinungsfreiheit des Art. 29 existierte ein Konflikt zwischen der bürgerlichen Freiheit und dem Tennôkult. Der Kommentar bemerkt dazu, daß eine Meinungsäußerung einerseits die Entwicklung der Gesellschaft fördere, andererseits aber durch ihren Mißbrauch oft Ehre oder Rechte anderer, die öffentliche Ordnung, Sicherheit oder Frieden verletzt würden. Ein solcher Mißbrauch solle bestraft werden[455].

Dabei werden Meinungsäußerungen gegen die Würde der tennôischen Familie als nicht von der Meinungsfreiheit umfaßt angesehen[456].

In der späteren Geschichte unter der Meiji-Verfassung ermöglichte diese Auffassung von der Meinungsfreiheit insbesonders die Verfolgung der Kommunisten. Dabei wurde der Kommunismus für eine der heiligen Person des Tennô gefährliche Lehre gehalten, und Kommunisten wurden streng bestraft[457].

---

453. Siehe Anhang. Vgl. dazu Matsumoto Kaoru, Development of Parlamenntary Democracy up to 1945, in: Jahrbuch des öffentlichen Rechts der Gegenwart, NF, Bd.16, 1967, S.531ff.

454. Dazu Koelleutter, Staat und Religion und das neue Religionsgesetz in Japan, in: Verwaltungsarchiv, Bd.45, 1940, S.1ff.; José Llompart, Darf das Recht die Tradition ignorieren? Problem der Trennung von Staat und Religion in Japan, in: Rechtstheorie, Bd.22, Heft 2, 1991, S.134ff.

455. Itô, Commentaries, p.56.

456. Meinungsäußerungen gegen die Würde der Familie des Tennô wurden als Verrat gegen den Staat betrachtet. Dazu Fujii, a.a.O., S.174. " Diese Freiheit wird jedoch nicht denjenigen gewährt, die unpatriotische oder andere die Sicherheit des nationalen Lebens schädigende Gedanken haben, weil ihr Denken ungesund und schwächlich ist".; vgl. Matsumoto Sannosuke, Tennô-sei to seiji-shisô, Tokyo 1969, S.215ff.

457. Zur Bekämpfung der Kommunisten wurde zuerst 1923 das "Gesetz zur Bekämpfung der gefährlichen Gedanken" erlassen, das dann durch das Gesetz zur Aufrechterhaltung der öffentlichen Sicherheit von 1925 ergänzt wurde. Dieses Gesetz wurde 1928 nochmals verschärft. Vgl. Kaempf, a.a.O., S.54.

dd) Gleichheit

Im zweiten Kapitel der Meiji-Verfassung ist kein Gleichheitsartikel enthalten.

Unter ihr blieben noch erbliche Stände in einer transformierten Form erhalten.

Innerhalb der einzelnen Familie herrschte das patriarchalische Prinzip[458]. Der Vater besaß die entscheidende Macht. Der erstgeborene Sohn besaß das Privileg, die Rechte des Familienoberhaupts zu erben. Aufgrund dieses Prinzips wurden Männer und Frauen, die ersten Söhne und andere Kinder in der Familie ungleich behandelt.

Auf staatlicher Ebene kam die Ungleichheit der Untertanen im Wahlrecht zum Ausdruck.

Die Adligen hatten das Privileg eines Sitzes im Oberhaus. Die *Kôshaku* (Fürsten) und *Kôshaku* (Marquis) wurden nach vollendetem 25. Lebensjahr Mitglieder des Oberhauses. Ein Fünftel der Klasse der *Hakushaku* (Grafen), *Shishaku* (Viscomtes) und *Danshaku* (Barone) wurde ebenfalls nach vollendetem 25. Lebensjahr von den anderen Mitgliedern dieser Klasse für 7 Jahre ins Oberhaus gewählt[459].

Dieses Privileg wurde weiter in beschränktem Maß auf Großgrundbesitzer, Handel- und Gewerbetreibende ausgedehnt[460].

Für die Wahl zum Unterhaus bestand nach dem Wahlgesetz von 1889 eine Art Zensuswahlrecht, das das aktive und passive Wahlrecht an die Zahlung einer bestimmten Steuersumme band[461].

Frauen waren von der Wahl überhaupt ausgeschlossen.

---

458. Murakami, a.a.O., S.53ff.

459. Art.1 Imperial Ordinance concerning the House of Peers 1889, in: Itô, Commentaries, p.168; Vgl. Over, a.a.O., S.44.

460. Art.1 Imperial Ordinance Concerning the House of Peers 1889.

461. "For not less than one year previous to the date of the making out of the electoral list, he must have been paying, in the Fu or Ken, direct national taxes to the amount of not less than fifteen *yen*, and must be still paying the same.
But in the case of income tax, he must have been paying it for not less than full three years previous to the same date, and must be still paying it" (Art.6 No.3 Law of Election of the Members of the House of Representatives 1889, in: Itô, Commentaries, p.197).

c) Staatsorganisation

aa) Parlament

Im dritten Abschnitt der Verfassung sind die Regelungen über das Parlament enthalten. Das Parlament hatte unter der Meiji-Verfassung wie in den meisten anderen Verfassungsstaaten zwei Kammern. Als Grund dafür wurde im Kommentar angegeben, daß die Politik von verschiedenen Standpunkten aus betrachtet werden müsse[462]. Mit diesem System beabsichtige man, die Balance der politischen Anschauungen zu sichern und die Gefahr der Despotie einer von der öffentlichen Meinung beherrschten einfachen Mehrheit im Unterhaus zu vermeiden[463].

Die Abgeordneten des Unterhauses wurden gewählt. Es gab jedoch fünf Bedingungen für das Wahlrecht[464]: japanische Staatsangehörigkeit zu haben, männlichen Geschlechts zu sein, über 25 Jahre (für das aktive Wahlrecht, über 30 Jahre für das passive Wahlrecht) alt zu sein, einen festen Wohnsitz zu haben, und -wie erwähnt- Steuern in einer bestimmten Höhe zu zahlen[465].

Die Familienoberhäupter des Adels hatten weder das aktive noch ein passives Wahlrecht, weil sie bereits das Wahlrecht zum Oberhaus besaßen bzw. kraft Geburt dessen Mitglieder waren[466].

Die beiden Häuser waren gleichberechtigt. In dieser Struktur der beiden Kammern kommt eine Bevorzugung der oberen Schichten zum Ausdruck. Das Oberhaus als Vertreter einer Minderheit der Gesellschaft hatte, politisch gesehen, die Funktion, die Macht des demokratischen Unterhauses zu mindern.

---

462. Itô, Commentaries, p.64.
463. Ebenda.
464. Das Wahlgesetz wurde später öfter geändert.
465. Art.4 and 8 Law of Election of the Members of the House of the Representatives 1889.
466. Art.16 Law of Election of the House of the Representatives 1889, in: Itô, Commentaries, p.200. Zur Änderung des Wahlsystems unter der Meiji-Verfassung: Hayashida Kazuhiro, Development of Election Law in Japan, in: Jahrbuch des öffentlichen Rechts der Gegenwart, NF, Bd.15, 1966, S.473ff.

Diese Struktur entsprach den Grundsätzen, die Roesler den japanischen Verfassungsvätern vermittelt hatte[467].

Ein wichtiges Problem stellte die gemeinsame Kompetenz von Tennô und Parlament zur Gesetzgebung dar, wie sie in Art. 5 enthalten ist[468]. Nach dem Kommentar bedeutet die Mitwirkung des Tennô, daß der Tennô erst nach der Zustimmung der beiden Kammern ein Gesetz erläßt. Aber der japanische Begriff "*Kyôsan*", der hier als "Zustimmung" übersetzt wird, war ein problematischer, zweideutiger Begriff[469]. Er bedeutet eher "Rat und Bestätigung" als "Zustimmung", obwohl er im Geheimen Rat im Kodifizierunsprozeß mit dem englischen Wort "consent" gleichgesetzt wurde[470]. Das bedeutete, daß in der Praxis das Parlament eher als eine Hilfsinstitution für den Tennô angesehen wurde, als daß ihm die Funktion zur Kontrolle der monarchischen Macht zugebilligt worden wäre[471].

Ein anderes Problem im Zusammenhang mit den Kompetenzen des Parlaments bildeten sein Budget- und sein Steuerbewilligungsrecht. Aufgrund der Ausführungen der deutschen Staatsrechtler zu den Erfahrungen des preußischen Verfassungskonflikts behandelten die japanischen Verfassungsväter dieses Problem sorgfältig[472]. Art. 67 regelt, daß bereits festgesetzte Ausgaben oder solche Ausgaben, deren Leistung zu den gesetzlichen Verpflichtungen der Regierung gehören, ohne Mitwirkung der Regierung durch das Parlament weder abgeändert noch abgelehnt werden dürfen. Ergänzend dazu bestimmt das Finanzgesetz von 1890, daß zu den dem Budgetrecht des Parlamets praktisch entzogenen Ausgaben, welche auf den nach der Verfassung dem Tennô zustehenden Rechten beruhen, z.B. die Auszahlung der Gehälter an die Beamten, die Ausgaben der öffentlichen Behörden usw. zu zählen seien; daß ferner zu den Ausgaben, welche durch gesetzliche Bestimmungen veranlaßt sind, z.B. die Kosten zählen, welche die Steuererhebung veranlaßt, und daß schließlich als Ausgaben, deren Leistung zu den gesetzlichen Verpflichtungen der Regierung gehört, z.B. Zinszahlungen und die Amortisation der öffentlichen Schulden, Subventionen an Eisenbahnen und Schiffahrtgesellschaften zu be-

---

467. Siehe oben über Roesler, S.104ff.

468. Over, a.a.O., S.43.

469. Vgl. Shimizu, a.a.O., S.589ff.

470. Shimizu, a.a.O., S.833.

471. Hierin lag die Gefahr eines Scheinkonstitutionalismus begründet, wie sie in der Lehre Hozumis zum Ausdruck kommt; siehe unten S.196; Vgl. Igarashi, a.a.O., S.20. Igarashi nennt das Parlament "beratendes Organ".

472. Siehe S.97.

trachten sind[473]. Weiterhin statuiert Art. 71, daß die Regierung, wenn das Budget nicht zustande gekommen ist oder das Parlament darüber nicht abgestimmt hat, das Budget des vergangenen Jahres anzuwenden hat. Durch diese Regelungen wurde die Kompetenz des Parlaments auf finanziellem Gebiet eingeschränkt.

bb) Exekutive

Ebenso wie das Parlament wurde auch die Regierung als Hilfsorgan des Tennô aufgefaßt. In der Meiji-Verfassung sind keine Regelungen über das Kabinett sondern nur über die Minister und den geheimen Staatsrat getroffen.

Dem Kommentar zufolge benötigt der Tennô für die Kontrolle der Verwaltungsangelegenheiten ein Kabinett, während er den Geheimen Staatsrat als Beirat für seine Planungen für die Zukunft braucht. Damit erklärt der Kommentar die Existenz des Kabinetts unter der Meiji-Verfassung für verfassungsgemäß. Die erste Regierung wurde faktisch schon vor dem Erlaß der Meiji-Verfassung im Dezember 1886 durch Anordnung des Tennô eingesetzt[474].

Der Grund dafür, daß die Verfassung keine Regelungen über das Kabinett als solches enthält, liegt darin, daß die Verfassungsväter keine kollektive Verantwortung der Minister einführen wollten. Jeder Minister berät demgemäß den Tennô und trägt dafür eigene Verantwortung. Der Kommentar nennt Minister "Assistenten" des Tennô[475]. Die Minister tragen danach gemeinsame Verantwortung nur für allgemeine, ressortübergreifende Fragen der inneren oder äußeren Politik von überragender Bedeutung. Zur Verantwortung der Minister bemerkt der Kommentar weiterhin, daß jeder Minister direkt gegenüber dem Tennô Verantwortung trägt und diese nicht erst durch den Premierminister als Oberhaupt des Kabinetts vermittelt wird. Überdies würde eine gemeinsame Verantwortung die Bedeutung des Tennô schwächen[476].

Da der Tennô Minister ernennt oder entläßt, stehe das Entscheidungsrecht über die Verantwortung eines Ministers lediglich dem Tennô und nicht dem Parlament zu[477].

---

473. Over, a.a.O., S.78.
474. Vgl. dazu Abe, Die Entwicklung des japanischen Verfassungsrechts seit 1952, S.525.
475. Vgl. Itô, Commentaries, p.85.
476. Ito, Commentaries, p.94
477. Itô, Commentaries, p.94.

Auch gegenüber dem Parlament bzw. dem Volk trage ein Minister aber mittelbar eine - rein politische- Verantwortung, da er wegen seiner Ratschläge an den Tennô an dessen Stelle die Verantwortung für die Verwaltung trage. Diese mittelbare Verantwortung konnte aber nur eine rein politische, keine verfassungsrechtliche sein.

cc) Gerichtswesen

In Art. 57-61 ist das Gerichtswesen geregelt. Nach Art. 57 wird die richterliche Gewalt im Namen des Tennô ausgeübt. Diesen Artikel erläutert der Kommentar wie folgt:

"... trials must be conducted according to law; the law is the sole standard for conducting trials, which must always be conducted in a court of law. But the Sovereign is the fountain of justice, and His judicial authority is nothing more than a form of the manifestation of the sovereign power. Therefore judgements shall be pronounced in the name of the Emperor, the judicial authority in this respect representing Him in His sovereign power"[478].

Diese judikative Macht als Teil der Souveränitätsmacht konnte aber nicht direkt vom Tennô ausgeübt werden. Der Souverän ernannte zwar die Richter, und in seinem Namen wurde Rechtsprechung ausgeübt, aber nach dem Kommentar bringt es das Prinzip der Unabhängigkeit der Judikative mit sich, daß der Souverän selbst nicht Recht spricht[479].

Daraus werden noch zwei weitere Prinzipien abgeleitet: das eine ist die Unabhängigkeit jedes Richters, das andere die Unabhängigkeit der Judikative von der Exekutive.

Die richterliche Unabhängigkeit wird aufgrund des Prinzips des Art. 57 in Art. 58 gewährleistet. Die richterliche Unabhängigkeit folgt aus der Ausschließung des Monarchen aus der Rechtsprechung. Durch Art. 58 wird die Unabhängigkeit der Stellung der Richter gesichert, um die Unparteilichkeit der Entscheidungen zu gewährleisten.

In bezug auf die Unabhängigkeit der Judikative von der Exekutive wird im Kommentar zuerst die Funktion der beiden Staatsgewalten definiert[480]: Die Funktion der Exekutive sei es, Gesetze auszuführen und solche Maßnahmen vorzunehmen, die für die

478. Itô, Commentaries, p.101.

479. Itô, Commentaries, p.104.

480. Itô, Commentaries, p.101.

Aufrechterhaltung des öffentlichen Friedens sowie der öffentlichen Ordnung und für die Förderung des Volkswohls angemessen seien, während die Aufgabe der Judikative darin bestünde, in bezug auf Rechtsverletzungen gemäß den Vorschriften der Gesetze Recht zu sprechen.

Für die Judikative sei Recht alles und die Frage des öffentlichen Nutzens bleibe außer Betracht. Aber von der Exekutive werde verlangt, Maßnahmen entsprechend den Forderungen des Gemeinwohls im öffentlichen Interesse zu treffen. Dabei würden Gesetze nur die Grenze markieren, die die Exekutive nicht übertreten darf. Wenn man die beiden Funktionen so betrachte, entdecke man, daß bei bei der Ausübung der exekutiven Gewalt die Gefahr bestehe, in Verfolgung des öffentlichen Interesses die Rechte der Individuen zu verletzen. Gegen diese Gefahr sei die Judikative eingerichtet, die gemäß den Gesetzen Recht spricht. Die Unabhängigkeit der Judikative von der Exekutive bedeute, daß sie nur gemäß den Gesetzen und ohne Einfluß der Exekutive ihre Aufgabe erfüllt[481].

Im Kommentar wurde aber die Doktrin von der Teilung und vollständigen Unabhängigkeit der Staatsgewalten (the doctrine of the independence of the three powers) verneint. Nach dem Kommentar gehört die Judikative als Teil der exekutiven Gewalt des Tennô zu dessen unteilbarer souveräner Macht. Obwohl die drei klassischen Gewalten im Text der Verfassung klar unterschieden werden, finden sich aber keine näheren Ausführungen zur Ablehnung der Gewaltenteilung[482].

Allerdings wird das Verhältnis von Judikative und Exekutive im Kommentar näher beleuchtet. Dabei wird, trotz der bereits erwähnten klaren Unterscheidung dieser Funktionen, die Jurisdiktion als Teil der Exekutive bezeichnet. Im Kodifizierungsprozeß war bei der Frage der Trennung dieser beiden Gewalten die Lehre Friedrich Julius Stahls diskutiert worden[483]. Daher ist zu vermuten, daß dieses Konzept auf einem älteren Verwaltungsbegriff beruht, der die Rechtspflege einschließt.

481. Itô, Commentaries, p.101, 104.

482. Dazu der Kommentar: "The word 'exexutive', when used as opposed to the word 'legislative', has a comprehensive signification: the judiciary is only a part of the executive, and the executive, strictly speaking, is made up of two parts the judiciary and the administrative, each performing district services. This principle is at present generally acknowledged by writers on public Law, and it is not necessary in this place to dwell upon the subject" (Itô, Commentaries, pp.103-104).

483. Als Konzept Stahls wurde im Kodifikationsprozeß folgendes genannt: Verwaltung sei jede Maßnahme zur Sicherung des Friedens des Staates und die Förderung des Gemeinwohls, während die Rechtsprechung bedeute, die einzelnen

Der Monarch könne, so der Kommentar, nicht direkt in die Rechtsprechung eingreifen. In diesem Sinne sei die Judikative unabhängig von der monarchischen exekutiven Gewalt. Das bedeute aber nicht die Teilung dieser Gewalten.

Diese Auffassung des Kommentars führt auch zu einer Betonung der Unabhängigkeit der Exekutive gegenüber der Judikative. Die Gerichte sollen sich mit Zivilprozessen befassen und die Rechtsprechung könne Maßnahmen der Verwaltung nicht zurücknehmen[484]. Damit wurde versucht, die Unabhängigkeit der Verwaltung gegenüber der Ziviljustiz zu bewahren.

Nach Art. 61 wurde aber ein eigenes Verwaltungsgericht eingerichtet. Diesem Artikel gemäß wurde das Verwaltungsprozeßgesetz (Gesetz Nr.48) von 1890 erlassen. Danach wurde der Verwaltungsgerichtshof als erst- und letztinstanzliches Kollegialgericht gebildet. Die Ernennung und Entlassung seiner Richter sowie die Garantie der Unabhängigkeit ihrer Stellung wurden ähnlich wie bei den Richtern der ordentlichen Gerichte geregelt. Der Klageerhebung mußte grundsätzlich ein Einspruchs- oder Beschwerdeverfahren vorhergehen, in dem die Rechtmäßigkeit und die Zweckmäßigkeit der angegriffenen Verwaltungsmaßnahme nachzuprüfen war[485]. Eine Klage konnte nur von demjenigen erhoben werden, der die Verletzung eigener Rechte geltend macht. Eine bloße Schädigung von Individualinteressen ohne Verletzung subjektiver Rechte berechtigte nicht, einen Verwaltungsprozeß einzuleiten. Sie konnte aber zum Gegenstand einer Petition an die zuständigen Behörden gemacht werden[486]. Außerdem war die Zuständigkeit des Verwaltungsgerichts nach dem Enumerationsprinzip auf die Gebiete beschränkt, in denen durch Gesetz bzw. kaiserliche Verordnung eine Klage zugelassen wurde. Das Urteil des Verwaltungsgerichts erstreckte sich nur auf die Frage der

---

Bürger nach den gesetzlichen Regelungen gegen Eingriffe in ihre Rechte zu schützen.
Dabei ist nicht klar, aus welchem Werk Stahls dieses Konzept entnommen wurde.
Wenn sich die Verfassungsväter aber auf Stahl beriefen, ist verständlich, daß sie die Justiz als Teil der Verwaltung ansahen. Denn Stahl bezeichnet in seiner Philosophie des Rechts die Justiz zusammen mit dem Militär, den Finanzen und der Polizei als ein Gebiet der Verwaltung. (Friedrich Jurius Stahl, Die Philosophie des Rechts, 2.Aufl., 2.Bd., 2.Abt., Heidelberg 1846, S.179f.). Vgl. Shimizu, a.a.O., S.710.

484. Itô, Commentaries, p.109, Vgl. Fujii, a.a.O., S.345.

485. Katsumi Takabayashi, Einführung in das japanische Verwaltungsprozeßrecht, in: Verwaltungsarchiv, Bd.55, S.359, Carl Hermann Ule, Verwaltung und Verwaltungsgerichtsbarkeit in Japan, in: DVBl, 99.Jg, 1984, Heft14.

486. Vgl. Fujii, a.a.O., S.347.

Gesetzmäßigkeit der betroffenen Handlung. Über Schadensersatzansprüche zu entscheiden, war Aufgabe der ordentlichen Gerichte[487].

d) Zusammenfassung

Wenn man die einzelnen Elemente der Meiji-Verfassung betrachtet, wird deutlich, daß sie trotz der Aufnahme europäischen Gedankenguts von der japanischen Tradition geprägt ist. Dazu führt Koellreutter zu Recht aus: "Denn unvermittelt eingebaut in den 'Konstitutionalismus' der japanischen Verfassung ist die rein im japanischen Denken und der japanischen Tradition fußende Stellung des Kaisers (Tennô)"[488]. Insoweit war das System der Meiji-Verfassung keine konstitutionelle Monarchie im westlichen Sinne[489]. Die traditionelle Stellung des Tennô beeinflußte die gesamte Interpretation der Meiji-Verfassung.

Ein wichtiger Grund hierfür lag darin, daß diese Verfassung "nicht das Ergebnis einer von individualistischen Interessen getriebenen Revolte"[490] war, sondern unter dem Deckmantel der Tradition oktroyiert wurde. Die Verkündung der Verfassung wurde zu einen reinen Gnadenakt des Tennô erklärt[491]. Deswegen war Zweck der Verfassung nicht, die monarchische Macht einzuschränken, sondern die Stellung des Tennô zu sichern und den japanischen Staat außenpolitisch als einen modernen Nationalstaat erscheinen zu lassen.

Das Problem dabei war aber, daß die traditionelle mythische Vorstellung des Tennô in ein modernes System eingefügt wurde. Obwohl die Säkularisierung des Staates in Europa ein wesentliches Merkmal der Modernisierung gewesen war, blieb dieses Element im Kodifikationsprozeß in Japan außer Betracht. Die Verehrung des Tennô aufgrund des Shintôismus wurde als selbstverständliche Voraussetzung des japanischen Staates in das neue Staatssystem unter der Meiji-Verfassung weitergeführt bzw. neu eingeführt. Diese religiös geprägte Verehrung des Tennô diente einer Anerkennung der größeren Macht des Tennô als sie die Monarchen in der konstitutionellen Monarchie in Europa besaßen.

---

487. Vgl. Over, a.a.O., S.69f.

488. Otto Koellreutter, Zum Wesen des heutigen japanischen Verfassungsrechtes, in: Archiv des öffentlichen Rechts, NF, Bd.32 (1940), S.3.

489. Christoph Kaempf, Der Wandel im japanischen Denken der Gegenwart, S.18f.

490. Kaempf, a.a.O., S.21.

491. Vgl. Kaempf, a.a.O., S.19.

2. Der deutsche Einfluß auf die Meiji-Verfassung

Unter den ausländischen Einflüssen auf die Meiji- Verfassung überwog der deutsche[492]. Auf welche deutschen Vorbilder Einzelheiten der Meiji-Verfassung zurückzuführen sind und wie letztere sich von ihren Vorbildern unterschieden, soll anhand der Stellung des Tennô (a), der Rechte und Pflichten der Untertanen (b) und der Staatsorganisation (c,d,e) dargestellt werden.

---

492. Im Kodifikationsprozeß wurden zahlreiche Lehrbücher aus verschiedenen Ländern (hauptsächlich Deutschland , England, den USA und Frankreich) zu Rate gezogen. Unter diesen waren folgende deutsche Bücher (vgl. Inada, a.a.O., S.896ff.):

- J.C.Bluntschli, Allgemeines Statsrecht, 3.Aufl., 1864, 4.Aufl., 1868, 5.Aufl., 1876, 6.Aufl., 1885.
- Hermann Schulze, Das Preussische Staatsrecht, 1.Aufl., 1872.
- Rudolf Gneist, Das Englische Verwaltungsrecht, 2.Aufl., 1867, 3.Aufl., 1883-84.
- Ders., Der Rechtsstaat und die Verwaltungsgerichte in Deutschland, 1.Aufl., 1872, 2.Aufl., 1879.
- Ders., Gesetz und Budget, 1879.
- Lorenz von Stein, Handbuch der Verwaltungslehre, 2.Aufl., 1876.
- Ders., Lehre vom Heerwesen, 1872.
- Ludwig von Rönne, Das Staatsrecht der preussischen Monarchie, 3.Aufl., 1869-72, 4.Aufl., 1881-84.
- Graf Hue de Grais, Handbuch der Verfassung und Verwaltung in Preussen und dem deutschen Reiche, 2.Aufl., 1882, 3.Aufl., 1883, 4.Aufl., 1884.
- Paul Laband, Das Budgetrecht, 1871.
- Joseph Pözl, Lehrbuch des bayrischen Verfassungsrechts, 4.Aufl., 1879, 5.Aufl.,1877.
- O. von Sarwey, Das Staatsrecht des Königreichs Württemberg, 1833.
- Georg Meyer, Lehrbuch des deutschen Staatsrechts, 1.Aufl., 1878, 2.Aufl., 1885.
- C.F.v.Gerber, Grundzüge eines Systems des deutschen Staatsrechts, 2.Aufl., 1869, 3.Aufl., 1880.
- Heinrich Zoepfl, Grundsätze des allgemeinen Staatsrechts, 5.Aufl., 1863.
- J. Ulbrich, Lehrbuch des österreichischen Staatsrechts, 1883.
- Max Seydel, Bayrisches Staatsrechts, 3 Bde., 1885-87.
- Conrad Bornhak, Preussisches Staatsrecht, 3Bde. 1888-90.

a) Die Stellung des Tennô

Der Lehre vom monarchischen Prinzip[493] zufolge sollte dem Monarchen die gesamte Staatsgewalt ihrer Substanz nach verbleiben und der Einfluß des Parlaments auf die Ausübung einzelner und begrenzter Mitwirkungsrechte beschränkt sein[494]. Dieses Konzept entsprach genau den Vorstellungen der maßgeblichen japanischen Politiker[495].

Artikel 3 und 4 der Meiji-Verfassung enthalten die konstitutionell-monarchische Grundformel. Artikel 1 und Artikel 2 der Verfassung stellen klar, daß dem Volk und der Volksvertretung jede Einwirkung auf die Thronfolge entzogen ist. Ähnlich wie bei Art. 53 der preußischen Verfassung von 1850[496] war mit diesen Artikeln der Meiji-Verfassung die monarchische Legitimität gegenüber allen denkbaren Formen der demokratischen oder parlamentarischen Einflußnahme abgesichert.

---

493. Zum monarchischen Prinzip in Deutschland, z.B.: Ernst-Wolfgang Böckenförde, Der deutsche Typ der konstitutionellen Monarchie im 19. Jahrhundert, in: Werner Conze (Hrsg.), Beiträge zur deutschen und belgischen Verfassungsgeschichte im 19. Jahrhundert, S.70ff.; Heinrich O. Meisner, Die Lehre vom monarchischen Prinzip im Zeitalter der Restauration und des Deutschen Bundes, Breslau 1913 (Otto von Gierke [Hrsg.], Untersuchungen zur Deutschen Staats- und Rechtsgeschichte, Heft 122), S.160ff.; von Rimscha, a.a.O., S.93ff. u. 111ff.; Otto Hintze, Das monarchische Prinzip und die konstitutionelle Verfassung, 1911, in: ders., Staat und Verfassung, 2. Aufl., Leipzig 1962, S.359ff.; Michael Kotulla, Die Tragweite der Grundrechte der revidierten preußischen Verfassung vom 31.01.1850, Diss., Frankfurt a.M., Bern, New York u. Paris 1992, S.157ff.
Zum monarchischen Prinzip in Preußen schreibt von Rönne: "Wie in der konstitutionellen Monarchie überhaupt, steht auch im Preußischen Staate das Recht der obersten Leitung des Staates ausschließlich dem König, als dem Oberhaupte desselben, zu, und niemand kann ohne ihn oder gegen seinen Willen Regierungsrechte ausüben; er vereinigt vielmehr alle Rechte der Staatsgewalt in sich, und sein Wille ist der höchste im Staate, während die Staatsbeamten nur Organe sind, durch welche er handelt" (Ludwig von Rönne [5.Aufl. bearbeitet von Philipp Zorn], Das Staatsrecht der preußischen Monarchie, 5.Aufl., Bd.1, Leipzig 1899, S.204).

494. Vgl. Huber, Deutsche Verfassungsgeschichte seit 1789, Bd.3, S.55.

495. Vgl. dazu Abe Teruya, Betrachtungen zum Zusammenbruch der japanischen Meiji-Verfassung, in: Epirrhosis, Festgabe für Carl Schmitt, Berlin 1968, S.4f.: "Die Machtstruktur der Meiji-Verfassung war keine rein theoretische Konstruktion, sondern sie hat versucht, geschichtlich gewordene Machtverhältnisse in ein festes gesetzliches Gefüge zu bringen. Dabei war unverkennbar das monarchische Prinzip der demokratischen Legitimität überordnet, obwohl das Verhältnis in der Praxis sich vielfach umwandelte".

496. Huber, Deutsche Verfassungsgeschichte seit 1789, Bd.3, S.55.

Auch die Ausgestaltung der Befugnisse des Tennô findet ihr Vorbild in den deutschen Verfassungen.

Wie schon erwähnt, wollten die japanischen Verfassungsväter die Befugnisse des Tennô lediglich in einer generalklauselartigen Präambel verankern, da sie diese Befugnisse nicht als erst durch die Verfassung gegebene Rechte des Tennô, sondern als der Verfassung vorgegeben betrachteten. Es beruht auf der Anregung Roeslers, daß einzelne Kompetenzen des Tennô in der Verfassung bestimmt wurden[497].

Das Verordnungsrecht des Tennô entsprach dem Gesetzestext nach weitgehend dem des preußischen Königs gemäß der Verfassung Preußens von 1850, ging aber dank der oben erwähnten, extensiven Verfassungsauslegung in der Praxis noch über dieses hinaus.

Verordnungen i.S.v. Art. 9 der Meiji-Verfassung konnten aufgrund eines Vorschlages von Roesler und im Gegensatz zu Art. 45 der preußischen Verfassung in bestimmten Fällen auch unabhängig von einem Gesetz erlassen werden, waren also nicht nur zur Gesetzesausführung zulässig. Das Verordnungsrecht war insofern als ein selbständiges Recht konzipiert[498]. Wie oben erwähnt, hatte Roesler dies mit der Herrschaftsgewalt des Monarchen begründet. Die Folge war, daß die Meiji-Verfassung den japanischen Staat von vornherein als einen Verwaltungsstaat ausgestaltete, in dem die Exekutive das politische Übergewicht besaß[499]. Auch in Art. 11 und 12, nach denen die Militärgewalt beim Tennô liegt, fand das Konzept Roeslers Eingang, der betonte, daß sich das Parlament in den militärischen Bereich nicht einmischen solle[500].

Wie erwähnt war der japanische Staat der Meiji-Verfassung trotz aller Ähnlichkeit im Wortlaut der Artikel keine konstitutionelle Monarchie im westlichen Sinne[501]. Während die europäischen Monarchien auf säkularen Grundlagen beruhten, behielt man in Japan die theokratische Basis des Tennôtums bei. Art. 1 wurde von den japanischen Verfassungsvätern im Sinne der tennôischen Ideologie verstanden. Nach ihrem Verständnis sollte dieser Artikel die mythische Begründung des japanischen Staates sowie

---

497. Siehe oben S.107.

498. Inada, a.a.O., S.297.

499. Carl Hermann Ule, 100 Jahre Meiji-Verfassung in Japan, in: DVBl, 104.Jg. (1989), S.174.

500. Siehe oben S.108; vgl. Siemes, nihon no kindaika to Roesler, S.144.

501. Kaempf, a.a.O., S.18.; vgl. Otto Koelleuter, Zum Wesen des heutigen japanischen Verfassungsrechts, in: Archiv des öffentlichen Rechts, Bd.3, Heft 1 (1940), S.2ff.

der Stellung des Tennô enthalten[502]. Das japanische Reich, dessen religiöses Oberhaupt "Lebender Gott" war, wurde auch "Gottesland" genannt. Es wurde als ein großer Familienstaat betrachtet, der von einem Enkel der Sonnengöttin gegründet worden war[503]. Neben diese theokratische Grundlegung traten nun die vor allem deutschen Vorbildern nachempfundenen konstitutionalistischen Verfassungsregelungen. Das dadurch entstandene japanische Verfassungsmodell kann daher als "theokratischer Konstitutionalismus" bezeichnet werden.

b) Die Rechte und Pflichten der Untertanen

Die Artikel über die Rechte und Pflichten der Untertanen wurden weitgehend gemäß den Vorschlägen Roeslers formuliert[504]. Das ihnen zugrundliegende Grundrechtsverständnis entspricht dem der süddeutschen Verfassungen des Frühkonstitutionalismus und der preußischen Verfassung von 1850.

Wie in diesen deutschen Verfassungen ist auch in der japanischen Verfassung ein deutlicher Vorrang organisatorischer Regelungen gegenüber den Grundrechtsvorschriften zu beobachten[505]. Auch dieser im wesentlichen organisatorische Charakter der japanischen Verfassung verhalf der japanischen Revolution von oben zu einer ähnlichen Grundrechtssituation wie in Deutschland.

Wie die Artikel der deutschen Verfassungen, die sich mit den Rechten und Pflichten der Untertanen beschäftigen, sind auch die Grundrechte der Meiji-Verfassung als staatsbürgerliche Rechte und Pflichten ausgestaltet. Sie beinhalten keine allgemeinen, angeborene Menschenrechte, sondern auf positiv-verfassungsrechlicher Gewährleistung beruhende Grundrechte und Grundpflichten der Staatsbürger im Verhältnis zum Staat. Die Freiheitsrechte wurden den Untertanen vom Monarchen zugestanden[506]. Somit

---

502. Vgl. oben S.109; vgl. Siemes, Gründung, S.79.; Otto Koellreuter, Der verfassungsrechtliche Aufbau des gegenwärtigen Japan, in: Reichsverwaltungsblatt, Bd.61 (1940), S.54.

503. Fujii, Japanisches Verfassungsrecht, S.1.

504. Inada, a.a.O., S.13ff. Nach den ersten Plänen Inoues, der mit der Kodifikation beauftragt war, sollten die Bürgerrechte nur in der Präambel erwähnt werden. Vgl. Siemes, a.a.O., S.102.

505. Dietmar Willoweit, Deutsche Verfassungsgeschichte, München 1990, S.199; Robert Scheyhing, Deutsche Verfassungsgeschichte der Neuzeit, Köln, Berlin, Bonn u. München 1968, S.124ff.

506. Inada, a.a.O., S.627ff.

stellt auch die Meiji-Verfassung einen Kompromiß zwischen der Menschenrechtsidee und dem monarchischen Prinzip dar[507].

Die Artikel über die Pflichten der Untertanen standen in der Meiji-Verfassung vor den Artikeln über ihre Rechte. Daraus kann man schließen, daß die japanischen Verfassungsgeber die Pflichten auch sachlich in den Vordergrund stellten und daß trotz der Bewegung für Freiheit und Bürgerrechte (*Jiyû-minken-undô*) die Menschenrechtsidee in Japan weniger verankert war als in Europa und entsprechend weniger öffentlicher politischer Druck ausgeübt wurde.

Im Gegensatz zur preußischen Verfassung von 1850 war das Schulwesen nicht in der Meiji-Verfassung, sondern in einem Erziehungsedikt des Tennô von 1890 geregelt. Nach diesem Edikt sollte die Erziehung darauf hinwirken, daß der Tennô in Ehren gehalten wird[508].

Die Grundrechtsartikel im zweiten Abschnitt der Meiji-Verfassung enthielten ebenso wie die der preußischen Verfassung Gesetzesvorbehalte. Diese verdeutlichten, daß die Rechte der Untertanen in der Meiji-Verfassung sich gegen die Verwaltungsmacht des Staates richteten, also nicht einen Schutz vor der Gesetzgebung darstellten. Dies war auch in den deutschen Verfassungen der Fall[509].

---

507. Zum Verständnis des monarchischen Prinzips in Japan: Murakami, a.a.O., S.26ff.; Heinrich Herrfahrdt, Parlament und Krone im heutigen Japan, in: der Staat, Bd.2, 1963, S.65.

508. Später in der Zeit des zweiten Weltkriegs spielte dieses Edikt eine große Rolle, um die tennôische Ideologie unter dem Volk zu verbreiten.

509. Dazu: Ulrich Scheuner, Begriff und rechtliche Tragweite der Grundrechte im Übergang von der Aufklärung zum 19. Jahrhundert, in: Der Staat, Beiheft 4, 1980, S.108; ders., Die rechtliche Tragweite der Grundrechte in der deutschen Verfassungsentwicklung des 19. Jahrhunderts, in: Festschrift für Ernst Rudolf Huber zum 70. Geburtstag am 08.06.1973, Göttingen 1973, S.157ff.; Rainer Wahl, Rechtliche Wirkungen und Funktionen der Grundrechte im deutschen Konstitutionalismus des 19. Jahrhunderts, in: Der Staat, Bd.18, Heft 3, 1979, S.329ff.; Anschütz, Die Verfassungsurkunde für den Preußischen Staat vom 31. Janurar 1850, Bd.1, S.133ff.; Kotulla, a.a.O., S.168. Nach Rainer Wahl ist in den Grundrechten der frühkonstitutionellen Verfassungen sowie der preußischen Verfassung ein Programm für das formuliert worden, was der Staat an konkreten Leistungen erbringen soll. Also waren die Grundrechte ein Maßstab für die Staatspraxis (Aussprache zu: Ulrich Scheuner, Begriff und rechtliche Tragweite der Grundrecht im Übergang von der Aufklärung zum 19. Jahrhundert, in: Der Staat, Beiheft 4, 1980, S.115; s.a. Anschütz, Die Verfassung des Deutschen Reichs vom 11. August 1919, Nachdruck der 14.Aufl. 1933, Berlin 1960, S.507). Zum Gesetzesvorbehalt s.a. Anschütz, Die gegenwärtigen Theorieen über den

Allerdings gab es im einzelnen auch Unterschiede zu den deutschen Vorbildern. Betrachtet man z.B. Artikel 29 der Meiji-Verfassung über die Meinungs-, Presse- und Versammlungs- sowie Vereinigungsfreiheit, so fällt eine vergleichsweise einfache Regelung des Gesetzesvorbehalts auf. Die preußische Verfassung regelte die Einschränkung dieser Freiheiten differenzierter. Dieser Unterschied läßt sich damit erklären, daß Japan zum Zeitpunkt der Kodifikation der Meiji-Verfassung keinerlei Erfahrungen mit diesen Freiheiten gehabt hat. Daher wurde über sie von den Verfassungsvätern und im Geheimen Staatsrat im Kodifikationsprozeß relativ wenig diskutiert[510]. Die einfache Ausgestaltung dieser Artikel und der Gesetzesvorbehalte sollten die Einschränkung der Freiheitsrechte für das Staatswohl erleichtern.

Der wichtigste Unterschied zwischen der japanischen und der preußischen Verfassung läßt sich anhand des Artikels 28 der Meiji-Verfassung aufzeigen, der die Religionsfreiheit regelt. Das Verständnis, das diesem Artikel zugrunde lag, war völlig anders als das des Artikels 12 der preußischen Verfassung. Für die japanischen Verfassungsgeber war es etwas Selbstverständliches, die Stellung des Tennô in der Meiji-Verfassung im shintôistischen Sinne auszugestalten. Die Meinungen in der geheimen Staatsratsversammlung gingen dahingehend auseinander, ob dieser Artikel über die Religionsfreiheit nicht gegen die Pflicht der höheren Beamten verstoße, an den shintôistischen Zeremonien des Kaiserhofes teilzunehmen[511]. Dies entsprach aber nicht dem Willen der Verfassungsgeber. Ihrer Meinung nach wurde der Tennokult von der Religionsfreiheit nicht betroffen[512].

Dieses Verständnis ermöglichte es, z.B. durch das tennôische Erziehungsedikt von 1890 die Erziehung streng darauf hinwirken zu lassen, daß dem Tennô die Ehre gegeben wird. Diese Betonung der Verehrung des Kaisers und seiner Ahnen bedeutete zugleich eine Einschränkung der Religionsfreiheit.

Mit der "Freiheit des religiösen Glaubens" regelte die Meiji-Verfassung zugleich das religiöse Bekenntnis und seine Ausübung, die in den deutschen Verfassungen

---

Begriff der gesetzgebenden Gewalt und den Umfang des Königlichen Verordnungsrechts nach preußischen Staatsrecht, S.51ff.; Thoma, a.a.O., S.165ff.

510. Vgl. Inada, a.a.O., S.627ff.

511. Inada, a.a.O., S.642ff.

512. Vgl. Otto Koellreuter, Staat und Religion und das neue Religionsgesetz in Japan, in: Verwaltungsarchiv, Bd.45 (1940), S.2.

zweigeteilt war[513]. Der im Vergleich zum allgemeinen Gesetzesvorbehalt der anderen Grundrechte allerdings engere Vorbehalt des Art. 28 galt nicht nur für die Religionsausübung, sondern auch für den Glauben selbst[514]. Dies ermöglichte es, gemeinsam mit dem als verpflichtend angesehenen Tennôkult, den Shintôismus faktisch als Staatsreligion in Japan einzuführen.

Während man in den deutschen frühkonstitutionalistischen Verfassungen sowie in der preußischen Verfassung von 1850 die Gleichheit vor dem Gesetz regelte, war in der Meiji-Verfassung kein solcher Artikel enthalten. Nur Artikel 19 der Meiji-Verfassung gewährleistete die gleiche Chance für den Zugang zum öffentlichen Dienst.

Offiziell aber war die Gleichheit vor dem Gesetz in Japan schon vor dem Erlaß der Meiji-Verfassung weitgehend sichergestellt, da nach dem Ende des Shôgunats in Japan das feudale System, die feudalen Beziehungen zwischen den Landesherren und ihren Untertanen sowie die Ritterklasse, abgeschafft waren. Lediglich der Adel genoß das aktive Wahlrecht im Oberhaus, was aber auch in Deutschland vorzufinden war. Jedoch schloß die Gleichheit vor dem Gesetz genauso wie in Deutschland eine Ungleichbehandlung durch Gesetze nicht aus[515]. Dies führte in der Praxis zu den oben erwähnten Ungleichheiten im familiären Bereich und gegenüber Frauen.

c) Parlament

Die Väter der Meiji-Verfassung übernahmen in weiten Teilen das preußische Staatsorganisationssystem.

Die Verfassung sah ein aus zwei Häusern bestehendes Parlament vor, das Adelshaus und das Unterhaus. Die Abgeordneten des Unterhauses wurden vom Volk nach Maßgabe des Zensuswahlrechtes gewählt, das im Wahlgesetz von 1889[516] geregelt war.

---

513. In den deutschen Verfassungen wurde diese Freiheit in zwei Teile, religiöses Bekenntnis und seine Ausübung, geteilt und im Zusammenhang mit dem Staatskirchenrecht ausführlich geregelt. Vgl. von Rimscha, a.a.O., S.148ff.

514. Nur auf theoretischer Ebene wurde jedoch der Bereich des religiösen Bekenntnisses von dem der Religionsausübung unterschieden und die absolute Freiheit des ersteren behauptet (Itô, Commentaries, pp.54-55).

515. Über das Problem der Gleichheit vor dem Gesetz in Deutschland: von Rimscha, a.a.O., S:124ff.; von Rönne, a.a.O., Bd.2, 1906, S.1ff.; Kotulla, a.a.O., S.30ff.

516. Dieses Wahlgesetz wurde später öfter abgeändert. Vgl. Fujii, a.a.O., S.216f.

Die Ausgestaltung des Parlaments wurde stark von Lorenz von Stein beeinflußt. Da von Stein von der Parallelität der geschichtlichen Hintergründe in Deutschland und in Japan ausging, betrachtete er das deutsche System, in dem die Herrschaftsgewalt in der Hand des Monarchen bzw. der Regierung lag, auch für Japan als geeignet[517]. Die japanischen Verfassungsväter waren deshalb insbesondere vom Vorbild der preußischen Verfassung beeinflußt.

Vergleicht man das Parlamentssystem in Japan mit dem preußischen, so fällt allerdings auf, daß die Meiji-Verfassung dem Monarchen weit größere Macht verliehen hat. Zwar schreibt Artikel 37 der Meiji-Verfassung vor, daß "jedes Gesetz der Zustimmung des Reichsparlaments [bedarf]". Auch Artikel 62 der preußischen Verfassung von 1850 verlangte, daß die gesetzgebende Gewalt gemeinschaftlich durch den König und durch die zwei Kammern ausgeübt werde. Die dabei erforderliche "Zustimmung" des Parlaments wurde aber aufgrund der bereits erwähnten Eigenheit der japanischen Sprache eher als Rat und Bestätigung[518] verstanden. Die Diskussionen im Kodifikationsprozeß der Verfassung machten immer wieder klar, daß der Begriff Zustimmung nicht eine Gleichberechtigung des Parlaments mit dem Monarchen bei der Gesetzgebung beinhaltete, wie sie in Preußen bestand.

Die Gesetzgebungsgewalt des Tennô war in Artikel 6 der Meiji-Verfassung niedergelegt, der ein absolutes Vetorecht gegen die Gesetzesinitiative des Parlamentes vorsah. Nun ist aber dieses Vetorecht nicht unbedingt als eindeutiges Indiz für Vorrangstellung des Tennô zu betrachten, denn der preußische König besaß dieses Recht ebenso, da ja auch dort Parlament und König bei der Gesetzgebung zusammenwirkten[519]. In diesem Zusammenhang entsprach die rechtliche Regelung in Japan der preußischen Verfassung.

Zumindest läßt sich aber behaupten, daß die Stellung des Tennô bzw. des Parlaments deshalb interpretierbar blieb, weil das japanische Wort für "Zustimmung" recht unterschiedlich aufgefaßt werden konnte.

---

517. Siehe oben über von Steins Meinung, S.88f.

518. In der offiziellen englischen Übersetzung der Meiji-Verfassung werden die Worte "advice and consent" gebraucht.

519. Suzuki Yasuzô, Kenpô-seitei to Roesler, S.312.
Durch dieses Vetorecht sollte nach Meinung der Theoretiker der konstitutionellen Monarchie ebenfalls die organische Einheit der Staatsgewalt ihren Ausdruck finden (Ernst-Wolfgang Böckenförde, Das deutsche Typ der konstitutionellen Monarchie im 19. Jahrhundert, S.77).

Die Rechte des Parlaments in Art. 37-49 sind nach dem Vorschlag Roeslers ausgestaltet. Besonders in Art. 39, der die Gesetzesinitiative des Parlaments statuiert, läßt sich sein entscheidender Beitrag erkennen. Er konnte gegen den Widerstand der japanischen Verfassungsgeber durchsetzen, daß das Parlament das Recht besaß, Gesetzesentwürfe einzubringen[520].

Die Regelungen über die Feststellung des Staatshaushalts in der japanischen Verfassung gehen, wie bereits ausgeführt, auf die durch die deutschen Berater vermittelten Erfahrungen des noch nicht lange zurückliegenden Verfassungskonflikts in Preußen (1861-1866) zurück. Zwar wurde das Finanzwesen in der Meiji-Verfassung den preußischen Regelungen weitgehend nachgebildet, jedoch sah Art. 70 der Meiji-Verfassung vor, daß bei dringender Gefahr der öffentlichen Sicherheit die Regierung das Recht haben sollte, durch Verordnungen die notwendigen finanziellen Maßnahmen zu treffen. Die preußische Verfassung sah dagegen lediglich vor, daß die bestehenden Steuern und Abgaben weiter erhoben werden können. Die Artikel 66 und 67, die die finanziellen Rechte des Tennô absicherten, waren ebenfalls durch die negativen preußischen Erfahrungen motiviert.

d) Minister

Neben dem vierten Abschnitt der Verfassung, der die Regelungen über "die Minister und die geheimen Staatsräte" enthält, regelt Art. 10 der Verfassung die Ernennung und Entlassung der Beamten, Offiziere und Minister durch den Tennô. Diese Regelungen entsprechen den frühkonstitutionalistischen süddeutschen Verfassungen, die ebenso wie die preußische Verfassung die Verantwortlichkeit der Minister nur dem König, dem alleinigen Herrn der Exekutive, und nicht dem Parlament gegenüber vorsahen. Zwar spricht Art. 55 Abs. 2 der Verfassung davon, daß "alle Gesetze, Thronverordnungen und kaiserlichen Erlasse in Staatsangelegenheiten der Gegenzeichnung eines Ministers bedürfen". Da in Japan aber keine parlamentarische Verantwortung der Minister bestand, bedeutete dies jedoch nicht eine indirekte parlamentarische Kontrolle des Tennô. Auf den Gedanken wäre man ohnehin nicht gekommen.

Im Gegensatz zur deutschen konstitutionellen Monarchie, die durch die Gegenzeichnung aller Regierungsakte des Königs durch die Minister die Unverletzlichkeit des Königs sicherte, wurde in Japan die Auffassung vertreten, daß der betroffene Minister aufgrund seiner Verpflichtung, den Tennô zu beraten und ihm seinen Beistand zu

---

520. Vgl. Siemes, nihon no kindaika to Roesler, S.168.

leihen, auch ohne Gegenzeichnung die volle politische Verantwortung zu tragen hat[521]. Mit der Gegenzeichnung wurde die Richtigkeit der vom Tennô vorgenommenen Handlung bestätigt und die Befugnis und die Verantwortlichkeit des zuständigen Ministers rein formal bestätigt[522].

Unter der Meiji-Verfassung wollte man die gesamte Exekutive in die Unverletzlichkeit des Tennô einbeziehen, und in diesem Zusammenhang eine Ministeranklage durch das Parlament verhindern.

Schon in der bayerischen Verfassung von 1818 und der preußischen Verfassung von 1848 findet man Artikel, die die Anklage der zweiten Kammer gegen einen Minister regeln. Ebenso enthielt die preußische Verfassung von 1850 die Möglichkeit einer Ministeranklage und das Recht der zweiten Kammer, die Anwesenheit der Minister fordern zu können[523]. Das Institut der Ministeranklage war zum Zeitpunkt der Kodifikation der Meiji-Verfassung in Deutschland daher bereits verfassungsrechtlich anerkannt, wenn auch das zugehörige Ausführungsgesetz niemals erlassen wurde. Die Meiji-Verfassung folgte diesem Vorbild aber nicht und enthielt keinen Artikel, der eine Ministeranklage vorsieht.

e) Gerichtswesen

Die Regelungen über die Rechtsprechung in der Meiji-Verfassung fielen im Vergleich zu den Regelungen über andere Organe sehr oberflächlich aus. Im Kodifikationprozeß gab es auch wenig Diskussionen zu diesem Punkt. Die Artikel 57 bis 61 nahmen im Prinzip die Regelungen des Gerichtswesens der preußischen Verfassung von 1850 auf. Artikel 57 Abs. 1 der Verfassung, der bestimmt, daß die rechtsprechende Gewalt im Namen des Kaisers gemäß den Gesetzen von den Gerichten ausgeübt wird, ist von Artikel 86 der preußischen Verfassung von 1850 übernommen. Nach Art. 86 der preußischen Verfassung von 1850 wird die Richtergewalt zwar von der Königsgewalt abgeleitet, aber direkte Eingriffe der königlichen Gewalt bei der Ausübung der Rechtspflege sind ebenfalls nicht vorgesehen[524]. Die Unabhängigkeit der Judikative wurde hier wie dort dahingehend verstanden, daß der Monarch nicht als Person rechtsprechen darf.

---

521. Itô, Commentaries, pp.95-96; Fujii, a.a.O., S. 302.

522. Itô, Commentaries, pp.95-96; Fujii, a.a.O., S.302.

523. König Wilhelm lehnte aber stets den Erlaß eines Gesetzes über die in der Verfassung vorgesehene Ministeranklage ab (Willoweit, a.a.O., S.239.).

524. Huber, Deutsche Verfassungsgeschichte seit 1789, Bd.3, S.121.

Der Schwerpunkt des Prinzips der Unabhängigkeit der Rechtsprechung liegt in der Trennung der Judikative von der Exekutive. Dabei wurde in Japan die Differenz zur feudalen Zeit mit ihrer Einheit von Verwaltung und Rechtsprechung in den Vordergrund gerückt[525]. Aus dieser Trennung zwischen der Judikative und der Exekutive ergibt sich auch die Unabhängigkeit der Exekutive von der Judikative.

Im Artikel 61 der Verfassung ist die Einrichtung "besonders bestimmter Verwaltungsgerichte" geregelt. In Deutschland war umstritten, ob die Verwaltung durch die ordentlichen Gerichte oder durch eigene Verwaltungsgerichte überprüft werden sollte. Die berühmtesten Vertreter beider Ansichten waren Otto Bähr für die "justizstaatliche " Lösung und Rudolf Gneist für die andere Seite[526]. Artikel 61 der Verfassung rezipiert indirekt[527] die Vorstellung von Gneists, der sich für eine Überprüfung durch besondere Verwaltungsgerichte aussprach. In der Beratung der Verfassung im Geheimen Staatsrat während der Kodifikation der Verfassung wurde das Werk Gneists "Der Rechtsstaat und die Verwaltungsgerichte in Deutschland" erwähnt[528].

Später dann wurde mit dem Verwaltungsprozeßgesetz von 1890 eine Verwaltungsgerichtsbarkeit mit lediglich einer Instanz eingerichtet[529]. Dieses Gesetz stellte, wie bereits angedeutet, eine Mischung des österreichischen Modells[530] einer einzigen Verwaltungsgerichtsinstanz mit dem preußischen Enumerationsprinzip dar[531].

---

525. Vgl. Inada, a.a.O., S.710; Itô, Commentaries, pp.102-103.

526. Vgl. Axel Görlitz, Verwaltungsgerichtsbarkeit in Deutschland, Neuwied u. Berlin 1970, S.27ff., Klaus Obermayer, Grundzüge des Verwaltungsrechts und des Verwaltungsprozeßrechts, 3.Aufl., Stuttgart, München u. Hannover 1988, S.177f.

527. Ob von Gneist selbst einen Ratschlag zu Art.61 gegeben hat, ist nicht klar. Nur aufgrund der unten dargelegten Tatsache vermutet man seinen Einfluß.

528. Vgl. Inada, a.a.O., S.720.

529. Vgl. Carl Hermann Ule, Verwaltung und Verwaltungsgerichtsbarkeit in Japan, in: DVBl, 99.Jg. (1984) S.650.

530. Das österreichische Modell wurde von Roesler vorgeschlagen. In Österreich wurde der Verwaltungsgerichtshof am 22.10.1875 (RGBl.36, 1876) errichtet. In diesem Gericht als einem einzigen Verwaltungsgerichtshof wurde die Verwaltungsgerichtsbarkeit mit kassatorischer Funktion unabhängig von der Verwaltung ausgeübt. Seine Zuständigkeit wurde durch eine Generalklausel bestimmt. Vgl. Hermann Baltl, Österreichische Rechtsgeschichte unter Einschluß sozial- und wirtschaftsgeschichtlicher Grundzüge von den Anfängen bis zur Gegenwart, 6.Aufl., 1986, S.236.; Friedrich Lehne, Aus dem lebendigen Erbe des k.k. Verwaltungsgerichtshofes, in: ders., Edwin Loebenstein u. Bruno Schimetschek (Hrsg.), Die Entwicklung der österreichischen Verwaltungsgerichtsbarkeit, Festschrift zum 100-jährigen Bestehen des österreichischen Verwaltungsgerichtshofes, 1976,

C. Die Staatsrechtslehre der Tennô-shuken-setsu-Schule[532]

I. Die Debatte um "Kokutai" und der Tennô-kikan-setsu-Vorfall

Im folgenden (C, D) sollen nun die japanischen Staatsrechtslehren unter der Meiji-Verfassung betrachtet werden. Bevor man auf die einzelnen Lehren in dieser Zeit eingeht, muß man zuerst die Hauptproblematik in der japanischen Staatsrechtslehre unter der Meiji-Verfassung erfassen. Die Stellung des Tennô war vom Anfang an das Hauptthema der staatrechtlichen Diskussion unter der Meiji-Verfassung. Es wurde im Laufe der Zeit von einem rein wissenschaftlichen zu einem politischen Problem. Das zeigt der sogenannte *Tennô-kikan-setsu*-Vorfall[533]:

Am 18.02.1935 richtete der Abgeordnete Baron *Kikuchi Takeo*, ein Vertreter einer ultranationalen Ideologie, in der Plenarsitzung des Oberhauses die Frage an die Regierung, warum diese keine Maßnahme ergreife, um der gegen die japanische *Kokutai*[534]

S.6f.; Kurt G.A. Jeserich, Hans Pohl u. Georg-Christoph von Unruh (Hrsg.), Deutsche Verwaltungsgeschichte, Bd.2, Stuttgart 1983, S.398f. (dargestellt von Rudolf Hoke).
Die Meinung Roeslers über das österreichische Modell findet sich in: Roesler, Der österreichische Verwaltungsgerichtshof nach dem Gesetze vom 22. Oktober 1875, in: Zeitschrift für das Privat- und öffentliche Recht der Gegenwart, Bd.4, 1877.
Über den Beitrag Roeslers zum japanischen Verwaltungsgerichtsgesetz: Siemes, Gründung, S.119; Ule, Zu den Anfängen der Verwaltungsgerichtsbarkeit in Deutschland und Japan, S.312ff.

531. Ule, Zu den Anfängen der Verwaltungsgerichtsbarkeit in Deutschland und Japan, S.315ff. Das preußische Enumerationsprinzip wurde aufgrund Mosses Vorschlag eingeführt. Wie schon erwähnt war Roesler gegen das Enumerationspinzip.

532. *Tennô-shuken-setsu* bedeutet die Lehre von der Gesamtmacht des Tennôs. Vgl. Christoph Kaempf, Die Entwicklung der Verfassungswissenschaft Japans, in: Archiv des öffentlichen Rechts, Bd.32, Heft 1, 1940, S.13).

533. *Tennô-kikan-setsu* bedeutet auf Japanisch die Lehre von der Stellung des Tennô als Staatorgan. Kaempf, Die Entwicklung der Verfassungswissenschaft Japans, S.10ff.

534. Zum Begriff "*Kokutai*" siehe auch oben S.30ff.
Wie erwähnt wird der Begriff "*Kokutai*" mit unterschiedlichen Bedeutungen verwendet und enthält für Japaner außerdem viele Gefühlsmomente. Unter "*Kokutai*" werden sowohl die Grundstruktur oder die Grundnormen des japanischen Staates, als auch der Glauben des japanischen Volkes an die Heiligkeit seines Reiches und die göttliche Herkunft des tennôischen Hauses verstanden. Christoph Kaempf übersetzt diesen Begriff mit der "japanischen Reichsidee"

rebellierenden Staatslehre Einhalt zu gebieten. Auf die Frage des Kultusministers, wessen Lehre *Kikuchi* meine, nannte dieser den Namen *Minobe Tatsukichis* (1873-1948)[535].

Minobe Tatsukichi, Abgeordneter des Oberhauses und Lehrstuhlinhaber für Staatsrechtslehre an der Universität Tokyo, erläuterte daraufhin die Grundlinien seiner Lehre, der Lehre über die Stellung des Tennô als Staatsorgan. Weder der Kultusminister noch der Innenminister bezogen zunächst eine klare Position zu *Kikuchi Takeo*, sondern versuchten, die Antwort darauf zu umgehen, ob die Lehre Minobes wirklich gegen die *Kokutai* sei. Die Regierung gab aber allmählich den Forderungen der Ultranationalisten nach. Schon im April 1935 verbot die Regierung die Tenno-Kikan-Setsu (die Lehre von der Organstellung des Tennô) mit der Begründung, diese Theorie verstoße gegen die japanische *Kokutai*. Darüber hinaus wurde das Werk Minobes verboten und dieser verlor seinen Lehrstuhl. Diese Vorgänge wurden später als der Tenno-Kikan-Setsu-Vorfall bezeichnet.

In der Theorie über die Stellung des Tennô als Staatsorgan wurde der Staat als Subjekt der Staatsgewalt und juristische Person und der Tennô als Organ des Staates bezeichnet. Diese Auffassung unterschied sich von der, die vor allem das Militär und konservative Gruppen propagierten. Um den staatlichen Einfluß Japans in den internationalen Beziehungen zu vergrößern, wurde von ihnen eine Zentralisierung der Macht gefordert. Politiker der rechten Gruppen versuchten dazu, die Macht des Tennô mit theokratischen Argumenten zu stärken. Allmählich sollte der Absolutismus in Japan Einzug halten. Diesen Bestrebungen war natürlich die *Tenno-Kikan-Setsu* ein Hindernis. Daher bildete sich eine "Bewegung für die wahre Aufklärung der *Kokutai*" (*Kokutai-meichô-undô*). Diese soziale Bewegung vertrat eine weit verbreitete Geistesströmung in Japan, deren Hauptthese darin bestand, daß Japan der Staat des Tennô und der Tennô absolut und heilig sei. Europäische Ideen wie z.B. der Liberalismus, der Individualismus und der Materialismus, also zusammengefaßt alles, was als dem japanischen Volksgeist nicht entsprechend empfunden wurde, wurde kritisiert. Der japanische Volksgeist wurde von den Trägern der Bewegung mit der Idee eines totalitären, theokratischen Familien-Staats gleichgesetzt. Darin bestand für sie die Bedeutung des Begriffes *Kokutai*. Diese Geistesströmung fand Eingang nicht nur in den religiösen und politischen, sondern auch in fast alle anderen Bereiche gesellschaftlichen Lebens und nicht zuletzt in den

oder der "konkreten Einheit des japanischen Reiches und der von den Ahnen überkommenen und immer wieder neu lebendigen japanischen Reichsidee" (Kaempf, Die Entwicklung der Verfassungswissenschaft Japans, S.16; vgl. dens., Der Wandel im japanischen Staatsdenken der Gegenwart, S.66ff.).

535. Miyazawa Toshiyoshi, Tenno-Kikau-Setsu-jiken, Bd.1, Tokyo 1970, S.15ff.

juristischen. Schließlich wurde sogar die Regierung aufgefordert, ihre Stellung hierzu zu äußern. Diese Strömung war die geistige Triebkraft einer totalitären Ideologie der Japanverherrlichung, die in Japan um sich griff[536].

Der *Tennô-kikan-setsu*-Vorfall führte zu einer Meinungskontrolle vor dem Hintergrund von Militarismus, Theokratie und Ultranationalismus.

Im Vorfeld dieses Vorfalls wurde, wie erwähnt, in akademischen Kreisen schon lange um die Stellung des Tennos im Staatsgefüge diskutiert. An dieser Debatte, die in der japanischen Verfassungsgeschichte als "*Kokutai*-ronsô" (Debatte um "*Kokutai*") bezeichnet wurde, waren zwei Rechtsschulen beteiligt; eine, die den Tennô als Souverän ansah, dem die Gesamtmacht des Staates gehört (*Tennô-shuken-setsu*-Schule) und eine, die die Stellung des Tennô als Staatsorgan betrachtete (*Tennô-kikan-setsu*-Schule). Beide Rechtsschulen lassen sich den beiden Lehrstühlen für Staatsrecht an der Universität Tokyo zuordnen[537]. Hauptvertreter waren *Hozumi Yatsuka* (1860-1912) und sein Nachfolger *Uesugi Shinkichi* (1878-1929) auf der Seite der *Tennô-shuken-setsu*-Schule sowie *Ichiki Kitokurô* (1867-1944) und sein Nachfolger *Minobe Tatsukichi* auf der anderen Seite.

Hozumi und Uesugi behaupteten, daß die Staatsgewalt allein dem Tennô zukomme. Die Macht des Tennos wurde als absolut beschrieben. Entsprechend war die Errichtung eines Abolutismus das Ziel dieser Schule.

Auf der anderen Seite sah die *Tennô-kikan-setsu* den Tennô als Staatsorgan an, dessen Macht von vornherein durch die Verfassung beschränkt ist.

Diese Debatte wurde schon 1912 durch die Kritik Uesugis gegen die Lehre Minobes eingeleitet[538]. Der Hauptkritikpunkt Uesugis war, daß Minobe den Tenno nur als

---

536. Dieser Totalitarismus war zusammen mit dem Militarismus eine Ursache des Zweiten Weltkrieges.

537. Die Geschichte der früheren japanischen Staatslehren entspricht im wesentlichen der Geschichte der beiden ersten Lehrstühle für Staatsrecht an der Universität Tokyo. Beide Lehrstühle haben in der Diskussion der Meiji-Verfassung die Hauptrolle gespielt. Dazu siehe unten S.167 u. 188.

538. Kurz bevor die Debatte um "*Kokutai*" anfing, hatte Minobe das neue Buch Uesugis "Kokuminkyôiku-teikokukenpô-kôgi" (1911) wegen seiner ideologischen und unwissenschaftlichen Kritik an der eigenen Lehre kritisiert (Minobe, Kokuminkyôiku-teikokukenpô-kôgi wo hyôsu, in: Hoshijima Jirô (Hrsg.), Saikinkenpôron, Tokyo 1913, S.2f.). Dies war das "Vorpostengefecht" der Debatte. Vgl. Miyazawa, a.a.O., S.10ff.; Nakamura, a.a.O., S.98ff.

eine Person charakterisiert, die in Vertretung für den Staat handelt. Nach Meinung Uesugis bedeutete dies eine Negation der *Kokutai*. Uesugi war der Ansicht, daß die Stellung des Tennô als Souverän die unumstößliche Wahrheit sei[539].

Minobe behauptete dagegen, daß seine Lehre rein theoretisch gedacht sei und sich nicht gegen den Begriff der *Kokutai* wende. Man müsse die juristische von der sozialen Betrachtung trennen.

In der Folgezeit führten die beiden Staatsrechtler heftige Diskussionen um den Begriff der *Kokutai*. Da Uesugis Kritik auch darin bestand, daß sich Minobes Lehre als Kritik an der japanischen *Kokutai* gegen die Grundlage der Moral des japanischen Volkes wende, war diese Debatte mehr von moralischen und politischen Motiven als von wissenschaftichen Bestrebungen geprägt[540].

Diese Debatte hinterließ in der Öffentlichkeit den Eindruck, daß Minobes Lehre moralisch nicht gerechtfertigt werden könne. Minobes Lehre wurde so immer auf ideologischer Ebene, welche er selbst nie zur Debatte stellte, kritisiert. Nach dem *Tennô-kikan-setsu*-Vorfall wurde Minobe immer wieder von seinen Gegnern, den Ultranationalisten, angegriffen. Erst nach dem Zweiten Weltkrieg wurde die Rechtsschule der *Tennô-kikan-setsu* wieder herrschende Meinung in Japan.

Im folgenden werden die beiden Lehren, *Tennô-shuken-setsu* und *Tennô-kikan-setsu*, jeweils unter besonderer Berücksichtigung des Einflußes der deutschen Staatsrechtslehren auf die beiden Lehren betrachtet.

II. Das Schaffen Hozumi Yatsukas am Lehrstuhl für Verfassungsrecht

1. Das Leben Hozumi Yatsukas

Hozumi Yatsuka (1862-1912) war der Begründer der sogenannten *Tennô-shuken-setsu*-Schule (der Schule, die von der Gesamtmacht des Tennô als Souverän ausging). 1889 bis 1912 war er Professor für Verfassungsrechtlehre an der Universität Tokyo und Dekan der dortigen juristischen Fakultät[541]. Vor allem außerhalb des akademischen Be-

---

539. Uesugi, Kokutai ni kansuru isetsu, in: Hoshijima (Hrsg.), a.a.O., S.14.

540. Miyazawa, a.a.O., S.64.

541. Zu seinem Lebenslauf: Uesugi Shinkichi (Hrsg.), Hozumi Yatsuka hakushi ronbunshû, Tokyo 1913, S.1ff.; Ienaga Saburô, Nihon-kindai-kenpôshisô kenkyû, Tokyo 1967, S.151f.; Richard H. Minear, Seiyô-hô-shisô no keiju, Tokyo 1971, S.8

reiches gewann sein Schaffen Bedeutung[542]: Vor und während des zweiten Weltkriegs beeinflußte er nämlich die öffentliche Meinung in Japan entscheidend und unterstützte mit seiner Lehre indirekt die politische Rechte. Als Abgeordneter des Oberhauses, Mitglied verschiedener Erziehungskommitees und Ausschußmitglied für Staatsexamina waren seine Einflußmöglichkeiten breit gefächert.

Sein Vater, *Hozumi Shigeki*, war *sKokugakusha* (Wissenschaftler der völkischen Schule) und hatte ein *Juku* (Seminar), das auch Hozumi Yatsuka zunächst besuchte. Nachdem er 1883 sein Studium der Rechte an der Universität Tokyo beendet hatte, studierte Hozumi zwischen 1884 und 1889 in Deutschland Öffentliches Recht und Geschichte der europäischen Systeme. Seine Lehrer waren u.a. *Hermann Schulze* (1824-1888), *Rudolf Sohm* (1841-1917) und *Paul Laband* (1838-1918)[543].

1889, im Jahr, in dem die Meiji-Verfassung erlassen wurde, kehrte er nach Japan zurück und nahm seine Arbeit als Professor am Lehrstuhl für Verfassungsrecht an der Universität Tokyo auf.

Zunächst stellte der Rechtspositivismus die Grundlage seiner Arbeit dar. Später, unter dem Einfluß des traditionellen japanischen Ahnenkults, entwickelte er nach und nach seine eigene Lehre.

Grundprinzip dieser Lehre ist es, daß der Tennô selbst den Staat darstelle. Zweck und Ausdruck von Hozumis Haltung, die noch konservativer war als die der Verfasser der Meiji-Verfassung[544], war es, die absolute, souveräne Stellung des Tennô im Staat auszubauen. Dies lag ganz im Trend der Zeit. Wie bereits dargestellt benötigte man eine Politik "von oben" und ein festes Gefüge des Staates, um die rasche Entwicklung und Modernisierung Japans zu ermöglichen.

Hozumis Lehre lieferte die theoretische Grundlage für die Unterdrückung der liberalen Bewegung. Seine konservative Verfassungslehre wurde allmählich zur herrschenden Auffassung. Zwar waren zunächst seine wissenschaftlichen Gegner, die An-

---

(übersetzt ins Japanische von Satô Kôji, Nagao Ryûichi und Tanaka Nariaki; Originaltitel: Japanese Tradition and Western Law, Cambridge Massachusetts 1970).

542. Minear, a.a.O., S.8.

543. Uesugi, (Hrsg.), Hozumi Yatsuka hakushi ronbunshû, S.15f.; Minear, a.a.O., S.31; Nach Ienagas Darstellung lernte Hozumi in Deutschland hauptsächlich bei Paul Laband (Ienaga, a.a.O., S.157).

544. Ienaga, a.a.O., S.160.

hänger der *Tennô-kikan-setsu*-Schule (der Schule, die den Tennô als ein Staatsorgan betrachtete), unter den Wissenschaftlern in der Überzahl gewesen. Seine Lehre konnte daher nur in politischen Kreisen als herrschend bezeichnet werden. Dann verhalf ihm aber der *Tennô-kikan-setsu*-Vorfall auch im akademischen Bereich zum Durchbruch. Da der Lehrstuhlinhaber der gegnerischen *Tennô-kikan-setsu*-Schule, Minobe Tatsukichi, seinen Lehrstuhl in der Zeit des zweiten Weltkrieges verlassen mußte, fand diese in der Folgezeit wenig Anhang.

Im folgenden sollen die Grundstrukturen von Hozumis Idee aufgezeigt werden.

2. Die Tennô-shuken-setsu Hozumis im einzelnen

a) Der Staat, die Souveränität und die Macht des Tennô

Nach Hozumis Ansicht ist der Staat eine Gesellschaft, die sich durch ein bestimmtes Volk in einem bestimmten Land charakterisiert und von einer unabhängigen Staatsgewalt regiert wird[545]. Unter Gesellschaft versteht er einen Zusammenschluß von Menschen, eine Lebensgemeinschaft[546]. Er unterscheidet verschiedene Gesellschaftsformen[547]: Die Gleichheitsgesellschaft und die Machtgesellschaft. Die erste Gruppe zeichnet sich durch die Übereinstimmung der in ihr frei gebildeten Willen der Mitglieder aus, während die letztere in der Familie wurzelt und sich durch Herrschaftsbeziehungen organisiert. Der Staat sei eine dem politischen Zweck nach ausgerichtete Machtgesellschaft.

Ebenso wie die Anhänger der *Tennô-kikan-setsu*, die den Tennô als Staatsorgan betrachteten, sah Hozumi den Staat als juristische Person an[548]. Trotzdem bedeutete für ihn die Bezeichnung Souveränität des Staates nur ein Wortspiel[549]. Daß der Staat eine juristische Person ist, bedeute, daß der Staat das Subjekt der Gewalt ist; daß die Souveränität dem Staat als juristischer Person gehört, bedeute nichts anderes als daß die Souveränität dem Subjekt der Souveränität gehört. Der Kern der Souveränitätsfrage, wel-

---

545. Hozumi, Kenpô-teiyô, 1911, Tokyo, S.1.
546. Ebenda.
547. Ders., a.a.O., S.5.
548. Hozumi Yatsuka, Teikoku-kenô no hôri, 1889, in: Hozumi Yatsuka hakushi ronbunshû, S.13.
549. Ders., Hôjinkoku to shukenkoku, in: Hazumi Yatsuka hakushi ronbunshû, S.723ff.; Vgl. Ienaga, a.a.O., S.158.

chem konkreten Träger die Staatsgewalt zukommt, bleibt bei der Souveränität des Staates als einer juristischen Person für Hozumi jedoch ungelöst. Nach seiner Ansicht steht die Lehre von der Persönlichkeit des Staates in keinem Zusammenhang mit diesem Kern der Souveränitätsfrage[550].

Nach Hozumis Meinung widerspricht demgemäß die Souveränität des Monarchen nicht der Staatssouveränität. Auch wenn der Monarch ein Staatsorgan sei, beinhalte es keinen Widerspruch, ihm die Souveränität zuzuerkennen. Ohne Organ bestehe keine Körperschaft. Die Existenz des Organs bedeute die Existenz der Körperschaft. Infolgedessen behauptet Hozumi, daß der Staat und der Tennô miteinander gleichzusetzen seien[551]. Damit setzt Hozumi das Organ, nämlich den Monarchen, mit der Körperschaft gleich[552].

Diese Gleichstellung des Staates mit dem Tennô wurde auch bei der Betrachtung der Staatswillensbildung aufrechterhalten. Der Staat als juristische Person habe einen juristischen Willen, der nur durch einen natürlichen Willen, den Willen des Tennô, gebildet werden könne. Der Wille des Tennô entspreche somit dem Willen des Staates[553].

Hozumi definiert die Souveränität als eine ihrem Wesen nach höchste, unbeschränkte und unabhängige Gewalt[554]. Entsprechend ist für ihn die Gewalt des Tennô als des Souverän völlig unbeschränkt[555]. Die Macht des Tennô könne auch nicht durch eine Verfassung begrenzt werden.

Nach Ansicht Hozumis dient die Lehre von der Organstellung des Tennôs nur dazu, demokratische, europäische Gedanken in Japan durchzusetzen. Der Monarch stehe aber über der Verfassung, könne sogar die Verfassung nach seinem Willen ändern oder gar abschaffen[556]. Die Staatsmacht, die der Tenno verkörpere, sei der Verfassung übergeordnet.

---

550. Hozumi, Kokkashuken hôjinshuken kunshukikan no sansetsu wo tanpyôsu, in: Hozumi Yatsuka hakushi ronbunshû, S.736f.

551. Hozumi, Kenpô-teiyô, S.79.

552. Hozumi, a.a.O., S.738ff.

553. Ders., a.a.O., S.79; Matsumoto, a.a.O., S.266ff. Matsumoto stellt dar, daß der Kern der Lehre Hozumis in der Herrschaft eines Menschen (=Tennô), also nicht der Herrschaft des Rechts, liegt.

554. Hozumi, Kenpô-teiyô, S.19.

555. Ders., a.a.O., S.19.

556. Ders., a.a.O., S:21 u.138ff.

Gesetze einschließlich der Verfassung seien nur das Mittel zum Zweck, den Staat zu regieren.

Damit kritisierte er auch das rechtsstaatliche Konzept des Verfassungsvaters Itô Hirobumi[557].

b) Kokutai und die Überzeugung des Volkes

Der umstrittene Begriff *Kokutai* spielt in Hozumis Lehre eine zentrale Rolle[558]. Hozumi selbst legt dar, daß das Wort *Kokutai* in vielfältiger Weise benutzt werden kann[559]. Er selbst bringt diesen Begriff hauptsächlich in Zusammenhang mit zwei Problemen in die staatsrechtliche Diskussion unter der Meiji-Verfassung ein, dem Souveränitätsproblem und dem der politischen Grundanschauungen eines Volkes[560].

In seiner Lehre vereinigt er diese beiden Aspekte: Die Souveränität des Tennô wird bei ihm als das Wesensmerkmal des japanischen Staates und als die Grundlage der politischen Anschauungen des japanischen Volkes gerechtfertigt[561].

Durch die Betrachtung der Gesellschaft und ihrer Ursprünge gelangt er dazu, den "natürlichen Willen" als Grundlage des rechtlichen Willen des Staates zu verstehen[562]:

---

557. Ders., Hôchishugi wo nanzu, in: Hozumi Yatsuka hakushi ronbunshû, S.186ff.; Ienaga, a.a.O., S.159f. Itô erkennt, wie schon erwähnt, zwar auch den Vorrang der monarchischen Macht vor der Verfassung an. Diese monarchische Macht wird aber seiner Ansicht nach im Wege der Selbstbindung eingeschränkt, wenn der Monarch einmal eine Verfassung erlassen hat. So kann der Monarch nur bei Erlaß und Abschaffung der Verfassung ungehindert seine Macht ausüben aber nicht bei einer Verfassungsänderung. Vgl. dazu Itô, Commentaries, p.140.

558. Richard H. Minear deutet diesen Begriff in seiner Betrachtung über Hozumis Lehre als Eigenschaftsbeschreibung der japanischen Gesellschaft, bezogen auf das tennôische System (Minear, a.a.O., S.64ff.).

559. Hozumi, Kenpô-teiyô, S.52.

560. Ebenda; Hozumi benutzt das Wort *Kokutai* in Zusammenhang mit dem Begriff Souveränität in seiner Lehre von der Gesamtmacht des Tennô als Souverän, und behauptet, daß die japanische *Kokutai* in der Souveränität des Tennô liege (Hozumi Yatsuka, Kokutai no isetsu to jinshin no keikô, in: Hoshijima (Hrsg.), a.a.O., S.91). Andererseits sagt er auch, daß dieses Wort die Besonderheit der kulturellen und politischen Anschauungen eines Volkes umschreibt.

561. Hozumi, Kenpô-teiyô, S.98.

562. Ders., a.a.O., S.69.

die Überzeugung des Volkes sei die Quelle des Rechts[563], die durch den Tennô verkörpert wird, dessen Willen wiederum den Staatswillen bildet.

Um den Inhalt der Überzeugung des japanischen Volkes in seiner Zeit feststellen zu können, betrachtet Hozumi die öffentliche Meinung in Japan einerseits und in Europa andererseits[564]. Er stellt einen klaren Unterschied zwischen der orientalischen und der okzidentalen "*Kokutai*" fest[565]. Seiner Meinung nach war in den westlichen Ländern von Anfang an eine demokratische Organisation der Gesellschaft vorhanden, die sich auch zu seiner Zeit in der Staatsorganisation fortsetze. Im germanischen Volk sei der Monarch durch eine Volksversammlung gewählt worden. Das entspreche der Wahl eines Präsidenten im französischen Parlament. Zwar gebe es auch in Belgien einen Monarchen, aber nach der dortigen Verfassung stehe die Souveränität nicht diesem, sondern dem Volk zu. Während die Monarchen in den östlichen Ländern die Staatsmacht in eigenem Namen ausübten, handelten die Monarchen der westlichen Länder im Namen des Volkes[566].

Mit diesem Unterschied rechtfertigt Hozumi die Besonderheit Japans: Da die souveräne Stellung des Tennô im Staat der östlichen *Kokutai* entspreche, sei der Tennôkult im Rechtsbereich fester Bestandteil der japanischen Gesellschaft[567].

Die Grundlage der japanischen Gesellschaft sieht er nicht in einem Vertrag, sondern in der Blutsverwandtschaft[568]. In den einzelnen Familien bestehe ein patriarchalisches System . Die Rolle des Vaters der einzelnen Familien übernehme im Staat der Tennô. Die Gewalt des Tennô sei keine nackte Gewalt, sondern Ausdruck väterlicher Sorge für seine Kinder, die ihrerseits wiederum den Eltern gegenüber zum Gehorsam verpflichtet sind. Diese Kinderpflicht sei heilig[569]. Dies entspreche genau dem shin-

563. Den Begriff "die Überzeugung des Volkes" erklärt Hozumi mit dem Volksgeistbegriff Savignys (ders., a.a.O., S:71f.).

564. Vgl. Minear, a.a.O., S.68.

565. Hozumi, Kenpô-teiyô, S.80f.

566. Ders., a.a.O., S.80.

567. Ders., a.a.O., S.96f.

568. Vgl. Karl Florenz, Die Religion der Japaner, S.194; Nakamura, a.a.O., S.113f.

569. Vgl. Minear, a.a.O., S.72; Christoph Kaempf, Der Wandel im japanischen Staatsdenken der Gegenwart, S.35.

tôistischen Staatsbegriff, da hier die Grundlage der politischen Herrschaft mit dem Ahnenkult identisch sei[570].

Auf dieser Grundlage kritisiert Hozumi die westlichen Staatssysteme als Gewaltkulte, da sie keine Ahnenkulttradition aufzuweisen haben[571]. Wenn die Gemeinschaft die Reinheit einer Blutsverwandtschaft verlöre, würden Recht und Ethik voneinander getrennt. Die Trennung zwischen Ethik bzw. Religion und Recht bedeute eine widernatürliche Aufspaltung von Rechts- und moralischem Bereich. Daher müsse in Europa mittels eines Vertrags der Gehorsam erzwungen werden[572]. Recht sei nunmehr nur noch sozialer Befehl.

Seiner Meinung nach hat die westliche Welt durch das Christentum ihre Ahnenkulttradition verloren.

Aufgrund der Blutsverwandtschaft könnten demgegenüber in Japan Recht und Ethik miteinander harmonieren.

Mit dieser Ideologie der Blutsverwandtschaft verband Hozumi den Kult der toten Ahnen und den Kult des lebendigen Tennô und rechtfertigte mit der japanischen Tradition des Ahnenkults die Ablehnung von Demokratie und parlamentarischem Regierungssystem.

Durch die Aufnahme dieser traditionellen religiösen Gedanken in den Rechtsbereich fand Hozumi die Zustimmung breiter Massen der Bevölkerung[573].

---

570. Hozumi, Kenpô-teiyô, S.96f. Hozumi vergleicht dabei den japanischen Ahnenkult mit den Religionen der westlichen Länder und betont die Rolle des Ahnenkultes als Grundlage des japanischen Staates. Vgl. Z.B. Hozumi, Minpô idete chûkô horobu, in: Hozumi Yatsuka hakushi ronbunshû, S.146ff.; vgl. Matsumoto, a.a.O.,S.273ff.

571. Hozumi, Kokumin kyôiku aikokushin, Tokyo 1912, S.1, Vgl. Minear, a.a.O., S.72.

572. Seiner Meinung nach zeige der Konflikt zwischen der weltlichen und der geistlichen Macht in der europäischen Geschichte das Problem der Trennung von Ethik und Recht.

573. Minear sagt: "Für die Eliten Itô (Hirobumi) für die Massen Hozumi"(Minear, a.a.O., S.72). Während der halboffizielle Kommentar Itô Hirobumis in juristischen Kreisen eine Rolle spielte, wurde die Lehre Hozumis von der Regierung zur Anfeuerung der Vaterlandsliebe des Volkes benutzt.

c) Kokutai und Seitai

Hozumi unterscheidet weiterhin die Begriffe "*Kokutai*" und "*Seitai*"[574]. Während die *Kokutai* im juristischen Sinne die Frage der Souveränität betrifft und für Hozumi unabänderlich ist, bezeichnet die *Seitai* die politische Form oder Regierungsform, also die Art der Ausübung der Regierungsgewalt und ist nach Hozumis Lehre je nach der historischen Situation veränderlich. Bei der *Kokutai* gehe es um die Zuordnung der Souveränität, bei der *Seitai* um Art und Weise der Ausübung der Souveränität. Verschiedene *Seitai* seien unter einer bestimmten *Kokutai* möglich.

Als verschiedene Formen der *Kokutai* faßt er die klassischen Staatsformen Monarchie, Aristokratie und Demokratie auf. Auf der Ebene der *Seitai* unterscheidet er die Art der Ausübung der Herrschaft, behandelt z.B. die Frage nach der guten oder despotischen Herrschaft, oder die nach einer konstitutionellen oder absoluten Herrschaft.

In seiner Lehre ist bemerkenswert, daß die *Kokutai* als Kristallisationskern der Überzeugung des Volkes[575] aufgefaßt wurde. Hozumi rechtfertigte die Festigkeit der japanischen Monarchie damit, daß das Souveränitätsproblem mit der Überzeugung des Volkes, die geschichtlich unverändert bleibe, verbunden sei[576].

d) Gewaltenteilung

Mit der obengenannten Abgrenzung von *Kokutai* und *Seitai* konnte der Konstitutionalismus als *Seitai* nun ohne Widersprüche mit der *Kokutai* in Japan vereinbart werden.

Unter Konstitutionalismus versteht Hozumi vor allem Gewaltenteilung. Nach seiner Ansicht ist das Prinzip der Gewaltenteilung das Kriterium für die Unterscheidung zwischen Konstitutionalismus und Despotie.

---

574. Hozumi, Kenpô-teiyô, S.98ff.

575. Vgl. dens., a.a.O., S.70.

576. In seiner Darstellung des Unterschieds zwischen der östlichen und der westlichen *Kokutai* beschreibt Hozumi die westliche demokratische Tradition. Dabei identifizierte er die Könige in der westlichen Welt, wie bereits oben erwähnt, mit Präsidenten, die im Namen des Volkes regieren. Somit sah er sogar in der Zeit des Absolutismus in Europa eine demokratische *Kokutai* (vgl. Hozumi, Kenpô-teiyô, S.92). Hier verkennt Hozumi wohl den europäischen Absolutismus, der sehr wohl autokratische Herrscher kannte.
Vgl.Minear, a.a.O., S.69f.

Die Gewaltenteilung bedeute nicht die Teilung der Souveränität sondern die Teilung der Ausübung der Souveränität bzw. Staatsgewalt[577]. Damit hebt Hozumi hervor, daß die Herrschaftsgewalt des Tennô auf der Ebene der *Kokutai* trotz der Gewaltenteilung auf der Ebene der *Seitai* unberüht bleibe. Anders als beim Parlamentarismus, der zur Despotie des Parlaments führe und damit das Prinzip der Gewaltenteilung, den Konstitutionalismus, zerstöre[578], tragen in der japanischen *Seitai* die Minister nur gegenüber dem Tennô Verantwortung und damit bleibe die Gewaltenteilung funktionstüchtig[579].

Überdies befürwortet Hozumi nachdrücklich, daß der Tennô ein umfangreiches Verordnungsrecht hat. Seiner Ansicht nach kann die Exekutive damit die Einmischung des Parlaments in ihren Bereich verhindern und eine wirksame politische Herrschaft des Tennô ausgeübt werden[580]. Nur so kann für Hozumi die Macht des Monarchen, d.h. faktisch der Exekutive, gegenüber der Legislative wirksam gesichert werden.

e) Absoluter Gehorsam der Untertanen

Hozumi leitet die Verpflichtung zu absolutem Gehorsam der Untertanen aus der unbeschränkten Macht des Monarchen her. Für die Ausübung der unbeschränkten Macht auf der Seite des Monarchen sei unbeschränkter Gehorsam der Untertanen notwendige Bedingung. Nach Auffassung Hozumis muß der Untertan seinem Wesen nach von dem Willen geprägt sein, sich unterzuordnen und der Staatsgewalt zu gehorchen[581]. Der Terminus "unbeschränkt" bedeute, daß es rechtstheoretisch keine Bedingung oder Grenze für die Ausübung der Staatsgewalt gebe. So könne den Untertanen kein Recht gegen den Staat zukommen[582].

Die Rechte und Pflichten der Untertanen, die im zweiten Abschnitt der Meiji-Verfassung niedergelegt sind, stellen für Hozumi lediglich Rechtsreflexe dar[583]. Da die

577. Hozumi, Kenpô-teiyô, S.107f. Die Teilung der Ausübung der Staatsgewalt bedeutet nach Hozumi, daß die Machtausübung in das Belieben verschiedener Organträger gestellt wird (Hozumi, a.a.O., S.115).

578. Ders., a.a.O., S.107, 110 u. 126.

579. Ders., a.a.O., S.129f.

580. Ders., a.a.O., S.130f.

581. Ders., a.a.O., S.21.

582. Ders., a.a.O., S.365.

583. Ebenda.

Meiji-Verfassung dem Prinzip der Einschränkung der Exekutive durch Gesetze folge, richten sich diese Rechte nur gegen die Träger der Exekutive. Die Artikel 18 bis 32 der Meiji-Verfassung würden nicht unmittelbar Rechte der Untertanen gewährleisten, sondern müßten durch Gesetze, die wiederum aufgrund dieser Artikel erlassen werden, konkretisiert werden. Demzufolge gehöre der Schutz der Rechte der Untertanen nicht unmittelbar zum verfassungsrechtlichen Bereich. Erst im verwaltungsrechtlichen Bereich, durch eine Verwaltungsgerichtsbarkeit gesichert, können diese Rechte gewährleistet werden.

Das System der Verwaltungsgerichtsbarkeit stehe aber unter der Bedingung, daß es den Zweck der Verwaltung nicht behindere.

Der Sinn der Verwaltungsgerichtsbarkeit kann nach Meinung Hozumis allein darin liegen, die Gesetzmäßigkeit der Verwaltung zu sichern[584]. Aufgabe der Verwaltungsgerichtsbarkeit sei es nicht in erster Linie, die Rechte der Einzelnen zu schützen, sondern den rechtmäßigen Vollzug der Gesetze zu gewährleisten.

Die Auffassung Hozumis steht damit in krassem Gegensatz zur Lehre von den angeborenen Menschenrechten und deren Konkretisierungen in Menschenrechtskatalogen einiger westlicher Staaten. Die Menschen sind nach Hozumis Lehre für den Staat da und nicht umgekehrt. Wenn der Souverän etwas für rechtmäßig erklärt, können die Untertanen es nicht für rechtswidrig ansehen. Ein Widerstandsrecht kann es rechtsnotwendig nicht geben.

Im Vergleich europäischer Staatsideen mit der japanischen Staatsidee betont Hozumi die Besonderheiten Japans. Er unterscheidet den japanischen Weg von den europäischen Theorien und kritisiert deren Individualismus. Er kommt zu dem Ergebnis, daß das Individuum seine Rechte eher mißbraucht, als der Staat seine politische Macht. Die Vertragstheorie Rousseaus, der Weltbürgergedanke Goethes sowie Benthams Lehre vom größtmöglichen Glück einer größtmöglichen Anzahl von Menschen seien dem Individualismus verhaftet[585]. Die Negation der Ewigkeit des Staates führe zwangs-

584. Vgl. Ienaga, a.a.O., S.161.

585. Nach Hozumis Meinung existiert in der Vertragstheorie Rousseaus der Staat nur aufgrund eines Vertrages und sei nicht unabhängig von den Einzelnen; Goethe habe den Einzelnen nicht als Untertanen sondern als Weltbürger betrachtet und damit die Vaterlandsliebe unterschätzt; Bentham habe nur das größtmögliche Glück der größtmöglichen Anzahl von Menschen, die in der Gegenwart leben, für wichtig gehalten und die Ewigkeit des Staates nicht beachtet. Vgl. Ienaga, a.a.O., S.162.

läufig zur Anarchie. Im Gegensatz hierzu würden die Menschen in Japan die Moral aufbringen, dem Staat Leben und Vermögen zu widmen[586].

Damit läßt sich erklären, warum Hozumi den Prinzipien der modernen Verfassungen, der Menschenrechts- oder der Grundrechtsidee, nicht folgt. Die Artikel über die Rechte der Untertanen in der Meijiverfassung sind seiner Ansicht nach freiwillige Zugeständnisse, Geschenke des Tennô[587]; der Auffassung, daß ein moderner Staat durch die Sicherung von Grundrechten gekennzeichnet sei, schloß sich Hozumi nicht an.

f) Die Staatsorganisation

Das Grundprinzip der Staatsidee Hozumis war es, daß die letzte Entscheidungsmacht des Staates dem Souverän, und nicht dem Parlament zukommt, da der Tennô selbst der Staat ist. Hozumi unterscheidet das Subjekt der Regierungsgewalt von den Organen der Regierung[588]. Die drei Gewalten, Legislative, Exekutive und Judikative bilden nicht zusammen die höchste Gewalt im Staat, sondern sind erst von der Verfassung zugeteilte Gewalten, die der Souveränität des Tennô unterstehen.

Für Hozumi stellt das Parlament ein beratendes Organ dar[589]. Die Macht des Parlaments werde nicht direkt gegenüber den Untertanen ausgeübt, sondern sei darauf beschränkt, dem Tennô Berichte zu erstatten oder der Regierung Voschläge zu machen. Im Gegensatz zur liberalen Auslegung, die dem Parlament zwar nicht die Souveränität zubilligt, aber das Zusammenwirken des Tennô mit dem Parlament[590] bei der Gesetzgebung anerkennt, vertritt Hozumi eine konservative, die Macht des Parlaments einschränkende Meinung: Es gehöre zur Freiheit des Monarchen, die Entscheidung des Parlaments anzunehmen oder nicht[591]. Selbst die Ablehnung einer Gesetzesvorlage durch das Parlament hindere den Monarchen nicht an dessen Erlaß.

---

586. Vgl. Ienaga, a.a.O., S.162.

587. Vgl. ebenda.

588. Hozumi, Kenpô-teiyô, S. 392

589. Ders., a.a.O., S.394.

590. Die Rolle des Parlaments zur Mitwirkung bei der Gesetzgebung wurde von den liberalen Staatsrechtlern positiv als Zusammenarbeit mit dem Tennô aufgefaßt, obwohl Art.5, wie erwähnt, im Gegensatz zur preußischen Verfassung mit dem Wort "Zustimmung" lediglich "Rat und Bestätigung" meinte.

591. Vgl. dazu Ienaga, a.a.O., S.163f.

Nach dieser Auffassung kommt dem Parlament kein entscheidender Einfluß auf die Gesetzgebung zu. Hozumi will die Kompetenzen des Parlaments beschränkt sehen, insbesondere soll ausgeschlossen sein, daß das Parlament in die Souveränität des Tennô eingreift. Seiner Meinung nach sollen im Konstitutionalismus die Gesetze als Befehle des Tennô und nicht als Gesetze des Parlaments vollzogen werden. Hozumi sieht die Befugnisse des Parlaments in folgenden Bereichen als eingeschränkt an:

Obwohl dem Parlament von zahlreichen Verfassungsrechtlern das Recht zuerkannt wurde, seine Meinung gegenüber dem Tennô zu äußern, sieht Hozumi diese Kompetenz des Parlaments nur in bezug auf Gesetze und Haushaltspläne für gewährleistet[592]. Das Parlament soll nur in diesen Bereichen dem Tennô gegenüber zur Meinungsäußerung berechtigt sein. Das Parlament solle sich nicht über diejenigen Angelegenheiten äußern dürfen, die der alleinigen Kompetenz des Tennô zuzuordnen seien, z.B. über die Befehlsgewalt des Tennô über das Heer und die Marine und den Abschluß internationaler Verträge.

Mit dem Budgetrecht sei die Planung der Finanzpolitik verbunden. Da die Aufgabe der Planung der Exekutive zukomme, liege konsequenterweise auch die Letztentscheidung über den Haushalt nicht beim Parlament, sondern bei der kaiserlichen Regierung.

Zur Bgründung betrachtet Hozumi die Geschichte der Finanzpolitik.

Nach Hozumi bedeutete das Budget in der europäischen Geschichte zunächst keinen Voranschlag der staatlichen Ausgaben sondern die Zustimmung zur Steuererhöhung[593]. Trotz des Unterschieds zwischen der Steuerbewilligung und dem Budget sieht Hozumi die Grundlage des Budgets in der Steuerbewilligung. Das Budgetrecht des Parlaments entspringe aus der Bewilligung der Steuer durch das Volk und sei erst später zu einem Kontrollmittel der monarchischen Regierung durch das Parlament umfunktioniert worden[594].

In dieser Hinsicht vergleicht er nun die japanische Geschichte mit der europäischen. Danach hat das Volk in Japan niemals das Steuerbewilligungsrecht gehabt. Da

---

592. Hozumi, Kenpô-teiyô, S.429 u. 433f. Der Unterschied zwischen den Tätigkeiten des japanischen Parlaments und der europäischen Parlamente beruht nach Hozumis Ansicht auf dem Unterschied der *Kokutai*.

593. Ders., a.a.O., S.870f.

594. Ders., a.a.O., S.872f.

die Steuerpflicht eine selbstverständliche Pflicht des Volkes sei, bedürfe es keiner jährlichen Steuerbewilligung durch das Parlament. Die Vorschriften des Art. 21 sowie des Art. 63 sei deswegen in die Meiji-Verfassung aufgenommen, weil die Verfassungsväter befürchteten, daß das von Europa übernommene System die traditionelle japanische Anschauung über die Steuerpflicht des Volkes zerstören würde[595]. Da Japan keine Europa vergleichbare Geschichte der Steuerbewilligung habe, sei die Bedeutung des Budgets in Japan auch anders als in Europa.

Hozumi führt aus, daß es in Japan schon vor der Meiji-Verfassung ein System der Rechnungskontrolle gab, um die Beamten aufgrund des monarchischen Hoheitsrechtes (*Taiken*) zu kontrollieren. Damit begründete Hozumi das Wesen des Budgetrechtes als monarchisches Recht[596]. Gleich der Gesetzgebung beruhe auch die Steuererhebung auf der Befehlsgewalt des Monarchen und nicht etwa einem Vetrag zwischen dem durch das Parlament repräsentierten Volk und der Regeirung. Aus diesen Gründen habe das Parlament die Pflicht, den Haushaltsplan zu bewilligen oder modifiziert zu bewilligen, und kein Recht, ihn abzulehnen[597]. Der Tennô allein habe die letzte Entscheidungsmacht über den Haushalt[598]. Nur gebe es faktisch kein Zwangsmittel, wenn das Parlament den Haushalt ablehnt.

Im Hinblick auf die Beziehung zwischen den Exekutivorganen und dem Parlament wird bei Hozumi das Hoheitsrecht des Tennô betont. Die Minister und der Geheime Staatsrat sind nach Hozumi die Organe, die unmittelbar mit der Ausübung der Hoheitsrechte des Tennô befaßt sind. Dem Parlament sei es verboten, sich zur Ernennung und Entlassung der Minister, die eindeutig der alleinigen Kompetenz des Tennô zuzuordnen seien, zu äußern[599].

Aus dem gleichen Grund lehnt Hozumi ein parlamentarisches Regierungssystem ab. Wie schon erläutert, zerstört eine parlamentarische Regierung seiner Ansicht nach die Gewaltenteilung. Das wesentliche Merkmal der englischen parlamentarischen Re-

---

595. Ders., a.a.O., S.873ff.
596. Ders., a.a.O., S.875.
597. Ders., a.a.O., S.523.
598. Ders., a.a.O., S.127.
599. Vgl. Hasegawa Masayasu, Kenpôgekushi, (chû), in: Ugai u.a. (Hrsg.), Kôza nihon-kindaihô-hattatsushi, Bd.7, Tokyo 1959, S.176f.

gierung sei die Ministerverantwortung gegenüber dem Parlament[600]. Im Gegensatz dazu bestehe diese Verantwortlichkeit in Japan gegenüber der Herrschaftsmacht des Tennô.

Über die Form der Ministerverantwortung äußert sich Hozumi wie folgt: In Art. 55 der Meiji-Verfassung ist die Einzelverantwortung der Minister niedergelegt und damit ein kollegiales System ausgeschlossen. Nach Hozumis Meinung ist das faktisch dennoch bestehende Kabinett nur dazu nötig, die Leitlinien der Politik festzulegen und untereinander abzustimmen. Dies ist aber nicht mit einem Kollegialsystem gleichzusetzen, in dem nicht der einzelne Minister, sondern das Kabinett als Ganzes die Verantwortung für die Amtsgewalt trägt. Vielmehr trägt jeder einzelne Minister die Verantwortung für seinen Geschäftsbereich[601].

Das Institut der Gegenzeichnung der Akte des Tenno durch den zuständigen Minister hielt Hozumi für eine Verpflichtung des letzteren[602]. Der Minister könne die Gegenzeichnung nicht verweigern, wenn der Tennô sie ihm befehle. Solange der Minister in seinem Amt bleibe, müsse er dem Befehl des Tennô folgen[603].

Hozumis Ansichten über das Gerichtswesen stehen denen des Kommentars Itôs nahe. Hozumi ordnet die judikative Gewalt der Kompetenz des Monarchen zu. Sie sei aber unabhängig von Legislative und Exekutive.

Insgesamt folgte Hozumi bei seiner Auffassung über die Staatsorganisation der Doktrin eines Absolutismus des Tennô, die über die Lehre vom monarchischen Prinzip, wie sie auch in der preußischen Verfassung ihren Niederschlag fand, noch hinausging.

III. Uesugi Shinkichis Lehre

1. Das Leben Uesugi Shinkichis

Von den Vertretern der *Tennô-shuken-setsu*-Schule (der Schule, die die Lehre von der Gesamtmacht des Tennô als Souverän vertrat) hatte auch *Uesugi Shinkichi* (1878-1929) für die japanische Staatslehre große Bedeutung. Da die Grundlage der *Tennô-*

---

600. Hozumi, a.a.O., S.127.

601. Ders., Kenpô oyobi naikaku-sei, in: Hozumi Yatsika hakushi ronbunshû, S. 447.

602. Hozumi, Kenpô-teiyô, S.544.

603. Ders., a.a.O., S.559.

shuken-setsu in Zusammenhang mit der Lehre Hozumis bereits behandelt wurde, sei hier das Werk Uesugis in seinen Besonderheiten bezüglich der *Kokutai* kurz dargestellt.

Uesugi Shinkichi wurde in seiner Studienzeit an der Universität Tokyo von Hozumi Yatsuka gefördert[604]. Dem Wunsch Hozumis entsprechend wohnte er mit einigen anderen Studenten zusammen bei ihm und Hozumi unterstützte seinen Schützling wo immer er konnte. Trotzdem hielt Uesugi die Lehre seines Gönners für unlogisch und unklar, obwohl er die Ideologie des Tennôkultes bei Hozumi schätzte[605].

Gleich nach dem Studium wurde er zum Professor an der juristischen Fakultät der Universität Tokyo berufen. Schon 1906 reiste er nach Deutschland zu *Georg Jellinek* (1851-1911), um dort Forschungen anzustellen. Dennoch blieb der Einfluß Jellineks auf die Lehre Uesugis partiell. Nach seiner Reise wurde Uesugi Nachfolger Hozumis. Er kritisierte die Lehre von der Organstellung des Tennô, die er vor der Reise vertreten hatte[606], und wurde damit Hauptantagonist der Lehre, die den Tennô als Staatsorgan ansah.

2. Das Werk Uesugi Shinkichis

Durch seine Kritik an Minobes Lehre, der *Tennô-kikan-setsu* (der Lehre von der Organstellung des Tennô) wurde Uesugi einer der bekanntesten und einflußreichsten Staatsrechtslehrer in Japan. Seine Lehre war es, die die japanische Ideologie in der Zeit des zweiten Weltkriegs auf juristischer Ebene unterstützte. Nach dem zweiten Weltkrieg verlor dann seine Lehre mit dem Ende des Ultranationalismus ihren Einfluß sowohl auf wissenschaftlicher als auch auf politischer Ebene.

In der Methode übernimmt Uesugi Shinkichi Jellineks Einteilung der sozialen und juristischen Betrachtung des Staates[607]. Er unterscheidet daher die Staatsrechtslehre, deren Aufgabe es ist, den Staat als juristisches Phänomen zu betrachten von der Soziallehre des Staates, die das Dasein des Staates in tatsächlicher Hinsicht untersucht. Weiter wird die Staatswissenschaft auch von der Politikwissenschaft unterschieden, die unter

---

604. Zum Lebenslauf Uesugis: Ida Terutoshi, Uesugi Shinkichi, Tokyo 1989, S.44ff.

605. Ida, a.a.O., S.46.

606. Er kritisierte seine frühere Lehre im Vorwort seines Teikoku-kenpô-kôyô, Tokyo 1912. Dieses Buch war seine erste Veröffentlichung nach dem Aufenthalt in Deutschland.

607. Uesugi Shinkichi, Teikoku-kenpô, Tokyo 1905, S.7; Vgl. Suzuki Yasuzô, Nihon-knepôgakushi-kenkyû, S.212.

teleologischen Aspekten den Zweck des Staates und die Regeln der staatlichen Tätigkeit zum Gegenstand hat[608].

Auch seine Klassifikation der Staatslehren, die allgemeine und die besondere, übernimmt er von Jellinek[609].

Uesugi vergleicht zwar auch Staatslehren verschiedener Länder auf dieser Grundlage[610], betont aber immer wieder, daß der Zweck seiner Staatslehre darin liege, ein bestimmtes Staatsrecht, nämlich das der Meiji-Verfassung, zu erklären und nicht allgemeine Verfassungsprinzipien aufzustellen. Um die Besonderheit der japanischen Verfassung herauszukristallisieren, legt er auf die Erklärung der Originalität der japanischen *Kokutai*[611] besonderen Wert.

Der *Kokutai*-Begriff war von Anfang an die Grundlage seiner Lehre. In diesem Sinne ist Uesugi immer der treue Nachfolger Hozumis gewesen. Er geht aber in der Beschreibung der Stellung des Tennô eigene Wege.

Noch vor dem Forschungsaufenthalt bei Jellinek hatte er behauptet, daß die Stellung des Tennô als Staatsorgan und gleichzeitig Subjekt der Herrschaftsgewalt (*Tôchiken*) zu definieren sei[612]. Damit hatte er im Gegensatz zu seinem Lehrer Hozumi die Lehre von der Organstellung des Tennô vertreten. Nach seiner Rückkehr spielte er noch stärker als Hozumi die Rolle des Hauptgegenspielers der *Tennô-kikan-setsu* (der Lehre von der Organstellung des Tennô).

Vor seinem Aufenthalt in Deutschland begründete Uesugi seine Lehre von der Staatspersönlichkeit wie folgt[613]:

Der Staat sei die einheitliche und ewige, unabhängige Gemeinschaft, in der viele Menschen miteinander durch die Regierungsgewalt verbunden und auf einem bestimmten Gebiet vereinigt seien.

---

608. Uesugi Shinkichi, Teikoku-kenpô, S.7f.

609. Uesugi, a.a.O., S.2.

610. Vgl. dens., Hikaku-kakkoku-kenpôron, Tokyo 1906.

611. Sein *Kokutai*-Begriff wird unten in Abschnitt 3. dargestellt.

612. Uesugi, Teikoku-kenpô, S.158.

613. Ders., a.a.O., S.161f.

Die Notwendigkeit eines obersten Staatsorgans folge daraus, daß der Wille des Staates überhaupt nur dadurch artikuliert werden könne. Überdies schreibt Uesugi aber diesem obersten Staatsorgan eine quasi absolutistische Funktion zu. Alle Aktivitäten des Staates gehen danach vom obersten Staatsorgan, dem Tennô aus[614]. Ohne die Existenz des Tennô bestehe kein Wille des Staates. Die Meiji-Verfassung, die dem Konstitutionalismus verhaftet sei, ändere nichts an der monarchischen *Kokutai* und an der Machtfülle des Tennô[615]. Die in der Verfassung umschriebenen Rechte des Tennô würden weitere Befugnisse nicht ausschließen.

Nach dem Aufenthalt in Deutschland sah Uesugi den Tennô nicht als Organ des Staates, sondern identifizierte ihn völlig mit dem Staat. Damit kritisierte er aber auch die Lehre von der juristischen Persönlichkeit des Staates[616]: Wenn man den Staat als Gemeinschaft von Menschen definiere, wie er es selbst früher in seiner Staatspersönlichkeitsidee getan habe, so sei damit auch gleichzeitig ausgedrückt, daß diese Menschen souverän seien. Wenn dies so wäre, wäre ein Staatsorgan nur der Diener dieser Menschen. Diese Vorstellung entspreche aber nicht der japanischen *Kokutai*.

Damit verneint Uesugi die juristische Persönlichkeit des Staates sowie die Organstellung des Monarchen. Seiner Meinung nach ist der Monarch als Souverän vielmehr dem Staat gleichzusetzen.

Dies bedeutet nichts anderes, als daß dem Monarchen alle Staatsgewalt zukommt. In diesem Zusammenhang wurde er nach der Änderung seiner Lehre zu einem uneingeschränkten Anhänger und Nachfolger Hozumis[617].

Die Gründe für diesen Sinneswandel sind völlig unbekannt. Darin, daß er von Anfang an dem Begriff *Kokutai* eine besondere Stellung in seiner Lehre einräumt, findet man aber schon in der frühen Zeit Ansätze für seine spätere Lehre. In seiner späteren Lehre formuliert er diesen Begriff klarer und genauer und beseitigt die Widersprüche zu der früher von ihm behaupteten Organstellung des Tennô.

---

614. Ders., a.a.O., S.152f.

615. Ders., a.a.O., S.161f.

616. Ders., Kokutai ni kansuru isetsu, in: Hoshijima (Hrsg.), a.a.O., S.20ff.

617. Uesugi nimmt seine frühere Kritik gegen Hozumi zurück in: ders., Vorwort, in: Hozumi Yatsuka, Kensei-taii, Tokyo 1907; Matsumoto, a.a.O., S.281f.

Zur Verteidigung dieses Begriffs der *Kokutai*, auf den er sein ganzes Gedankengebäude stützte, führte er eine der größten Debatten in der japanischen Verfassungsgeschichte. Im folgenden wird sein *Kokutai*-Begriff näher beleuchtet.

3. Uesugis Lehre in der Debatte um "Kokutai"

Uesugis Kritik an der dem japanischen System seiner Ansicht nach widersprechenden Idee der Lehre von der Organstellung des Tennô ist Ausdruck der festen Überzeugung, daß der Tennô mit dem Staat zu identifizieren und ihm die Souveränität zuzuschreiben ist. Seiner Meinung nach ist dies in der japanischen Geschichte unter der Bevölkerung immer anerkannt gewesen.

Auch er unterscheidet, wie Hozumi, zwischen *Kokutai* und *Seitai*[618]. *Kokutai* ist nach Uesugis Lehre die Überzeugung des Volkes, die sich im Verlaufe der Geschichte schrittweise im Staat verwirklicht. Diese Überzeugung werde nicht erst durch die Verfassung selbst begründet. Vielmehr stehe die Verfassung auf der Grundlage der *Kokutai*. *Seitai* bedeute dagegen die politische Form, in der die Entwicklung des Staates vollzogen werde.

Mit dem Begriff *Kokutai* verbindet Uesugi hauptsächlich die kaiserliche Monarchie[619]. Er hält diese Monarchie für die heilige Grundlage Japans, die unveränderlich sei. Er begründet dies mit dem Glauben an den Tennôkult.

Da Uesugi den Staat für die Grundlage sowie die höchste Form des menschlichen moralischen Lebens hält[620], ist für ihn mit dem Tennôismus die freie und vollkommene Entwicklung im Staat gesichert. Uesugi bezeichnet deshalb seine Gegner als Verbrecher gegen die heilige Grundlage des japanischen Staates[621].

Von diesem Blickwinkel aus konnten alle anderen Lehren, die diese "heilige Grundlage des Staates" in Frage stellten, als ketzerisch betrachtet werden.

---

618. Uesugi, Kokutai to seitai, in: Hoshijima (Hrsg.), a.a.O., S.336ff.; ders., Kokutai ni kansuru isetsu, in: Hoshijima (Hrsg.), a.a.O., S.31f.

619. Uesugi, Kokutai ni kansuru isetsu, in: Hoshijima (Hrsg.), a.a.O., S.32f.

620. Vgl. Uesugi, Kokuminkyôiku-teikokukenpô-kôgi, Tokyo 1911; Ida, a.a.O., S.81f.

621. Ders., Kokutai ni kansuru isetsu, in: Hoshijima (Hrsg.), a.a.O., S.13ff.; vgl. Miyazawa Toshiyoshi, Tennô-kikan-setsu-jiken, Bd.1, S.7f. Gegen diese Meinung war eine juristisch-theoretische Kritik damals wirkungslos.

Die wichtigsten Kritikpunkte Uesugis gegen die Lehre von der Organstellung des Tennô, wie sie von Minobe[622] vertreten wurde, seien hier noch einmal zusammengefaßt:

(1) Da nach Minobes Lehre der Tennô nicht Subjekt der Staatsgewalt sondern nur Organ des Staates sei, und damit die Funktion eines Dieners innehabe, beleidige er die Majestät des Tennô.

(2) Die Staatslehre, die den Staat als juristische Person betrachtet, sei eine europäische, demokratisch geprägte Idee, die der japanischen *Kokutai* nicht entspreche.

(3) Japan sei in seiner Geschichte immer ein monarchischer Staat gewesen. Minobes Lehre laufe auf die Behauptung hinaus, Japan sei ein demokratischer Staat, weil danach die Staatsgewalt der Gesamtheit des Volkes zukomme. Dies widerspreche der Überzeugung des japanischen Volkes.[623]

(4) Der Begriff der *Kokutai* sei in der langen Tradition der japanischen Geschichte begründet. Es entspreche der absoluten Wahrheit, daß die Souveränität und die Staatsgewalt allein und unbeschränkt dem Tennô zukomme. Es sei deshalb zu vermeiden, das Wesen der *Kokutai*, wie in der Lehre Minobes, durch Widersprüche in Frage zu stellen oder zu verschleiern.

(5) Minobe behaupte, der Tennô sei einerseits ein Staatsorgan, andererseits aber auch höchste Quelle der Staatsgewalt und meine, damit der *Kokutai* genüge zu tun. Diese Schlußfolgerung sei aber unlogisch und inkonsequent; wenn der Tennô nur ein Staatsorgan sei, bedeute dies gleichzeitig eine Verneinung der *Kokutai*[624]. Da der Begriff der *Kokutai* unabänderlich und nicht interpretationsfähig sei, sei die Lehre Minobes als falsch anzusehen.

Auffällig an der Argumentation Uesugis ist der Gebrauch der Begriffe Majestät, Wahrheit (*Shinri*) und Überzeugung des Volkes (*Kokumin no kakushin* oder *Minzoku no kakushin*), die er ohne genaue Begriffsklärung verwendete. Die Debatte um den Begriff *Kokutai* gewann dadurch einen ideologischen Charakter. So hat z.B. Uesugi bei der Auseinandersetzung mit der Lehre Minobes (oben Punkt 5) zwar einerseits die logische Inkonsequenz der Lehre Minobes kritisiert, dabei aber auch gleichzeitig anerkannt, daß

622. Uesugi argumentierte hauptsächlich gegen Minobe Tasukichis Lehre. Siehe dazu unten S.195ff.

623. Uesugi, Kokutai ni kansuru isetsu, in: Hoshihima (Hrsg.), a.a.O., S.21.

624. Ders., a.a.O., S.24f.

Minobe aufgrund dieser Inkonsequenz dem Tennô die ihm zukommende Ehre erweise. Nach Meinung Uesugis hätte Minobe die Majestät tatsächlich beleidigt, wenn er seine Lehre logisch und konsequent durchgeführt hätte. Hier werden das Ziel und die Charakteristik der Argumentation Uesugis deutlich: Die Verherrlichung des Tennô und die Stärkung seiner absoluten Stellung. Dies durchzog seine ganze Lehre, die mehr diesem Ziel als der Wissenschaft dienen sollte.

IV. Der deutsche Einfluß auf die Tennô-shuken-setsu - Hozumi Yatsuka und Paul Laband -

1. Paul Laband

Wie gesehen ist die *Tennô-shuken-setsu* (die Lehre von der Gesamtmacht des Tennô als Souverän) stark von der japanischen Tradition geprägt. Es lassen sich in ihr jedoch auch Einflußmomente der deutschen Rechtslehre beobachten, die mit diesen Traditionen verschmolzen. Diese Verschmelzung wird hier am Beispiel der Lehre Hozumis[625] betrachtet.

Hozumi studierte, wie oben erwähnt, in Deutschland bei drei deutschen Staatsrechtslehrern, hauptsächlich jedoch bei Paul Laband. Hozumi hat in seiner Staatsrechtslehre Aussagen Labands modifiziert und so in Japan eingeführt. Laband, einem der bedeutendsten Lehrer im staatsrechtlichen Bereich, kommt so im Rahmen des deutschen Einflusses die japanische Staatsrechtslehre eine große Bedeutung zu. Daher wird hier, nach einer Darstellung der dafür entscheidenden Elemente von Labands Lehre, Hozumis Lehre mit der Labands verglichen und anhand dessen der Einfluß Labands, aber auch die Modifikation von dessen Lehre durch Hozumi, dargestellt.

---

625. Aus folgenden Gründen wird hier Hozumis Lehre als Beispiel betrachtet:
- Er war der erste Staatsrechtslehrer, der die *Tennô-shuken-setsu* systematisch herausarbeitete.
- Hozumis Lehre wurde als die Lehre eines Schülers Labands in Japan oft mit dessen Lehre verglichen.
- Im Vergleich zu Uesugi, der nach seinem Aufenthalt in Deutschland seine Lehre weitgehend änderte, entwickelte Hozumi seine Lehre konsequent auf der Grundlage seines von der japanischen Eigenart geprägten Denkens, aber doch auch unter deutschem Einfluß.
- Bei Hozumis Lehre läßt sich trotz stark ideologisch geprägter Transformation der Einfluß der Lehre Labands am deutlichsten herausarbeiten (vgl. dazu Minear, a.a.O., S.139 ff.).

a) Die wissenschaftliche Methode Paul Labands

Paul Laband, geboren am 24. Mai 1838 in Breslau, gestorben am 23. März 1918 in Straßburg, war der Begründer der Wissenschaft des Staatsrechts des Deutschen Reiches[626] und baute seine Staatslehre vor allem auf der Methode Friedrich von Gerbers auf[627]. Mit seinem Hauptwerk "Das Staatsrecht des deutschen Reiches" "[analysierte er] das Gegebene [...], [konstruierte] Rechtsinstitute [...], [führte] die einzelnen Rechtssätze auf allgemeine Begriffe [zurück und leitete] [...] aus diesen Begriffen logische Folgerungen her[...]"[628]; mit anderen Worten schuf er "die Dogmatik des geltenden Staatsrechts"[629]. Diese Methode, auch rechtspositivistische Methode genannt, ist formal gesehen die Betrachtung des positiven Rechts als alleinigem Rechtsstoff. Interpretation und Auslegung bedeutet für Laband gewissenhafte und vollständige Feststellung des positiven Rechtsstoffes[630]. Alle Rechtsbegriffe werden rein logisch und formal unter Außerachtlassung aller historischen, politischen, sozialen und philosophischen Bezüge definiert[631]. So konnte er das juristische System der Rechtsbegriffe als vollständig und geschlossen betrachten[632].

---

626. Kleinheyer u. Schröder, a.a.O., S.159.

627. Labands Werk hat "die 'juristische Methode' im Staatsrecht am reinsten und am wirkungsvollsten verkörpert" (Peter von Oertzen, Die soziale Funktion des staatsrechtlichen Positivismus, Frankfurt a.M. 1974, S.254.
Laband war "geistiger Testamentvollstrecker Gerbers für das Staatsrecht des deuschen Reiches" (Roderich von Stintzing u. Ernst Landesberg:Geschichte der deutschen Rechtswissenschaft, Abt.3, Halbbd.1, München 1910, S.832); vgl. Hans-Joachim Koch, Einleitung, in: ders. (Hrsg.), Seminar: Die juristische Methode im Staatsrecht, Frankfurt a.M. 1977, S.61; Walter Wilhelm, Zur juristischen Methodenlehre im 19. Jahrhundert, Frankfurt a. M. 1958, S.14f.; Manfred Friedrich, Paul Laband und die Staatsrechtswissenschaft, in: Archiv des öffentlihcen Rechts, Bd.111, 1986, S.204ff.

628. Kleinheyer u. Schröder, a.a.O., S.159; Friedrich, a.a.O., S.199.

629. Kleinheyer u. Schröder, a.a.O., S.159.

630. Paul Laband, Das Staatsrecht des deutschen Reiches, 5.Aufl., Bd.1, Tübingen 1964, S.IX.

631. Für Laband ist "Staatsrecht Recht und nichts als Recht" (Otto von Gierke, Labands Staatsrecht und die deutsche Rechtswissenschaft, Neudruck, Darmstadt 1961 [erstmals erschienen im Jahrbuch für Gesetzgebung, Verwaltung und Volkswissenschaft im Deutschen Reich, NF., 7.Jg., Heft 4, S.1097-1195], S.4).

632. Claus-Ekkehard Bärsch, Der Gerber-Laband'sche Positivismus, in: Martin J. Sattler (Hrsg.), Staat und Recht, Die deutsche Staatslehre im 19. und 20. Jahrhundert, München 1972, S.43; Ortrun Fröhling, Labands Staatsbegriff, die anor-

Aus diesem Blickwinkel leitet Laband die Aufgabe der Rechtswissenschaft ab. "Mit einer bloßen Zusammenstellung der Artikel der Reichsverfassung und der Reichsgesetze unter gewissen Überschriften kann sie (die Aufgabe der Rechtswissenschaft [d. Verf., N.K.]) nicht gelöst werden; ebensowenig durch die Hinzufügung von Stellen aus den Motiven der Gesetzesvorlagen und aus den Verhandlungen des Reichstages, welche meistens doch nur Erwägungen de lege ferenda enthalten. Es handelt sich vielmehr um die Analyse der neu entstandenen öffentlichrechtlichen Verhältnisse, um die Feststellung der juristischen Natur derselben und um die Auffindung der allgemeineren Rechtsbegriffe, denen sie untergeordnet sind"[633].

b) Die Staatslehre Labands

Laband definiert den Staat als Rechtspersönlichkeit. Diese Ansicht übernahm Laband von Friedrich Gerber, der seinerseits von seinem Lehrer Eduard Albrecht geprägt war[634].

Die Rechtspersönlichkeit des Staates als Rechtsbegriff bedeutet bei Laband die Rechtsfähigkeit als formale Rechtsqualität, die vom Recht anerkannte und geschützte Fähigkeit, Befugnisse zu haben und Verpflichtungen einzugehen[635]. Der Staat hat entsprechend dieselbe Persönlichkeit wie eine juristische Person im Privatrecht. Nur weil der Staat von den Prinzipien des öffentlichen Rechts beherrscht wird, besteht überhaupt ein Unterschied zu den juristischen Personen des Privatrechts[636].

Die Rechtsfähigkeit des Staates steht im unmittelbaren Zusammenhang mit der Staatsgewalt. Da der Staatsbegriff bei Laband durch die Merkmale Staatsgebiet, Staatsvolk und Staatsgewalt ausgefüllt wird[637], Gebiet und Volk aber nur Adressaten der Staatsgewalt sind, kommt der Definition der Staatsgewalt die größte Bedeutung zu.

---

ganische Staatsperson als Konstruktionsmittel der deutschen konstitutionellen Staatslehre, Diss., Marburg 1967, S.7f.

633. Laband, a.a.O., S.VI.

634. Vgl. Eduard Albrecht, Rezension über Maurenbrechers Grundsätze des heutigen deutschen Staatsrechts, Sonderausgabe, Darmstadt 1962; Fröhling, a.a.O., S.24.

635. Laband, a.a.O., S.84; Vgl. Fröhling, a.a.O., S.19 u.26.

636. Laband, a.a.O., S.95.

637. Laband, a.a.O., S.62ff., 78 u. 190.

Das entscheidende Unterscheidungsmerkmal der Staatsgewalt von anderen Möglichkeiten der Machtausübung sei die Erzwingbarkeit der Befolgung von Befehlen durch Anwendung physischer Gewalt[638], m.a.W. das Gewaltmonopol des Staates.

Das Subjekt der Staatsgewalt ist nicht ein Vertreter bzw. Organ des Staates, sondern der Staat selbst: "Alles, was man für die juristische Konstruktion und wissenschaftliche Durchbildung des Staatsrechts durch die Personifikation des Staats gewinnt, opfert man sofort wieder auf, wenn man den Monarchen oder das Volk oder wen sonst für das Subjekt der Staatsgewalt, für den eigentlichen Souverän erklärt. Denn man entzieht dadurch dem Staat eben das, was ihn im Rechtssinn zur Person macht, nämlich die Eigenschaft, Subjekt von Rechten zu sein, man macht ihn zum Objekt eines fremden Rechts oder löst ihn auf in ein Aggregat von Befugnissen eines Menschen oder einer Vielfalt von Menschen"[639].

Das Problem in dieser Lehre ist die Beziehung des Subjekts der Staatsgewalt, des Staates, zu den für ihn handelnden Organen und zu seinen Mitgliedern als seines sozialen Substrates. Im Deutschen Reich, als aus vorher souveränen Staaten gebildetem Bundesstaat, war diese Frage besonders schwierig zu lösen und hat bei Hozumi zu einem Mißverständnis geführt, auf das noch hinzuweisen sein wird.

2. Das Ergebnis der Verknüpfung von Hozumis und Labands Lehren

a) Recht und Rechtswissenschaft

Wegen ihrer Prägung durch die kulturellen Eigentümlichkeiten Japans wurde Hozumis Lehre oft als unlogisch und als unwissenschaftlich kritisiert[640]. Bei genauerer Betrachtung aber erkennt man eine eigentümliche Verschmelzung des Rechtspositivismus Labands mit den japanischen Traditionen in Hozumis Lehre.

Im deutschen Rechtspositivismus wurde Recht ausschließlich als gesetztes (positives) Recht verstanden.

---

638. Laband, a.a.O., S.70f.; Vgl. Fröhling, a.a.O., S.40.

639. Laband, a.a.O., S.94f.; Zur Trennung der Staatspersönlichkeit von den Organpersonen bei Laband: Ulrich Häfelin, Die Rechtspersönlichkeit des Staates, 1.Teil, Tübingen 1959, S.134f.

640. Z.B. Ienaga, a.a.O., S.159; Hasegawa, Kenpôgakushi (chû), S.174; Suzuki, Nihonkenpôgakushi-kenkyû, S.236ff.; In der Debatte um "*Kokutai*" kritisierte auch Minobe Hozumis Lehre in diesem Sinne.

Nach Laband ist jedes Gesetz ein Willensakt[641], nämlich die Äußerung eines Willen des Staates. Die Aufgabe der Rechtswissenschaft liege darin, die Erscheinungen des Rechtslebens, nicht nur zu beschreiben, sondern zu erklären und auf allgemeine Begriffe zurückzuführen[642].

Hozumi hielt Recht ebenfalls für den Willen des Staates[643], d.h. einen Befehl des Staates bzw. Souveräns[644]. So scheint sein Rechtsbegriff dem Labands nahezustehen. Aber genau hier läßt sich ein entscheidender Unterschied zwischen Laband und Hozumi beobachten: Die oben genannte Definition des Rechts hat nach Hozumi lediglich formale Bedeutung und umschreibt damit nur einen Teilaspekt des Rechtsbegriffs. Die materiale Bedeutung des Rechts liege in der Unterscheidung zwischen Gerechtigkeit und Unrecht[645]. Diese Unterscheidung beruhe auf den Idealen in der jeweiligen Gesellschaft, die ihre bestimmten Sitten hat. So werde ein Gesetz erst in Ehren gehalten, wenn es auch der Sitte entspricht. Daher ist es nach Meinung Hozumis nicht nur Aufgabe der Rechtswissenschaft, das Recht im formalen Sinne zu analysieren, sondern auch diese Sitte zu klären[646].

Diese Vorstellung von der engen Verbindung des Rechts mit der Sitte bei Hozumi führt dazu, daß die Überzeugung des Volkes, die ihrerseits mit dem japanischen Ahnenkult verbunden ist, zur zentralen Kategorie der Rechtswissenschaft wird. In der Einleitung seiner "Kenpô-teiyô" (Zusammenfassung der Verfassungsrechtslehre) legt er dar, daß er in diesem Buch die japanische Verfassung und *Kokutai* auf der Grundlage des Ahnenkultes erläutert[647].

Somit ermöglicht es die Methode der Staatsrechtslehre Hozumis, ideologische Elemente in den Bereich der Rechtswissenschaft einzuführen. Damit unterscheidet sie

---

641. Laband, a.a.O., Aufl.5, Bd.2, S.13.

642. Laband, a.a.O., Aufl.5, Bd.1, S.VI (Aus dem Vorwort zur ersten Auflage).

643. Hozumi, Kenpô-teiyô, S,154ff.

644. Hozumi, Ariga gakushi no hihyô ni taishi isasaka shuken no hontai wo akirakani su, in: Hozumi Yatsuka hakushi ronbunshû, S.151; vgl. Minear, a.a.O., S.82.

645. Hozumi, Hogaku no Kyôiku, in: Hozumi Yatsuka hakushi ronbunshû, S.253f.

646. Matsumoto, a.a.O., S.276.

647. Hozumi, Kenpô-teiyô, shôin, S.1.

sich von der Methode Labands, die eine rein wissenschaftliche Erklärung des Rechts zu liefern versucht[648].

b) Souveränität und Staatsgewalt

Für Laband ist die Souveränität eine mögliche, allerdings nicht notwendige Bedingung der Staatsgewalt. Da für ihn der Staat als juristische Person selbst die Staatsgewalt innehat und die Organe diese Gewalt lediglich ausüben, ist demgemäß der Staat selbst souverän, wenn seine Staatsgewalt souverän ist (was beispielsweise bei Gliedstaates eines Bundesstaates nicht der Fall sein muß)[649].

Nach Hozumis Definition bedeutet wie bei Laband die Souveränität die ihrem Wesen nach höchste unbeschränkte und unabhängige Gewalt[650]. Diese Gewalt wird bei Hozumi allerdings mit der Staatsgewalt gleichgesetzt. Staatsgewalt ist anders als bei Laband immer souveräne Gewalt.

Zwar erkennt Hozumi auch eine juristische Persönlichkeit des Staates an, kritisiert aber, wie erläutert, die Staatssouveränitätsidee als Wortspiel. Demgegenüber vertritt er für Japan die Lehre von der Souveränität des Monarchen.

Hier liegt ein entscheidender Unterschied zwischen Hozumi und Laband.

Allerdings bezeichnet auch Laband an einer Stelle seines "Staatsrechts des deutschen Reiches", die deutschen Fürsten und die Senate der freien Städte in ihrer Gesamtheit als Träger oder Inhaber der Reichssouveränität. Obwohl er sogleich ausführt, daß sie bei der Ausübung der daraus folgenden Mitgliedschaftsrechte nur als Organe ihrer Gliedstaaten handeln und die Gliedstaaten selbst Träger dieser Rechte und in ihrer Gesamtheit Träger der Reichssouveränität sind, liegt hier ein Ansatzpunkt dafür, Laband mißzuverstehen und ihn in die Nähe der Vertreter einer Souveränität einer konkreten Person oder Organsouveränität zu rücken[651]. Dies legen auch einige weitere Äußerungen Labands nahe[652]. So schreibt er z. B., daß der Kaiser "nicht Beamter sein (kann),

---

648. In diesem Zusammenhang stellt Minear fest, daß Jurisprudenz für Hozumi keine Wissenschaft war (Minear, a.a.O., S.88).

649. Vgl. Laband, Bd.1, S.72.

650. Siehe oben S.156.

651. Laband, Bd.1, S.97f., wo er auch selbst auf diese Gefahr hinweist.

652. Vgl. dazu Fröhling, a.a.O., S.109f.; Gierke, a.a.O., S.50f.: "Er (=Laband) geht von dem Prinzip der 'Staatssouveränität'aus und erklärt ausschließlich den Staat als

wie der Präsident einer Republik, *weil er Mitsouverän ist* (Hervorhebung d. Vef., N.K.), und er kann nicht Monarch sein, weil er nicht alleiniger Souverän ist"[653].

"Der Kaiser ist nicht der Monarch des Reiches, d.h. Souverän desselben; die Reichsgewalt steht nicht ihm, sondern der Gesamtheit der Deutschen Bundesfürsten und freien Städte [...] zu"[654].

Da in Hozumis Lehre Staatssouveränität und Souveränität des Tennô gleichgesetzt werden, liegt die Vermutung nahe, daß er auch in diesem Punkt von den mißverständlichen Ausführungen Labands beeinflußt wurde.

Wie erläutert setzt Hozumi Organ und Körperschaft gleich[655]. Dies ermöglicht es ihm, die Lehre von der Staatssouveränität damit zu vereinbaren, daß er dem Tennô die volle Staatsgewalt zubilligt.

Als Grund, weshalb er so die Vorstellung der Staatssouveränität in ihr genaues Gegenteil, die Vorstellung einer persönlichen Souveränität des Tennô, uminterpretiert, gibt Hozumi den geschichtlichen Hintergrund der Staatssouveränitätslehre an.

Diese entstand in Deutschland vor dem Hintergrund der deutschen konstitutionellen Monarchie mit ihren beiden widerstreitenden Momenten, dem monarchischen Prinzip und der Volksvertretung, die jeweils die monarchische Souveränität und die Volkssouveränität verkörperten. Zur Zeit Labands konnte auch in Deutschland die Welle der Demokratisierung nicht negiert werden. Um die politische Stellung der herrschenden Monarchen dagegen zu sichern, benötigte man eine entsprechende Theorie der Souveränität. Durch die Lehre von der Staatssouveränität konnte Laband die Frage umgehen, wem konkret die Souveränität zuzusprechen sei[656], indem er sie dem Staat

---

solchen für das eigentliche 'Subjekt der Staatsgewalt'[...]. Allein obwohl er somit auch in dem 'Souverän', mag derselbe nun ein Monarch oder das Volk oder wer sonst sein, nur ein Organ der allein aus originärem Recht souveränen Staatspersönlichkeit erblickt, identifiziert er doch im Erfolge den Staat als handelndes Wesen durchaus mit seinem souveränen Organe".

653. Laband, a.a.O., Bd.1, S.216.

654. Laband, a.a.O., Bd.1, S.56.

655. Siehe oben S.156.

656. Vgl.Fröhling, a.a.O., S. 120; Helmut Quaritsch, Staat und Souveränität, Bd.1, Frankfurt a.M. 1970, S.499ff.; Peter von Oertzen, Die soziale Funktion des staatsrechtlichen Positivismus, S.186f.

selbst zubilligte und so eine Entscheidung über den tatsächlichen, konkreten Inhaber der Staatsgewalt vemied.

Genau wegen dieses geschichtlichen Hintergrund des Staatssouveränitätsbegriffs wendet sich Hozumi gegen seine Übernahme in Japan[657]. Hozumi betont, daß die Entwicklung des Staatssouveränitätbegriffs in Deutschland wegen des oben genannten Hintergrundes erforderlich war. Seiner Ansicht nach braucht man aber in Japan keinen solch unklaren Begriff, da die japanische *Kokutai* die monarchische Souveränität bedeutet. Auch sei es in Japan nicht nötig, dem Monarchen eine bloße Organstellung zuzuschreiben.

Hier wird deutlich, daß Hozumi theoretisch der Lehre Labands nicht fern stand. Hozumi wandte sich lediglich dagegen, mit der Staatssouveränitätsidee das japanische Staatssystem zu erklären. Hozumi deutet ja sogar an, daß er gerade aufgrund der labandschen Lehre[658] den Monarchen als Inhaber der Souveränität mit dem Staat gleichsetzt.

Dieses Konzept Hozumis zeigt aber gleichzeitig, daß die Vorstellung einer juristischen Persönlichkeit des Staates sowie der daraus entwickelte Begriff der Organschaft wenig Sinn haben, soweit er das Souveränitätsproblem mit dem *Kokutai*-Begriff erklären will. Im *Kokutai*-Begriff wird der Tennô als Träger der gesamten Staatsgewalt mit dem Staat gleichgesetzt. Diese Vorstellung kann zwar auch mit einer (wie erläutert falschen) Interpretation der Labandschen Begriffe erklärt werden, ist aber bei Hozumi keine Folge theoretischer und systematischer Überlegung und Begriffsbildung, sondern ideologische Voraussetzung. In diesem Sinne spielt die Labandsche Lehre bei Hozumi keine wesentliche Rolle. Dies wird im folgenden in bezug auf die Frage der Staatsform näher erläutert.

c) Die Staatsform

Hozumi unterscheidet *Kokutai* und *Seitai*[659]. Da es bei der *Kokutai* um den Träger der Souveränität gehe und da sie von der *Seitai* unbeeinflußt bleibe, habe trotz der verschiedenen Regierungssysteme in der japanischen Geschichte, die eben lediglich die

657. Hozumi, in: Hoshijima (Hrsg.), a.a.O., S.90ff.

658. In Kenpô-teiyô (S.56) hält Hozumi es für selbstverständlich, daß die Souveränität dem Staat zukomme. Seiner Meinung nach erklärt aber die Lehre von der Staatssouveränität nichts.

659. Siehe oben S.160.

Seitai betrafen, die *Kokutai* von Anfang an und unverändert Bestand gehabt[660]. Dieser *Kokutai*-Begriff Hozumis ist dem labandschen Begriff der Staatssouveränität ähnlich, die ja ebenfalls das Wesen des Staates ausmacht, und damit unabänderlich ist. Auch nach der positivistischen Rechtslehre bleibt die Staatssouveränität als Grundlage des Staates trotz der verschiedenen Staatsformen unverändert.

Aufgrund der Zwei-Ebenen-Konstruktion Hozumis kann der Eindruck entstehen, daß beide Lehren eine ähnliche Funktion haben. Doch muß beachtet werden, daß Laband die Souveränität einer anderen Ebene zuordnet als Hozumi. Während die *Kokutai* bei Hozumi mit der Zuordnung der Souveränität auf einen konkreten Träger gleichzusetzen ist und damit die Frage der Staatsform umfaßt[661], ist die Frage, wer Subjekt der Staatsgewalt ist, bei Laband gerade kein Problem der Staatsform. Dies ist bei ihm immer der Staat selbst. Für Laband bedeutet Staatssouveränität gerade nicht ein Problem der Zuordnung der Staatsgewalt an eine konkrete Instanz.

Dieser Unterschied zwischen den beiden Lehren führt dazu, daß beide zu ganz entgegengesetzten Ergebnissen führen. Da in Hozumis Lehre die *Kokutai* im japanischen Staat immer die Souveränität des Tennô beinhaltet, werden der Staat als Subjekt der Staatsgewalt und der Tennô gleichgesetzt und ist auch die Frage nach der Staatsform entschieden.

Wenn bei Laband die Souveränität des Staates als unveränderlich beschrieben wird, bedeutete das dagegen nicht, daß dadurch eine bestimmte Staatsform festgelegt war.

---

660. Hozumi, Kokutai no isetsu to jinshin no keikô, in: Hozumi Yatsuka hakushi ronbunshû, S.956. Insoweit es sich bei der *Kokutai* darum handelt, wem die Souveränität zusteht, ist im allgemeinen die *Kokutai* in einem Staat nach der Lehre Hozumis veränderlich. Nur in Zusammenhang mit dem japanischen Staat behauptet Hozumi, daß sich die japanische *Kokutai* seit dem Anfang der japanischen Geschichte nicht geändert habe.

661. Hozumi, Kenpo-teiyo, S.52f.; ders., Rikkensei no honshi, in : Hozumi Yatsuka hakushi ronbunshû, S.454.

d) Die Rechte und Pflichten der Bürger
und die Selbstbeschränkung des Staates

Der Rechtspositivismus ist nicht automatisch mit einem politischen oder wissenschaftlichen Konservativismus verbunden[662]. De facto unterstützte Labands Lehre aber eine konservative Richtung.

Nach Definition Labands ist der Staatsbürger "Objekt staatlicher Herrschaft"[663]. Die Staatsangehörigkeit sei kein subjektives Recht sondern ein Zustand der Untertanschaft gegenüber einer bestimmten Staatsgewalt[664]. Somit bedeutet für Laband die Zugehörigkeit zum Staat Gehorsam gegenüber dem Staat. Dies war eine Folge der Absolutheit der Staatsgewalt. Im Staat müsse jedes Individuum als Objekt der Staatsgewalt gehorsam sein, um alle Befehle durchführen zu können, die die Staatsgewalt an den Untertan als Adressaten richtet[665].

Auch bei Hozumi haben die Individuen die Pflicht zum Gehorsam als Pendant zur absoluten und unbeschränkten Staatsgewalt[666].

Beide Lehren betrachten die Rechte und Pflichten der Individuen nur als Reflex einer Selbstbeschränkung der Staatsgewalt[667]. Beide gehen in der Frage der Rechte der Untertanen vom Wesen des Staates bzw. der Staatsgewalt aus. Laband definiert den Begriff "Freiheitsrechte" bzw. "Grundrechte" als "Normen für die Staatsgewalt, welche dieselbe sich selbst gibt, sie bilden Schranken für die Machtbefugnisse der Behörden, sie sichern dem Einzelnen seine natürliche Handlungsfreiheit in bestimmtem Umfange, aber sie begründen nicht subjektive Rechte der Staatsbürger"[668].

Hozumi übernahm diese Definition. Eine Auseinandersetzung mit dem Menschenrechtsgehalt der Freiheit im Staat findet man weder bei Laband noch bei Hozumi.

---

662. Vgl. dazu Peter von Oerzen, Die Bedeutung C.F. von Gerbers für die deutsche Staatsrechtslehre, in: Staatsverfassung und Kirchenordnung (Festgabe für Rudolf Smend zum 80. Geburtstag am 15. Januar 1962), Tübingen 1962, S.186f.

663. Laband, a.a.O., 5. Aufl., Bd.1, S.158.

664. Laband, a.a.O., Bd.1, S.140.

665. Laband, a.a.O., Bd. 1, S.69.

666. Hozumi, a.a.O., S.21 u.348.

667. Vgl. oben S.161f.; Hozumi, Teikoukenpô no hôri, in.: Hozumi Yatsuka hakushi ronbunshû, S.62; Laband, a.a.O., Bd.1, S.140 u. 151.

668. Laband, a.a.O., Bd.1, S.151.

Die Absolutheit der Staatsgewalt bei Laband wird aus der formalen Unbeschränktheit der Staatsgewalt gefolgert. Laband erkennt, daß die unbeschränkte Gewalt des Staates nur formal besteht, da faktisch die Notwendigkeit der Erfüllung verschiedener gesellschaftlicher Forderungen im Staat die Staatsgewalt beschränkt[669]. Aus ihrem oben genannten "Zustand" heraus haben einzelne Bürger einen Anspruch auf die Erfüllung der Aufgaben, welche der Staat seinen Angehörigen gegenüber übernommen hat[670]. Diese staatlichen Aufgaben werden durch Ausübung der Herrschaftsrechte verwirklicht, wenn es notwendig und nützlich erscheint[671].

Demgegenüber ist die Staatsgewalt bei Hozumi nicht nur formal unbeschränkt sondern auch tatsächlich. Hozumi erklärt, daß die Souveränität bzw. die Staatsgewalt heilig sei, und man deshalb nicht in diese eingreifen könne[672]. Die Staatsgewalt erhält damit nicht nur eine formale, rechtstheoretische Fundierung, sondern auch eine ethisch-religiöse. Die Staatsgewalt ist für ihn daher nicht nur in einem rechtlichen sondern auch in einem ethischen Sinne unbeschränkbar. Dies ermöglicht bei Hozumi die Anerkennung einer unbeschränkten, freien Machtausübung des Staates bsw. des Monarchen.

Hier wird ein Unterschied zwischen den Zwecken der beiden Lehren deutlich: Die Rechtslehre Labands verfolgt den Zweck, die rechtliche Stellung des Staates zu klären, während Hozumis Lehre versucht, die Stellung des Tennô als des Souveräns auch politisch zu sichern.

e) Die Gewaltenteilung

Das Wesen der Gewaltenteilung liegt für Hozumi darin, die Tätigkeit von Gesetzgebung, Vollziehung der Gesetze und Rechtsprechung voneinander abzugrenzen und dadurch die Unabhängigkeit der Organe der Staatsgewalt zu verwirklichen[673].

Hozumi teilt den Begriff Staatsgewalt in zwei Dimensionen ein: einerseits die höchste unbeschränkte Macht des Staats und andererseits die in der Verfassung niedergelegte Gewalt[674]. Letztere sei in die oben genannten Teile aufgegliedert.

---

669. Minear, a.a.O., S.48.
670. Laband, a.a.O., Bd.1, S.152.
671. Laband, a.a.O., Bd.1, S.69.
672. Hozumi, Kenpô-teiyô, S.21.
673. Hozumi, a.a.O., S.107.
674. Hozumi, a.a.O., S.19ff. u. 64ff.

Diese Aufspaltung des Begriffs der Staatsgewalt ermöglichte es Hozumi, ideologische Manipulationen vorzunehmen und die eigentliche Bedeutung der Gewaltenteilung abzuwerten, da in seiner Theorie der Schwerpunkt auf die Staatsgewalt im ersten Sinne gelegt wurde. Das Ergebnis war, daß trotz der verfassungsrechtlichen Rechte anderer Staatsorgane dem Tennô die alleinige Inhaberschaft der Staatsgewalt, nämlich der im ersteren Sinne, zugebilligt werden konnte.

Demgegenüber verneinte Laband die Existenz der Gewaltenteilung[675]. Nach seiner Lehre muß die Staatsgewalt nicht nur einzigartig, sondern auch einheitlich sein, um ihre Effektivität zu gewährleisten[676]. Eine Gewaltenteilung schädige die Einheit der Staatsgewalt. Gesetzgebung, Rechtsprechung und Verwaltung seien nicht abgegrenzte Bereiche, sondern Formen der Ausübung einer einheitlichen Gewalt[677] "für verschiedenartige staatliche Vorgänge"[678]. Aufgabe der Rechtswissenschaft sei es, klarzustellen wie diese drei Funktionen der Staatsgewalt objektiv eingeteilt werden können. Das Wesen der Staatsgewalt sei es, daß sie dem Bürger handelnd und zwingend gegenübertritt. Insoweit bedarf es bei Gesetzen und Rechtsprechungsakten noch des Vollzugs. bei dieser Aufteilung handelt es sich aber nur um verschiedene Phasen der Ausübung der Staatsgewalt, Rechtsprechung und Gesetzgebung bereiten den eigentlichen Vollzugsakt nur vor. Die das Wesen der Staatsgewalt ausmachende Vollzugsgewalt sei aber ungeteilt und unteilbar[679].

Die Kritik Labands an der Lehre von der Gewaltenteilung beruht hauptsächlich auf seiner Auslegung des Begriffes "Gewaltenteilung"[680].

---

675. Laband, a.a.O., Bd.2, S.172ff.; Fröhling, a.a.O., S.44.

676. Laband, a.a.O., Bd.1, S.273.

677. "Gesetzgebung, Verwaltung und Rechtspflege [haben] nicht voneinander scharf abgegrenzte Gebiete [...], sondern [...][sind] lediglich Formen [...], in welchen die eine und unteilbare, der einheitlichen Persönlichkeit des Staates entsprechende, Staatsgewalt zur Erscheinung kommt und wirksam wird" (Laband, a.a.O., Bd.1, S.273); Laband, a.a.O., Bd.1, S.300: "Die Gesetzgebung ist nicht ein Teil der Staatsgewalt, sondern eine Form, in welcher sie sich äußert; es gibt keine legislative Gewalt, sondern nur eine Betätigung der Staatsgewalt in der Form des Gesetzes".; Vgl. Fröhlung, a.a.O., S,45; Laband, a.a.O., Bd.2, S.176.

678. Laband, a.a.O., Bd.2, S.176.

679. Laband, a.a.O., Bd.2, 176.

680. Zur Bedeutung der Gewaltenteilung im allgemeinen: vgl. Christoph Link, Herrschaftsordnung und bürgerliche Freiheit, Wien, Köln u. Graz 1979, S.183ff.

Hozumi kritisiert seinerseits die labandsche Ablehnung der Gewaltenteilung[681]. Er behauptet, daß die Gewaltenteilung nicht die Teilung der Staatsgewalt selbst, sondern die Teilung der Staatsaufgaben bedeutet, und sieht diesen Begriff als von der Verfassung vorgegebenen[682]. Seiner Ansicht nach bedeutet die Gewaltenteilung keine Souveränitätsteilung; sie sei nicht ein Problem der *Kokutai* sondern der *Seitai*[683]. Gesetzgebung, Verwaltung und Rechtsprechung seien lediglich von der Verfassung festgelegte Ausübungsformen der Staatsgewalt. Hozumi betrachtet hier allein die Beziehung der drei je nach Verfassung unterschiedlich abgrenzbaren Gewalten zur Souveränität und nicht wie Laband die Definition der Funktionen der drei klassischen Gewalten als allgemein staatstheoretisches Problem. Hozumi umgeht so die labandsche Kritik an der Gewaltenteilung und reduziert das Problem der Gewaltenteilung auf ein Auslegungsproblem der jeweiligen Verfassung.

Hozumi versucht, dieses Auslegungsproblem und v.a. die Frage des Verhältnisses der verfassungsmäßigen Gewalten zur Souveränität des Tennô mit der Unterscheidung von rechtlichem und natürlichem Willen zu klären[684]. Der rechtliche Wille und die Gewalt des Staates als juristische Person werden zunächst durch den natürlichen Willen des Tennô begründet. Bei der Aufteilung der Staatsgewalt werde die Ausübung der Staatsgewalt vom natürlichen Willen der jeweiligen Organwalter abhängig gemacht, aber immer noch dem rechtlichen Willen des Staates bzw. Tennô zugerechnet. Im Ergebnis war das Problem der Gewaltenteilung für Hozumi daher lediglich ein rechtspolitisches Problem, das durch den jeweiligen Staatswillen entschieden werde[685].

Auch dieses Problem wird von Hozumi in zwei Dimensionen aufgeteilt: den höchsten und unbeschränkten Willen und die daraus resultierende Gewalt des Souveräns einerseits, auf der anderen Seite der unter diesem liegende Wille der Staatsorgane und die daraus resultierende Gewalt. Hozumi betont dabei die Rolle der ersteren und schrieb der letzteren nur eine Hilfsrolle zu. Die Gewaltenteilung erhält so eine unterge-

---

681. Nach Hozumi ist die Ablehnung der Gewaltenteilung durch die Lehre von der Staatssouveränität falsch, da die Gewaltenteilung in dem von ihm herausgearbeiteten Sinn keine wirkliche Teilung der unteilbaren Souveränität bedeute (Hozumi, Kenpô-teiyô, S.108).

682. Hozumi, Kenpô-teiyô, S.107 u.113.

683. Ders., a.a.O., S.108.

684. Ders., a.a.O., S.394. Nach Hozumi beruht eine staatliche Gewalt auf einem rechtlichen Willen. Dieser Wille wird aber durch einen menschlichen Willen gebildet (ders., a.a.O., S. 114).

685. Vgl. dens., a.a.O., S.110ff.

ordnete Bedeutung, obwohl gleichzeitig Hozumi die Gewaltenteilung als ein notwendiges Element des Konstitutionalismus betrachtet.

Die Gewaltenteilung bedeutet hier nicht die Teilung der entscheidenden Gewalt des Staates sondern die Teilung einer Hilfsgewalt des Souveräns. Die These der Einheitlichkeit der Staatsgewalt bei Laband wird so durch Hozumi lediglich modifiziert. Wie bei Laband sind die drei Gewalten der höchsten, unteilbaren Staatsgewalt untergeordnet.

f) Zusammenfassung

Der Unterschied der beiden Lehren liegt vor allem in ihrer Zwecksetzung. Hozumis Lehre ist sehr eng mit dem Tennôkult verbunden. Ihr Zweck liegt hauptsächlich in der Sicherung der Stellung des Tennô.

In der Lehre Hozumis hat der Begriff der Überzeugung des Volkes als Grundlage der *Kokutai* eine zentrale Bedeutung. Dieser Begriff gleicht dem des Volksgeistes im Sinne der deutschen historischen Rechtsschule[686]. Für Hozumi ist es wichtiger, mit die-

---

686. Nach der romantischen Auffassung bedeutet der Volksgeist "die einem Volk innewohnenden, z.T. unbewußt wirksamen schöpferischen Kräfte, in denen Sprache, Lieder und Sagen, Sitten, Bräuche und Rechtsformen dieses Volkes wurzeln" (Artikel: "Volksgeist", in: Brockhaus Enzyklopädie, 17.Aufl., Bd.19, 1974, S.696). Im juristischen Bereich findet man den Begriff Volksgeist erst in der Lehre der deutschen historischen Rechtsschule, die die Grundlage für den Rechtspositivismus darstellte. Die historische Rechtsschule beschäftigte sich nur damit, was an rechtlichen Wertungen wirklich historisch begründet werden konnte. Insoweit man aber Sein und Sollen trennt, bleiben rechtliche Wertungsaussagen historisch unbegründbar, weil die Geschichte zur Seinssphäre gehört. Der Begriff Volksgeist war das Produkt dieses Dilemmas der historischen Rechtsschule. Friedrich Karl von Savigny (1779-1861) stellte z.B. das Wesen des Rechts als das Leben der Menschen selbst und damit das Recht als eine Erscheinung des Volksgeistes vor (vgl. Friedrich Carl von Savigny, Vom Beruf unsrer Zeit für Gesetzgebung und Rechtswissenschaft, Heidelberg 1814, S.11; Reinhold Zippelius, Rechtsphilosophie, 2.Aufl., München 1989, S.18f.). Somit wurde "Volksgeist" zum "Stichwort des neuen Naturrechts" (Wolfgang Fikentscher, Methoden des Rechts, Bd.3, Tübingen 1976, S.40). Savignys Theorie vom Volksgeist wurde in der Lehre vom Gewohnheitsrecht von Georg Friedrich Puchta (1798-1846) entfaltet, der der Rechtswissenschaft den Weg zur formalen Begriffsjurisprudenz wies. Den Rechtspositivisten wurde aber schnell klar, daß es unsinnig sei, das abstrakte Wort Volksgeist in einer Lehre zu benutzen und zu hoffen, hierdurch werde sich eine Erklärung konkreter Rechtsfragen finden. Sie kamen zu dem Ergegnis, daß es nur sinnvoll sei, sich allein mit dem positiven Recht zu beschäftigen. Durch das daraus folgende Außerachtlassen aller irratio-

sem Begriff seine Souveränitätsvorstellung begründen zu können, als seine genaue Bedeutung herauszuarbeiten. Die Souveränität wurde bei ihm entsprechend durch die Überzeugung des Volkes bestimmt[687]. Die tennôische Staatsform in Japan sei viel älter als die Monarchie in den europäischen Ländern. Die Geschichte zeige, daß diese Staatsform aus der Überzeugung des Volkes im rechtshistorischen Sinne stamme. Hozumi rechtfertigte damit das tennôische Staatssystem als Grundlage des Staates.

Der Begriff des Volksgeistes bei Hozumi beruht auf einer geschichtlichen Betrachtung und hat eine eher politische als rechtswissenschaftliche Bedeutung.

Dies bedeutet gleichzeitig, daß sich seine Lehre vom Positivismus entfernt. Das Anliegen des deutschen Rechtspositivismus war es ja gerade, sich allein mit dem positiven geltenden Recht zu beschäftigen, also außerrechtliche Elemente von der Betrachtung auszuschließen. Beide Lehren haben somit ganz verschiedene Funktionen und Voraussetzungen. Da sich Hozumi darauf konzentrierte einen Begriff in die Rechtswissenschaft zu integrieren, der eine geschichtliche Erfahrung ausdrückt, stand er in krassem Gegensatz zum Rechtspositivimus, der solche Begriffe gerade ausscheiden wollte.

Daher wurden von Hozumi nicht Labands rechtspositivistische Methode als die Grundlage bzw. das Prinzip seiner Lehre rezipiert, sondern nur einzelne aufgrund dieser Methode gewonnene Folgerungen. Hozumis Souveränitätsbegriff, die Vorstellung von den Grundrechten als Gesetzesreflexen und das Konzept der Einheit der Staatsgewalt zeigen zwar Parallelen zur Lehre Labands, sind aber bei Hozumi keine Schlußfolgerung aus einer rechtspositivistischen Betrachtung. Hozumi hat nur insoweit, als es der tennôischen Staatsvorstellung nicht widerspricht, Elemente aus Labands Lehre übernommen. Dessen Rezeption war in diesem Zusammenhang Stückwerk.

Andererseits läßt sich eine interessante Beziehung zwischen der Lehre Hozumis und der Labands beobachten: Der Rechtspositivismus sah das formelle Recht als die höchste Macht im Staat an. Da ein vorgegebener Inhalt des Rechts durch den Rechtspositivismus gerade nicht definiert wurde, wurde der Begriff Recht zu einer Hülse ohne

---

nalen Elemente verlor der Begriff des Volksgeistes seine Bedeutung (vgl. dazu Walter Wilhelm, a.a.O.; Minear, a.a.O., S.36ff.; Hans-Joachim Koch [Hrsg.], Seminar, Die juristische Methode im Staatsrecht, Frankfurt a.M. 1977, S.61f.). Über den Begriff Volksgeist der historischen Rechtsschule noch vgl. Horst Heinrich Jakobs, Die Begründung der geschichtlichen Rechtswissenschaft, Paderborn, München, Wien u. Zürich 1992; Karl Larenz, Methodenlehre der Rechtswissenschaft, 6. Aufl., Berlin, Heidelberg u. New York 1991, S.13ff.

687. Hozumi, Kenpô-teiyô, S.70ff.; vgl. dazu Minear, a.a.O., S.68.

Kern. Dies ermöglichte es, jede Ideologie in Gesetzesform zu gießen, ohne daß die Frage gestellt werden konnte, ob diese Gesetze Recht in einem materiellen Sinn bedeuten. Somit erleichtert es der Rechtspositivismus, bestehende politische Verhältnisse aufrechtzuhalten.

Insoweit führt der Rechtspositivismus auf die japanische Rechtsordnung mit ihrer Ideologie des Tennôkultes angewendet zum gleichen Ergebnis wie Hozumis Lehre. Theoretisch gesehen entwickelte Hozumi seine Lehre aber in umgekehrter Denkrichtung zu der Labands. Da bei Hozumi der Wille des Tennô, bei Laband das Recht die theoretische Grundlage ist, wurden die Schlußfolgerungen der Lehre Labands zu den Grundlagen der Lehre Hozumis. Folgendes Beispiel zeigt dies:

Die rechtspositivistische Lehre vom Staat als juristische Person verfolgte den Zweck, die Auseinandersetzung zwischen dem Monarchen und dem Volk im Begriff der Staatssouveränität aufzulösen. Da das wichtigste Element der Staatspersönlichkeit der Wille des Staates ist, kam diese Lehre demjenigen zugute, der diesen Willen in die Tat umsetzte. Dadurch konnte diese Theorie der Rechtfertigung des jeweiligen Inhabers der tatsächlichen Gewalt dienen. Betrachtet man Labands Lehre, so versteht man schon hier, daß der Rechtspositivismus, obwohl er auch die Demokratie prinzipiell zu erklären vermag, in der damaligen Situation die bestehenden monarchischen Verhältnisse unterstützte[688].

Labands Begriff des Staates als Persönlichkeit wurde in Hozumis Lehre aufgenommen. Hozumi stellte den Willen des Staates in den Vordergrund seiner wissenschaftlichen Untersuchung. Dabei setzte er den Willen des Tennô mit dem Willen des Staates gleich. Der Begriff der Staatspersönlichkeit sorgte in Hozumis Lehre für die theoretische Untermauerung der Stellung des Tennô. Hier benutzte Hozumi seine Lehre als Mittel zur Begründung einer bestimmten Ideologie.

Der Staatspersönlichkeitsbegriff Hozumis kann damit als eine Realisierung der legitimatorischen Tendenz des Rechtspositivismus betrachtet werden.

---

688. Dazu: Wilhelm, a.a.O., S.123: " Solche Rechtswissenschaft, die das Recht formalisierte, hatte zumal in einer Zeit gesellschaftlicher Umwälzungen, eine Doppelfunktion: sie mochte der Rechtfertigung und Erhaltung bestehender Rechtszustände dienen oder überhaupt eine bequeme Ausflucht vor den rechtspolitischen Entscheidungen der Zeit eröffnen".
Vgl. Peter von Oertzen, Die Bedeutung C.F. von Gerbers für die deutsche Staatsrechtslehre, S.185ff.

D. Die Staatsrechtslehre der Tennô-kikan-setsu-Schule

I. Die Staatsrechtslehre der Vorgänger Minobes

Wie oben erwähnt (C.I.) wurde die *Tennô-kikan-setsu* (die Lehre von der Organstellung des Tennô) von den Lehrern des Lehrstuhls für Staatsrechtslehre an der Universität Tokyo, hauptsächlich aber von Minobe Tatsukichi vertreten.

Es war ein Deutscher, *Karl Rathgen*, der den ersten Lehrstuhl für Staatsrechtslehre an der juristischen Fakultät der Universität Tokyo erhielt, obwohl er eigentlich kein Staatsrechtler, sondern Wirtschaftswissenschaftler war. Sein Nachfolger war der Staatsrechtler *Sueoka Seiichi* (1855-1894)[689], der dort von 1890 bis 1894 lehrte. Nachdem Sueoka sehr früh gestorben war, wurde *Ichiki Kitokurô* (1867-1944)[690], bei dem Minobe Tatsukichi studierte, Inhaber dieses Lehrstuhls[691].

Sueoka und Ichiki sind als Vorläufer der *Tennô-kikan-setsu* Minobes zu bezeichnen. Es gibt wenig Literatur, die Auskunft über die Lehre der beiden gibt, da Sueoka sehr früh verstarb und kein systematisches Werk verfaßt hat (lediglich eine Sammlung seiner kürzeren Abhandlungen ist vorhanden) und sein Nachfolger Ichiki Kitokurô im allgemeinen staatsrechtlichen Bereich außer seinem Werk über das Budgetrecht lediglich ein Vorlesungsmanuskript hinterlassen hat[692].

Jedoch sollen unter Zuhilfenahme dieser Quellen die Grundzüge der Ansichten dieser beiden Lehrer über die konstitutionelle Monarchie kurz skizziert werden.

---

689. Sueoka Seiichi: Staats- u. Verwaltungsrechtler. Zuerst studierte er Philosophie an der Tokyo-Universität. Nach dem Studienbschluß in Japan hielt er sich von 1882 bis 1886 zum juristischen Studium in Berlin und in Wien auf. Kurz nach der Rückkehr von Europa wurde er Professor an der juristischen Fakultät der Tokyo-Universität.

690. Ichiki Kitokurô: Staats- sowie Verwaltungsrechtler und Politiker. Nach dem Studium an der juristischen Fakultät der Tokyo-Universität 1887 trat er ins Innenministerum ein. 1894, nach einem Studienaufenthalt in Deutschland, wurde er Pfofessor an der juristischen Fakultät der Tokyo-Universität und gleichzeitig hoher Beamter des Innenministeriums. Weiter wurde er 1900 zum Mitglied des Herrenhauses, 1902 zum Chef des Legislationsbüro des Kabinetts, 1914 zum Kultusminister, 1915 zum Innenminister, 1924 zum Vizepräsident des geheimen Staatrats und 1934 zum Präsident des geheimen Staatsrats ernannt.

691. Hasegawa, Kenpôgakushi (chû), S.187f.

692. Ienaga, Nihonkindaikenpôshishôshi-kenykû, S.136ff.

Ein Hauptelement ihrer Lehre war die Betonung der "juristischen" Betrachtung des Staates. Dabei wurde betont, daß die rein juristische Untersuchung des Staates bedeutender ist als die Betrachtung der Geschichte oder der Lehren anderer Länder mit dem Versuch, daraus Folgerungen für das eigene System abzuleiten. Mit einer solchen vergleichenden Methode begebe man sich in die Gefahr, von einer bestimmten Lehre oder einer bestimmten Verfassung eines anderen Landes abhängig zu werden. Da aber jeder Staat seine eigene Geschichte und Besonderheit hat, führe dies zu unbrauchbaren Ergebnissen. Die Geschichte sowie die juristische Literatur anderer Länder seien zwar als ergänzendes Material wichtig, im Vordergrund müsse aber die juristische Auslegung jedes Artikels der Verfassung aufgrund seines Wortlautes stehen[693].

Der Staat wurde dabei als juristische Person angesehen. Sueoka führt dazu folgendes aus: Während in einer Republik das Volk oder ein Vertreter des Volkes durch dessen Mandat die Herrschaftsgewalt innehabe, vereinige in der konstitutionellen Monarchie der Monarch die Herrschaftsgewalt in sich. Dies aber bedeute nicht, daß der Staat in der konstitutionellen Monarchie mit dem Monarchen gleichzusetzen ist. Der Monarch sei das Oberhaupt des Staates als juristische Person, aber nicht der Staat selbst[694].

Sueoka begründete dies mit dem Wortlaut von Art. 4 der Meiji-Verfassung[695], da in diesem Artikel der Begriff Oberhaupt nicht mit dem Begriff Staat gleichgesetzt ist[696].

Die konstitutionelle Monarchie könne nicht von der Despotie unterschieden werden, wenn der Tennô die Macht besäße, Rechtswidriges zu tun. So sei die Macht des Monarchen in der konstitutionellen Monarchie nicht grenzenlos. Dieser könne die rechtliche Grenze seiner Macht nicht überschreiten, da er allein die Gesetze nicht ändern kann. So gebe es auch keinen grenzenlosen Gehorsam der Untertanen. Wenn der Tennô die Verfassung erlasse, werde seine Macht im Wege einer Selbstbindung beschränkt.

Nur weil und insoweit er noch die Macht besitzt, die Verfassung abzuschaffen oder neu zu erlassen, sei er souverän.

---

693. Sueoka Seiichi, Hikaku-kokuhôgaku, Tokyo 1901, S.106f.

694. Sueoka, a.a.O., S.5.

695. Siehe Anhang II.

696. Sueoka, a.a.O., S.7.

Damit kritisiert Sueoka die Lehre, daß der Monarch allein die Gesetzgebungsgewalt innehaben müsse[697]. Der Monarch bleibe als pouvoir constituant Souverän, auch wenn seine Gesetzgebungsmacht beschränkt ist.

Diese Ausführungen Sueokas zeigen einerseits, daß er nicht die Lehre von der Staatssouveränität, sondern die von der Souveränität des Monarchen vertrat. Andererseits aber lehnte er die Gleichsetzung des Tennô mit dem Staat ab und versuchte, die Einschränkung der monarchischen Macht im Gesetzgebungsbereich mit der Souveränität des Tennô in Einklang zu bringen und damit zu rechtfertigen. Insoweit kann man ihn als einen Vorläufer der Lehre Minobes bezeichnen.

Die Entscheidungsmacht des Tennô wurde von Ichiki Kitokurô noch weiter beschränkt. Da die Verfassung keinen klaren Artikel über das Budgetrecht des Tennô enthalte, hat nach Ichikis Auffassung der Tennô darüber keine Entscheidungsmacht. Nach Art. 67 der Meiji-Verfassung kann das Parlament bestimmte Ausgaben ohne Einverständnis der Regierung weder verweigern noch herabsetzen. Das bedeutet nach Ichiki, daß umgekehrt außerhalb des Bereiches der Ausgaben, die in Art 67 geregelt sind, das Parlament auch gegen die Regierung bzw. den Tennô stimmen kann[698]. Dem Parlament komme daher die alleinige Entscheidungsmacht über den Haushaltsplan zu.

Auch von der Ministerverantwortlichkeit werde die Macht des Tennô beschränkt. Die Minister übernähmen die Verantwortung dafür, daß das politische Handeln des Monarchen verfassungs- und gesetzmäßig sei. Deswegen könne es ein Minister unter Berufung auf seine Verantwortlichkeit ablehnen, verfassungs- oder gesetzeswidrige Handlungen durchzuführen[699].

In den Schriften der beiden Staatsrechtler findet man keine Ausführungen über das gesamte Verfassungs- bzw. Staatssystem. In diesen fragmentarischen Darstellungen wird aber ihre fortschrittlich-konstitutionalistische Position innerhalb der Verfassungslehre unter der Meiji-Verfassung deutlich. Ihr Gedankengut wurde in der Lehre ihres Nachfolgers Minobe Tatsukichi systematisch weiterentwickelt.

---

697. Sueoka, a.a.O., S.13. Nach Sueoka halten die meisten Staatsrechtler die alleinige Innehabung der Gesetzgebungsgewalt bei Monarchen für ein Wesensmerkmal der Souveränität.

698. Ichiki Kitokurô, Nihon-hôrei-yosanron, Tokyo 1893, S.189.

699. Vgl. dazu Ienaga, a.a.O., S.139. An der Verantwortung nur gegenüber dem Monarchen hielten die beiden Lehrer aber, dem Verfassungstext entsprechend, bis zuletzt fest.

II. Die Staatslehre Minobe Tatsukichis

1. Biographie Minobe Tatsukichis

Minobe Tatsukichi (1873-1948) war der zweite von zwei Söhne eines Arztes, Minobe Sadakichis[700]. Sadakichi unterrichtete auch in einer von einem Daimyô (Fürst der Shôgunatszeit) begründet und konfuzianisch geprägten Schule[701]. Minobe Taksukichi schloß sein Studium 1897 an der Universität Tokyo ab. Danach war er bis 1898 als Beamter tätig und kehrte dann zur Universität Tokyo zurück. Dort studierte er zunächst an der Graduate School weiter. Vom Mai 1888 bis November 1902 hielt er sich im Ausland auf, um rechtsvergleichende Studien in England, Frankreich und Deutschland zu betreiben. An seinen Aufenthalt schloß sich eine Vorlesungstätigkeit über Rechtsvergleichung an der Universität Tokyo an. Schon 1908 übernahm Minobe den Lehrstuhl für Verwaltungsrecht von Ichiki Kitokurô, von dessen Lehre Minobe in seiner Studienzeit beeindruckt gewesen war[702]. So übernahm Minobe die Kritik an Hozumis Lehre ausdrücklich von Ichiki. 1920 dann wurde er auf seinen ersten Lehrstuhl für Staatsrecht berufen.

Die grundsätzlichen Elemente seiner Lehre übernahm Minobe von Georg Jellinek. Besonders die Ansichten Jellineks über die Staatspersönlichkeit und den Charakter der öffentlichen Rechte prägten die Lehre Minobes. Davon war auch seine Stellungnahme in der Debatte um "*Kokutai*" stark beeinflußt.

Durch die politische Situation in der Vorkriegszeit wurde Minobe in die Enge getrieben[703]:

In seinem Lehrbuch "Kenpô-Kôwa" (Eine Staatsrechtsvorlesung) von 1912 vertrat Minobe liberale und demokratisch geprägte Ideen. Er wandte sich gegen Hozumis Definition des Begriffes *Kokutai*, da er darin die Neigung der *Kokutai*-Befürworter widerge-

---

700. Zum Lebenslauf Minobes: Frank O. Miller, Minobe Tatsukichi, Berkley u. Los Angeles 1965, pp.1-42; Ienaga Saburô, Minobe Tatsukichi no shisôshiteki kenkyû, Tokyo 1964, S.1ff.

701. Miller, a.a.O., S.23. Miller erwähnt die Familie als Hintergrund von Minobes Eigenschaft als "bourgeois scholar" (Miller, a.a.O., S.24):
Minobes Tatsukichis Bruder, *Shunkichi*, war Präsident der Hokkaido Colonization Bank (1908-1916) und Gouverneur der Bank of Chosen (1916-1924). Tatsukichis Schwiegervater, *Kikuchi Dairoku*, war Präsident der Universität Tokyo (1898-1901).

702. Ienaga, Minobe Tatsukichi no shisôshiteki kenkyû, Tokyo 1964, S.3.

703. Miyazawa Toshiyoshi, Tennô-kikan-setsu-jiken, Bd.1, S.5ff.

spiegelt sah, mit dem *Kokutai*-Begriff eine Despotie zu rechtfertigen. Im Ergebnis fand die Kritik Minobes breite Zustimmung in der Wissenschaft[704]. Außerhalb des akademischen Bereichs aber traten allmählich die oben erwähnten Schwierigkeiten auf.

So widerrief die Regierung den Auftrag an Minobe, ein Lehrbuch für die Mittelschule zu schreiben. Ab April 1935 wurden alle Bücher Minobes verboten (*Tennô-kikan-setsu*-Vorfall). Minobe wurde wegen Majestätsbeleidigung und wegen eines Verstoßes gegen das Pressegesetz angezeigt. Die Staatsanwaltschaft betrachtete den Inhalt seiner Bücher als Gefährdung der öffentlichen Sicherheit und Ordnung. Minobe wurde zwar nicht bestraft, mußte aber das Oberhaus verlassen. Gleichzeitig legte er auch alle seine öffentlichen Ämter nieder. Bis zum Ende des Weltkriegs wurde er immer wieder von Ultranationalisten bedroht.

Erst nach Ende des Zweiten Weltkriegs trat Minobe wieder in der akademischen Öffentlichkeit auf. Er war es, der im neuen Staat eine neue Staatsrechtslehre aufbaute. Er war noch kurz vor seinem Tod (1948) maßgeblich an der Kodifikation (1945-46) und der systematischen Interpretation der neuen Verfassung beteiligt. Die schon in bezug auf die Meiji-Verfassung von ihm entwickelten Grundlagen seiner Lehre änderten sich dabei nicht. Schnell wurde seine Lehre die herrschende Meinung in der Staatsrechtslehre des neuen Japan.

2. Das Werk Minobe Tatsukichis

"His life seems to have been an unbroken series of races against publishers deadlines"[705] sagt Frank O. Miller, der eine ausführliche Analyse von Minobes Lehre verfaßt hat.

Die Veröffentlichungen Minobes erfassen fast alle Bereiche des Staatsrechts und des Verwaltungsrechts. Von ihm stammte die erste japanische Übersetzung des "Deutschen Verwaltungsrechts" von Otto Mayer[706]. "Die Erklärung der Menschen- und Bürgerrechte" Jellineks wurde ebenfalls von Minobe ins Japanische übersetzt[707]. Über die amerikanische Verfassung hat er 1918 ein Büchlein mit dem Titel "Beikoku kenpô

704. Hasegawa, Kenpôgakushi (chû), S.184f.

705. Miller, a.a.O., p.22.

706. Der japanische Titel: Doitsu Gyôseihô, 4.Bde., Tokyo 1903.

707. Der Titel der japanischen Übersetzung: Jellinek-shi jinkensengenron, Tokyo 1906.

no yurai oyobi tokushitsu" (Über die Herkunft und den Charakter der amerikanischen Verfassung) veröffentlicht.

Wegen seines Werkes "Kenpô Kôwa" (Eine Staatsrechtsvorlesung) wurde er schließlich während des Krieges von der Arbeit in der Öffentlichkeit ausgeschlossen. Diese Schrift ist eine systematische Darstellung des gesamten japanischen öffentlichen Rechtes. Als Teil seiner Systematisierungsleistung hat er als erster auf dem Gebiet des japanischen Staatsrechts eine systematische Rechtslehre auf rechtsphilosophischer Grundlage entwickelt. Heute gilt er als Gründer der japanischen Staatslehre.

Im folgenden wird seine Theorie anhand der Aussagen über die Methodenlehre (a), über die Lehre von der Staatspersönlichkeit und der *Tennô-kikan-setsu* (b), über das Verhältnis von Staat und Bürger (c) und über die Staatsorganisation (d) dargestellt.

a) Die Methodenlehre Minobes

Da Minobe stark von den Gedanken Jellineks geprägt ist, sieht er ebenso wie Jellinek die Wurzel des Rechts im Faktischen[708]. Zwar betont Minobe einerseits den Unterschied zwischen der juristischen und der faktischen Betrachtung, doch erkennt er an, daß die faktische Betrachtung die juristische immer zu ergänzen habe[709].

Nach Ansicht Minobes liegt das Wesen des Rechts im sozialen Rechtsbewußtsein. Er behauptet daher konsequent, Rechtswissenschaft sei eine Sozialwissenschaft, die auf Fakten beruhe. Die Rechtswissenschaft sei nämlich eine Wissenschaft über soziale Phänomene, ähnlich der Ethik oder Grammatik[710]. Von diesem Ansatz her kritisiert er Hans Kelsen, der seiner Ansicht nach die Rechtswissenschaft als logische Wissenschaft ansah, deren Besonderheit nur in ihrer normativen Komponente liege[711]. Nach Ansicht

---

708. Jellinek geht von der normativen Kraft des Faktischen aus. Nach Jellinek ist alles Recht ursprünglich nichts als faktische Übung. "Die fortdauernde Übung erzeugt die Vorstellung des Normmäßigen dieser Übung, und es erscheint damit die Norm selbst als autoritäres Gebot des Gemeinwesens,do also Rechtsnorm" (Jellinek, Allgemeine Staatslehre, 7. Neudruck der 3.Aufl. 1928, Darmstadt 1960, S.339). Unter dem Einfluß dieser Lehre Jellineks verwandte Minobe aber statt der normativen Kraft des Faktischen den Begriff der "normativen Kraft der Gerechtigkeit". Das wird unten II. 3. b) aa) näher betrachtet.

709. Minobe Tatsukichi, Nihon Kenpô, Bd.1, Tokyo 1921, S. 43.

710. Minobe, Kelsen gakusetsu no hihan, Tokyo 1935, S.26.

711. Vgl Hans Kelsen, Hauptprobleme der Staatsrechtslehre, Neudruck (1960) der 2.Aufl., Tübingen 1923, S.6.

Minobes sind Mathematik und Logik rein theoretische Methodenlehren, während Rechtswissenschaft, Ethik und Grammatik soziale Phänomene behandeln. Minobe führt aus: "Recht existiert in der Gesellschaft und ändert sich mit ihr zusammen"[712].

Er verwirft den Kelsenschen Gedanken, daß Recht ausschließlich zur Welt des Sollens gehöre. Er meint, daß Kelsen damit das Rechtswesen mit dem Rechtsinhalt verwechsle[713]. Der Rechtsinhalt, der wenigstens zum Teil ein Sollen enthalte[714], sei von dem Rechtswesen, der Frage nach dem Geltungsgrund des Rechts, zu unterscheiden.

In seinem Werk "Nihon Kenpô" (Japanisches Verfassungsrecht) beschreibt Minobe die Aufgabe der Rechtswissenschaft als Rechtsfindung und Rechtserklärung[715]. Recht entstehe durch das Sozialbewußtsein der Menschen. Werde durch das Sozialbewußtsein etwas als Regel anerkannt, die man nicht übertreten soll, so werde es Recht. Rechtsfindung könne somit nur Findung des Sozialbewußtseins bedeuten. Dafür sei es unerläßlich, die Quellen des Rechts näher zu untersuchen.

Drei Quellen, der geäußerte menschliche Wille, soziale Fakten und das Gerechtigkeitsgefühl aller normalen Menschen müssen nach Minobe in Betracht gezogen werden[716]. Diese drei Rechtsquellen entsprächen auch den Grundlagen des Rechts: Erstens die Autoritätsgrundlage, nämlich die Anerkennung des von einer Autorität gesetzten Rechts, zweitens die historische Grundlage, wie sie dem Gewohnheitsrecht zugrundeliegt, und schließlich drittens die Gerechtigkeitsgrundlage, wonach das Recht dem Gerechtigkeitsgefühl der Gesellschaft entspricht. So betont er bei der Rechtsfindung neben der Autorität des Gesetzgebers die Rolle der Gerechtigkeit und der Fakten.

Die Rechtserklärung als Aufgabe des Rechts könne nur bedeuten, die Gesamtheit der Rechtsnormen zu systematisieren. Dafür bedürfe es eines differenzierten Begriffsapparates. Die dazu gehörenden Begriffe sind für Minobe lediglich Hilfsmittel

---

712. Minobe, Kelsen gakusetsu no hihan, S.26.

713. Ebenda, S.7f.

714. Nach Minobe ist der Inhalt eines Gesetzes nicht immer Sollen (Verpflichtung) sondern auch oft Können (Berechtigung) (ders., a.a.O., S.8ff. u.126ff.).

715. Ders., Nihon-kenpô, Bd.1, S.61.

716. Ders., a.a.O., S.62.

für eine Systematisierung des Rechts, nicht Mittel zur Rechtsfindung. In diesem Zusammenhang kritisiert er wie Jellinek die Begriffsjurisprudenz[717].

In seinem Werk "Nihon Kenpô"[718] wird deutlich, daß Minobe der Rechtsfindung Vorrang vor der Rechtserklärung einräumt. Minobe versucht, die Rechtswissenschaft auf dem Wesen des Rechts, dem "Sein" des Rechts zu gründen.

b) Die Lehre von der Staatspersönlichkeit

und die Tennô-kikan-setsu Minobes

Einer der wichtigsten Beiträge Minobes zur japanischen Staatsrechtslehre ist seine Lehre von der Staatspersönlichkeit. Im Gegensatz zu den Lehren seiner Vorgänger[719] bildet die Staatspersönlichkeit die Grundlage seiner Staatsrechtslehre.

Minobe sieht den Staat als eine Gesellschaft an, wobei er unter Gesellschaft eine organisierte Körperschaft von Menschen zu einem gemeinsamen Zweck versteht[720]. Aus dieser Definition zog er folgende Schlüsse[721]:

(1) Monarch und Untertan befinden sich beide in einem Staat und sind die notwendigen Komponenten des Staates, der von diesen beiden nur zusammen gestaltet werden kann.

(2) Der Staat selbst ist Subjekt seines Zwecks. Subjekt ist daher nicht ein bestimmtes oder jedes Mitglied des Staates. Ändert sich die Mitgliedschaft im Staat, so bleibt die Körperschaft doch dieselbe.

(3) Der Staat selbst sei auch das Subjekt seines Willens. Der Wille sei ein Mittel zum Zweck und werde durch Organe geäußert.

---

717. Nach Minobe ist die Methode der Begriffsjurisprudenz eine irreführende Methode, in der man versucht, in Rechtsbegriffen Recht zu finden. Rechtsbegriffe seien aber lediglich Mittel, Instrumente des Rechts (ders., Nihon-kenpô, S.70).

718. Minobe, Nihon-kenpô, S.538.

719. Seine Vorgänger sowie sein Gegner Hozumi sahen zwar ebenfalls den Staat als Persönlichkeit an, in ihren Lehren spielte dieser Begriff jedoch keine so entscheidende Rolle wie in Minobes Lehre.

720. Minobe, Nihon-kenpô, Bd.1, S.126.

721. Ders., a.a.O., S.130ff.

(4) Der Staat bilde eine Einheit. Er beruhe auf einem einheitlichen Staatsgebiet, einem einheitlichen Staatswillen, besonders aber auf dem Selbstbewußtsein des Volkes, das von der Einheitlichkeit des gemeinsamen Zwecks geprägt sei.

Dieser von Minobe gebrauchte Staatsbegriff dient der Erklärung der Eigenart des Staates als juristische Persönlichkeit. Der Staat sei die höchste gesellschaftliche Persönlichkeit, die sich auf einem bestimmten Gebiet verwirklicht und die Hoheitsrechte[722] besitzt[723].

Daraus leitet Minobe konsequent her, daß das Subjekt der Staatsgewalt allein der Staat selbst sein könne, und daß der Tennô als Staatsoberhaupt lediglich als höchstes Staatsorgan die Gesetzgebungs-, die Verwaltungs- und die Rechtsprechungsgewalt innehat[724]. D.h. aber auch, daß Akte des Tennô als Akte des Staates anerkannt werden. Diese Staatsperönlichkeitsidee Minobes ist insofern von der Hozumis oder der Uesugis zu unterscheiden, als der Tennô bei Minobe die drei Gewalten lediglich als Staatsorgan innehat und nicht mit dem Staat identifiziert wird. Insofern stellt Minobe den Tennô unter Staat und Verfassung.

Dies war das Fundament seiner sogenannten *Tennô-kikan-setsu* (die Lehre, die den Tennô als Organ im Staat beschreibt). Im Kern stimmt diese Lehre mit der Theorie von der Rechtspersönlichkeit des Staates im Rechtspositivismus überein. Ebenso wie bei dieser war es Ergebnis und Zweck der Lehre Minobes, mit einer neutralen juristischen Betrachtung des Staates das Spannungsverhältnis zwischen dem Monarchen und dem Volk aufzulösen.

Im Gegensatz zur Lehre der *Tennô-shuken-setsu* (die Lehre, die den Tennô als Souverän beschrieb und den Tennô mit dem Staat selbst gleichsetzte) wird hier nicht der Wille des Staates mit dem Willen des Tennô gleichgesetzt. Minobe betrachtet den Willen des Tennô als einen Willen des höchsten Organs im Staat betrachtet. Seine Lehre kann durchaus mit dem zivilrechtlichen Begriff der juristischen Person und deren Handeln durch Organe verglichen werden. Der Willensträger handelt nicht für sich selbst, sondern lediglich als ein Organ der juristischen Person.

---

722. Ders., a.a.O., S.147. "Hoheitsrechte" ist hier die Übersetzung des japanischen Wortes "*Tôchiken*".

723. Ders., a.a.O., S.127.

724. Ders., Kenpô-kôwa, Tokyo 1912, S.65.

Daß Minobe die Souveränität dem Staat selbst zukommen ließ, hatte auch Bedeutung für die Interpretation der derzeit gültigen japanischen Verfassung: In der Meiji-Verfassung wurde dem Tennô als Staatsoberhaupt die gesamte Staatsgewalt zugeschrieben. Die Staatssouveränität wurde daher in der Verfassungsinterpretation mit der Souveränität des Tennô gleichgesetzt. Diese Staatssouveränitätsvorstellung wurde nun in die Auslegung der neuen japanischen Verfassung von 1946 übernommen, in der nun die Volkssouveränität festgelegt ist. Damit wird es ermöglicht, den Staat mit dem ewig lebenden Volk als Grundlage der Volkssouveränität gleichzusetzen. So ist es der Idee der Staatssouveränität gelungen, auch unter der neuen Verfassung Japans am Leben zu bleiben. So gelang es Minobes Lehre, auch unter der neuen Verfassung herrschende Meinung im Staatsrecht zu bleiben.

c) Staat und Bürger

Das Verhältnis zwischen Staat und Bürger erfuhr in Minobes Werk über die öffentlichen Rechte eine liberale Ausgestaltung.

Minobe entwickelte seine Lehre über die öffentlichen Rechte des Individuums auf der Grundlage der Theorie Jellineks[725]. Nach Jellinek ist "alles Recht [...] Beziehung von Rechtssubjekten. Ein isoliert gedachter Rechtsträger ist eine unvollziehbare Vorstellung. Auch der Staat kann Rechte haben, wenn ihm Persönlichkeiten gegenüberstehen. Ein faktisches Herrschaftsverhältnis wird zum rechtlichen nur dann, wenn beide Glieder, Herrschender und Beherrschter, als Träger gegenseitiger Rechte und Pflichten sich anerkennen. Das Verhältnis des Herrn zum Sklaven bestand nur gegenüber Dritten, wie jedes Verhältnis einer Persönlichkeit zu einer Sache. Für den Sklaven war die Macht des Herren rein faktische Macht"[726].

Minobe legt nun in seinem oben genannten Werk "Kenpô-kôwa" dar, daß vor der Meiji-Restauration der Begriff des subjektiven Rechts noch nicht bestand[727]. Er behauptet, daß in der älteren japanischen Geschichte die Herrschaftsbeziehung zwischen dem Monarchen und den Untertanen lediglich als eine Pflichtenbeziehung zu sehen sei.

---

725. 1903 veröffentlichte Minobe in Japan einen Grundriß der Lehre Jellineks von den subjektiven öffentlichen Rechten, 1906 übersetzte er Jellineks "Die Erklärung der Menschen- und Bürgerrechte" ins Japanische. Dies verdeutlicht den Einfluß Jellineks auf Minobe.

726. Georg Jellinek, System der subjektiven öffentlichen Rechte, 2.Aufl., Tübingen 1905, S.10.

727. Minobe, Kenpô-kôwa, S.551f.

Der Rechtsbegriff sei erst von der westlichen Welt übernommen worden, und die Verfassung habe Rechte der Bürger gegenüber dem Staat anerkannt und garantiert.

Die Pflichten der Bürger seien genauso wie die Rechte des Staates nicht grenzenlos. Bürger hätten ihre Pflicht nur im Rahmen der Gesetze zu erfüllen. Absoluter Gehorsam bedeute Sklaverei. "Weil die Staatsgewalt begrenzt ist, können die Bürger gegen den Staat auch Rechtssubjekte sein"[728]. Diese Rechte der Bürger gegenüber dem Staat nennt Minobe öffentliche Rechte, die von den privaten, das Verhältnis der Bürger untereinander beschreibenden Rechte zu unterscheiden seien[729]. Er grenzt drei Kategorien öffentlicher Rechte gegeneinander ab; die Freiheitsrechte, die Anspruchsrechte und die politischen Rechte[730].

d) Staatsorganisation

Seine liberale Vorstellung vom Verhältnis zwischen Staat und Bürger setzt sich in seinen Betrachtungen zum staatsorganisatorischen Bereich fort. Zwei Elemente hält er für das Fundament des Konstitutionalismus: Volksautonomie und Liberalismus[731]. Nach Minobes Ansicht liegt der entscheidende Unterschied zwischen den konstitutionellen Staatsformen und der Autokratie des aufgeklärten Absolutismus in der Existenz einer Volksautonomie[732]. Das Wesen der "Aufklärungsautokratie" liege darin, daß im Staat alles für das Volk, aber nichts durch das Volk geschehe. Dagegen sehe die konstitutionelle Staatsform die Teilnahme des Volkes an der Politik vor: Im demokratischen Staat

---

728. Ders., a.a.O., S.554.

729. Durch die Anerkennung der öffentlichen Rechte versucht Minobe, den Bereich der individuellen Freiheit, insbesonders im geistigen Bereich, trotz der Einschränkung der Grundrechte in der Meiji-Verfassung durch weite Gesetzesvorbehalte möglichst weitgehend vor dem Staat zu schützen. Dazu: Ienaga, a.a.O., S. 201 ff.

730. Ders., Kenpô-kôwa, S.555.

731. Ders., Nihon-kenpô, Bd.1, S.385ff.

732. Ebenda.

komme dies durch die Volkssouveränität zum Ausdruck[733], im monarchischen Staat durch das Volksparlament oder durch die "Volksregierung"[734].

Als wirksamstes Mittel zur Durchsetzung des Liberalismus sieht Minobe die Gewaltenteilung an. Bemerkenswert ist dabei, daß Minobe eine Normenkontrollgewalt der Judikative, wie sie in den USA existierte, sehr befürwortet[735]. Neben der Beschränkung der Verwaltungs- und der Rechtsprechungsgewalt dienen die in der Verfassung gewährleisteten Freiheitsrechte für ihn nämlich auch der Beschränkung der Gesetzgebungsgewalt[736]. Er hält aber eine Beschränkung der Gesetzgebungsgewalt ohne Normenkontrolle für unmöglich: Wenn es keine Normenkontrolle gebe, hinge der Schutz der in der Verfassung gewährleisteten Bürgerrechte allein von einer Selbstbeschränkung der Gesetzgeber ab. Die Grundrechtsartikel würden dann nur ein Manifest ohne rechtliche Sicherung darstellen[737].

Gegenüber den Gegnern der Gewaltenteilung betont Minobe, daß die Gewaltenteilung nicht zur Zerstörung der Einheit der Staatsgewalt führe: Die Staatsgewalt werde nur auf die verschiedenen Organe aufgeteilt, die Einheit der Staatspersönlichkeit bleibe bestehen[738]. Mit diesem Argument versucht Minobe, unter der Herrschaft des Tennô wenigstens die Beschneidung der Regierungsgewalt zu rechtfertigen und eine Liberalisierung des Staates durchzusetzen.

---

733. Konstitutionalismus ist hier lediglich als Gegensatz zur absoluten Monarchie zu verstehen. Minobe stellt sich hier die konstitutionelle Staatsform als eine Staatsform mit einem Parlament als Volksvertretung vor. Daher hält er die konstitutionelle Monarchie und die parlamentarische Demokratie für konstitutionelle Staatsformen (Vgl. Minobe, Nihon-kenpô, Bd.1, S.348).

734. Minobe, Nihon-kenpô, Bd.1, S.386. Gemeint ist wohl eine vom Volk direkt oder indirekt gewählte Regierung.

735. Ders., Nihon-kenpô, Bd.1, S.438f. u.468.

736. Ders., a.a.O., S.436.

737. Ders., a.a.O., S.438f.

738. Ders., a.a.O., S.447.

3. Georg Jellineks Staatslehre als wissenschaftliche Grundlage Minobes

a) Georg Jellinek

aa) Die Bedeutung von Jellineks Lehre in Japan und sein Leben

Der deutsche Einfluß auf die *Tennô-kikan-setsu* (Lehre von der Organstellung des Tennô) ist augenfällig. Besonders Minobe nahm die Lehre Georg Jellineks als Grundlage seiner Lehre auf. Auch heute noch wirkt der Einfluß Jellineks in der japanischen Staatsrechtslehre fort, insbesondere in bezug auf dessen organisatorischen Teil sowie den allgemeinen Status des Staatsbürgers, da seine Lehre durch Vermittlung Minobes auch nach dem Zweiten Weltkrieg in die japanische Verfassungsrechtswissenschaft unter der Verfassung von 1946 eingeführt wurde.

Daher wird nun der Einfluß Jellineks auf die Lehre Minobes im einzelnen betrachtet und dabei auch auf die Modifizierungen, die Jellineks Lehre bei Minobe erfahren hat, hingewiesen. Zuerst sollen aber kurz das Leben und die Grundzüge der Lehre Jellineks selbst dargestellt werden.

Georg Jellinek, geboren am 16.06.1851 in Leipzig und gestorben am 12.01.1911 in Heidelberg, war Sohn des nahmhaften Rabbiners und israelitischen Religionsforschers *Adolph Jellinek* (1821-1893)[739]. Zuerst studierte er in Wien Rechtswissenschaft, Philosophie, Geographie und Kunstgeschichte und promovierte danach in Heidelberg und Leipzig in Philosophie (1872) und Rechtswissenschaft (1874). 1879 habilitierte er sich in Wien für Rechtsphilosophie, wo er zum außerordentlichen Professor ernannt wurde. Als er erkannte, daß er wegen seiner jüdischen Abstammung keinen weiteren Aufstieg in Österreich erwarten konnte, plante er, nach Berlin umzusiedeln. Er wurde aber 1889 ordentlicher Professor in Basel für Staatsrecht und dann 1890 in Heidelberg für allgemeines Staatsrecht, Völkerrecht und Politik, wo er eine glanzvolle Lehrtätigkeit entfaltete und im Mittelpunkt eines bedeutenden Freundes- und Schülerkreis stand[740].

---

739. Zum Lebenslauf Georg Jellineks: Camilla Jellinek, Georg Jellinek, Sein Leben, in: Neue österreichische Biographie 1815-1918, Wien 1931, Bd.7, S.136ff.; Joseph Lukas, Georg Jellinek, Sein Werk, in: Neue österreichische Biographie 1815-1918, Bd.7, S.147ff.; Kleinheyer u. Schröder, a.a.O., S.141ff.

740. Besonders bekannt ist seine Freundschaft mit Max Weber und sein Einfluß auf Weber.

Seine wissenschaftliche Leistung besteht in der Überwindung des gesetzpositivistischen Rechtsformalismus durch die Methode der sozialwissenschaftlichen Analyse[741]. Dies verdeutlicht besonders seine "Allgemeine Staatslehre" (1900), die geraume Zeit das Standardwerk für Forschung und Lehre dieses Faches gewesen ist.

bb) Die Methodenlehre Jellineks

Soziale Elemente spielen eine entscheidende Rolle bei Jellinek.

In seiner Theorie werden alle Wissenschaften in drei Arten eingeteilt: die beschreibenden, erklärenden oder angewandten Wissenschaften[742]. Seiner Meinung nach gehört die Staatslehre zu den erklärenden Wissenschaften[743]. Da der Staat zugleich gesellschaftliches Gebilde und rechtliche Institution sei, findet man Jellineks Staatslehre in

---

741. Hasso Hofmann, Artikel: "Jellinek", in : Görres-Gesellschaft, Staatslexikon, 7.Aufl., 3.Bd., 1987, S.213.

742. Georg Jellinek, Allgemeine Staatslehre, S.6.

743. Ders., a.a.O., S.9.
Die "Allgemeine Staatslehre" Jellineks nennt die folgenden drei Voraussetzungen seiner allgemeinen Staatslehre:
(1) Der Verzicht, die Anfänge der gesellschaftlichen Institutionen erklären zu wollen.
Jellinek vertritt den Standpunkt, daß es aus der Sicht der heutigen Kenntnisse unmöglich sei, irgendeine sozialwissenschaftliche Disziplin derart zu fundieren, daß man den ganzen Umwandlungsprozeß der von ihr zu erklärenden Erscheinungen von ihren ersten Anfängen an mit Sicherheit darzustellen in der Lage wäre. Es sei nicht klar, ob es einen einheitlichen, gemeinsamen Ursprung aller Menschen gab. Jellinek betrachtet es als unwissenschaftlich, auf dem Boden schwankender Hypothesen ein Glaubensbekenntnis über die Anfänge der gesellschaftlichen Institutionen abzulegen.
(2) Die Begrenzung der Betrachtungsobjekte auf die Erscheinungen der abendländischen Staatenwelt und deren Vergangenheit insoweit, als es zum Verständnis der Gegenwart nötig ist.
Man habe nämlich über die orientalischen Länder keine genügende, auf die genaue Kunde ihrer Geschichte gestützte Kenntnis und könne auch aus einer vergleichenden Betrachtung von geschichtlich und sozial unzusammenhängenden Bildungen keine tiefere Einsicht in das Wesen der staatlichen Erscheinungen gewinnen.
(3) Das Außerbetrachtlassen der Politik.
Es sei auf die Politik nur soweit Rücksicht zu nehmen, als es zum besseren Verständnis der theoretischen Untersuchungen unbedingt notwendig sei. Die Grenzgebiete, die nach Ansicht Jellineks unter verschiedenen Gesichtspunkten sowohl der Staatslehre als auch der Politik zugewiesen seien, würden dabei auch unter dem politischen Gesichtspunkt betrachtet, z.B. bei den Lehren von der Rechtfertigung und dem Zweck des Staates.

zwei Unterarten gegliedert: die soziale und die rechtliche Staatslehre[744], die er auch als "allgemeine Soziallehre des Staates" einerseits und "allgemeine Staatsrechtslehre" andererseits bezeichnet.

Hauptthemen seiner Lehre sind zum einen die Beziehungen zwischen Staat und Individuum, und zum anderen das Verhältnis des vom Staat gesetzten Rechts zu den von der Gesellschaft gesetzten Tatsachen. Diese Beziehungen sollen durch die Herausarbeitung typischer Elemente einzelner Staatsphänomene erklärt werden. Die Aufgabe der allgemeinen Staatslehre besteht für ihn also nicht darin, einen Idealtypus herauszukristallisieren, sondern einen empirischen Typus zu finden, d.h. mit empirischen Methoden die Verknüpfung des sozialen und rechtlichen Aspekts zu beschreiben[745]. Dabei legt Jellinek den Schwerpunkt auf die Darstellung der allgemeinen Soziallehre des Staates. Dieser liegt eine historisch-politische Betrachtungsweise zugrunde, deren Gegenstand der Staat als soziale Erscheinung ist, die ein Geflecht von Willensverhältnissen zwischen den Menschen, nämlich Herrschenden und Beherrschten darstelle[746].

Die allgemeine Staatsrechtslehre, die "die Erkenntnis der vom Staat ausgehenden, seine Institutionen und Funktionen zu beherrschen bestimmten Rechtsnormen und das Verhältnis der realen staatlichen Vorgänge zu jenen rechtlichen Beurteilungsnormen"[747] zum Gegenstand hat, erfüllt ihre Aufgabe, wenn sie einen Begriff auffindet, "in dem alle rechtlichen Eigenschaften des Staates widerspruchlos zu denken sind"[748].

Insoweit Jellinek aber "die objektiven und innerhalb der Subjekte sich abspielenden sozialen Vorgänge"[749] als Substrat der Rechtsbegriffe anerkennt, ist neben dieser rein abstrakten Begriffsbildung die soziale Betrachtung des Staates fundamental

---

744. Ders., a.a.O., S.11. Kritik an dieser Zwei-Seiten-Theorie übt Hans Kelsen: Hans Kelsen, Der soziologische und der juristische Staatsbegriff, Neudruck der 2. Ausgabe Tübingen 1928, Darmstadt 1962, S.114ff. Siehe auch Claus-Ekkehard Bärsch, Der Staatsbegriff in der neueren deutschen Staatslehre und seine theoretischen Implikationen, 1972, Berlin, S.75f.

745. Jellinek, Allgemine Staatslehre, S.37. Vgl. Bärsch, a.a.O., S.56f.

746. Vgl. Jellinek, Allegemeine Staatslehre, S.176.

747. Ders., a.a.O., S.138.

748. Vgl. dens., a.a.O., S.163.

749. Ders., a.a.O., S.162.

für die juristische Beschäftigung mit dem Staat, auch wenn Jellinek die realen Tatbestände nicht für die Rechtsbegriffe selbst hält[750].

Jellinek wendet sich entschieden gegen die sogenannte Begriffsjurisprudenz, obwohl auch er zu den Rechtspositivisten zu zählen ist[751]. Er betont, daß die juristische Welt eine Welt der Abstraktion, nicht der Fiktion sei; der Abstraktion lägen reale Vorgänge in der Welt des äußeren und inneren Geschehens zugrunde, die Fiktion hingegen setze anstelle des natürlichen einen ersonnenen Tatbestand und setze ihn damit der Realität gleich.[752] Nach Jellineks Ansicht dienen den Rechtsbegriffen "die objektiven und innerhalb der Subjekte sich abspielenden sozialen Vorgänge zwar als Substrat, das Recht muß stets von realen Tatbeständen ausgehen, weil es, wie immer es beschaffen sein mag, stets den Zweck hat, auf reale Tatbestände angewendet zu werden"[753]. So spielen nach seiner Ansicht faktische Elemente in der juristischen Betrachtung eine entscheidende Rolle.

Normkonstituierende Kraft ist nach Jellinek allein der soziale Druck und nicht staatlicher Zwang. Allein die fortdauernde Übung erzeugt die Vorstellung des normgemäßen Handelns. Nur hierdurch wird das Recht bestimmt und die für die Anerkennung und Geltung von Rechtsnormen erforderliche Garantie gewährleistet. Seine These von der normativen Kraft des Faktischen[754] ermöglicht es ihm, eine andere Methode als die der Gerber-Labandschen Schule zu entwickeln. Sie besitzt gleichzeitig aber insofern

---

750. Ebenda.

751. In folgenden Ausführungen wird sein Versuch deutlich, der bloßen Begriffsjurisprudenz zu entrinnen: "Ihre (=Jurisprudenz) Objekte sind daher nicht Concreta, sondern Abstracta, Begriffe und Regeln, die nur verständlich werden, wenn man das Treiben der Welt kennt, in welches der praktische Mensch hineingestellt ist, eine Welt menschlicher Interessen und Leidenschaften, die in Schranken gebannt und in Harmonie gesetzt werden sollen" (Jellinek, System der subjektiven öffentlichen Rechte, S.16).

752. Jellinek, System der subjektiven öffentlichen Rechte, S.17.

753. Ders., Allgemeine Staatslehre, S.162.

754. Zur Normativität des Faktischen z.B.: Hans J. Wolff, Organschaft und juristische Person Bd.1, Juristische Person und Staatsperson, Berlin 1933, S.384ff.; Reinhard Holubek, Allgemeine Staatslehre als empirische Wissenschaft, Bonn 1961, S.52ff.; Leonard Nelson, Die Rechtswissenschaft ohne Recht, 2.Aufl., Göttingen u. Hamburg 1949, S.17ff.

eine konservative Tendenz, als sie die Anerkennung der Autorität und Legitimität der jeweiligen Sozialordnung im Staat beinhaltet[755].

cc) Der Staatsbegriff Jellineks

Jellinek sieht den Staat auf der Ebene der allgemeinen Soziallehre des Staates als Geflecht von Willensverhältnissen der Menschen untereinander und als eine mit ursprünglicher Herrschermacht ausgerüstete Verbandseinheit seßhafter Menschen an[756].

Da der Staat für Jellinek ein Rechtssubjekt ist, muß dagegen der Rechtsbegriff des Staates als "die mit ursprünglicher Herrschermacht ausgestattete Gebietskörperschaft" definiert werden[757]. In seinem "System der subjektiven öffentlichen Rechte" betrachtet Jellinek diesen Rechtsbegriff des Staates unter zwei Aspekten:

(1) Der Staat als eine Personeneinheit auf territorialer Grundlage

Jellinek definiert das Territorium, das Volk und die Staatsgewalt als die drei wesentlichen Elemente des Staates. Da sich der Staat auf einem räumlich abgegrenzten Teil der Erdoberfläche entfaltet, verfolgen die auf diesem Territorium lebenden Menschen gemeinsame, einheitliche und gleichbleibende, untereinander zusammenhängende, nur durch dauernde Institutionen zu pflegende Zwecke. Schon kraft dieser konstanten Zwecke stelle sich der Staat trotz seiner wechselnden Volksbestandteile als eine teleologische Einheit dar. Die diese Zwecke verfolgende Staatsgewalt erscheine demnach "als eine kontinuierlich-einheitliche Kraft des Denkprozesses, der eine Reihenfolge einander ablösender Personen, welche dieselben Funktionen vollziehen, als eine Einheit zusammenfaßt"[758].

---

755. Vgl. Kleinheyer u. Schröder, a.a.O., S.142; Holubek, a.a.O., S.54ff.: "Der formalistische und der soziologische Rechtspositivismus fallen [...] darin zusammen, daß die brutale Tatsache der Gewalt zum absoluten Maßstab erhoben wird" (Holubek, a.a.O., S.54).

756. Jellinek, Allegemeine Staatslehre, S.180.

757. Ders., a.a.O., S.183.

758. Ders., System der subjektiven öffentlichen Rechte, S.26.

(2) Die Staatspersönlichkeit

Hier behandelt Jellinek die Rechtsfähigkeit des Staates[759]. "Juristische Person" bedeutet bei Jellinek nichts anderes als "Rechtssubjekt"[760]. Als Rechtssubjekt müsse der Staat rechtlich handeln können. Rechtliche Tätigkeit heißt, als Subjekt Rechte oder Pflichten zu haben[761]. Die Tatsache, daß dieser Begriff "juristische Person" in Jellineks Lehre streng von den im Staat lebenden Menschen unterschieden wird, ermöglicht es, eine gegenseitige Rechte-Pflichten-Beziehung zwischen Staat und Individuum zu konstruieren. Damit erkennt Jellinek aber auch die Möglichkeit subjektiver öffentlicher Rechte des Individuums gegenüber dem Staat an[762].

Dabei dient aber auch Jellineks Theorie zur Untermauerung der jeweiligen Rechtsordnung. Er äußert sich nämlich über den konkreten Inhalt dieser Rechte-Pflichten-Beziehung nicht. Er beschreibt nur, daß der Staat den Status des Individuums als Rechtssubjekt anerkennen müsse[763].

Er schreibt dem Staat die freie Entscheidung über die Ausgestaltung der Rechte und der Pflichten zu[764], auch wenn er eine Bindung des Staates an das Recht anerkennt. Eine Rechtsbindung des Staates könne nur negiert werden, wenn der Staat als über dem Recht stehend angesehen wird, was etwa bei einer theokratischen Fundierung der Herrschaftsmacht der Fall sei.

Die Rechtsordnung bindet im Staat die Staatsorgane aber dann an die Rechtsregeln, wenn der Staat nach rechtlich festgeschriebenen Verfahren und Regelungen verfährt[765], also auch der Staat unter dem Recht steht. Der Staat könne allein durch die Tätigkeit seiner Staatsorgane, die wiederum durch Recht entstanden sind, tätig werden. Und weil diese Tätigkeit die Tätigkeit des Staates selbst bedeute, sei zwangsläufig die Tätigkeit des Staates an dieses Recht gebunden.

---

759. Ders., a.a.O., S.28.
760. Ders., Allgemeine Staatslehre, S.183.
761. Ebenda.
762. Jellinek, System der subejektiven öffentlichen Rechte, S.41ff.
763. Ders., a.a.O., S.51.
764. Ders., Allgemeine Staatslehre, S.369f.
765. Ders., a.a.O., S.369.

Diese Bindung ist allerdings rein formal. Der Staat ist nur verpflichtet, in Rechtsform zu handeln. Inhaltlich ist es dem Staat völlig freigestellt, wie die Rechte und Pflichten der Staatsorgane bzw. die rechtlichen Verhältnisse zwischen Staat und Individuum ausgestaltet werden[766]. Der Status des Individuums kann bei Jellinek dadurch inhaltlich nahezu beliebig begrenzt werden[767]. Die Bindung des Staates durch den Inhalt einzelner Regeln ist daher eine reine Selbstbindung.

b) Jellineks Einfluß auf Minobes Lehre

aa) Die Methodenlehre

Auch Minobe ging davon aus, daß die Rechtswissenschaft als eine Wissenschaft der sozialen Phänomene den Sozialwissenschaften zuzuordnen sei. Sozialwissenschaft definierte Minobe als experimentelle Wissenschaft[768]. Der Begriff "experimentelle Wissenschaft" bedeutet, das nur Vorgebenes betrachtet und erklärt wird. Rechtswissenschaft ist danach also eine Wissenschaft, in der nicht Sollenssätze aus einem allgemeinen Rechtsbegriff deduziert werden, sondern die positive Rechtsordnung als ein vorgegebenes Sein analysiert wird[769].

---

766. Ders., Allgemeine Staatslehre, S.482. Vgl. Holubek, a.a.O., S.121: " Es steht ihm (=dem Staat) rechtlich frei, jederzeit den Inhalt seiner Rechtsordnung in beliebiger Weise zu ändern... In seiner vor dem ersten Weltkrieg liegenden Zeit einer bürgerlichen Wohlanständigkeit hat Jellinek noch nicht geahnt, daß es der modernen Despotie möglich werden konnte, auf derartige 'legale' Weise eine Unrechtsstaat zu schaffen".
Nach Wolff, a.a.O., S.359, wird bei Jellinek "der Staat in der Tat 'Recht schaffendes Subjekt'". Zur Kritik am Konzept Jellineks s.a. Kelsen, a.a.O., S.114ff.(117f.)

767. Nach Jellinek hat die staatliche Kompetenzerweiterung unter allen Umständen an der Anerkennung der Einzelpersönlichkeit ihre Grenze (Jellinek, Allgemeine Staatslehre, S.484). "Sie (Individuen oder Verbände) haben ihre eigenen Rechte, die nicht auf Kündigung, nicht als Gnade des souveränen Staates, nicht als dessen Delegierte besitzen, sondern sie haben ihre Rechte kraft ihrer Anerkennung als Rechtsträger, als Personen, welche Qualität ihnen zu entziehen gänzlich außerhalb des realen Machtbereiches des Staates liegt" (Jellinek, Allgemeine Staatslehre, S.483). In diesem Sinne vertritt Jellinek eine liberale Richtung. Es ist aber in seiner Lehre nicht klar, wie weit diese Rechte der Einzelenen geschützt werden sollen und welche inhaltlichen Grenzen der Staatstätigkeit sich daraus ergeben. Vgl. dazu Holubek, a.a.O., S.123ff.; Nelson, a.a.O., S.25ff.

768. Minobe, Nihon-kenpô, Bd.1, S.35ff.

769. Ders., a.a.O., S.61ff.

In "Hô no honshitsu" (Das Wesen des Rechts) erklärt er, daß es allein Zweck der Rechtswissenschaft sei, das Recht in der Wirklichkeit zu beschreiben (die lex lata) und nicht zu erklären, welches Recht in Zukunft festzulegen sei (die lex ferenda)[770].

Dies entspricht dem, was Jellinek unter dem Begriff Normwissenschaft versteht. Jellinek unterscheidet zwar die Normwissenschaft des Staates, also die Staatsrechtslehre, von der "kausalen" sozialen Staatslehre, erklärt aber die im realen Sein des Staates zum Ausdruck kommenden Rechtsnormen zum Inhalt der Normwissenschaft[771]. Von daher behält Minobe die Theorie Jellineks bei, daß die Rechtsnormen auch in ihrem realen Sein zu betrachten seien.

Das Recht sieht Minobe im rechtlichen Bewußtsein der Gesellschaft begründet. Er sieht also eine enge Beziehung zwischen der rechtlichen Norm und ihren sozialen Bedingungen. In seiner Kritik an Kelsens Theorie betont er die "soziale Kraft" oder "normative Kraft des Faktischen" als Geltungsgrund des Rechts. Minobe sah das Problem der Lehre Kelsens darin, ähnlich wie die englische analytische Jurisprudenz[772], nur auf die formelle Gesetzgebung abzustellen. Am Beispiel der Existenz von Gewohnheitsrecht zeigte Minobe die soziale Kraft als Geltungsgrund für das Recht auf: Gewohnheitsrecht gelte nicht deshalb, weil es durch einen Artikel in einem Gesetz als geltendes Recht anerkannt wird, sondern dadurch, daß eine Gewohnheit in der Gesellschaft traditionell bestehe und das Gefühl der Menschen in der Gesellschaft beherrsche[773]. Diese Kraft des Gewohnheitsrechts nennt Minobe "die normative Kraft des Faktischen im Sinne Jellineks"[774] .

In seiner Lehre bevorzugt Minobe aber den Begriff der "normativen Kraft der Gerechtigkeit" statt des Begriffes der "normativen Kraft des Faktischen"[775]. Minobe stellt dar, daß der wichtigste Unterschied des Menschen zu den Tieren darin liege, daß der

---

770. Minobe, Hô no honshitsu, Tokyo 1948, S.8; Vgl. Ienaga, Minobe Tatsukichi no shisôshiteki kenkyû, S.127.

771. Jellinek, Allgemeine Staatslehre, S.20.

772. Minobe verneint den Gedanken der englischen analytischen Jurisprudenz, in der Recht wie bei Kelsen als Befehl des Souveräns begriffen wird (Minobe, Hô no honshitsu, S.91ff.).

773. Ders., Hô no honshitsu, S.107ff. u. 148ff.; ders., Nihon-kenpô, Bd.1, S.24f.

774. Minobe, Kelsen gakusetsu no hihan, S.30.

775. Ders., Hô no honshitsu, S.161ff. insbesondere S.169; ders., Kelsen gakusetsu no hihan, S.31ff.

Mensch ein Gerechtigkeitsgefühl oder eine Gerechtigkeitsidee habe[776]. Minobe sah das Wesen des Rechts durch drei charakteristische Merkmale definiert[777]:

1) Autoritätsbewußtsein oder Gehorsamsbewußtsein.

Dieses Bewußtsein ist von der normativen Kraft der Macht, die in der Machttheorie dargestellt ist, zu unterscheiden, da es die Anerkennung der Macht durch ein Sozialbewußtsein voraussetze.

2) Die menschliche Gewohnheit.

Ist im Staat über längere Zeit hinweg einer Gewohnheit zufolge gehandelt worden, entstünde das Bewußtsein, daß diese Gewohnheit einer Norm entspräche.

3) Das menschliche Gerechtigkeitsgefühl und der Gerechtigkeitsgedanke - die menschliche Vernunft.

Verstößt Recht gegen die Gerechtigkeitsvorstellungen des Zeitgeistes einer Gesellschaft, so fehle ihm die Grundlage und es werde früher oder später seine normative Kraft verlieren.

Unter Gerechtigkeit verstand Minobe nicht absolute Gerechtigkeit im Sinne der Antike oder eine mittelalterliche, vom christlichen Naturrecht geprägte Gerechtigkeitsidee[778]. Er setzt Gerechtigkeit vielmehr mit dem Vernunftrecht gleich[779], ging also von einem rationalen Naturrecht aus, das sich aber im Laufe der Entwicklung ändere und daher ein Produkt der Kultur des jeweiligen Zeitalters sei. Der Inhalt der Gerechtigkeit wandele und entwickle sich im Verlauf der Zeit. Diese Gerechtigkeitsidee sei, auch wenn sie aus sich selbst kein Recht konstruieren könne, ein Element, das die Macht des Rechts sichere, die Grundlage des Rechts verstärke und es erhalte[780].

Auch hier zeigen sich Parallelen zur Lehre Jellineks darin, daß Minobe den Wandel der Gerechtigkeit infolge der Entwicklung der Gesellschaft anerkennt. Gerade hier ist aber bemerkenswert, daß Minobe bedauert, daß Jellinek der Bindung des Staates an

---

776. Ders., Kelsen gekusetsu no hihan, S.31.

777. Ders., Hô no honshitsu, S.103ff.

778. Ders., Hô no honsitsu, S.164ff.

779. Ienaga, Minobe tatsukichi no shisôshiteki kenkyû, S.137.

780. Minobe, Hô no honshitsu, S.161ff.

das Vernunftrecht so wenig Beachtung geschenkt habe[781]. Minobe war in dieser Hinsicht wesentlich idealistischer als Jellinek[782].

Die Ablehnung der konservativen Haltung der japanischen Politik war vermutlich Ursache für Minobes Behauptung einer normativen Kraft der Gerechtigkeit. Die Gerechtigkeitsidee Minobes war mit Auslöser des *Tennô-kikan-setsu*-Vorfalls und Ausdruck des Widerstandes gegen die herrschende politische Anschauung der normativen Kraft des Faktischen[783].

bb) Der Staatsbegriff

Laut Minobe ist der Staat die höchste unabhängige gesellschaftliche Körperschaft, die auf einem Gebiet beruht und die Hoheitsrechte[784] besitzt[785]. Nach dieser Definition Minobes kommt die Staatsgewalt, wie bei Jellinek, dem Staat selbst, nicht etwa dem Tennô zu. Zum Zwecke der Gleichstellung des Monarchen und der Untertanen als Komponenten im Staatssystem betonte Minobe, daß der Tenno ebenso lediglich Organ des Staates sei wie das Parlament als Vertretung des Volkes[786].

Obwohl der Begriff der Staatspersönlichkeit von Jellinek übernommen wurde und trotz weitgehender äußerer Gleichheit, unterscheidet sich Minobes Definition des Staates doch erheblich von der Jellineks. Vergleicht man die Darstellungen beider über die Elemente des Staates, so wird deutlich, daß bei Jellinek Volk, Gebiet und Staatsgewalt[787], bei Minobe Volk, Gebiet und Staatsorganisation genannt werden[788]. Auch Minobe vertritt die Ansicht, daß ein Staat ohne Hoheitsrechte kein Staat sei[789]. Dennoch setzt sich Minobe besonders intensiv mit der Frage auseinander, wer die staatliche Ho-

---

781. Ders., Kelsen gakusetsu no hihan, S.82.

782. In Minobes Lehre sind hingegen positivistische und naturrechtliche Gedankengänge vermischt. Dazu vgl. Ueyama Yasutoshi, Kenpôshakaishi, Tokyo 1977, S.183ff.

783. Ueyama, a.a.O., S.185.

784. Für "Hoheitsrechte" wird bei Minobe der japanische Ausdruck *"Tôchiken"* gebraucht.

785. Minobe, Nihon-kenpô, Bd.1, S.147.

786. Ders., a.a.O., S.215ff.

787. Jellinek, Allgemeine Staatslehre, S.394ff.

788. Minobe, Nihon-kenpô, Bd.1, S.108ff.; ders., Kenpô-kôwa, S.2ff.

789. Vgl. Minobe, Kenpô-kôwa, 1912, S.9f.

heitsgewalt in die Tat umsetzen soll. Die Beschreibung des Trägers der Staatsgewalt (das Staatsorganisationsproblem) spielt bei ihm eine wichtigere Rolle als der Inhalt der Staatsgewalt, da in Japan gerade das Problem der *Kokutai* in der Diskussion war. Dabei kommen in Minobes Lehre von der Rechtspersönlichkeit des Staates demokratische Ansätze zum Ausdruck.

Außerdem unterscheidet die Theorie von der normativen Kraft der Gerechtigkeit den Staatsbegriff Minobes von dem Jellineks. Obwohl die Selbstbindungstheorie des Staates ein wesentliches Merkmal der Lehre Jellineks ist, hat Minobe sie nicht in seine Lehre übernommen. Zwar erkennt Minobe die Möglichkeit an, Individualrechte als Ergebnisse einer Selbstbindung des Staates, der die höchste Gewalt hat, anzusehen[790]. Das bedeutet für ihn aber nicht, daß die Gesetzgebungsgewalt des Staates unbeschränkbar ist[791]. Sowohl bei Jellinek als auch bei Minobe ist die Staatsgewalt durch Recht beschränkbar. Bei Jellinek hat diese Einschränkung aber nur formale Bedeutung, da der Staat die Entscheidungsmacht darüber hat, was Recht ist. Deshalb kann der Staat weithin frei über den Inhalt des Rechts entscheiden.

Minobe hingegen erweitert diese rein formale Selbstbindung um den materiellen Gesichtspunkt der Gerechtigkeitsidee, das Vernunftrecht. Die Gesetzgebung des Staates müsse dem Vernunftrecht entsprechen. Insoweit wird der Staatsbegriff Jellineks durch die vernunftrechtliche Betrachtung Minobes seiner konservativen Färbung enthoben[792].

cc) Subjektive öffentliche Rechte

Bis zur Lehre Minobes war die "Herrschaftstheorie", die allein Untertanenpflichten, aber keine Untertanenrechte kannte, herrschende Staatslehre in Japan. Individuen im Staat waren nur Untertanen, aber keine Bürger[793]. Es ist allein Minobes Verdienst, subjektive öffentliche Rechte im Sinne der Lehre Jellineks in die japanische Staatsrechtslehre eingeführt zu haben.

---

790. Minobe, Kenpô-kôwa, S.10ff.; ders., Nihon-kenpô, S.216ff.

791. Vgl. Ienaga, Minobe Tatsukichi no shisôshiteki kenkyû, S.171.

792. Dazu: Isomura Tooru, Shiminhôgaku, in: Ugai Nobushiga u.a. (Hrsg.), Kôza Kindaihô-hattatsushi, Bd.9, Tokyo 1960, S.65.

793. Wie erläutert heißt "Bürger" auf Japanisch "*Kokumin*", was andererseits auch "Volk" bedeutet. Früher wurde "*Kokumin*" ausschließlich im Sinne von "Volk" benutzt.

Auch hier kommt allerdings das vernunftrechtliche Verständnis Minobes zum Tragen. Seine Anerkennung des Venunftrechts hatte zur Folge, daß die Staatsgewalt für ihn nicht unbeschränkbar sein kann. Daher sind bei Minobe die die Staatsgewalt beschränkenden Rechte durch das Vernunftrecht begründet. Im Gegensatz dazu ist bei Jellinek die Staatsgewalt unbeschränkbar. Seine Selbstbindungstheorie führt dazu, daß die Staatsgewalt nur durch den Willen des Staates selbst beschränkbar ist. Somit ist bei Jellinek der Schutz der subjektiven öffentlichen Rechte allein vom Willen des Staates abhängig.

Dieser Unterschied Minobes zu Jellinek auf der allgemeinen, theoretischen Ebene hat aber keine tiefgreifende Konsequenz für die Auslegung der Meiji-Verfassung. Um die Ähnlichkeit in der Beurteilung der öffentlichen Rechte des Individuums auf konkret verfassungsrechtlicher Ebene durch Jellinek und Minobe herauszuarbeiten, muß zuerst ihre Klassifizierung und Beschreibung des Inhalts der Rechte vorgestellt werden.

Jellinek klassifiziert den Status des Individuums nach vier Arten[794]:

1) Den Status passivus, der das Unterworfensein des Einzelnen unter den Staat beschreibt,

2) den Status negativus, der die Freiheitsrechte des Einzelnen beschreibt,

3) den Status positivus, der die Leistungsansprüche des Einzelnen gegen den Staat beschreibt, und

4) den Status activus, der die politischen Mitwirkungsrechte des Einzelnen beinhaltet.

Minobe unterscheidet in Anlehnung an Jellinek drei Arten öffentlicher Rechte, sowie auch eine öffentliche Pflicht: 1) Die Freiheitsrechte, 2) Leistungsansprüche, 3) politische Mitwirkungsrechte und als Pflicht die Gehorsamspflicht[795].

Inhaltlich umschreibt Minobe die Freiheitsrechte wie folgt[796]:

Der Mensch als Sozialwesen habe keine absolute Freiheit in der Gesellschaft. Seine Freiheit werde durch Gesetze beschränkt. Entsprechend würden bestimmte Frei-

794. Jellinek, System der subjektiven öffentlichen Rechte, S.94ff.

795. Minobe, Kenpô-kôwa, S.555.

796. Ders., a.a.O., S.556ff.

heitsrechte gewährt, die außer im Rahmen ihrer gesetzlichen Beschränkungen nicht angetastet werden dürfen. Auch wenn es einen bestimmten Freiheitsbereich gebe, der nicht von einem Artikel in der Verfassung erfaßt werde, bedeute dies nicht, daß der Staat in diesen Bereich nach Belieben eingreifen dürfe. Wenn aber Einschränkungen durch Gesetze von der Verfassung vorgesehen sind, sei es möglich, daß ein Freiheitsbereich in Wirklichkeit nicht mehr als durch die Verfassung gewährleistet betrachtet werden könne. Für die Freiheitsrechte könne dies also nur bedeuten, daß es zwar der Exekutive aber nicht der Legislative verwehrt sei, willkürlich in die menschliche Freiheit einzugreifen. Der Staat ist zwar bei Minobe an das Vernunftrecht gebunden und damit auch der Gesetzgeber als Staatsorgan. Die Konsequenzen dieser Bindung für den Gesetzgeber und für von ihm erlassene vernunftrechtswidrige Gesetze bleiben aber unklar.

Unter Leistungsansprüchen versteht Minobe Rechte des Individuums, zu seinem eigenen Wohl eine bestimmte staatliche Leistung oder irgendeinen Vorteil vom Staat zu beanspruchen. Diese Ansprüche sollen allein seinem eigenen Interesse und nicht dem Gesamtinteresse der Gesellschaft oder des Volkes dienen. Demzufolge ist ein Anspruch des Einzelnen auf Verwirklichung des Gemeinwohls ausgeschlossen. Als das wichtigste Leistungsrecht beschreibt Minobe eine funktionierende Gerichtsbarkeit. Auch setzt er sich ja für die Kontrolle des Gesetzgebers durch die Gerichte ein. Was soll aber kontrolliert werden, wenn die Gesetzgebungsgewalt unbeschränkt ist?

Politische Mitwirkungsrechte bedeuten für ihn auch politische Mitwirkungspflichten und umgekehrt. Dies werde besonders bei der Wehrdienstpflicht deutlich, die zugleich ein von der Verfassung gewährleistetes Wehrdienstrecht beinhalte.

Da die Freiheitsrechte in der Meiji-Verfassung mit weitreichenden Gesetzesvorbehalten ausgestattet waren, war die Anerkennung dieser Vorbehalte durch Minobes Theorie nicht weiter verwunderlich. Da die Gesetzesvorbehalte anerkannt wurden, hat Minobes Lehre trotz seines vernunftrechtlichen Ansatzes insoweit keine eindeutige Beschränkung der Staatsgewalt zur Folge. Minobe betont aber, daß sich die Freiheitssphäre des Einzelnen nicht nur innerhalb der Bestimmungen der Verfassungen realisiert[797]. Die Freiheitsrechte in der Meiji-Verfassung seien nicht abschließend sondern lediglich beispielhaft, darüberhinaus existierten weitere Freiheitsrechte neben der Verfassung.

---

797. Ders., a.a.O., S.564.

Nach Jellinek bedürfen alle Freiheitsrechte zusätzlich einer gesetzlichen Regelung ihrer Ausübung. Der negative Status sei dadurch geschützt, daß der Einzelne einen Anspruch auf Anerkennung seiner Person habe und den Staatsbehörden jede Beeinträchtigung derselben, d.h. jede Auferlegung eines gesetzlich nicht begründeten Befehls oder Zwanges verboten sei[798]. Durch diesen Anspruch unterscheide sich der negative Status von einer bloßen Reflexwirkung des objektiven Rechts[799]. Dies bedeutet, daß Freiheit wesentlich nur durch objektives Recht zu einem Recht werden kann. Da der Staat aber seine Macht nur innerhalb des objektiv- rechtlichen Bereiches ausüben kann, wird ihm auch nach Jellinek nicht gestattet, im nicht gesetzlich geregelten Bereich in die Freiheitssphäre des Individuums einzugreifen.

In diesem Punkt kamen beide Lehren trotz Minobes Betonung des Vernunftrechts zum selben Ergebnis.

Ein Unterschied zwischen Jellinek und Minobe findet sich aber in der Darstellung des Status positivus. Jellinek faßt die Rechte des Status positivus als Mitgliedschaftsrechte im Staat auf[800]. Da bei Jellinek der Staat als Körperschaft nicht gegen das Individuum gerichtet ist, haben die Einzelnen zwangsläufig den Status von Mitgliedern. Minobe hingegen betrachtete das Verhältnis zwischen Staat und dem Einzelnen als ein gegensätzliches. Auch Leistungsansprüche seien nicht auf die Steigerung des Allgemeinwohls gerichtet, sondern sie sollten allein dem individuellen Interesse des Einzelnen dienen. Bei Jellinek ist der Status positivus Basis für die Gesamtheit staatlicher Leistungen im individuellen Interesse[801], die auch im Gemeininteresse liegen können[802]. Somit waren die individuellen Interessen in bezug auf den Status positivus mit dem Interesse der Mitglieder in der Körperschaft Staat und damit mit dem Gemeininteresse der gesamten Körperschaft verknüpft. In diesem Punkt weicht Minobes Lehre von der Jellineks ab, da Minobe ja Leistungsansprüche trotz seines Staatskörperschaftsbegriffs gerade nicht im Gemeininteresse sondern nur im Interesse der Individuen gewährleistet sieht.

Nach Jellinek wohnt den Dienstpflichten ebenfalls ein Element der Berechtigung inne, das in der Ehre zum Ausdruck komme, die mit dem Amt verknüpft sei. Die Teil-

798. Jellinek, System der subjektiven öffentlichen Rechte, S.105.
799. Ders., a.a.O., S.106.
800. Ders., a.a.O., S.114.
801. Ders., a.a.O., S.87; vgl. Minobe, Kenpô-kôwa, S.568.
802. Jellinek, System der subjektiven öffentlichen Rechte, S.114.

nahme am öffentlichen Amt, am Heer und den Gerichten bedeute für die Dienstpflichtigen eine Ehre, die sich vor allem darin äußere, daß sie zur Strafe verwirkbar sei. Die Dienstpflichten gehören sowohl dem aktiven als auch dem passiven Status an. Solche Pflichten seien daher auch als berechtigende Pflichten zu bezeichnen[803]. Bei Minobe sind die politischen Mitwirkungsrechte gleichzeitig Pflichten. Diese Auffassung vom gleichzeitigen Pflichtencharakter gewisser Rechte entspricht der Auffassung Jellineks von den Dienstpflichten. Beide betonen die unlösbare Verknüpfung von Rechten und Pflichten.

dd) Zusammenfassung

Es war Minobe, der als erster japanischer Staatsrechtslehrer eine deutsche Staatsrechtslehre systematisch und wissenschaftlich aufgenommen und verarbeitet hat und sich nicht nur aus politischen Gründen einzelne Elemente zu eigen machte. Dabei begnügte sich Minobe nicht mit einem einfachen Abschreiben einzelner Themen wie so viele seiner Vorgänger.

Aber auch bei Minobe war diese Rezeption von einem bestimmten Zweckbewußtsein geleitet. Besonders mit seiner Lehre vom Staat als juristischer Person und der damit in Zusammenhang stehenden Organtheorie sowie mit der Theorie der subjektiven öffentlichen Rechte versuchte Minobe, liberales Gedankengut in die Staatslehre unter der Meiji-Verfassung einzubringen. Darüber hinaus unternahm Minobe auch den Versuch, eine eigene Methode zu entwickeln. Er zeigte die Nachteile des Rechtspositivismus auf und versuchte, diesen zu überwinden.

Hier ging Minobe weit über Jellinek hinaus: Die Lehre Jellineks kannte die normative Kraft des Faktischen, faßte eine inhaltliche Rechtsbindung des Staates nur als Selbstbindung auf und erhielt damit eine Funktion als Stütze des Status quo. Der Gefahr einer despotischen Ausübung der Staatsgewalt versuchte Minobe durch das Vernunftrecht vorzubeugen und damit Jellineks Lehre zu korrigieren. Dieser Versuch gelang zwar nicht vollständig, wie man z.B. an seiner widersprüchlichen Darstellung der Freiheitsrechte sieht, aber seine Theorie der normativen Kraft der Gerechtigkeit war gerade vor dem zweiten Weltkrieg in Japan von besonderer Bedeutung, um den damaligen Ultranationalismus zu bekämpfen, wenn dies auch erfolglos blieb[804].

---

803. Ders., a.a.O., S.185.

804. Allgemein gesehen bringen unklare Begriffe wie Vernunftrecht oder Gerechtigkeit natürlich auch die Gefahr mit sich, mißbraucht zu werden. Minobe

Theoretisch gesehen hat Minobe das Wesen des Rechts nicht klar herausgearbeitet, da der Begriff Gerechtigkeit durch seine Theorie der normativen Kraft der Gerechtigkeit keine klare Zuordnung mehr zu dem Begriffspaar Sein und Sollen erfuhr.

Die Funktion seiner Lehre als Gegenpol despotischer Politik macht sich auch in seinem Verständnis einzelner Begriffe bemerkbar.

Den Staatskörperschaftsbegriff benutzte er nur in Zusammenhang mit der Einordnung des Monarchen als Staatsorgan. Obwohl das Wesen dieses Begriffes eigentlich auf eine harmonische Beschreibung des Verhältnisses zwischen Staat und Volk abzielt, versuchte Minobe, die Rechte des Einzelnen immer als Rechte gegen den Staat zu erklären und dies durch das Vernunftrecht zu stützen. Auch dies war Ausdruck der von ihm erkannten Gefahr der unkritischen Affirmation der bestehenden Staatsgewalt durch seine Gegner.

Leistungansprüche sah Minobe ebenfalls nur im individuellen Interesse gewährleistet, ohne einen Zusammenhang mit dem Gemeininteresse anzuerkennen. Dabei läßt sich ebenfalls sein liberaler Ansatz erkennen.

Insofern hat Minobes Lehre in Japan eine wichtige Rolle im Kampf gegen das Autoritätsprinzip gespielt.

Die damalige politische Lage Japans kann also als entscheidender Hintergrund für seine Modifizierung der Lehre Jellineks angesehen werden. Minobe war ein Kritiker der Staatslehre der Kriegszeit, die stark vom Tennôkult geprägt war. Sein liberales Verständnis war der Grund dafür, daß seine Lehre nach dem zweiten Weltkrieg als herrschende Staatslehre Anerkennung fand.

---

selbst beabsichtigte aber, im Gegensatz zu seinen Gegnern wie Hozumi durch diesen Gerechtigkeitsbegriff einen liberalen Rechts- sowie Staatsbegriff zu begründen. Vgl. Ienaga, Minobe Tatsukichi no shisôshiteki kenkyû, S.171ff.

Schlußbemerkung

Deutsche Verfassungen waren Modell für die Konstituierung der Meiji-Verfassung. Die deutsche Staatsrechtslehre stand Pate bei der Kodifikation einer modernen Verfassung in Japan sowie bei der Entwicklung einer japanischen Staatsrechtslehre.

Dieser Rezeption lag eine Realpolitik im Sinne Bismarcks zugrunde, dessen Ansicht nach Preußen und Japan sich nur aus dem Willen zur Selbstbehauptung heraus und unter Zuhilfenahme einer siegreichen Armee zu bedeutender Größe emporschwingen konnten. Die spätere Geschichte Japans zeigt, daß Bismarcks Ansicht in Zusammenhang mit den politischen und wirtschaftlichen Entwicklungen richtig war. Das Modell des deutschen Staatssystems hat wohl auch dazu beigetragen, Japan in wenigen Jahrzehnten zu einer konkurrenzfähigen Großmacht werden zu lassen.

Die Rezeption der deutschen Staatsrechtslehre bildete zweifelsohne eine Grundlage für die Modernisierung Japans. Dies bedeutet aber nicht, daß dadurch eine vollständige Europäisierung Japans stattgefunden hätte. Vielmehr ist das europäische, insbesondere das deutsche System bei seiner Aufnahme in Japan modifiziert worden[805].

Bei der Rezeption eines fremden Rechtssystems kommt es maßgeblich darauf an, ob das übernommene Recht wirklich Eingang findet in das alltägliche Rechtsleben, ob es nicht nur formal rezipiert, sondern assimiliert wird[806]. Erst dann kann es seine ganze Wirkungskraft entfalten. Im Assimilationsprozeß des europäischen Rechts in Japan behauptete sich immer wieder das in den Überzeugungen der Bevölkerung verankerte, religiös begründete Recht, das mit dem Begriff *Kokutai* gekennzeichnet werden kann[807].

Vor der Rezeption des europäischen Rechts gab es in Japan keine moderne theoretische Lehre über das Recht. Dennoch existierte eine gefestigte geistige Grundlage, die im Alltagsleben der Bevölkerung verwurzelt war.

Dieses alltagsbezogene Verständnis wurde bei der Errichtung des modernen Staates in die Idee vom tennôischen Familienstaat transformiert. Von daher stand *Kokutai* in

805. Vgl José Llompart, Japanisches und europäisches Rechtsdenken, in: Rechtstheorie (Zeitschrift für Logik, Methodenlehre, Kybernetik und Soziologie des Rechts), Bd.16, 1985, S.137.

806. Karl Kroeschell, Das moderne Japan und das deutsche Recht, S.59.

807. Nach Kroeschell kann Assimilation "etwa dann mißlingen, wenn sich ein verdrängtes, religiös begründetes Recht in den Überzeugungen der Bevölkerung gegen das übernommene Recht zu behaupten vermag". (Ebenda).

engem Zusammenhang mit dem shintôistischen Tennôkult. Die eigentliche Funktion der *Kokutai*, neben der Kennzeichnung der Grundlage des Staates, lag also im Ausdruck einer theokratischen Staatsgrundlage. Trotz der Unklarheit des Wortsinnes des Begriffes *Kokutai* stand dieser immer für das Eigenbewußtsein der japanischen Nation, insbesondere für die politische Elite[808].

Für die Theoretisierung und Systematisierung dieses theokratischen Staatsbegriffes war somit *Kokutai* von größter Bedeutung. Es war deshalb Aufgabe der japanischen Staatsrechtler, die Integration der traditionellen theokratischen Herrschaftsidee in das deutsche konstitutionelle Modell zu bewerkstelligen. Die Meiji-Verfassung bot dabei einen großen Spielraum für Interpretationen, mit denen so gegensätzliche Positionen bezogen werden konnten.

Bereits Katô Hiroyuki hatte versucht, die deutsche Staatslehre an den *Kokutai*-Begriff anzupassen. Katô stellt in seinen Schriften *Kokutai* als unabänderbares Gedankengut fest und versucht auf dieser Grundlage das europäische monarchische System einzuführen. Die Staatsrechtler der Meiji-Verfassung folgten im Prinzip seiner Richtung. Hozumi Yatsuka und Uesugi Shinkichi betrachteten *Kokutai* aus der japanischen Geschichte heraus als die einzige vorgegebene Wahrheit für die japanische Staatslehre.

Zwar gab es um den *Kokutai*-Begriff heftige Debatten zwischen den japanischen Staatsrechtslehrern, doch waren sich alle über die Unabänderbarkeit der japanischen *Kokutai* einig. Auch Minobe war im Grunde ein Monarchist und somit keinesfalls ein Gegner des *Kokutai*-Begriffes. Seine Absicht war es, durch den Körperschaftsbegriff die japanische tennôische Tradition mit dem Konstitutionalismus zu vereinbaren. Minobe behauptete daher konsequenterweise, daß er nicht die Absicht habe, die Inhalte des *Kokutai*-Begriffes zu verändern. So war auch die Lehre Minobes von dem Versuch geprägt, ohne Veränderung der traditionellen geistigen Grundlage Japans die deutsche Staatslehre einzuführen. Nicht der *Kokutai*-Begriff selbst, sondern die Harmonisierung des Begriffes mit der deutschen Staatslehre wurde daher zum Hauptstreitpunkt der Diskussionen. Zwar bedeutete für Minobe der *Tennô-kikan-setsu*-Vorfall auf sozialer und politischer Ebene eine Niederlage, juristisch aber hat er durch seine Lösung dieser Frage den Aufbau einer bleibenden japanischen Staatslehre möglich gemacht.

Dabei diente die Lehre Jellineks Minobe nur als Mittel zum Zweck. Lediglich den Vorbehalt seines Gerechtigkeitsbegriffes wegen der Prägung seiner Rechtsanschauung

---

808. Der mit dem Tennôkult verbundene *Kokutai*-Begriff wurde hauptsächlich von der politischen Elite als Leitbegriff der japanischen Politik interpretiert.

durch die Vernunftrechtsidee hat Minobe gegen die Lehre Jellineks geltend gemacht, sie ansonsten weitgehend übernommen. Da Minobe selbst Gerechtigkeit für ein Produkt der Kultur im jeweiligen Zeitalter hielt, war es für ihn möglich, die deutsche Staatslehre mit der Grundlage der japanischen Nation, also der *Kokutai*, zu verbinden[809], was ihm die "wertfreie" Lehre Jellineks vereinfacht hat. Dadurch gelang es Minobe auch, die in Zusammenhang mit dem Begriff *Kokutai* beschriebenen Probleme in den Hintergrund zu rücken und in Japan eine moderne Staatslehre zu entwickeln. Dies war die Hauptleistung Minobes[810].

Zwei Probleme des Assimilationsprozesses sollen nun abschließend noch herausgehoben werden.

Zunächst die Schwierigkeit, welche deutsche Lehre oder welche Rechtsbegriffe überhaupt in diesem Rezeptionsprozeß aufgenommen werden sollten und konnten.

Im Rezeptionsprozeß wurde überwiegend der organisatorische Teil der deutschen Verfassungen aufgegriffen. Dies ist selbstverständlich, da der Zweck der Meiji-Verfassung darin lag, die Gründung eines modernen Staates zu ermöglichen. Zudem wurde die Kodifikation der Meiji-Verfassung von oben durchgeführt, d.h. es konnte nicht auf solche Erfahrungen zurückgegriffen werden, die die europäischen Länder mit Volksbewegungen machen konnten. Dieser Hintergrund macht es auch verständlich, daß japanische Staatsrechtler den Rechten des Einzelnen wenig Aufmerksamkeit schenkten. Zwar erwähnte Katô Hiroyuki die angeborenen Menschenrechte, doch den Schwerpunkt seiner Untersuchungen bildeten die Staatsform oder die Staatsaufgaben. Das Zeitalter der Meiji-Verfassung änderte daran zunächst nichts. Juristische Methodenlehre, Staatspersönlichkeit, organische Staatsidee, Volksgeist, Staatsorgane und die Gewaltenteilung waren unter anderen die die Diskussion beherrschenden Begriffe.

Mit Ausnahme des Begriffs des Volksgeistes, der direkt in Zusammenhang mit dem *Kokutai*-Begriff in die japanische Staatslehre eingeführt wurde, gehören die anderen zum Problem der Staatsorganisation. Diese Beschränkung der Rezeption der deutschen Staatslehre auf den organisatorischen Teil beruhte aber auch auf der Eigenart der

809. Wie erläutert beabsichtigte Minobe einerseits, mit dem Begriff der normativen Kraft der Gerechtigkeit ein liberales Gegengewicht gegen den Ultranationalismus zu setzen. Andererseits aber ermöglichte dieser Begriff, das Rechtsgefühl des japanischen Volkes mit seiner von der deutschen Lehre aufgenommenen Staatsidee zu vereinbaren.

810. Vgl. Murakami, S.65.

deutschen Staatslehren, die gerade als Lehren über den Staat als Organisation entwikkelt wurden. Demgegenüber stellten in der anglo-amerikanischen Verfassungslehre die Menschenrechte den Ausgangspunkt dar. Es war die Absicht der japanischen Staatsrechtler, genau diese Eigenart der deutschen Staatslehre zu rezipieren. Innerhalb der auf der Grundlage der japanischen Tradition fußenden Familienstaatsidee war es schwierig, einen subjektiven Rechtsbegriff zu entwickeln. Das Problem der Rechte des Einzelnen im Staat wurde somit in Zusammenhang mit dem Problem der Staatsaufgaben gelöst. Auch Minobe konnte die subjektiven öffentlichen Rechte erst aufgrund seiner engen Anlehnung an die Staatslehre Jellineks systematisch begründen. Dies war auch nur deshalb möglich, weil er im Gegensatz zu seinen Diskussionsgegnern den Staat nicht mit dem Tennô gleichsetzte und dadurch die Rechte der Einzelnen nicht als Rechte gegen den Tennô verstehen mußte.

Das zweite Problem lag darin, genau zu bestimmen was die *Kokutai* als geistige Grundlage Japans ist.

Diese Frage, die so entscheidend für den Assimilationsprozeß der deutschen Staats- bzw. Staatsrechtslehre war, ist auch heute noch äußerst umstritten. Das Problem der *Kokutai*, die in der amtlichen englischen Übersetzung des kaiserlichen Erziehungsedikts von 1890 als "fundamental character of our Empire"[811] bezeichnet wird, bleibt auch heute noch ungelöst, selbst nachdem sich die japanische Staatslehre fest in der Gesellschaft etablieren konnte. Im *Kokutai*-Begriff liegt das Kernproblem der japanischen Verfassung, das auf der einen Seite durch die Aufnahme ausländischer Lehren nicht zu lösen ist, auf der anderen Seite aber den Schlüssel zur Erkenntnis der japanischen Verfassung liefert. Auch heute ist es äußerst problematisch nach der geistigen Grundlage der Japaner zu fragen, die man z.B. in der konfuzianischen Weltanschauung[812] oder dem shintôistischen Tennôkult zu finden versucht. Gleichzeitig ist es unmöglich, den Geist eines Volkes umfassend und erschöpfend darzustellen.

Es war das schwierigste Problem der japanischen Staatsrechtslehre, ohne genügende inhaltliche Klärung dieser geistigen Grundlage den Bereich des Staatsrechts festlegen zu müssen. Genau diese Schwierigkeit war es, die im *Tennô-kikan-setsu*-Vorfall zum Tragen kam.

---

811. Kroeschell, a.a.O., S. 60.

812. Dazu: Oki Masao, Schlichtung als Institution des Rechts. Ein Vergleich von europäischem und japanischem Rechtsdenken, in: Rechtstheorie, Bd.16, 1985, S.155ff.

Erst nach dem Zweiten Weltkrieg konnte im juristischen Bereich eine Diskussion ohne *den Kokutai*-Begriff beginnen. Erst wenn es gelungen ist, den Begriff *Kokutai* nicht mehr zur Erklärung des japanischen Staatsrechtssystems heranziehen zu müssen, wird die echte Assimilation der modernen Staatslehre in Japan erreicht sein.

Anhang I

Kaiserliche Kundgebung anlässlich der Verkündung der Verfassung des Kaiserreiches Japan am 11. Februar 1889[1]

Nachdem Wir durch die Tugend und den Ruhm Unserer Vorfahren den Thron bestiegen haben, der seit ewigen Zeiten Unserer Dynastie angehörte, in dem Wunsch, die geistigen und sittlichen Fähigkeiten Unserer geliebten Untertanen zu fördern und zu enthalten, wie es schon die liebevolle Fürsorge Unserer Vorfahren war, in der Hoffnung, das Gedeihen des Staates in Übereinstimmung und mit der Hilfe Unseres Volkes zu fördern, verkünden Wir hiermit in Bestätigung Unseres Kaiserlichen Erlasses vom 12. Tag des 10. Monats im 14. Jahre Meiji eine fundamentale Staatsgesetzgebung, welche die Grundsätze enthält, von denen Wir Uns in Unserer Verwaltung leiten lassen wollen und nach denen sich Unsere Nachfolger, Unsere Untertanen und deren Nachkommen für immer richten sollen.

Wir haben von Unseren Vorfahren die Herrscherrechte ererbt und werden dieselben Unseren Nachfolgern hinterlassen; weder Wir noch sie werden in Zukunft jemals verfehlen, sie in Übereinstimmung mit der Verfassung, die hiermit gewährt wird, auszuüben.

Wir erklären hierdurch, daß Wir die Rechte und das Wohl des Volkes schützen und achten wollen und ihm den Genuß derselben innerhalb der Verfassung und des Gesetzes sichern werden.

Die Teikoku Gikai[2] soll zum erstenmal im 23. Jahr Meiji einberufen werden, und am Tage ihrer Eröffnung soll zugleich die neue Verfassung in Kraft treten.

Sollte es in Zukunft nötig erscheinen, irgenwelche Artikel der Verfassung zu verbessern, werden Wir oder Unsere Nachfolger Uns das Recht der Initiative vorbehalten und der Teikoku Gikai Unsere Pläne vorlegen. Die Teikoku Gikai soll dann darüber abstimmen, den Bedingungen der gegenwärtigen Verfassung entsprechend, und in keiner anderen Weise sollen Unsere Nachkommen oder Unsere Untertanen eine Änderung darin vornehmen dürfen.

---

1. Die Übersetzung folgt weitgehend: Fujii Shinichi, Japanisches Verfassungsrecht, S.457ff.

2. Anmerkung der Verf., N.K.: "Teikoku Gikai" bedeutet "das Parlament des Kaiserreiches".

Unsere Staatsminister werden in Unserem Namen verantwortlich für die Ausführung der neuen Verfassung sein, und Unsere gegenwärtigen und zukünftigen Untertanen nehmen für immer die Verpflichtung zur Treue gegenüber der neuen Verfassung auf sich.

(Siegel Seiner Kaiserlichen Majestät.)
(Geheimsiegel.)

Am 11. Tag im 2. Monat des 22. Jahres Meiji.

(Gegengezeichnet.)

Graf Kuroda Kiyotaka
Ministerpräsident.

Graf Ito Hirobumi
Präsident des Geheimen Kabinettsrates.

Graf Okuma Shigenobu
Minister für Auswärtige Angelegenheiten.

Graf Saigo Tsukumichi
Marineminister.

Graf Inoue Kaoru
Ackerbau- und Handelsminister.

Graf Yamada Akiyoshi
Justizminister.

Graf Matsugata Masayoshi
Finanz- und Innenminister.

Graf Oyama Iwao
Kriegsminister.

Vicomte Mori Arinori
Erziehungsminister.

Vicomte Enomoto Takeaki
Verkehrsminister.

Anhang II

Die Verfassung des Kaiserreiches Japan[3]

1. Abschnitt: Der Kaiser

Art. 1. Das Großjapanische Reich wird vom Kaiser (Tenno = Himmelskaiser) aus der für ewige Zeiten ununterbrochenen Linie regiert.

Art. 2. Die Kaiserwürde erbt sich nach Maßgabe des Gesetzes über das kaiserliche Haus im Mannesstamm des Kaiserhauses fort.

Art. 3. Der Kaiser ist heilig und unverletzlich.

Art. 4. Der Kaiser ist das Staatsoberhaupt des Reiches; er vereinigt in sich die Herrschaftsgewalt und übt sie nach den Bestimmungen dieser Verfassung aus.

Art. 5. Der Kaiser übt die gesetzgebende Gewalt mit Zustimmung des Reichsparlaments aus.

Art. 6. Der Kaiser sanktioniert die Gesetze und verfügt ihre Veröffentlichung und Durchführung.

Art. 7. Der Kaiser beruft das Reichsparlament ein und bestimmt seine Eröffnung, Schließung und Vertagung sowie die Auflösung des Unterhauses[4].

Art. 8. Der Kaiser erläßt zur Aufrechterhaltung der öffentlichen Sicherheit und zur Abwehr von Gefahren für diese, wenn das Reichsparlament nicht tagt, in dringenden Fällen Thronverordnungen, die Gesetzesrang haben.

Diese Thronverordnungen sind dem Reichsparlament bei seiner nächsten Sitzung vorzulegen. Stimmt das Reichsparlament ihnen nicht zu, hat die Regierung sie für die Zukunft für unwirksam zu erklären.

Art. 9. Der Kaiser erläßt oder veranlaßt die Verordnungen zur Durchführung der Gesetze sowie die zur Aufrechterhaltung der öffentlichen Sicherheit und Ordnung und zur Förderung des Wohls der Untertanen erforderlichen Verordnungen. Durch eine Verordnung kann jedoch ein Gesetz nicht geändert werden.

---

3. Die Übersetzung des Textes der Meiji-Verfassung folgt weitgehend: Siemes, Die Gründung des modernen japanischen Staates und das deutsche Staatsrecht, S.86ff.

4. Anmerkung der Verf., N.K.: Unterhaus bedeutet Abgeordnetenhaus im Sinne von Art. 33 u. 35.

Art. 10. Der Kaiser bestimmt die Organisation der einzelnen Zweige der Verwaltung und die Bezüge der Beamten und Offiziere, die er auch ernennt und entläßt. Sieht jedoch diese Verfassung oder ein anderes Gesetz besondere Bestimmungen vor, bewendet es dabei.

Art. 11. Der Kaiser führt den Oberbefehl über das Heer und die Marine.

Art. 12. Der Kaiser bestimmt die Organisation und die Friedensstärke des Heeres und der Marine.

Art. 13. Der Kaiser erklärt den Krieg, schließt den Frieden und alle internationalen Verträge.

Art. 14. Der Kaiser erklärt den Belagerungszustand.

Die Voraussetzungen und die Wirkungen des Belagerungszustandes werden durch Gesetz bestimmt.

Art. 15. Der Kaiser verleiht Adelstitel, Ränge, Orden und andere Auszeichnungen.

Art. 16. Der Kaiser befiehlt die allgemeine oder besondere Amnestie, die Strafherabsetzung und die Rehabilitierung.

Art. 17. Die Einsetzung eines Regenten bestimmt sich nach den Vorschriften des Gesetzes über das kaiserliche Haus.

Der Regent übt die Befugnisse des Kaisers im Namen des Kaisers aus.

2. Abschnitt: Die Rechte und Pflichten der Untertanen

Art. 18. Die Voraussetzungen, unter denen jemand japanischer Untertan ist, bestimmt das Gesetz.

Art. 19. Japanische Untertanen können entsprechend den durch Gesetz oder Verordnung bestimmten Fähigkeiten ohne Unterschied zu Beamten und Offizieren ernannt werden oder einen anderen öffentlichen Dienst aufnehmen.

Art. 20. Japanische Untertanen sind nach Maßgabe gesetzlicher Bestimmungen zum Militärdienst verpflichtet.

Art. 21. Japanische Untertanen sind nach Maßgabe gesetzlicher Bestimmungen zur Steuerzahlung verpflichtet.

Art. 22. Japanische Untertanen genießen im Rahmen der Gesetze die Freiheit, ihren Aufenthalt zu bestimmen und zu ändern.

Art. 23. Japanische Untertanen dürfen nur auf Grund der Gesetze verhaftet, festgehalten, verhört oder bestraft werden.

Art 24. Keinem japanischen Untertanen darf das Recht auf die Entscheidung des gesetzlich bestimmten Richters genommen werden.

Art. 25. Außer in den gesetzlich bestimmten Fällen darf die Wohnung eines japanischen Untertanen ohne sein Einverständnis weder betreten noch durchsucht werden.

Art 26. Außer in den gesetzlich bestimmten Fällen darf das jedem japanischen Untertanen zustehende Briefgeheimnis nicht verletzt werden.

Art 27. Das Eigentum eines jeden japanischen Untertanen ist unverletzlich. Die zum Nutzen der Allgemeinheit erforderlichen Maßnahmen richten sich nach den gesetzlichen Bestimmungen.

Art. 28. Japanische Untertanen genießen die Freiheit des religiösen Glaubens, sofern sie die öffentliche Ruhe und Ordnung nicht stören und ihre Pflichten als Untertanen nicht verletzen.

Art. 29. Japanische Untertanen genießen im Rahmen der Gesetze die Freiheit der Rede, der schriftlichen Äußerung, der Veröffentlichung, der Versammlung und der Vereinsbildung.

Art. 30. Japanische Untertanen haben unter Wahrung angemessener Ehrerbietung und unter Einhaltung der hierfür besonders erlassenen Bestimmungen das Petitionsrecht.

Art. 31. Die Vorschriften dieses Abschnitts hindern im Falle des Krieges oder des Staatsnotstandes die Ausübung der kaiserlichen Befugnisse nicht.

Art. 32. Die Vorschriften dieses Abschnitts finden auf Militärpersonen entsprechende Anwendung, sofern sie nicht zu Bestimmungen über das Heer oder die Marine oder zu deren Disziplin im Widerspruch stehen.

3. Abschnitt: Das Reichsparlament

Art. 33. Das Reichsparlament besteht aus zwei Häusern: dem Herrenhaus und dem Abgeordnetenhaus.

Art. 34. Das Herrenhaus wird nach Maßgabe der Verordnung über das Herrenhaus aus Angehörigen der kaiserlichen Familie und des Adelsstandes sowie aus vom Kaiser ernannten Mitgliedern gebildet.

Art. 35. Das Abgeordnetenhaus wird aus Mitgliedern gebildet, die nach Maßgabe des Wahlgesetzes vom Volke gewählt sind.

Art. 36. Niemand kann gleichzeitig Mitglied beider Häuser sein.

Art. 37. Jedes Gesetz bedarf der Zustimmung des Reichsparlaments.

Art. 38. Beide Häuser entscheiden über die von der Regierung eingebrachten Gesetzentwürfe und können auch selbst Gesetzenwürfe einbringen.

Art. 39. Eine Gesetzevorlage, die in einem Haus abgelehnt worden ist, darf in derselben Sitzungsperiode nicht nochmals eingebracht werden.

Art. 40. Jedes Haus kann an die Regierung Vorstellungen über ein Gesetz oder einen anderen Gegenstand richten. Wird eine Vorstellung nicht befolgt, darf sie in derselben Sitzungsperiode nicht wiederholt werden.

Art. 41. Das Reichsparlament wird alljährich einberufen.

Art. 42. Die Session des Reichsparlaments dauert drei Monate. Wenn es erforderlich ist, kann sie durch Thronverordnung verlängert werden.

Art. 43. In außerordentlichen dringenden Fällen kann eine außerordentliche Session einberufen werden.

Die Dauer der außerordentlichen Session wird durch Thronverordnung bestimmt.

Art. 44. Die Eröffnung, Schließung, Sessionsverlängerung und Vertagung soll für beide Häuser gleichzeitig erfolgen.

Wird die Auflösung des Abgeordnetenhauses verfügt, soll das Herrenhaus gleichzeitig vertagt werden.

Art. 45. Ist die Auflösung des Abgeordnetenhauses verfügt worden, so soll durch Thronverordnung eine Neuwahl seiner Mitglieder veranlaßt und das neue Abgeordnetenhaus innerhalb von fünf Monaten seit dem Tage der Auflösung einberufen werden.

Art. 46. In keinem Haus kann die Beratung eröffnet oder ein Beschluß gefaßt werden, wenn nicht mindestens ein Drittel aller Mitglieder anwesend ist.

Art. 47. Beide Häuser beschließen mit einfacher Mehrheit. Bei Stimmengleichheit entscheidet die Stimme des Präsidenten.

Art. 48. Die Verhandlungen beider Häuser sind öffentlich. Auf Verlangen der Regierung oder auf Beschluß des Hauses kann eine nichtöffentliche Sitzung abgehalten werden.

Art. 49. Jedes Haus kann dem Kaiser Denkschriften vorlegen.

Art. 50. Beide Häuser können Petitionen von Untertanen entgegennehmen.

Art. 51. Beide Häuser können die neben den Vorschriften dieser Verfassung und des Parlamentsgesetzes zur Regelung ihrer inneren Angelegenheiten erforderlichen Bestimmungen treffen.

Art. 52. Kein Mitglied des Reichsparlaments trägt außerhalb des Parlaments die Verantwortung für seine im Parlament geäußerte Meinung oder abgegebene Stimme. Hat das Mitglied jedoch selbst seine Meinung durch öffentliche Rede, Druck, Schrift oder auf sonstige Weise veröffentlicht, unterliegt dies den allgemeinen Gesetzen.

Art. 53. Außer auf frischer Tat oder wegen eines Verbrechens im Zusammenhang mit inneren oder äußeren Unruhen darf kein Mitglied eines der beiden Häuser während der Sitzungsperiode ohne Zustimmung des Hauses verhaftet werden.

Art. 54. Die Minister und die Beauftragten der Regierung können jederzeit in jedem Haus anwesend sein und das Wort nehmen.

4. Abschnitt: Die Minister und die Geheimen Staatsräte

Art. 55. Die Minister, und zwar jeder für sich, beraten den Kaiser und tragen dafür die Verantwortung.

Alle Gesetze, Thronverordnungen und kaiserlichen Erlasse in Staatsangelegenheiten bedürfen der Gegenzeichnung eines Ministers.

Art. 56. Die Geheimen Staatsräte beraten auf Anfrage des Kaisers die wichtigen Staatsangelegenheiten nach Maßgabe der Bestimmungen über die Organisation des Geheimen Staatsrats.

5. Abschnitt: Die Rechtsprechung

Art. 57. Die rechtsprechende Gewalt wird im Namen des Kaisers gemäß den Gesetzen von den Gerichten ausgeübt.

Die Gerichtsverfassung wird durch Gesetz bestimmt.

Art. 58. Zum Richter kann ernannt werden, wer die gesetzlich bestimmte Befähigung besitzt.

Ein Richter kann nur durch strafrechtliche Verurteilung oder disziplinäre Bestrafung seines Amtes enthoben werden.

Die Vorschriften über disziplinäre Bestrafung werden durch Gesetz bestimmt.

Art. 59. Die Verhandlungen und Entscheidungen der Gerichte erfolgen öffentlich. Ist jedoch ein Nachteil für Ruhe und Ordnung oder für die Sitten zu besorgen, kann nach gesetzlicher Bestimmung oder auf Beschluß des Gerichts die Öffentlichkeit der Verhandlung aufgehoben werden.

Art. 60. Die zur Zuständigkeit eines besonderen Gerichts gehörenden Angelegenheiten werden durch Gesetz besonders bestimmt.

Art. 61. Klagen, die eine Rechtsverletzung durch gesetzwidrige Maßnahmen einer Verwaltungsbehörde betreffen und zur Zuständigkeit des gesetzlich besonders bestimmten Verwaltungsgerichts gehören, dürfen vom ordentlichen Gericht nicht entgegengenommen werden.

6. Abschnitt: Das Finanzwesen

Art. 62. Die Auferlegung einer neuen Steuer und die Änderung des Steuersatzes sollen durch Gesetz bestimmt werden.

Auf Verwaltungsgebühren und andere Einnahmen, die eine Vergütung darstellen, findet Absatz 1 keine Anwendung.

Staatsanleihen und die Eingehung anderer Verbindlichkeiten zu Lasten der Staatskasse, die nicht im Haushalt vorgesehen sind, sollen der Zustimmung des Reichsparlaments unterliegen.

Art. 63. Die gegenwärtig bestehenden Steuern werden, solange nicht ein neues Gesetz eine Änderung bestimmt, in der bisherigen Weise eingezogen.

Art. 64. Die Ausgaben und Einnahmen des Staates sollen in Form eines jährlichen Haushalts der Zustimmung des Reichsparlaments unterliegen.

Ausgaben, die die Ansätze im Haushalt übersteigen oder außerhalb des Haushalts entstehen, bedürfen nachträglich der Zustimmung des Reichsparlaments.

Art. 65. Der Haushalt soll zuerst dem Unterhaus vorgelegt werden.

Art. 66. Die Ausgaben des kaiserlichen Hauses werden in der gegenwärtig festgesetzen Höhe alljährlich aus der Staatskasse bezahlt. Die Zustimmung des Reichsparlaments hierzu ist nicht erforderlich, es sei denn, daß eine Erhöhung der Ausgaben notwendig wird.

Art. 67. Das Reichsparlament kann bereits festgesetzte Ausgaben, die auf die verfassungsmäßigen kaiserlichen Befugnisse gegründet werden, sowie die Ausgaben, die in Auswirkung der Gesetze entstehen oder zu den gesetzlichen Verpflichtungen der

Regierung gehören, ohne Einverständnis der Regierung weder verweigern noch herabsetzen.

Art. 68. Für spezielle Bedürfnisse kann die Regierung beim Reichsparlament die Bewilligung eines bestimmten Betrages, der für eine im voraus zu bestimmende Anzahl von Jahren als Ausgabenfund dient, nachsuchen.

Art. 69. Zur Deckung unvermeidbarer Fehlbeträge im Haushalt oder nicht vorgesehener notwendiger Ausgaben soll ein Reservefonds eingerichtet werden.

Art. 70. Wenn es für die Aufrechterhaltung der öffentlichen Sicherheit dringend notwendig ist und das Reichsparlament wegen innerer oder äußerer Umstände nicht einberufen werden kann, kann die Regierung auf Grund einer Thronverordnung die erforderlichen finanziellen Maßnahmen treffen.

Im Falle des Absatz 1 ist die Angelegenheit dem Reichsparlament in seiner nächsten Session vorzulegen und seine Genehmigung einzuholen.

Art. 71. Wenn das Reichsparlament über den Haushalt nicht entscheidet oder der Haushalt nicht zustande kommt, soll die Regierung den Haushalt des Vorjahres ausführen.

Art. 72. Die Abrechnung über die Einnahmen und Ausgaben des Staates soll vom Rechnungshof geprüft und bestätigt werden; die Regierung soll den Prüfungsbericht zusammen mit der Abrechnung dem Reichsparlament vorlegen.

Organisation und Befugnisse des Rechnungshofs werden durch Gesetz bestimmt.

7. Abschnitt: Ergänzungsbestimmungen

Art. 73. Wird in Zukunft eine Änderung der Bestimmungen dieser Verfassung notwendig, so soll durch Thronverordnung ein entsprechender Entwurf dem Reichsparlament zur Beratung überwiesen werden. In diesem Falle kann die Beratung in jedem Haus nur eröffnet werden, wenn mindestens zwei Drittel seiner Mitglieder anwesend sind. Die Änderung kann nur mit einer Mehrheit von mindestens zwei Dritteln der anwesenden Mitglieder beschlossen werden.

Art. 74. Eine Änderung des Gesetzes über das kaiserliche Haus bedarf der Beratung im Reichsparlament nicht.

Die Bestimmungen dieser Verfassung können durch das Gesetz über das kaiserliche Haus nicht geändert werden.

Art. 75. Während einer Regentschaft können die Verfassung und das Gesetz über das kaiserliche Haus nicht geändert werden.

Art. 76. Alle bestehenden Rechtsvorschriften wie Gesetze, Regeln, Verordnungen oder wie immer sie genannt sein mögen, die dieser Verfassung nicht widersprechen, bleiben in Geltung.

Alle bestehenden Verträge und Anordnungen, die Ausgabenverpflichtungen für die Regierung mit sich bringen, werden nach Artikel 67 behandelt.

Anhang III

Die Kaiserliche Thronrede bei der Verkündung des Kaiserlichen Hausgesetzes.[5]

Der Kaiserliche Thron von Japan, der die Gnade des Himmels genießt und seit ewigen Zeiten in einer ununterbrochenen Reihe von Nachfolgern besteht, ist Uns von den vorangegangenen Herrschern überliefert worden. Die grundlegenden Gesetze Unserer Familie wurden ein für allemal gegründet zur Zeit, da Unsere Vorfahren den Grund zum Kaiserreich legten, und sind heute noch so glänzend wie die himmlischen Gestirne. Wir wünschen jetzt die Lehren Unserer Vorfahren genauer und deutlicher zu gestalten und für Unsere Nackommen ein Hausgesetz zu errichten, auf daß Unser Haus in ewig dauernder Kraft gegründet und seine Würde auf ewig erhalten bleibe. Hierdurch bestätigen wir auf Annraten Unseres Geheimen Kabinettsrats das gegnwärtige Kaiserliche Hausgesetz, das Unseren Nachkommen als Leistern dienen möge.

(Siegel Seiner Kaiserlichen Majestät.)

(Geheimsiegel.)

Am 11. Tag des 2. Monats des 22. Jahres Meiji.

(11. Februar 1889).

5. Die Übersetzung des Kaiserlichen Thronrede bei der Verkündung des Kaiserlichen Hausgesetzes sowie des Textes des kaiserlichen Hausgesetzes folgt weitgehend: Fujii Shinichi, Japanisches Verfassungsrecht, S.473ff.

Anhang IV

Das Kaiserliche Hausgesetz.

I. Kapitel. Erbfolge des Kaiserlichen Thrones.

§ 1. Der Kaiserliche Thron von Japan vererbt sich auf die männlichen Nachkommen der männlichen Linie der Kaiserlichen Ahnen.

§ 2. Der Kaiserliche Thron vererbt sich auf den ältesten Kaiserlichen Sohn.

§ 3. Ist kein Kaiserlicher ältester Sohn vorhanden, so vererbt sich der Kaiserliche Thron auf den ältesten Kaiserlichen Enkel. Wenn weder der älteste Kaiserliche Sohn noch irgend einer seiner männlichen Nachkommen am Leben ist, vererbt sich der Kaiserliche Thron auf den im Alter nächsten Kaiserlichen Sohn und so fort in jedem Erbfolgefall.

§ 4. Bei der Besteigung des Kaiserlichen Thrones durch einen Kaiserlichen Nachkommen erhält der direkte Nachkomme den Vorzug vor dem indirekten. Die Besteigung des Kaiserlichen Thrones durch indirekte Nachkommen darf nur dann stattfinden, wenn kein direkter Kaiserlicher Nachkomme vorhanden ist.

§ 5. Wenn kein Kaiserlicher Nachkomme vorhanden ist, vererbt sich der Kaiserliche Thron an den Kaiserlichen Bruder oder dessen Nachkommen.

§ 6. Wenn weder ein Kaiserlicher Bruder noch dessen Nachkommen vorhanden sind, vererbt sich der Kaiserliche Thron an den Kaiserlichen Onkel oder dessen Nachkommen.

§ 7. Ist kein Kaiserlicher Onkel noch Nachkommen desselben vorhanden, vererbt sich der Kaiserliche Thron an das nächstverwandte Mitglied der Kaiserlichen Familie.

§ 8. Unter den Kaiserlichen Brüdern und entfernten Kaiserlichen Verwandten haben gleichfalls die direkten Nachkommen den Vorzug vor den indirekten, die älteren vor den jüngeren.

§ 9. Wenn der Kaiserliche Erbe geistig oder körperlich unheilbar erkrankt ist oder sonst ein wichtiger Grund vorliegt, kann die Erbfolge in Übereinstimmung mit den obigen Bestimmungen unter Zustimmung des Kaiserlichen Familienrates und der des Geheimen Kabinettsrates verändert werden.

II. Kapitel. Thronbesteigung und Krönung.

§ 10. Nach dem Hinscheiden des Tenno besteigt der Kaiserliche Erbe den Thron und erhält die heiligen Schätze der Kaiserlichen Vorfahren.

§ 11. Die Krönungszeremonien finden statt, und ein großes Krönungsfestmahl (Daijosai) wird in Kyoto abgehalten.

§ 12. Mit einer Thronbesteigung wird eine neue Ära verkündet, deren Name während der ganzen Regierung unverändert bleibt, in Übereinstimmung mit dem im ersten Jahre Meiji erlassenen Gesetz.

III. Kapitel. Volljährigkeit, Einsetzung der Kaiserin und des Kaiserlichen Enkels.

§ 13. Der Tenno, der Kotaishi und der Kotaison erlangen ihre Volljährigket im Alter von achtzehn Jahren.

§ 14. Alle anderen im vorigen Paragraphen nicht erwähnten Mitglieder der Kaiserlichen Familie erlangen mit Vollendung des zwanzigsten Jahres die Volljährigkeit.

§ 15. Der Sohn des Tenno, der rechtmäßiger Erbe ist, wird "Kotaishi" genannt. Wenn kein Kotaishi vorhanden ist, wird der Kaiserliche Enkel, der rechtmäßiger Erbe ist, "Kotaison" genannt.

§ 16. Die Einsetzung der Kaiserin und des Kotaison wird durch Kaiserlichen Erlaß proklamiert.

IV. Kapitel. Die Form der Anrede.

§ 17. Die Form der Anrede für den Tenno, die Kaiserinmutter, die Kaiserinwitwe und die Kaiserin lautet: Seine, Ihre oder Eure Majestät der Majestäten.

§ 18. Der Kotaison und seine Gemahlin, die Kaiserlichen Prinzen und ihre Gemahlinnen, die Kaiserlichen Prinzessinnen, die Prinzen und ihre Gemahlinnen und die Prinzessinnen werden Seine, Ihre oder Eure Hoheiten angeredet.

V. Kapitel. Regentschaft.

§ 19. Wenn der Tenno minderjährig ist, ist eine Regentschaft einzurichten. Wenn er durch irgend eine ständige Ursache verhindert ist, persönlich zu regieren, ist ebenfalls eine Regentschaft einzusetzen, mit der Zustimmung des Kaiserlichen Familienrates und der des Geheimen Kabinettsrates.

§ 20. Die Regentschaft wird von dem volljährigen Kotaishi oder Kotaison geführt.

§ 21. Wenn weder Kotaishi noch Kotaison vorhanden oder dieselben noch nicht volljährig sind, soll die Regentschaft in der folgenden Reihenfolge angetreten werden:

1. Ein Kaiserlicher Prinz oder ein Prinz.
2. Die Kaiserin.
3. Die Kaiserinwitwe.
4. Die Kaiserinmutter.
5. Eine Kaiserliche Prinzessin oder eine Prinzessin.

§ 22. Soll die Regentschaft von einem Mitglied der Kaiserlichen Familie angetreten werden, so muß dies in Übereinstimmung mit der Reihenfolge der Erbfolge des Kaiserlichen Thrones geschehen. Dasselbe findet bei weiblichen Mitgliedern der Kaiserlichen Familie Anwendung.

§ 23. Soll ein weibliches Mitglied der Kaiserlichen Familie die Regentschaft antreten, so muß es unvermählt sein.

§ 24. Wenn im Falle der Minderjährigkeit des am nächsten verwandten Mitgliedes der Kaiserlichen Familie oder aus irgend einem anderen Grund ein anderes Mitglied die Regentschaft antreten muß, so soll es nicht beim Eintritt der Volljährigkeit des obenerwähnten nächsten Verwandten, noch, wenn der vorgenannte andere Grund aufhört zu bestehen, zugunsten irgend einer anderen Person als der des Kotaishi oder Kotaison auf seinen Posten verzichten.

§ 25. Wenn ein Regent oder einer, der es werden soll, geistig oder körperlich unheilbar krank ist, oder wenn irgend ein anderer Grund vorliegt, darf die Reihenfolge für die Regentschaft mit der Zustimmung des Kaiserlichen Familienrates und der des Geheimen Kabinettsrates geändert werden.

VI. Kapitel. Der Kaiserliche Hofmeister.

§ 26. Wenn der Tenno minderjährig ist, wird ein Kaiserlicher Hofmeister mit seiner körperlichen und geistigen Erziehung betraut.

§ 27. Wenn der vorangegangene Tenno in Seinem Testament keinen Kaiserlichen Hofmeister ernannt hat, ernennt der Regent einen Erzieher unter Genehmigung des Kaiserlichen Familienrates und des Geheimen Kabinettsrates.

§ 28. Weder der Regent noch einer seiner Nachkommen kann zum Kaiserlichen Hofmeister ernannt werden.

§ 29. Der Kaiserliche Hofmeister darf vom Regenten nur unter Zustimmung des Kaiserlichen Familienrates und des Geheimen Kabinettsrates seines Amtes entsetzt werden.

VII. Kapitel. Die Kaiserliche Familie.

§ 30. Der Ausdruck "Kaiserliche Familie" umfaßt die Kaiserinmutter, die Kaiserinwitwe, die Kaiserin, den Kotaishi und seine Gemahlin, den Kotaison und seine Gemahlin, die Kaiserlichen Prinzen und ihre Gemahlinnen, die Kaiserlichen Prinzessinnen, die Prinzen und ihre Gemahlinnen und die Prinzessinnen.

§ 31. Von Kaiserlichen Söhnen bis zu den Kaiserlichen Ururenkeln führen die Kaiserlichen männlichen Nachkommen den Titel "Kaiserliche Prinzen" und von den Kaiserlichen Töchtern bis zu den Kaiserlichen Ururenkelinnen führen die Kaiserlichen weiblichen Nachkommen den Titel "Kaiserliche Prinzessinnen". Von der fünften Generation abwärts führen die männlichen Nachkommen den Titel Prinzen und die weiblichen den Titel Prinzessinnen.

§ 32. Wenn der Kaiserliche Thron dem Mitglied einer Seitenlinie zugefallen ist, wird den Kaiserlichen Brüdern und Schwestern der Titel Kaiserlicher Prinz oder Kaiserliche Prinzessin verliehen, sofern sie vorher Prinzen oder Prinzessinnen waren.

§ 33. Die Geburten, Taufen, Ehen und Todesfälle der Kaiserlichen Familie werden vom Minister des Kaiserlichen Haushalts bekannt gegeben.

§ 34. Genealogische Berichte wie auch andere, die zu den in den vorstehenden Paragraphen erwähnten Angelegenheiten in Beziehung stehen, werden im Kaiserlichen Archiv aufbewahrt.

§ 35. Die Mitglieder der Kaiserlichen Familie unterstehen der Kontrolle des Tenno.

§ 36. Bei Errichtung einer Regentschaft übt der Regent die im vorigen Paragraphen erwähnte Kontrolle aus.

§ 37. Wenn ein männliches oder weibliches Mitglied der Kaiserlichen Familie minderjährig seines oder ihres Vaters beraubt ist, werden Beamte des Kaiserlichen Hofes mit seiner oder ihrer Erziehung betraut. Unter bestimmten Umständen kann der Tenno den von seiner oder ihrer Mutter erwählten Vormund bestätigen oder selbst einen ernennen.

§ 38. Der Vormund eines Mitgliedes der Kaiserlichen Familie muß selbst ein Mitglied derselben und volljährig sein.

§ 39. Ehen von Mitgliedern der Kaiserlichen Familie sind auf den Familienkreis zu beschränken oder auf bestimmte Adelsfamilien, die durch Kaiserlichen Erlaß besonders gebilligt sind.

§ 40. Ehen von Mitgliedern der Kaiserlichen Familie sind von der Zustimmung des Tenno abhängig.

§ 41. Die Kaiserlichen Urkunden, die Zustimmungen zu Ehen von Mitgliedern der Kaiserlichen Familie enthalten, müssen von dem Minister des Kaiserlichen Haushaltes gegengezeichnet sein.

§ 42. Kein Mitglied der Kaiserlichen Familie darf jemand an Sohnes statt annehmen.

§ 43. Wünscht ein Mitglied der Kaiserlichen Familie außerhalb der Landesgrenzen zu reisen, so bedarf es dazu der Genehmigung des Tenno.

§ 44. Ein weibliches Mitglied der Kaiserlichen Familie, das einen Untertan geheiratet hat, geht der Mitgliedschaft der Kaiserlichen Familie verlustig. Jedoch kann ihr durch die besondere Gnade des Kaisers gestattet werden, ihren Titel als Kaiserliche Prinzessin resp. Prinzessin weiter zu führen.

VIII. Kapitel. Die Kaiserlichen Erbgüter.

§ 45. Kein Land- noch anderer Besitz als der als Erbgut bezeichnete darf aufgeteilt oder veräußert werden.

§ 46. Der Land- oder andere Besitz, der zu den Kaiserlichen Erbgütern gezählt werden soll, muß durch Kaiserliche Urkunde mit der Zustimmung des Geheimen Kabinettsrates festgesetzt und vom Minister des Kaiserlichen Hausthalts bekannt gegeben werden.

IX. Kapitel. Ausgaben des Kaiserlichen Hauses.

§ 47. Die Ausgaben aller Art des Kaiserlichen Hauses werden aus dem Staatsschatz in Höhe eines bestimmten Betrages bestritten.

§ 48. Die Voranschläge und Rechnungsberichte der Ausgaben des Kaiserlichen Hauses und alle anderen Vorschriften dieser Art werden von der Finanzverwaltung des Kaiserlichen Hauses geregelt.

X. Kapitel. Rechtsstreitigkeiten, Disziplinarvorschriften für die Mitglieder der Kaiserlichen Familie.

§ 49. Rechtsstreitigkeiten unter Mitgliedern der Kaiserlichen Familie werden von Juristen, die vom Tenno besonders ernannt sind, in der Abteilung des Kaiserlichen Haushalts entschieden. Das Urteil wird vollstreckt, wenn die Genehmigung des Tenno gegeben worden ist.

§ 50. Privatklagen, die von Privatpersonen gegen Mitglieder der Kaiserlichen Familie erhoben werden, sollen vom Appellationshof zu Tokyo entschieden werden. Die Mitglieder der Kaiserlichen Familie werden jedoch von Richtern vertreten, ein persönliches Erscheinen vor Gericht wird nicht von ihnen gefordert.

§ 51. Kein Mitglied der Kaiserlichen Familie kann verhaftet oder vor Gericht geladen werden, ehe die Genehmigung des Tenno dazu erteilt worden ist.

§ 52. Wenn ein Mitglied der Kaiserlichen Familie eine Handlung begangen hat, die seiner Würde Abbruch tut, oder wenn es dem Kaiserlichen Hause Untreue gezeigt hat, werden ihm durch Disziplinarbestrafung oder auf Befehl des Tenno die Vorrechte, die ihm als Mitglied der Kaiserlichen Familie zustehen, entweder gänzlich oder teilweise entzogen, oder es wird von der Kaiserlichen Familie ausgeschlossen.

§ 53. Wenn ein Mitglied der Kaiserlichen Familie so handelt, daß es sein Vermögen zu vergeuden droht, so wird es vom Tenno für unfähig zur Verwaltung seines Vermögens erklärt, dieselbe wird ihm genommen und ein Verwalter für das Vermögen ernannt.

§ 54. Die beiden vorangehenden Paragraphen bedürfen der Genehmigung durch den Kaiserlichen Familienrat.

XI. Kapitel. Der Kaiserliche Familienrat.

§ 55. Der Kaiserliche Familienrat besteht aus den männlichen Mitgliedern der Kaiserlichen Familie, die volljährig sind. Der Großsiegelbewahrer, der Präsident des Geheimen Kabinettsrates, der Minister des Kaiserlichen Haushalts, der Justizminister und der Präsident des Kassationshofes nehmen an den Besprechungen des Rates teil.

§ 56. Der Tenno führt persönlich den Vorsitz bei den Versammlungen des Kaiserlichen Familienrates oder bestimmt ein Mitglied der Kaiserlichen Familie dazu.

XII. Kapitel. Ergänzungsverordnungen.

§ 57. Diejenigen Mitglieder der Kaiserlichen Familie von der fünften Generation abwärts, die bereits den Titel als Kaiserliche Prinzen erhalten haben, dürfen denselben behalten.

§ 58. Die Erbfolge des Kaiserlichen Thrones bezieht sich in allen Fällen auf Abkömmlinge von unzweifelhafter Herkunft. Niemand darf zu dieser Linie der Erbfolge zugelassen werden, wenn er zurzeit ein adoptierter Kaiserlicher Sohn, Kôyûshi oder Erbe eines fürstlichen Hauses ist.

§ 59. Die verschiedenen Grade des Ranges zwichen Kaiserlichen Prinzen, Kaiserlichen Prinzessinnen und Prinzen und Prinzessinnen sollen aufhören.

§ 60. Der Familienrang Kaiserlicher Prinzen und alle im Widerspruch mit dem jetzigen Gesetz stehenden Gebräuche sollen wegfallen.

§ 61. Das Eigentum, die jährlichen Ausgaben und alle anderen Verordnungen, die auf Mitglieder der Kaiserlichen Familie Bezug haben, sollen besoners bestimmt werden.

§ 62. Wenn es in Zukunft notwendig werden sollte, das bestehende Gesetz zu verbessern oder Zusätze zu machen, so soll der Tenno die Angelegenheit mit dem Kaiserlichen Familienrat und dem Geheimen Kabinettsrat zusammen entscheiden.

Anhang V

Erziehungsedikt vom 30. Oktober 1890[1]

Wir geben euch hiermit zu wissen:

Unsere Kaiserlichen Vorfahren haben das Reich auf breiter und ständiger Basis errichtet und die Tugend fest und tief eingepflanzt. Unsere Untertanen sind in unverbrüchlicher Treue gegen den Herrscher und in kindlicher Liebe zu den Eltern stets eines Sinnes gewesen und haben von Geschlecht zu Geschlecht diese schöne Gesinnung in ihrem Tun bekundet. Dies ist die edle Blüte unseres Staatsgebildes und zugleich auch der Urquell, aus dem unsere Erziehung entspringt. Ihr Untertanen! Liebet und ehret denn eure Eltern, seid ergeben euren Geschwistern, seit einig als Gatte und Gattin, und treu als Freund dem Freunde! Haltet auf bescheidene Mäßigung für euch selbst, euer Wohlwollen erstrecke sich auf alle! Pfleget des Wissens und übet die Künste, auf daß eure Kenntnisse und Fertigkeiten entwickelt und eure sittlichen Kräfte vervollkommnet! Bestrebet euch ferner, das öffentliche Wohl und das Allgemeininteresse zu fördern! Achtet auf die Reichsverfassung und befolget die Gesetze des Landes! Sollte es je sich nötig erweisen, so opfert euch tapfer für das Vaterland auf! Erhaltet und mehret also das Gedeihen Unserer wie Himmel und Erde ewig dauernden Dynastie! Dann werdet ihr nicht nur Unsere guten und getreuen Untertanen sein, sondern dadurch auch die von den Vorfahren überkommenen Eigenschaften glänzend dartun.

Dieser Weg ist wahrlich ein Vermächtnis, das Uns Unsere Kaiserlichen Vorfahren hinterlassen haben, und das die Kaiserlichen Nachkommen sowie die Untertanen allesamt bewahren sollen: untrüglich für alle Zeiten und gültig an allen Orten. Es ist daher Unser Wunsch, daß Uns sowohl wie euch, Unsern Untertanen, dies stets in aller Ehrfurcht am Herzen liege, und daß wir alle zu derselben Tugend gelangen mögen.

Gegeben am 30. Tage des 10. Mondes

des 23. Jahres Meiji

---

1. Die Übersetzung folgt weitgehend: Christoph Kaempf, Der Wandel im japanischen Staatsdenken der Gegenwart, S.30 (Die Übersetzung von Kaempf ist nach der offiziellen Übersetzung des Erziehungsministeriums von 1909 geschrieben).

Anhang VI

Der Verfassungsentwurf Hermann Roeslers[2]

Grundbestimmung

Art. 1. Das Kaiserthum Japan ist eine auf ewig untheilbare Erbmonarchie. Die Krone ist erblich in dem Kaiserlichen Hause nach den Bestimmungen des Kaiserlichen Hausgesetzes.

Titel I Vom Kaiser

Art. 2. Der Kaiser ist der heilige und unverletzliche Souverain des Reiches.
All Rechte der Staatsgewalt bleiben in seiner Person vereinigt und er übt dieselben nach der von ihm in dieser Verfassung gegebenen Bestimmungen aus.

Art. 3. Alle Regierungsacte des Kaisers bedürfen zu ihrer Gültigkeit der Gegenzeichnung eines Ministers. Die Minister des Kaisers sind verantwortlich.

Art. 4. Die gesetzgebende Gewalt wird vom Kaiser mit Zustimmung des Reichstags ausgeübt.

Art. 5. Der Kaiser sanktioniert die Gesetze; er ordnet ihre Verkündigung und Vollziehung an.

Art. 6. In Fällen eines allgemeinen Nothstandes und zur Abwendung gemeiner Gefahren kann der Kaiser unter Verantwortung des gesammten Ministeriums Verordnungen mit gesetzlicher Kraft erlassen. Dieselben sind dem Reichstag bei seinem nächsten Zusammentritt zur Genehmigung vorzulegen.

Art. 7. Der Kaiser had das Recht, Privilegien zu ertheilen und in einzelnen Fällen von Gesetz zu dispensieren, jedoch nicht in Widerspruch zu der Verfassung und mit erworbenen Rechten.

Art. 8. Der Kaiser verleiht den Adel, Orden und andere Auszeichnungen.

Art. 9. Der Kaiser hat den Oberbefehl über das Heer und die Flotte. Er bestimmt deren Stärke im Frieden und im Krieg, und alle auf die bewaffnete Macht bezüglichen Anordnungen und Befehle gehen von ihm aus.

---

2. Die Übersetzung folgt weitgehend: Johannes Siemes, Die Gründung des modernen japanischen Staates und das deutsche Staatsrecht, S.92ff.

Art.10. Der Kaiser hat das Recht, Krieg zu erklären und Frieden zu schließen. Er erläßt die zur Ausübung des Kriegsrechts nöthigen Verordnungen.

Art. 11. Der Kaiser vertritt das Reich nach Außen und schließt die Verträge mit anderen Staaten ab. Dieselben werden für die Unterthanen verbindlich durch ihre ordnungsmäßige Verkündigung.

Art. 12. Der Kaiser beruft den Reichstag und eröffnet, verlängert und schließt dessen Sitzungen. Er kann den Reichstag vertagen oder auflösen.

Art. 13. Der Kaiser kann die Ausübung der ihm zustehenden Rechte an andere Personen übertragen.

Art. 14. Die Fälle, in welchen eine Regentschaft eintritt, werden durch die kaiserlichen Hausgesetze bestimmt. Der Regent übt die dem Kaiser zustehende Gewalt in dessen Namen aus.

Während einer Regentschaft können die Verfassung und die Kaiserlichen Hausgesetze nicht abgeändert werden.

Art. 15. Die dem Kaiser und den Mitgliedern des Kaiserlichen Hauses aus der Staatskasse zu leistenden Einkünfte werden durch die Kaiserlichen Hausgesetze festgesetzt. In den Staatshaushalt werden dieselben nicht aufgenommen.

Art. 16. Der Kaiser erläßt mit Zustimmung der Agnaten seines Hauses, soweit deren bestehende Rechte dadurch berührt werden, die Kaiserlichen Hausgesetze und bringt sie bei der obersten Landesstelle zur allgenmeinen Kenntnis und Hochachtung.

Die Kaiserlichen Hausgesetze bedürfen nicht der Zustimmung des Reichstages; jedoch können durch sie die Bestimmungen der Verfassung nicht abgeändert werden.

Titel II. Vom Reichstag.

Art. 17. Der Reichstag besteht aus dem Senate und dem Hause der Abgeordneten.

Art. 18. Der Senat ist zusammengesetzt:

1. Aus den volljährigen Prinzen des Kaiserlichen Hauses;
2. aus den Fürsten, Marquis und Grafen des Reiches als erblichen Mitgliedern;
3. aus 30 Viscounts und 10 Baronen des Reiches, welche von ihren Standesgenossen gewählt werden;
4. aus denjenigen Mitgliedern, welche der Kaiser wegen ihrer Verdienste oder wegen ihrer Geburt oder wegen ihres Vermögens entweder erblich oder auf Lebenszeit ernennt;
5. aus je einem Mitgliede für jeden Fu und Ken, welche von den 25 höchst besteuerten Grund- und industriellen Besitzern in jedem Fu und Ken aus ihrer Mitte gewählt werden.

Die Zahl der unter No. 4 und 5 genannten Mitglieder soll die Zahl der unter No. 2 und 3 genannten nicht übersteigen. Sämtliche Wahlen zum Senat erfolgen auf Lebenszeit. Die Wahlregelment werden durch Kaiserliche Verordnung erlassen.

Art. 19. Der Eintritt in den Senat erfolgt auf Grund Kaiserlicher Berufung mittelst eines allerhöchsten Patents.

Bedingungen des Eintritts, und beziehungsweise der Ernennung und Erwählung zum Senat sind die Volljährigkeit und die Abwesenheit eines der in Art. des Gesetzes, betreffend die Wahlen zum Abgeordneten Hause, bezeichneten Unfähigkeitsgründe.

Art. 20. Der Präsident und der Vicepräsident des Senats werden vom Kaiser aus dessen Mitgliedern ernannt.

Art. 21. Die Mitglieder des Hauses der Abgeordneten werden vom Volke auf je 3 Jahre durch directe Wahlen nach Maßgabe des Wahlgesetzes gewählt.

Allgemeine Neuwahlen finden statt beim Ablauf jeder Wahlperiode und im Fall der Auflösung des Abgeordneten-Hauses; besondere Wahlen, wenn durch Tod, Rücktritt, Annahme eines besoldeten Staatsamtes oder durch den Eintritt eines sonstigen Grundes die Stelle eines Abgeordneten erledigt wird. In beiden Fällen können die bisherigen Abgeordneten wieder gewählt werden.

Im Falle einer Auflösung des Abgeordneten-Hauses wird der Senat gleichzeitig vertagt.

Art. 22. Wahlberechtigt und wählbar ist jeder in die Wählerliste aufgenommene selbständige und unabhängige Japaner, welcher das 25. Lebensjahr vollendet hat, dem Staate eine directe Steuer entrichtet und nicht an einem der in dem Wahlgesetze bezeichneten Unfähigkeitsgründe leidet.

Selbständig ist jeder, wer zur freien Verfügung über sein Vermögen berechtigt ist; unabhängig ist jeder, wer mit eigenen Mitteln einen Haushalt führt und nicht in einem privaten Arbeits- oder Dienstverhältniß steht oder öffentlich seine Dienste an Jedermann ausbietet.

Art. 23. Die Wahlkreise und die Stimmbezirke in denselben werden auf Grund der Verwaltungseintheilung des Reiches durch Gesetz gebildet.

Derjenige ist gewählt, welcher in der Mehrheit der Stimmbezirke eines Wahlkreises die Mehrzahl der Stimmen erhalten hat.

Alle auf die Feststellung der Wählerliste und auf die Wahlresultate bezüglichen Reclamationen werden durch gerichtliches Urtheil entschieden.

Art. 24. Die Aufstellung von Wahlkandidaten und die Empfehlung der Wahl bestimmter Personen durch öffentliche Behörden, Wahlcomités, Vereine, Gesellschaften oder in deren Namen in öffentlichen Versammlungen, in Zeitungen, durch Verbreitung oder Anschlagen von Druckschriften oder durch ein anderes Mittel der Öffentlichkeit ist untersagt.

Art. 25. Diejenigen, welche sich in einem Wahlkreise zur Wahl präsentieren, haben das Recht in demselben während der dem Wahltage vorausgehenden 4 Wochen zum Zwecke des Betriebs ihrer Wahl öffentliche Versammlungen zu veranstalten, Inserate in Zeitungen einzudrukken und Druckschriften unter ihrem Namen öffentlich zu verbreiten.

Die gesetzlichen Bestimmungen über die vorherige Anzeige solcher Versammlungen und über deren polizeilichen Überwachung, sowie über die amtliche Deponierung von Druckschriften werden hierdurch nicht berührt.

Art. 26. Niemand kann zugleich Mitglied des Senats und des Hauses der Abgenordneten sein.

Art. 27. Das Haus der Abgeordneten wählt seinen Präsidenten und Vicepräsidenten für jede Sitzungsperiode.

Art. 28. Die Abgeordneten erhalten den Ersatz ihrer Reisekosten nach der Hauptstadt und zurück und eine Entschädigung von 5 Yen für jeden Tag der Sitzungsperiode während der Dauer ihrer Anwesenheit bei den Sitzungen, mit Einschluß des dem Einberufungstag vorhergehenden und des auf den Tag der Schließung nächstfolgenden Tages.

Art. 29. Die Mitglieder jedes Hauses sind für ihre Äußerungen und Abstimmungen bei den Verhandlungen in demselben vor den Gerichten nicht verantwortlich.

Kein Mitglied eines Hauses kann während der Sitzungsperiode wegen einer mit Strafe bedrohten Handlung verhaftet oder zur Untersuchung gezogen werden, außer, wenn es bei Verübung der That oder unmittelbar nachher ergriffen wird oder wenn das Haus seine Zustimmung dazu erteilt.

Art. 30. Der Reichstag wird durch Kaiserliche Verordnung einberufen, wenigstens einmal in jedem Jahre, in der Regel auf dem 1. November, und außerdem sooft als es die Umstände erfordern.

Jedes Mitglied des Reichstags wird persönlich durch ein an ihn gerichtetes Schreiben des Ministers des Inneren geladen.

Art. 31. Die Sitzungsperiode dauert in der Regel nicht länger als 3 Monate, doch kann der Kaiser sie jeder Zeit verlängern.

Wenn das Haus der Abgeordneten aufgelößt worden ist, so muß binnen 3 Monaten die Neuwahl der Abgeordneten vorgenommen und binnen weiterer 3 Monate der Reichstag einberufen werden.

Art. 32. Kein Haus des Reichstags kann sich versammeln, bevor der Reichstag einberufen und bzw. eröffnet ist, oder nachdem er geschloßen, vertagt oder aufgelöst worden ist.

Kein Haus kann für sich allein einen gültigen Beschluß fassen über Gegenstände, in welchen ein Beschluß des Reichstags erforderlich ist.

Art. 33. Jedes Haus beschließt mit absoluter Stimmenmehrheit. Zur Gültigkeit eines Beschlußes ist die Anwesenheit von wenigstens 100 Mitgliedern in jedem Hause erforderlich. Kein Mitglied eines Hauses kann sich in demselben durch eine andere Person vertreten lassen.

Art. 34. Die Minister des Kaisers haben das Recht auch wenn sie nicht Mitglieder sind, in jedem Hause zu erscheinen, an den Verhandlungen theilzunehmen und jederzeit das Wort zu ergreifen. Sie können auch Commissäre in jedes Haus abordnen, welchen dieselben Rechte wie ihnen selbst zustehen.

Art. 35. Die Sitzungen jedes Hauses sind öffentlich. Jedoch findet auf den Antrag der Staatsregierung oder nach dem Beschlusse eines Hauses der Ausschluß der Öffentlichkeit statt.

Art. 36. Der Geschäftsgang in dem Reichstag wird durch Gesetz geregelt. Auf Grund desselben wird von jedem Hause eine Geschäftsordnung beschlossen.

Titel III. Von den Rechten des Reichstags.

Art. 37. Der Reichstag hat diejenigen Rechte, welche ihm in der Verfassung ausdrücklich beigelegt sind.

Art. 38. Die zum Wirkungskreise des Reichstags gehörigen Gegenstände werden in jedem Hause getrennt verhandelt. Es hängt von der Regierung ab, an welches Haus sie zuerst ihre Vorlagen bringen will; ausgenommen hiervon sind die auf den Staatshaushalt bezüglichen Vorlagen, welche zuerst an das Haus der Abgeordneten gebracht werden.

Art. 39. Jedes Haus ist verpflichtet, über die von der Staatsregierung oder von dem anderen Hause gemachten Vorlagen in Berathung zu treten und darüber Beschluß zu fassen. Die Vorlagen der Staatsregierung sollen stets, wenn diese es verlangt, der Zeit nach den Vorzug haben.

Art. 40. Der Reichstag beräth und beschließt über die Gesetzentwürfe, welche ihm von der Staatsregierung vorgelegt werden.

Jedes Haus hat das Recht, die Vorlage von Gesetzenwürfen zu beantragen oder selbst Gesetzentwürfe vorzulegen; die auf die Verfassung bezüglichen Gesetzenwürfe können jedoch nur von der Staatsregierung ausgehen.

Art. 41. Jedes Mitglied eines Hauses kann in demselben den Erlaß von Gesetzen beantragen oder Gesetzentwürfe vorlegen, wenn es hierfür die Unterstützung von 15 anderen Mitgliedern findet.

Das Haus beschließt, ob es solche Anträge und Vorlagen in Berathung ziehen will. Bei der Berathung von Gesetzentwürfen und anderen Vorlagen der Staatsregierung ist jedes Mitglied zur Stellung von Anträgen berechtigt.

Art. 42. Der Reichstag is berechtigt, in Bezug auf alle Staatsangelegenheiten und besonders über Mißbräuche und Mängel in der Rechtspflege und Verwaltung schriftliche Wünsche, Beschwerden oder förmliche Adressen an den Kaiser zu richten.

Dieselben werden durch Vermittlung der Staatsregierung dem Kaiser vorgelegt, wenn dieser nicht eine andere Form der Entgegennahme verfügt.

Art. 43. Jedes Haus ist berechtigt, von Privaten und Corporationen in deren Angelegenheiten, wenn auf dem ordentlichen Wege der Verwaltung keine Abhülfe erlangt werden konnte, schriftliche Anträge und Beschwerden anzunehmen und darüber zu beschließen. Das Haus kann dieselben als ungeeignet oder unbegründet zurückweisen, oder sie der Staatsregierung zur Kenntnißnahme oder Berücksichtigung mittheilen.

Art. 44. Jedes Mitglied eines Hauses hat das Recht, in Bezug auf die in den beiden vorhergehenden Artikeln genannten Gegenstände in dem Hause Anträge zu stellen; es hängt jedoch von dem Beschluß des Hauses ab, ob es über dieselben berathen und beschließen will.

Art. 45. Jedes Mitglied eines Hauses hat das Recht, an die Staatsregierung Anfragen zu richten, nachdem sie dieser von dem Präsidium mindestens 3 Tage vorher schriftlich und kurz motiviert mitgetheilt worden sind.

Die Staatsregierung beantwortet solche Anfragen entweder sofort oder binnen einer angemessenen Frist, wenn sie dieselben für geeignet zur Beantwortung hält.

Das Haus kann beschließen, über die in solchen Anfragen berührten Gegenstände zu verhandeln und Beschlüsse daran zu knüpfen.

Art. 46. Alle Vorlagen der Staatsregierung, alle Anträge eines Mitglieds und alle eigehenden Wünsche oder Beschwerden müssen in jedem Hause zur Vorberathung und Stellung eines bestimmten Antrags an eine Commission verwiesen werden.

Die Minister und Regierungscommissaire haben bei den Verhandlungen einer Commission dieselben Rechte wie bei den Verhandlungen jedes Hauses selbst.

Art. 47. Alle von dem Präsidium an ein Haus oder an eine Commission gemachten Vorlagen sind gleichzeitig der Staatsregierung mitzutheilen.

Art. 48. Jedes Haus und die Commissionen jedes Hauses haben das Recht, über die in ihren Wirkungskreis gehörenden Gegensäande diejenigen Erläuterungen und Aufschlüsse, welche sie für erforderlich halten, von dem Gesammtministerium oder von den einschlägigen Ministerien zu verlangen, und letztere sind verpflichtet, solchen Ansuchen zu entsprechen.

Ein unmittelbarer Verkehr mit anderen Behörden oder mit Privaten und Corporationen ist dem Reichstag, einem Hause oder einer Commission nicht gestattet.

Art. 49. Der Kaiser ertheilt seine Entschließung auf die von dem Reichstag oder einem Hause gefassten Beschlüsse und gestellten Anträge entweder sogleich oder beim Schluß jeder Sitzung im Reichstagsabschied.

Titel IV. Von allgemeinen Rechten und Pflichten.

Art. 50. Die Grundsätze über den Erwerb und Verlust der Staatsangehörigkeit werden durch Gesetz bestimmt.

Nach diesen Bestimmungen wird Ausländern die Naturalisation von der Staatsregierung ertheilt. Die große Naturalisation darf nur Solchen ertheilt werden, welche entwerder durch 15 Jahre sich im Lande aufgehalten oder dem Staate ausgezeichnete Dienste geleistet haben.

Nur durch die große Naturalisation wird die Fähigkeit erlangt, zum Mitglied des Reichstags, zum Staatsminister oder Chef eines Verwaltungszweigs, oder zum Befehlshaber einer Truppen- oder Flottenabtheilung ernannt bezw. gewählt zu werden.

Art. 51. Jeder hat innerhalb der gesetzlichen Schranken das Recht der freien Auswanderung.

Art. 52. Jeder genießt den gleichen Schutz des Staats, Gleichheit vor dem Gesetz und die gleiche Zulassung zu allen öffentlichen Ämtern.

Art. 53. Die Sicherheit der Personen, der Wohnung und aller Rechte wird gewährleistet.

Art. 54. Das Eigenthum ist unverletzlich. Die Zuläßigkeit und die Bedingungen der Enteignung werden durch Gesetz geregelt.

Art. 55. Jeder hat die freie Wahl des Erwerbs und Berufs mit Ausnahme derjenigen, welche dem Gesetz zuwider laufen, die öffentliche Ordnung oder das Gemeinwohl verletzen oder zu welchen besondere Genehmigung erforderlich ist.

Art. 56. Die Freiheit des religiösen Bekenntnisses wird gewährleistet, ausgenommen soweit dadurch die öffentliche Ordnung oder das Gemeinwohl gefährdet wird oder den Pflichten gegen den Staat Abbruch geschieht.

Art. 57. Es besteht Freiheit der Meinungsäußerung, der Versammlungen und Vereine nach Maßgabe der Gesetze.

Art. 58. Das Briefgeheimnis ist unverletzlich. Die im öffentlichen Interesse notwendigen Ausnahmen werden durch Gesetz bestimmt.

Art. 59. Das Petitionsrecht steht Jedermann zu.

Die öffentlichen Behörden können nur an ihre vorgesetzten Stellen Wünsche und

Beschwerden richten; ebenso die öffentlichen Beamten in Bezug auf ihre durch ihr Amt gegebenen Rechte und Pflichten.

Art. 60. Die Wehr- und Steuerpflicht wird durch Gesetz bestimmt.

Zur Erhebung von administrativen Gebühren und Abgaben, welche nicht die Natur einer Steuer, sondern die einer Gegenleistung haben, wird ein Gesetz nicht erfordert.

Art. 61. Die Militairdisciplin wird durch Kaiserliche Verordnung bestimmt. Die vorhergehenden Artikel 51. bis 59. finden auf Militairpersonen nur soweit Anwendung, als sie den Minitairgesetzen und -Verordnungen nicht zuwiderlaufen.

Art. 62. Durch die Bestimmungen des gegenwärtligen Titels wird die Ausübung der den Kaiser zustehenden Prärogative nicht berührt.

Titel V. Von der Rechtspflege

Art. 63. Die Rechtssprechung wird im Namen des Kaisers durch die Gerichte ausgeübt, welche in der Ausübung des Richteramtes von jedem Einfluß der Regierung unabhängig sind.

Art. 64. Die Organisation der Civil- und Strafgerichte erfolgt durch Gesetz.

Art. 65. Die Richter werden vom Kaiser oder in dessen Namen auf Lebenszeit ernannt. Niemand darf in Zukunft zum Richter ernannt werden, der nicht die vorgeschriebene Fähigkeit dazu besitzt.

Die Disciplinalverhältnisse der Richter werden durch Gesetz bestimmt.

Art. 66. Niemandem darf der gerichtliche Schutz versagt und niemand darf seinem gesetzlichen Richter entzogen werden.

Die in außerordentlichen Fällen zulässigen Ausnahmen werden durch Gesetz bestimmt.

Art. 67. Der Staat und die Gemeinden nehmen in allen Sachen des Privatrechts vor den Gerichten Recht.

Civilansprüche gegen den Kaiser sind gegen die Verwaltung der Kaiserlichen Civilliste zu richten.

Art. 68. Der Kaiser hat in Strafsachen das Recht der Begnadigung.

Art. 69. Die Verhandlungen vor den erkennenden Gerichten sind öffentlich; jedoch kann aus Rücksichten der öffentlichen Ordnung und Sittlichkeit die Öffentlichkeit durch Gesetz oder Gerichtsbeschluß ausgeschlossen werden.

Art. 70. Alle Gerichte sind verbunden, ihren Urtheilen und Entscheidungen Gründe beizufügen.

Art. 71. Die Gerichte entscheiden über ihre Competenz selbst innerhalb ihres Wirkungskreises.

Titel VI. Von der Verwaltung

Art. 72. Der Kaiser ernennt und entläßt die Minister. Alle Stellen im öffentlichen Dienst werden von ihm oder in seinem Auftrag besetzt, soweit nicht das Gesetz anders verordnet.

Art. 73. Der Kaiser führt den Vorsitz im Ministerrath; er entscheidet die in demselben verhandelten Angelegenheiten.

Art. 74. Der Kaiser organisiert die gesammte Staatsverwaltung, er bestimmt die in derselben zu befolgenden Grundsätze und zu treffenden Einrichtungen.

Art. 75. Der Kaiser hat das Recht, zur Durchführung der von ihm erlassenen Verordnungen und Verfügungen Strafen und Zwangsmittel anzudrohen und zu vollziehen.

Art. 76. Der Kaiser erläßt die zur Aufrechterhaltung des Staatswohl, der öffentlichen Ordnung und Sicherheit nöthigen Verordnungen.

Er hat das Recht, den Belagerungszustand zu erklären; die Folgen desselben werden durch Gesetz bestimmt.

Art. 77. Die Verwaltung des Staates wird auf die Eintheilung in Fu, Ken und Gun gegründet, welche die Rechte von Corporationen haben. Sie werden durch Staatsbehörden verwaltet unter geordneter Mitwirkung von Organen der Selbstverwaltung.

Art. 78. Die Verwaltung der Gemeinden wird durch Gesetz geregelt. Die Gemeinden haben die Rechte von Corporationen und verwalten ihr Vermögen und ihre Angelegenheiten selbst durch gewählte Organe unter Aufsicht des Staates.

Art. 79. Der Schutz der Rechte gegen gesetzwidrige Entscheidungen und Maßnahmen der Verwaltungsbehörden wird durch Gewährung der Klage vor dem Verwaltungsgerichtshof gesichert. Das Verfahren bei diesem Gerichtshof wird durch Gesetz bestimmt.

Art. 80. Die civilrechtliche Haftung der Beamten für die durch grobe Verletzung ihrer Amtspflichten zugefügten Vermögensbeschädigungen, kann, nachdem solche Pflichtverletzungen im Verwaltungswege festgestellt sind, vor den Gerichten verfolgt werden.

Art. 81. Competenzkonflikte zwichen der Verwaltung und den ordentlichen Gerichten oder zwischen diesen und dem Verwaltungsgerichtshof werden entschieden durch einen zur Hälfte aus Mitgliedern des Obersten Gerichtshofes und zur anderen Hälfte aus Mitgliedern des Verwaltungsgerichtshofes bestehenden Gerichtshof, in welchem der Präsident des letzteren den Vorsitz führt.

Titel VII. Vom Staatshaushalte

Art. 82. Alle Einnahmen und Ausgaben des Staates, mit Ausnahme der in Artikel 15 genannten, werden für jedes Jahr im voraus veranschlagt und auf den Staatshaushaltsetat gebracht. Letzterer wird von der Staatsregierung vorgelegt und mit Zustimmung des Reichstags festgelegt.

Diese Zustimmung erstreckt sich nicht auf die Erhebung solcher Einnahmen, welche in den bestehenden Gesetzen begründet sind; desgleichen nicht auf die Bestreitung solcher Ausgaben, welche auf den bestehenden Gesetzen oder anderen rechtlichen Verpflichtungen des Staates beruhen oder welche in Kraft der verfassungsmäßigen Rechte des Kaisers angesetzt werden, noch auch auf die zu ihrer Deckung nöthigen Mittel.

Die Prüfung des Reichstags bezieht sich mithin nur auf die Gesetzmäßigkeit und Höhe der Etatansätze, und auf die Zweckmäßigkeit der zur Bestreitung der Ausgaben vorgeschlagenen Deckung.

Kommt eine Einigung über die Feststellung des Etats nicht zu Stande, so entscheidet der Kaiser unter Verantwortung des Gesammtministeriums.

Art. 83. Die gesammte Staatsverwaltung wird auf Grund des nach Art. 82 festgestellten Etats geführt.

Sollten äußere Umstände die rechtzeitige Einberufung des Reichstags oder die rechtzeitge Feststellung des Etats verhindern, so bleibt der zur Zeit bestehende Etat, jedoch unbeschadet der Bestimmungen des Art. 88 vorläufig in Kraft.

Art. 84. Wenn sich durch Ersparung bei den Ausgaben oder durch Mehreinnahmen Überschüsse ergeben, so kann die Staatsregierung darüber zur Bestreitung unvorhergesehener und nothwendiger Ausgaben verfügen. Andere Etatsüberschreitungen unterliegen der nachträglichen Prüfung des Reichstags nach den Bestimmungen des Art. 82.

Art. 85. Um die Staatsregierung für unvorhergesehene dringende Bedürfnisse mit den erforderlichen außerordentlichen Hilfsmitteln zu versehen, ist ein Staatsschatz mittels jährlicher Zuschüsse zu bilden, welche in den Etat aufgenommen werden.

Die Verfügung über den Staatsschatz steht der Staatsregierung nach Maßgabe der Bestimmungen dieses Titels zu.

Art. 86. Die gesammte Staatsschuld wird unter die Gewährleistung des Reichstags gestellt. Jedes Haus des Reichstags ernennt aud seiner Mitte je einen Commissair, welche von der Verwaltung der Staatsschulden genaue Kenntnis zu nehmen und die Einhaltung der gesetzlichen Normen zu überwachen haben.

Art. 87. Die Bestandteile des Staatsvermögens können, ausgenommen aus reinen Verwaltungsrücksichten, ohne Zustimmung des Rechstags nicht veräußert werden.

Art. 88. Zur Erhebung neuer Steuern und zur Eingehung einer Staatsschuld ist in allen Fällen die Zustimmung des Reichstags erforderlich.

Diese Zustimmung kann jedoch nicht verweigert werden, wenn die zur Bestreitung verfassungsmäßiger Ausgaben nötigen Mittel auf andere Weise nicht aufgebracht werden können.

In Fällen eines außerordentlichen dringenden Bedürfnisses, wenn der Reichstag nicht versammelt und seine schleunige Einberufung wegen äußerer Verhältnisse unmöglich ist, oder wenn der Reichstag verfassungswidrige Beschlüsse fassen sollte, kann der Kaiser unter Verantwortung des Gesammtministeriums die erforderlichen finanziellen Maßregeln treffen und nötigenfalls auch neue Steuern ausschreiben oder eine Staatsschuld eingehen. Die getroffenen Maßregeln sind so bald als möglich dem Reichstag vorzulegen und über die Verwendung der aufgenommenen Geldsummen Nachweis zu geben.

Art. 89. Die Rechnungen über den Staatshaushaltetat werden von dem Kaiserlichen Rechnungshof geprüft und festgestellt.

Dem Reichstag wird bei jeder ordentlichen Versammlung die allgemeine Rechnung über den Staatshaushaltetat und eine Übersicht des Bestandes der Staatsschulden, zugleich mit den allgemeinen Bemerkungen des Rechnungshofes zur Entlastung der Staatsregierung vorgelegt.

Art. 90. Das den Bestimmungen der Kaiserlichen Hausgesetze unterliegende Vermögen des Kaiserlichen Hauses soll in seinem Bestande unverändert erhalten und zur Entlastung der Staatskasse thunlichst vermehrt werden. Eine Einwirkung auf die Verwaltung desselben geht den Reichstag nichts an.

Der Kaiser kann über das ihm gehörige Privateigentum frei verfügen; in Ermangelung einer solchen Verfügung fällt dasselbe bei seinem Ableben dem Kaiserlichen Hausvermögen zu.

Titel VIII. Allgemeine Bestimmungen

Art. 91. Alle Gesetzesentwürfe und Vorlagen der Staatsregierung werden mit Genehmigung des Kaisers dem Reichstag vorgelegt.

Art. 92. Der Reichstag und alle Gerichte und Behörden sind zur gewissenhaften Beobachtung der Verfassung verpflichtet.

Verfassungswidrige Beschlüsse des Reichstags sind nichtig und in jeder Beziehung unverbindlich.

Art. 93. Die Verfassung kann nur auf dem Wege der Gesetzgebung geändert werden.

Art. 94. Gesetze und Verordnungen sind verbindlich, wenn sie in der gehörigen Form verkündet worden sind.

Die Prüfung der Rechtsgültigkeit gehörig verkündeter Gesetze und Verordnungen steht den Gerichten und Behörden nicht zu.

Art. 95. Alle zur Zeit der Einführung der Verfassung bestehenden Gesetze und Verordnungen bleiben in Kraft, bis sie auf dem verfassungsmäßigen Wege abgeändert werden; jedoch soll ihre Revision auf Grund der Verfassungsbestimmungen unverzüglich erfolgen und im Falle ihres offenbaren Widerspruchs mit der Verfassung soll die Letztere den Vorzug haben.

Anhang VII

Verfassungsurkunde für den Preußischen Staat
vom 31. Januar 1850[3]

(Preußische Gesetz-Sammlung 1850, S.17ff.)

Wir Friedrich Wilhelm von Gottes Gnaden, König von Preußen etc.etc. thun kund und fügen zu wissen, daß Wir, nachdem die von Uns unterm 5. Dezember 1848 vorbehaltlich der Revision im ordentlichen Wege der Gesetzgebung verkündigte und von beiden Kammern Unseres Königreichs anerkannte Verfassung des preußischen Staats der darin angeordneten Revision unterworfenen ist, die Verfassung in Uebereinstimmung mit beiden Kammern endgültig festgestellt haben.

Wir verkünden demnach dieselbe als Staatsgrundgesetz, wie folgt:

Titel I. Vom Staatsgebiete

Art. 1. Alle Landestheile der Monarchie in ihrem gegenwärtigen Umfange bilden das preußische Staatsgebiet.

Art. 2. Die Gränzen dieses Staatsgebiets können nur durch ein Gesetz verändert werden.

Titel II. Von den Rechten der Preußen

Art. 3. Die Verfassung und das Gesetz bestimmen, unter welchen Bedingungen die Eigenschaft eines Preußen und die staatsbügerlichen Rechte erworben, ausgeübt und verloren werden.

Art. 4. Alle Preußen sind vor dem Gesetze gleich. Standesvorrechte finden nicht statt. Die öffentlichen Aemter sind, unter Einhaltung der von den Gesetzen festgestellten Bedingungen, für alle dazu Befähigten gleich zugänglich.

Art. 5. Die persönliche Freiheit ist gewährleistet. Die Bedingungen und Formen, unter welchen eine Beschränkung derselben, insbesondere eine Verhaftung zulässig ist, werden durch das Gesetz bestimmt.

---

3. Ernst Rudolf Huber (Hrsg.), Dokumente zur deutschen Verfassungsgeschichte, 3. Aufl., Bd.1, 1978, S.501ff.

Art. 6. Die Wohnung ist unverletzlich. Das Eindringen in dieselbe und Haussuchungen, so wie die Beschlagnahme von Briefen und Papieren sind nur in den gesetzlich bestimmten Fällen und Formen gestattet.

Art. 7. Niemand darf seinem gesetzlichen Richter entzogen werden. Ausnahmegerichte und außerordentliche Kommissionen sind unstatthaft.

Art. 8. Strafen können nur in Gemäßheit des Gesetzes angedroht oder verhängt werden.

Art. 9. Das Eigenthum ist unverletzlich. Es kann nur aus Gründen des öffentlichen Wohles gegen vorgängige, in dringenden Fällen wenigstens vorläufig festzustellende Entschädigung nach Maaßgabe des Gesetzes entzogen oder beschränkt werden.

Art. 10. Der bürgerliche Tod und die Strafe der Vermögenseinziehung finden nicht statt.

Art. 11. Die Freiheit der Auswanderung kann von Staatswegen nur in Bezug auf die Wehrpflicht beschränkt werden.

Abzugsgelder dürfen nicht erhoben werden.

Art. 12. Die Feiheit des religiösen Bekenntnisses, der Vereinigung zu Religionsgesellschaften (Art. 30 und 31) und der gemeinsamen häuslichen und öffentlichen Religionsübung wird gewährleistet. Der Genuß der bürgerlichen und staatsbürgerlichen Rechte ist unabhängig von dem religiösen Bekenntnisse. Den bürgerlichen und staatsbürgerlichen Pflichten darf durch die Ausübung der Religionsfreiheit kein Abbruch geschehen.

Art. 13. Die Religionsgesellschaften, so wie die geistlichen Gesellschaften, welche keine Korporationsrechte haben, können diese Rechte nur durch besondere Gesetze erlangen.

Art. 14. Die christliche Religion wird bei denjenigen Einrichtungen des Staats, welche mit der Religionsübung im Zusammenhange stehen, unbeschadet der im Art. 12 gewährleisteten Religionsfreiheit zum Grunde gelegt.

Art. 15. Die evangelische und die römisch-katholische Kirche, so wie jede andere Religionsgesellschaft, ordnet und verwaltet ihre Angelegenheiten selbstständig und bleibt im Besitz und Genuß der für ihre Kultus-, Unterrichts- und Wohlthätigkeitszwecke bestimmten Anstalten, Stiftungen und Fonds.

Art. 16. Der Verkehr der Religionsgesellschaften mit ihren Oberen ist ungehindert. Die Bekanntmachung kirchlicher Anordnungen ist nur denjenigen Beschränkungen unterworfen, welchen alle übrigen Veröffentlichungen unterliegen.

Art. 17. Ueber das Kirchenpatronat und die Bedingungen, unter welchen dasselbe aufgehoben werden kann, wird ein besonderes Gesetz ergehen.

Art. 18. Das Ernennungs-, Vorschlags-, Wahl- und Bestätigungsrecht bei Besetzung kirchlicher Stellen ist, so weit es dem Staate zusteht, und nicht auf dem Partronat oder besonderen Rechtstiteln beruht, aufgehoben.

Auf die Anstellung von Geistlichen beim Militair und an öffentlichen Anstalten findet diese Bestimmung keine Anwendung.

Art. 19. Die Einführung der Civilehe erfolgt nach Maaßgabe eines besonderen Gesetzes, was auch die Führung der Civilstandsregister regelt.

Art. 20. Die Wissenschaft und ihre Lehre ist frei.

Art. 21. Für die Bildung der Jugend soll durch öffentliche Schulen genügend gesorgt werden.

Eltern und deren Stellvertreter dürfen ihre Kinder oder Pflegebefohlenen nicht ohne den Unterricht lassen, welcher für die öffentlichen Volksschulen vorgeschrieben ist.

Art. 22. Unterricht zu ertheilen und Unterrichtsanstalten zu gründen und zu leiten, steht Jedem frei, wenn er seine sittliche, wissenschaftliche und technische Befähigung den betreffenden Staatsbehörden nachgewiesen hat.

Art. 23. Alle öffentlichen und Privat-Unterrichts- und Erzihungsanstalten stehen unter der Aufsicht vom Staate ernannter Behörden.

Die öffentlichen Lehrer haben die Rechte und Pflichten der Staatsdiener.

Art. 24. Bei der Einrichtung der öffentlichen Volksschulen sind die konfessionellen Verhältnisse möglichst zu berücksichtigen.

Den religiösen Unterricht in der Volksschule leiten die betreffenden Religionsgesellschaften.

Die Leitung der äußeren Angelegenheiten der Volksschule steht der Gemeinde zu. Der Staat stellt, unter gesetzlich geordneter Betheiligung der Gemeinden, aus der Zahl der Befähigten die Lehrer der öffentlichen Volksschulen an.

Art. 25. Die Mittel zur Errichtung, Unterhaltung und Erweiterung der öffentlichen Volksschule werden von den Gemeinden und, im Falle des nachgewiesenen Unvermögens, ergänzungsweise vom Staate aufgebracht. Die auf besonderen Rechtstiteln beruhenden Verpflichtungen Dritter bleiben bestehen.

Der Staat gewährleistet demnach den Volksschullehrern ein festes, den Lokalverhältnissen angemessenes Einkommen.
In der öffentlichen Volksschule wird der Unterricht unentgeltlich ertheilt.

Art. 26. Ein besonderes Gesetz regelt das ganze Unterrichtswesen.

Art. 27. Jeder Preuße had das Recht, durch Wort, Schrift, Druck und bildliche Darstellung seine Meinung frei zu äußern.

Die Censur darf nicht eingeführt werden; jede andere Beschränkung der Preßfreiheit nur im Wege der Gesetzgebung.

Art. 28. Vergehen, welche durch Wort, Schrift, Druck oder bildliche Darstellung begangen werden, sind nach den allgemeinen Strafgesetzen zu bestrafen.

Art. 29. Alle Preußen sind berechtigt, sich ohne vorgängige obrigkeitliche Erlaubniß friedlich und ohne Waffen in geschlossenen Räumen zu versammeln.

Diese Bestimmung bezieht sich nicht auf Versammlungen unter freiem Himmel, welche auch in Bezug auf vorgängige obrigkeitliche Erlaubniß der Verfügung des Gesetzes unterworfen sind.

Art. 30. Alle Preußen haben das Recht, sich zu solchen Zwecken, welche den Strafgesetzen nicht zuwiderlaufen, in Gesellschaften zu vereinigen.

Das Gesetz regelt, insbesondere zur Aufrechthaltung der öffentlichen Sicherheit, die Ausübung des in diesem und in dem vorstehenden Artikel (29) gewährleisteten Rechts.

Politische Vereine können Beschränkungen und vorübergehenden Verboten im Wege der Gesetzgebung unterworfen werden.

Art. 31. Die Bedingungen, unter welchen Korporationsrechte ertheilt oder verweigert werden, bestimmt das Gesetz.

Art. 32. Das Petitionsrecht steht allen Preußen zu. Petitionen unter einem Gesammtnamen sind nur Behörden und Korporationen gestattet.

Art. 33. Das Briefgeheimniß ist unverletzlich. Die bei strafgerichtlichen Untersuchungen und in Kriegsfällen nothwendigen Beschränkungen sind durch die Gesetzbegung festzustellen.

Art. 34. Alle Preußen sind wehrpflichtig. Den Umfang und die Art dieser Pflicht bestimmt das Gesetz.

Art. 35. Das Heer begreift alle Abtheilungen des stehenden Heeres und der Landwehr.

Im Falle des Krieges kann der König nach Maaßgabe des Gesetzes und den Landstrurm aufbieten.

Art. 36. Die bewaffnete Macht kann zur Unterdrückung innerer Unruhen und zur Ausführung der Gesetze nur in den vom Gesetze bestimmten Fällen und Formen und auf Requisition der Civilbehörde verwendet werden. In letzterer Beziehung hat das Gesetz die Ausnahmen zu bestimmen.

Art. 37. Der Militairgerichtsstand des Heeres beschränkt sich auf Strafsachen und wird durch das Gesetz geregelt. Die Bestimmungen über die Militairdisziplin im Heere bleiben Gegenstand besonderer Verordnungen.

Art. 38. Die bewaffnete Macht darf weder in noch außer dem Dienste berathschlagen oder sich anders, als auf Befel versammeln. Versammlungen und Vereine der Landwehr zur Berathung militairischer Einrichtungen, Befehle und Anordnungen sind auch dann, wenn dieselbe nicht zusammenberufen ist, untersagt.

Art. 39. Auf das Heer finden die in den Art. 5, 6, 29, 30 und 32 enthaltenen Bestimmungen nur in soweit Anwendung, als die militairischen Gesetze und Disziplinarvorschriften nicht entgegenstehen.

Art. 40. Die Errichtung von Lehen und die Stiftung von Familien-Fideikommissen ist untersagt. Die bestehenden Lehen und Familien-Fideikommisse sollen durch gesetzliche Anordnung in freies Eigenthum umgestaltet werden. Auf Familien-Stiftungen finden diese Bestimmungen keine Anwendung.

Art. 41. Vorstehende Bestimmungen (Artikel 40) finden auf die Thronlehen, das Königliche Haus- und Prinzliche Fideikommiß, sowie auf die außerhalb des Staats belegenen Lehen und die ehemals reichsunmittelbaren Besitzungen und Fideikommisse, insofern letzere durch das deutsche Bundesrecht gewährleistet sind, zur Zeit keine Anwendung. Die Rechtsverhältnisse derselben sollen durch besondere Gesetze geordnet werden.

Art. 42. Das Recht der freien Verfügung über das Grundeigenthum unterliegt keinen anderen Beschränkungen, als denen der allgemeinen Gesetzgebung. Die Theilbarkeit des Grundeigenthums und die Ablösbarkeit der Grundlasten wird gewährleistet.

Für die todte Hand sind Beschränkungen des Rechts, Liegenschaften zu erwerben und über sie zu verfügen, zulässig.

Aufgehoben ohne Entschädigung sind:

1. Die Gerichtsherrlichkeit, die gutsherrliche Polizei und obrigkeitliche Gewalt, sowie die gewissen Grundstücken zustehenden Hoheitsrechte und Privilegien;

2. die aus diesen Befugnissen, aus der Schutzherrlichkeit, der früheren Erbunterthänigkeit, der früheren Steuer- und Gewerbeverfassung herstammenden Verpflichtungen.

Mit den aufgehobenen Rechten fallen auch die Gegenleistungen und Lasten weg, welche den bisherigen Berechtigten dafür oblagen.

Bei erblicher Ueberlassung eines Grundstückes ist nur die Uebertragung des vollen Eigenthums zulässig; jedoch kann auch hier ein fester ablösbarer Zins vorbehalten werden.

Die weitere Ausführung dieser Bestimmungen bleibt besonderen Gesetzen vorbehalten.

Titel III. Vom Könige

Art. 43. Die Person des Königs ist unverletzlich.

Art. 44. Die Minister des Königs sind verantwortlich. Alle Regierungsakte des Königs bedürfen zu ihrer Gültigkeit der Gegenzeichnung eines Ministers, welcher dadurch die Verantwortlichkeit übernimmt.

Art. 45. Dem Könige allein steht die vollziehende Gewalt zu. Er ernennt und entläßt die Minister. Er befiehlt die Verkündigung der Gesetze und erläßt die zu deren Ausführung nöthigen Verordnungen.

Art. 46. Der König führt den Oberbefehl über das Heer.

Art. 47. Der König besetzt alle Stellen im Heere, sowie in den übrigen Zweigen des Staatsdienstes, sofern nicht das Gesetz ein Anderes verordnet.

Art. 48. Der König hat das Recht, Krieg zu erklären und Frieden zu schließen, auch andere Verträge mit fremden Regierungen zu errichten. Letztere bedürfen zu ihrer Gültigkeit der Zustimmung der Kammern, sofern es Handelsverträge sind, oder wenn dadurch dem Staate Lasten oder einzelnen Staatsbürgern Verpflichtungen auferlegt werden.

Art. 49. Der König hat das Recht der Begnadigung und Strafmilderung.

Zu Gunsten eines wegen seiner Amtshandlungen verurtheilten Ministers kann dieses Recht nur auf Antrag derjenigen Kammer ausgeübt werden, von welcher die Anklage ausgegangen ist.

Der König kann bereits eingeleitete Untersuchungen nur auf Grund eines besonderen Gesetzes niederschlagen.

Art. 50. Dem Könige steht die Verleihung von Orden und anderen mit Vorrechten nicht verbundenen Auszeichnungen zu.

Er übt das Münzrecht nach Maaßgabe des Gesetzes.

Art. 51. Der König beruft die Kammern und schließt ihre Sitzungen. Er kann sie entweder beide zugleich oder auch nur eine auflösen. Es müssen aber in einem solchen Falle, innerhalb eines Zeitraums von sechzig Tagen nach der Auflösung die Wähler und innerhalb eines Zeitraums von neunzig Tagen nach der Auflösung die Kammern versammelt werden.

Art. 52. Der König kann die Kammern vertagen. Ohne deren Zustimmung darf diese Vertagung die Frist von dreißig Tagen nicht übersteigen und während derselben Session nicht wiederholt werden.

Art. 53. Die Krone ist, den Königlichen Hausgesetzen gemäß, erblich in dem Mannsstamme des Königlichen Hauses nach dem Rechte der Erstgeburt und der agnatischen Linealfolge.

Art. 54. Der König wird mit Vollendung des achtzehnten Lebensjahres volljährig.

Er leistet in Gegenwart der vereinigten Kammern das eidliche Gelöbniß, die Verfassung des Königreichs fest und unverbrüchlich zu halten und in Uebereinstimmung mit derselben und den Gesetzen zu regieren.

Art. 55. Ohne Einwilligung beider Kammern kann der König nicht zugleich Herrscher fremder Reiche sein.

Art. 56. Wenn der König minderjährig oder sonst dauernd verhindert ist, selbst zu regieren, so übernimmt derjenige volljährige Agnat (Art. 53), welcher der Krone am nächsten steht, die Regentschaft. Er hat sofort die Kammern zu berufen, die in vereinigter Sitzung über die Nothwendigkeit der Regentschaft beschließen.

Art. 57. Ist kein volljähriger Agnat vorhanden und nicht bereits vorher gesetzliche Fürsorge für diesen Fall getroffen, so hat das Staatsministerium die Kammern zu berufen, welche in vereinigter Sitzung einen Regenten erwählen. Bis zum Antritt der Regentschaft von Seiten desselben führt das Staatsministerium die Regierung.

Art. 58. Der Regent übt die dem Könige zustehende Gewalt in dessen Namen aus. Derselbe schwört nach Einrichtung der Regentschaft vor den vereinigten Kammern einen Eid, die Verfassung des Königreichs fest und unverbrüchlich zu halten und in Uebereinstimmung mit derselben und den Gesetzen zu regieren.

Bis zu dieser Eidesleistung bleibt in jedem Falle das bestehende gesammte Staatsministerium für alle Regierungshandlungen verantwortlich.

Art. 59. Dem Kron-Fideikommißfonds verbleibt die durch das Gesetz vom 17. Januar 1820 auf die Einkünfte der Domainen und Forsten angewiesene Rente.

Titel IV. Von den Ministern

Art. 60. Die Minister, so wie die zu ihrer Vertretung abgeordnetern Staatsbeamten haben Zutritt zu jeder Kammer und müssen auf ihr Verlagen zu jeder Zeit gehört werden.

Jede Kammer kann die Gegenwart der Minister verlangen.

Die Minister haben in einer oder der anderen Kammer nur dann Stimmrecht, wenn sie Mitglieder derselben sind.

Art. 61. Die Minister können durch Beschluß einer Kammer wegen des Verbrechens der Verfassungsverletzung, der Bestechung und des Verrathes angeklagt werden. Ueber solche Anklage entscheidet der oberste Gerichtshof der Monarchie in vereinigten Senaten. So lange noch zwei oberste Gerichtshöfe bestehen, treten dieselben zu obigem Zwecke zusammen.

Die näheren Bestimmungen über die Fälle der Verantwortlichkeit, über das Verfahren und über die Strafen werden einem besonderen Gesetze vorbehalten.

Titel V. Von den Kammern

Art. 62. Die gesetzgebende Gewalt wird gemeinschaftlich durch den König und durch zwei Kammern ausgeübt.

Die Uebereinstimmung des Königs und beider Kammern ist zu jedem Gesetze erforderlich.

Finanzgesetz-Entwürfe und Staatshaushalts-Etats werden zuerst der zweiten Kammer vorgelegt; letztere werden von der ersten Kammer im Ganzen angenommen oder abgelehnt.

Art. 63. Nur in dem Falle, wenn die Aufrechthaltung der öffentlichen Sicherheit, oder die Beseitigung eines ungewöhnlichen Nothstandes es dringend erfordert, können, insorfern die Kammern nicht versammelt sind, unter Verantwortlichkeit des gesammten Staatsministeriums, Verordnungen, die der Verfassung nicht zuwiderlaufen, mit Gesetzeskraft erlassen werden. Dieselben sind aber den Kammern bei ihrem nächsten Zusammentritt zur Genehmigung sofort vorzulegen.

Art. 64. Dem Könige, so wie jeder Kammer, steht das Recht zu, Gesetze vorzuschlagen.

Gesetzesvorschläge, welche durch eine der Kammern oder den König verworfen worden sind, können in derselben Sitzungsperiode nicht wieder vorgebracht werden.

Art. 65. Die erste Kammer besteht:

a) aus den großjährigen Königlichen Prinzen;

b) aus den Häuptern der ehemals unmittelbaren reichsständischen Häuser in Preußen - und aus den Häuptern derjenigen Familien, welchen durch Königliche Verordnung das nach der Erstgeburt und Linealfolge zu vererbende Recht auf Sitz und Stimme in der ersten Kammer beigelegt wird. In dieser Verordnung werden zugleich die Bedingungen festgesetzt, durch welche dieses Recht an einen bestimmten Grundbesitz geknüpft ist. Das Recht kann durch Stellvertretung nicht ausgeübt werden und ruht während der Minderjährigkeit oder während eines Dienstverhältnisses zu der Regierung eines nichtdeutschen Staats, ferner auch so lange der Berechtigte seinen Wohnsitz außerhalb Preußens hat;

c) aus solchen Mitgliedern, welche der König auf Lebenszeit ernennt. Ihre Zahl darf den zehnten Theil der zu a und b genannten Mitglieder nicht übersteigen;

d) aus neunzig Mitgliedern, welche in Wahlbezirken, die das Gesetz feststellt, durch die dreißigfache Zahl derjenigen Urwähler (Art. 70), welche die höchsten direkten Staatssteuern bezahlen, durch direkte Wahl nach Maaßgabe des Gesetzes gewählt werden;

e) aus dreißig, nach Maaßgabe des Gesetzes von den Gemeinderäthen gewählten Mitgliedern aus den größeren Städten des Landes.

Die Gesammtzahl der unter a bis c genannten Mitglieder darf die Zahl der unter d und e bezeichneten nicht übersteigen.

Eine Auflösung der ersten Kammer bezieht sich nur auf die aus Wahl hervorgegangenen Mitglieder.

Art. 66. Die Bildung der ersten Kammer in der Art. 65 bestimmten Weise tritt am 7. August des Jahres 1852 ein.
Bis zu diesem Zeitpunkte verbleibt es bei dem Wahlgesetze für die erste Kammer vom 6. Dezember 1848.

Art. 67. Die Legislatur-Periode der ersten Kammer wird auf sechs Jahre festgesetzt.

Art. 68. Wählbar zum Mitgliede der ersten Kammer ist jeder Preuße, der das vierzigste Lebensjahr vollendet, den Vollbesitz der bürgerlichen Rechte in Folge rechtskräftigen richterlichen Erkenntnisses nicht verloren und bereits fünf Jahre lang dem preußischen Staatsverbande angehört hat.

Die Mitglieder der ersten Kammer erhalten weder Reisekosten noch Diäten.

Art. 69. Die zweite Kammer besteht aus 350 Mitgliedern. Die Wahlbezirke werden durch das Gesetz festgestellt. Sie können aus einem oder mehreren Kreisen oder aus einer oder mehreren der größeren Städte bestehen.

Art. 70. Jeder Preuße, welcher das fünf und zwanzigste Lebensjahr vollendet hat und in der Gemeinde, in welcher er seinen Wohsitz hat, die Befähigung zu den Gemeindewahlen besitzt, ist stimmberechtigter Urwähler.
Wer in mehreren Gemeinden an den Gemeindewahlen Theil zu nehmen berechtigt ist, darf das Recht als Urwähler nur in Einer Gemeinde ausüben.

Art. 71. Auf jede Vollzahl von zweihundert und funfzig Seelen der Bevölkerung ist ein Wahlmann zu wählen. Die Urwähler werden nach Maaßgabe der von ihnen zu entrichtenden direkten Staatssteuern in drei Abtheilungen getheilt, und zwar in der Art, daß auf jede Abtheilung ein Drittheil der Gesammtsumme der Steuerbeträge aller Urwähler fällt.

Die Gesammtsumme wird berechnet:

a) gemeindeweise, falls die Gemeinde einen Urwahlbezirk für sich bildet;

b) bezirksweise, falls der Urwahlbezirk aus mehreren Gemeinden zusammengesetzt ist.

Die erste Abtheilung besteht aus denjenigen Urwählern, auf welche die höchsten Steuerbeträge bis zum Belaufe eines Drittheils der Gesammtsteuer fallen.
Die zweite Abtheilung besteht aus denjenigen Urwählern, auf welche die nächst niedrigeren Steuerbeträge bis zur Gränze des zweiten Drittheils fallen.

Die dritte Abtheilung besteht aus den am niedrigsten besteuerten Urwählern, auf welche das dritte Drittheil fällt.

Jede Abtheilung wählt besonders und zwar ein Drittheil der zu wählenden Wahlmänner.

Die Abtheilungen können in mehrere Wahlverbände eingetheilt werden, deren keiner mehr als fünfhundert Urwähler in sich schließen darf.

Die Wahlmänner werden in jeder Abtheilung aus der Zahl der stimmberechtigten Urwähler des Urwahlbezirks ohne Rücksicht auf die Abtheilungen gewählt.

Art. 72. Die Abgeordneten werden durch die Wahlmänner gewählt.

Das Nähere über die Ausführung der Wahlen bestimmt das Wahlgesetz, welches auch die Anordnung für diejenigen Städte zu treffen hat, in denen an Stelle eines Theils der direkten Steuern die Mahl- und Schlachtsteuer erhoben wird.

Art. 73. Die Legislatur-Periode der zweiten Kammer wird auf drei Jahre festgesetzt.

Art. 74. Zum Abgeordneten der zweiten Kammer ist jeder Preuße wählbar, der das dreißigste Lebensjahr vollendet, den Vollbesitz der bürgerlichen Rechte in Folge rechtskräftigen richterlichen Erkenntnisses nicht verloren und bereits drei Jahre dem preußischen Staatsverbande angehört hat.

Art. 75. Die Kammern werden nach Ablauf ihrer Legislatur-Periode neu gewählt. Ein Gleiches geschieht im Falle der Auflösung. In beiden Fällen sind die bisherigen Mitglieder wieder wählbar.

Art. 76. Die Kammern werden durch den König regelmäßig im Monat November jeden Jahres und außerdem, so oft es die Umstände erheischen, einberufen.

Art. 77. Die Eröffnung und die Schließung der Kammern geschieht durch den König in Person oder durch einen dazu von ihm beauftragten Minister in einer Sitzung der vereinigten Kammern.

Beide Kammern werden gleichzeitig berufen, eröffnet, vertagt und geschlossen.

Wird eine Kammer aufgelöst, so wird die andere gleichzeitig vertagt.

Art. 78. Jede Kammer prüft die Legitimation ihrer Mitglieder und entscheidet darüber. Sie regelt ihren Geschäftsgang und ihre Disziplin durch eine Geschäftsordnung und erwählt ihren Präsidenten, ihre Vicepräsidenten und Schriftführer.

Beamte bedürfen keines Urlaubs zum Eintritt in die Kammer.

Wenn ein Kammermitglied ein besoldetes Staatsamt annimmt und im Staatsdienste in ein Amt eintritt, mit welchem ein höherer Rang oder ein höheres Gehalt verbunden ist, so verliert es Sitz und Stimme in der Kammer und kann seine Stelle in derselben nur durch neue Wahl wieder erlangen.

Niemand kann Mitglied beider Kammern sein.

Art. 79. Die Sitzungen beider Kammern sind öffentlich. Jede Kammer tritt auf den Antrag ihres Präsidenten oder von zehn Mitgliedern zu einer geheimen Sitzung zusammen, in welcher dann zunächst über diesen Antrag zu beschließen ist.

Art. 80. Keine der beiden Kammern kann einen Beschluß fassen, wenn nicht die Mehrheit der gesetzlichen Anzahl ihrer Mitglieder anwesend ist. Jede Kammer faßt ihre Beschlüsse nach absoluter Stimmenmehrheit, vorbehaltlich der durch die Geschäftsordnung für Wahlen etwa zu bestimmenden Ausnahmen.

Art. 81. Jede Kammer hat für sich das Recht, Adressen an den König zu richten.

Niemand darf den Kammern oder einer derselben in Person eine Bittschrift oder Adresse überreichen.

Jede Kammer kann die an sie gerichteten Schriften an die Minister überweisen und von denselben Auskunft über eingehende Beschwerden verlangen.

Art. 82. Eine jede Kammer hat die Befugniß, Behufs ihrer Information Kommissionen zur Untersuchung von Thatsachen zu ernennen.

Art. 83. Die Mitglieder beider Kammern sind Vertreter des ganzen Volkes. Sie stimmen nach ihrer freien Ueberzeugung und sind an Aufträge und Instruktionen nicht gebunden.

Art. 84. Sie können für ihre Abstimmungen in der Kammer niemals, für ihre darin ausgesprochenen Meinungen nur innerhalb der Kammer auf den Grund der Geschäftsordnung (Art. 78) zur Rechenschaft gezogen werden.

Kein Mitglied einer Kammer kann ohne deren Genehmigung während der Sitzungsperiode wegen einer mit Strafe bedrohten Handlung zur Untersuchung gezogen oder verhaftet werden, außer wenn es bei Ausübung der That oder im Laufe des nächstfolgenden Tages nach derselben ergriffen wird.

Gleiche Genehmigung ist bei einer Verhaftung wegen Schulden nothwendig.

Jedes Strafverfahren gegen ein Mitglied der Kammer und eine jede Untersuchungs- oder Civilhaft wird für die Dauer der Sitzungsperiode aufgehoben, wenn die betreffende Kammer es verlangt.

Art. 85. Die Mitglieder der zweiten Kammer erhalten aus der Staatskasse Reisekosten und Diäten nach Maaßgabe des Gesetzes; ein Verzicht hierauf ist unstatthaft.

Titel VI. Von der richterlichen Gewalt

Art. 86. Die richterliche Gewalt wird im Namen des Königs durch unabhängige, keiner anderen Autorität als der des Gesetzes unterworfene Gerichte ausgeübt.

Die Urtheile werden im Namen des Königs ausgefertigt und vollstreckt.

Art. 87. Die Richter werden vom Könige oder in dessen Namen auf ihre Lebenszeit ernannt.

Sie können nur durch Richterspruch aus Gründen, welche die Gesetze vorgesehen haben, ihres Amtes entsetzt oder zeitweise enthoben werden. Die vorläufige Amtssuspension, welche nicht kraft des Gesetzes eintritt, und die unfreiwillige Versetzung an eine andere Stelle oder in den Ruhestand können nur aus den Ursachen und unter den Formen, welche im Gesetze angegeben sind, und nur auf Grund eines richterlichen Beschlusses erfolgen.

Auf die Versetzungen, welche durch Veränderungen in der Organisation der Gerichte oder ihrer Bezirke nötig werden, finden diese Bestimmungen keine Anwendung.

Art. 88. Den Richtern dürfen andere besoldete Staatsämter fortan nicht übertragen werden. Ausnahmen sind nur auf Grund eines Gesetzes zulässig.

Art. 89. Die Organisation der Gerichte wird durch das Gesetz bestimmt.

Art. 90. Zu einem Richteramte darf nur der berufen werden, welcher sich zu demselben nach Vorschrift der Gesetze befähigt hat.

Art. 91. Gerichte für besondere Klassen von Angelegenheiten, insbesondere Handels- und Gewerbegerichte sollen im Wege der Gesetzgebung an den Orten errichtet werden, wo das Bedürfniß solche erfordert.

Die Organisation und Zuständigkeit solcher Gerichte, das Verfahren bei denselben, die Ernennung ihrer Mitglieder, die besonderen Verhältnisse der letzteren und die Dauer ihres Amtes werden durch das Gesetz festgestellt.

Art. 92. Es soll in Preußen nur Ein oberster Gerichtshof bestehen.

Art. 93. Die Verhandlungen for dem erkennenden Gerichte in Civil- und Strafsachen sollen öffentlich sein. Die Oeffentlichkeit kann jedoch durch einen öffentlich zu verkündenden Beschluß des Gerichts ausgeschlossen werden, wenn sie der Ordnung oder den guten Sitten Gefahr droht.

In anderen Fällen kann die Oeffentlichkeit nur durch Gesetze beschränkt werden.

Art. 94. Bei den mit schweren Strafen bedrohten Verbrechen, bei allen politischen Verbrechen und bei allen Preßvergehen, welche das Gesetz nicht ausdrücklich ausnimmt, erfolgt die Entscheidung über die Schuld des Angeklagten durch Geschworene.

Die Bildung des Geschworenengerichts regelt das Gesetz.

Art. 95. Es kann durch ein mit vorheriger Zustimmung der Kammern zu erlassendes Gesetz ein besonderer Schwurgerichtshof errichtet werden, dessen Zuständigkeit die Verbrechen des Hochverraths und diejenigen schweren Verbrechen gegen die innere und äußere Sicherheit des Staats, welche ihm durch das Gesetz überwiesen werden, begreift. Die Bildung der Geschworenen bei diesem Gerichte regelt das Gesetz.

Art. 96. Die Kompetenz der Gerichte und Verwaltungsbehörden wird durch das Gesetz bestimmt. Ueber Kompetenzkonflikte zwischen den Verwaltungs- und Gerichtsbehörden entscheidet ein durch das Gesetz bezeichneter Gerichtshof.

Art 97. Die Bedingungen, unter welchen öffentliche Civil- und Militairbeamte wegen durch Ueberschreitung ihrer Amtsbefugnisse verübter Rechtsverletzungen gerichtlich in Anspruch genommen werden können, bestimmt das Gesetz. Eine vorgängige Genehmigung der vorgesetzten Dienstbehörde darf jedoch nicht verlangt werden.

Titel VII. Von den nicht zum Richterstande gehörigen Staatsbeamten

Art. 98. Die besonderen Rechtsverhältnisse der nicht zum Richterstande gehörigen Staatsbeamten, einschließlich der Staatsanwälte, sollen durch ein Gesetz geregelt werden, welches, ohne die Regierung in der Wahl der ausführenden Organe zweckwidrig zu beschränken, den Staatsbeamten gegen willkürliche Entziehung von Amt und Einkommen angemessenen Schutz gewährt.

Titel VIII. Von den Finanzen

Art. 99. Alle Einnahmen und Ausgaben des Staats müssen für jedes Jahr im Voraus veranschlagt und auf den Staatshaushalts-Etat gebracht werden.

Letzterer wird jährlich durch ein Gesetz festgestellt.

Art. 100. Steuern und Abgaben für die Staatskasse dürfen nur, soweit sie in den Staatshaushalts-Etat aufgenommen oder durch besondere Gesetze angeordnet sind, erhoben werden.

Art. 101. In Betreff der Steuern können Bevorzugungen nicht eingeführt werden.

Die bestehende Steuergesetzgebung wird einer Revision unterworfen und dabei jede Bevorzugung abgeschafft.

Art. 102. Gebühren können Staats- oder Kommunalbeamte nur auf Grund des Gesetzes erheben.

Art. 103. Die Aufnahme von Anleihen für die Staatskasse findet nur auf Grund eines Gesetzes statt. Dasselbe gilt von der Uebernahme von Garantien zu Lasten des Staats.

Art. 104. Zu Etats-Ueberschreitungen ist die nachträgliche Genehmigung der Kammern erforderlich.

Die Rechnungen über den Staatshaushalts-Etat werden von der Ober-Rechnungskammer geprüft und festgestellt. Die allgemeine Rechnung über den Staatshaushalt jedes Jahres, einschließlich einer Uebersicht der Staatsschulden, wird mit den Bemerkungen der Ober-Rechnungskammer zur Entlastung der Staatsregierung den Kammern vorlegt.

Ein besonderes Gesetz wird die Einrichtung und die Befugnisse der Ober-Rechnungskammer bestimmen.

Titel IX. Von den Gemeinden, Kreis-, Bezirks- und Provinzialverbänden

Art. 105. Die Vertretung und Verwaltung der Gemeinden, Kreise, Bezirke und Provinzen des preußischen Staats wird durch besondere Gesetze unter Festhaltung folgender Grundsätze näher bestimmt:

1. Ueber die innern und besondern Angelegenheiten der Provinzen, Bezirke,

Kreise und Gemeinden beschließen aus gewählten Vertretern bestehende Versammlungen, deren Beschlüsse durch die Vorsteher der Provinzen, Bezirke, Kreise und Gemeinden ausgeführt werden.

Das Gesetz wird die Fälle bestimmen, in welchen die Beschlüsse dieser Vertretungen der Genehmigung einer höheren Vertretung oder der Staatsregierung unterworfen sind.

2. Die Vorsteher der Provinzen, Bezirke und Kreise werden von dem Könige ernannt.

Ueber die Betheiligung des Staats bei der Anstellung der Gemeindevorsteher und über die Ausübung des den Gemeinden zustehenden Wahlrechts wird die Gemeindeordnung das Nähere bestimmen.

3. Den Gemeinden insbesondere steht die selbstständige Verwaltung ihrer Gemeindeangelegenheiten unter gesetzlich geordneter Oberaufsicht des Staats zu.

Ueber die Betheiligung der Gemeinden bei Verwaltung der Ortspolizei bestimmt das Gesetz.

Zur Aufrechthaltung der Ordnung kann nach näherer Bestimmung des Gesetzes durch Gemeindebeschluß eine Gemeinde-Schutz- oder Bürgerwehr errichtet werden.

4. Die Berathungen der Provinzial-, Kreis- und Gemeindevertretungen sind öffentlich. Die Ausnahmen bestimmt das Gesetz. Ueber die Einnahmen und Ausgaben muß wenigstens jährlich ein Bericht veröffentlicht werden.

Allgemeine Bestimmungen

Art. 106. Gesetze und Verordnungen sind verbindlich, wenn sie in der vom Gesetze vorgeschriebenen Form bekannt gemacht worden sind.

Die Prüfung der Rechtsgültigkeit gehörig verkündeter Königlicher Verordnungen steht nicht den Behörden, sondern nur den Kammern zu.

Art. 107. Die Verfassung kann auf dem ordentlichen Wege der Gesetzgebung abgeändert werden, wobei in jeder Kammer die gewöhnliche absolute Stimmenmehrheit bei zwei Abstimmungen, zwischen welchen ein Zeitraum von wenigstens ein und zwanzig Tagen liegen muß, genügt.

Art. 108. Die Mitglieder der beiden Kammern und alle Staatsbeamte leisten dem Könige den Eid der Treue und des Gehorsams und beschwören die gewissenhafte Beorbachtung der Verfassung.

Eine Vereidigung des Heeres auf die Verfassung findet nicht statt.

Art. 109. Die bestehenden Steuern und Abgaben werden forterhoben, und alle Bestimmungen der bestehenden Gesetzbücher, einzelnen Gesetze und Verordnungen, welche der gegenwärtigen Verfassung nicht zuwiderlaufen, bleiben in Kraft, bis sie durch ein Gesetz abgeändert werden.

Art. 110. Alle durch die bestehenden Gesetze angeordneten Behörden bleiben bis zur Ausführung der sie betreffenden organischen Gesetze in Thätigkeit.

Art. 111. Für den Fall eines Krieges oder Aufruhrs können bei dringender Gefahr für die öffentliche Sicherheit die Artikel 5, 6, 7, 27, 28, 29, 30 und 36 der Verfassungs-Urkunde zeit- und distriktweise außer Kraft gesetzt werden. Das Nähere bestimmt das Gesetz.

Uebergangsbestimmungen

Art. 112. Bis zum Erlaß des im Art. 26 vorgesehenen Gesetzes bewendet es hinsichtlich des Schul- und Unterrichtswesens bei den jetzt geltenden gesetzlichen Bestimmungen.

Art. 113. Vor der erfolgten Revision des Strafrechts wird über Vergehen, welche durch Wort, Schrift, Druck oder bildliche Darstellung begangen werden, ein besonderes Gesetz ergehen.

Art. 114. Bis zur Emanirung der neuen Gemeindeordnung bleibt es bei den bisherigen Bestimmungen hinsichtlich der Polizeiverwaltung.

Art. 115. Bis zum Erlasse des im Art. 72 vorgesehenen Wahlgesetzes bleibt die Verordnung vom 30. Mai 1849, die Wahl der Abgeordneten zur zweiten Kammer betreffend, in Kraft.

Art. 116. Die noch bestehenden beiden obersten Gerichtshöfe sollen zu einem Einzigen vereinigt werden. Die Organisation erfolgt durch ein besonderes Gesetz.

Art. 117. Auf die Ansprüche der vor Verkündigung der Verfassungs-Urkunde etatsmäßig angestellten Staatsbeamten soll im Staatsdienergesetz besondere Rücksicht genommen werden.

Art. 118. Sollten durch die für den deutschen Bundesstaat auf Grund des Entwurfs vom 26. Mai 1849 festzustellende Verfassung Abänderungen der gegenwärtigen Verfassung nöthig werden, so wird der König dieselben anordnen und diese Anordnungen den Kammern bei ihrer nächsten Versammlung mittheilen.

Die Kammern werden dann Beschluß darüber fassen, ob die vorläufig angeordneten Abänderungen mit der Verfassung des deutschen Bundesstaats in Uebereinstimmung stehen.

Art. 119. Das im Art. 54 erwähnte eidliche Gelöbniß des Königs, so wie die vorgeschriebene Vereidigung der beiden Kammern und aller Staatsbeamten erfolgen sogleich nach der auf dem Wege der Gesetzgebung vollendeten gegenwärtigen Revision dieser Verfassung (Art. 62 und 108).

Friedrich Wilhelm

Graf v.Brandenburg. v.Ladenberg v.Manteuffel. v.Strotha.

v.d.Heydt. v.Rabe. Simons. v.Schleinitz.